ŒUVRES
DE
VOLTAIRE.

TOME XVII.

DE L'IMPRIMERIE DE FIRMIN DIDOT,
RUE JACOB, N° 24.

OEUVRES
DE
VOLTAIRE

AVEC

PRÉFACES, AVERTISSEMENTS,
NOTES, ETC.

PAR M. BEUCHOT.

TOME XVII.
ESSAI SUR LES MOEURS. — TOME III.

A PARIS,
CHEZ LEFÈVRE, LIBRAIRE,
RUE DE L'ÉPERON, N° 6.
WERDET ET LEQUIEN FILS,
RUE DU BATTOIR, N° 20.
M DCCC XXIX.

ESSAI

SUR

LES MŒURS ET L'ESPRIT

DES NATIONS,

ET SUR LES PRINCIPAUX FAITS DE L'HISTOIRE,

DEPUIS CHARLEMAGNE JUSQU'A LOUIS XIII.

CHAPITRE XCVII.

De la chevalerie.

L'extinction de la maison de Bourgogne, le gouvernement de Louis XI, et surtout la nouvelle manière de faire la guerre, introduite dans toute l'Europe, contribuèrent à abolir peu-à-peu ce qu'on appelait *la chevalerie*, espèce de dignité et de confraternité dont il ne resta plus qu'une faible image.

Cette chevalerie était un établissement guerrier qui s'était fait de lui-même parmi les seigneurs, comme les confréries dévotes s'étaient établies parmi les bourgeois. L'anarchie et le brigandage, qui désolaient l'Europe dans le temps de la décadence de la maison de Charlemagne, donnèrent naissance à cette institution. Ducs, comtes, vicomtes, vidames, châtelains, étant devenus souverains dans leurs terres, tous se firent la guerre; et au lieu de ces grandes armées de Charles

Martel, de Pepin, et de Charlemagne, presque toute l'Europe fut partagée en petites troupes de sept à huit cents hommes, quelquefois de beaucoup moins. Deux ou trois bourgades composaient un petit état combattant sans cesse contre son voisin. Plus de communications entre les provinces, plus de grands chemins, plus de sûreté pour les marchands, dont pourtant on ne pouvait se passer; chaque possesseur d'un donjon les rançonnait sur la route : beaucoup de châteaux, sur les bords des rivières et aux passages des montagnes, ne furent que de vraies cavernes de voleurs; on enlevait les femmes, ainsi qu'on pillait les marchands.

Plusieurs seigneurs s'associèrent insensiblement pour protéger la sûreté publique, et pour défendre les dames : ils en firent vœu; et cette institution vertueuse devint un devoir plus étroit, en devenant un acte de religion. On s'associa ainsi dans presque toutes les provinces : chaque seigneur de grand fief tint à honneur d'être chevalier et d'entrer dans l'ordre.

On établit, vers le onzième siècle, des cérémonies religieuses et profanes qui semblaient donner un nouveau caractère au récipiendaire : il jeûnait, se confessait, communiait, passait une nuit tout armé : on le fesait dîner seul à une table séparée, pendant que ses parrains et les dames qui devaient l'armer chevalier mangeaient à une autre. Pour lui, vêtu d'une tunique blanche, il était à sa petite table, où il lui était défendu de parler, de rire, et même de manger. Le lendemain il entrait dans l'église avec son épée pendue au cou; le prêtre le bénissait; ensuite il allait se mettre à genoux devant le seigneur ou la dame qui devait l'armer chevalier. Les plus qualifiés qui assistaient à la cérémonie lui chaussaient des éperons, le revêtaient d'une cuirasse, de brassards, de cuissards, de gantelets, et d'une cotte de mailles appelée *haubert*. Le parrain qui l'installait lui donnait trois coups de plat d'épée sur le cou, au nom de Dieu, de saint Michel, et de saint George. Depuis ce moment, toutes les fois qu'il entendait la messe il tirait son épée à l'Évangile, et la tenait haute.

Cette installation était suivie de grandes fêtes, et souvent de tournois; mais c'était le peuple qui les payait. Les seigneurs des grands fiefs imposaient une taxe sur leurs sujets pour le jour où ils armaient leurs enfants chevaliers : c'était d'ordinaire à l'âge de vingt et un ans que les jeunes gens recevaient ce titre. Ils étaient auparavant bacheliers, ce qui voulait dire bas chevaliers, ou varlets et écuyers; et les seigneurs qui étaient en confraternité se donnaient mutuellement leurs enfants les uns aux autres pour être élevés, loin de la maison paternelle, sous le nom de varlets, dans l'apprentissage de la chevalerie.

Le temps des croisades fut celui de la plus grande vogue des chevaliers. Les seigneurs de fiefs, qui amenaient leurs vassaux sous leur bannière, furent appelés *chevaliers bannerets;* non que ce titre seul de chevalier leur donnât le droit de paraître en campagne avec des bannières; la puissance seule, et non la cérémonie de l'accolade, pouvait les mettre en état d'avoir des troupes sous leurs enseignes. Ils étaient bannerets en vertu de leurs fiefs, et non de la chevalerie. Jamais ce titre ne fut qu'une distinction introduite par l'usage, et non un honneur de convention, une dignité réelle dans l'état : il n'influa en rien dans la forme des gouvernements. Les élections des empereurs et des rois ne se fesaient point par des chevaliers; il ne fallait point avoir reçu l'accolade pour entrer aux diètes de l'empire, aux parlements de France, aux *cortes* d'Espagne : les inféodations, les droits de ressort et de mouvance, les héritages, les lois, rien d'essentiel n'avait rapport à cette chevalerie. C'est en quoi se sont trompés tous ceux qui ont écrit de la chevalerie : ils ont écrit, sur la foi des romans, que cet honneur était une charge, un emploi; qu'il y avait des lois concernant la chevalerie. Jamais la jurisprudence d'aucun peuple n'a connu ces prétendues lois; ce n'étaient que des usages. Les grands priviléges de cette institution consistaient dans les jeux sanglants des tournois : il n'était pas permis ordinairement à un bachelier, à un écuyer, de *jouster* contre un chevalier.

Les rois voulurent être eux-mêmes armés chevaliers, mais ils n'en étaient ni plus rois ni plus puissants; ils voulaient seulement encourager la chevalerie et la valeur par leur exemple. On portait un grand respect dans la société à ceux qui étaient chevaliers; c'est à quoi tout se réduisait.

Ensuite, quand le roi Édouard III eut institué l'ordre de la Jarretière; Philippe-le-Bon, duc de Bourgogne, l'ordre de la Toison d'or; Louis XI, l'ordre de Saint-Michel, d'abord aussi brillant que les deux autres, et aujourd'hui si ridiculement avili [1], alors tomba l'ancienne chevalerie. Elle n'avait point de marque distinctive, elle n'avait point de chef qui lui conférât des honneurs et des priviléges particuliers. Il n'y eut plus de chevaliers bannerets, quand les rois et les grands princes eurent établi des compagnies d'ordonnance ; et l'ancienne chevalerie ne fut plus qu'un nom. On se fit toujours un honneur de recevoir l'accolade d'un grand prince ou d'un guerrier renommé. Les seigneurs constitués en quelque dignité prirent dans leurs titres la qualité de chevalier ; et tous ceux qui fesaient profession des armes prirent celle d'écuyer.

Les ordres militaires de chevalerie, comme ceux du Temple, ceux de Malte, l'ordre Teutonique, et tant d'autres, sont une imitation de l'ancienne chevalerie qui joignait les cérémonies religieuses aux fonctions de la guerre. Mais cette espèce de chevalerie fut absolument différente de l'ancienne : elle produisit en effet des ordres monastiques militaires, fondés par les papes, possédant des bénéfices, astreints aux trois vœux des moines. De ces ordres singuliers, les uns ont été de grands conquérants, les

---

[1] On a fait de cet ordre la récompense du mérite dans l'ordre civil; mais on a pris toutes les précautions possibles pour empêcher qu'il ne parût trop honorable, comme si l'on eût craint que le public ne s'imaginât qu'il est plus glorieux d'avoir des talents que des ancêtres. Si jamais les hommes deviennent raisonnables, ils auront bien de la peine à concevoir l'importance attachée aux ordres, aux chapitres à preuves, et à la fonction de généalogiste ; ils seront étonnés que des hommes de bon sens, et même assez éclairés, aient fait gravement ce ridicule métier. Ils riront en voyant un immense *in-folio* rempli par la généalogie d'un gentilhomme dont la famille ne mérite pas d'occuper une demi-page dans l'histoire. K.

autres ont été abolis sous prétexte de débauches, d'autres ont subsisté avec éclat.

L'ordre Teutonique fut souverain ; l'ordre de Malte l'est encore, et le sera long-temps.

Il n'y a guère de prince en Europe qui n'ait voulu instituer un ordre de chevalerie. Le simple titre de chevalier que les rois d'Angleterre donnent aux citoyens, sans les agréger à aucun ordre particulier, est une dérivation de la chevalerie ancienne, et bien éloignée de sa source. Sa vraie filiation ne s'est conservée que dans la cérémonie par laquelle les rois de France créent toujours chevaliers les ambassadeurs qu'on leur envoie de Venise; et l'accolade est la seule cérémonie qu'on ait conservée dans cette installation.

Les chevaliers ès lois s'instituèrent d'eux-mêmes, comme les vrais chevaliers d'armes; et cela même annonçait la décadence de la chevalerie. Les étudiants prirent le nom de bacheliers, après avoir soutenu une thèse; et les docteurs en droit s'intitulèrent chevaliers : titre ridicule, puisque originairement chevalier était l'homme combattant à cheval, ce qui ne pouvait convenir au juriste.

Tout cela présente un tableau bien varié; et si l'on suit attentivement la chaîne de tous les usages de l'Europe depuis Charlemagne, dans le gouvernement, dans l'Église, dans la guerre, dans les dignités, dans les finances, dans la société, enfin jusque dans les habillements, on ne verra qu'une vicissitude perpétuelle.

CHAPITRE XCVIII.

De la noblesse.

Après ce que nous avons dit des fiefs, il faut débrouiller, autant qu'on le pourra, ce qui regarde la noblesse, qui seule posséda long-temps ces fiefs.

Le mot de noble ne fût point d'abord un titre qui donnât des droits et qui fût héréditaire. *Nobilitas* chez les Romains signifiait ce qui est notable, et non pas un ordre de citoyens. Le sénat fut institué pour gouverner; les chevaliers, pour combattre à cheval, quand ils étaient assez riches pour avoir un cheval; les plébéiens devinrent chevaliers, et souvent même sénateurs, soit qu'on voulût augmenter le sénat, soit qu'ils eussent obtenu le droit d'être élus pour les magistratures qui en donnaient l'entrée. Cette dignité et le titre de chevalier étaient héréditaires.

Chez les Gaulois, les principaux officiers des villes et les druides gouvernaient, et le peuple obéissait; dans tout pays il y a eu des distinctions d'état. Ceux qui disent que tous les hommes sont égaux disent la plus grande vérité, s'ils entendent que tous les hommes ont un droit égal à la liberté, à la propriété de leurs biens, à la protection des lois. Ils se tromperaient beaucoup, s'ils croyaient que les hommes doivent être égaux par les emplois, puisqu'ils ne le sont point par leurs talents. Dans cette inégalité nécessaire entre les conditions, il n'y a jamais eu, ni chez les anciens, ni dans les neuf parties de la terre habitable, rien de semblable à l'établissement de la noblesse dans la dixième partie, qui est notre Europe[1].

Ses lois, ses usages, ont varié comme tout le reste. Nous vous avons déjà fait voir[2] que la plus ancienne noblesse héréditaire était celle des patriciens de Venise, qui entraient au conseil avant qu'il y eût un doge, dès les cinquième et sixième siècles; et s'il est encore des descendants de ces premiers échevins, comme on le dit, ils sont sans contredit les premiers nobles de l'Europe. Il en fut de même des anciennes républiques d'Italie. Cette noblesse était attachée à la dignité, à l'emploi, et non aux terres.

Partout ailleurs la noblesse devint le partage des possesseurs de terres. Les *herrens* d'Allemagne, les *ricos hombres* d'Espagne, les barons en France, en

---

[1] Il a existé et il existe encore plusieurs nations où l'on ne connait ni dignités ni prérogatives héréditaires : mais les familles qui ont été riches et puissantes durant plusieurs générations, les descendants des grands hommes en tout genre, de ceux qui ont rendu ou qui passent pour avoir rendu de grands services à la patrie, de ceux enfin à qui l'on attribue des actions extraordinaires, obtiennent dans tous les pays une considération héréditaire. Voilà ce qui est dans la nature; le reste est l'ouvrage des préjugés. Les prérogatives héréditaires éteignent l'émulation; restreignent le choix pour les places importantes entre un plus petit nombre d'hommes, rendent inutiles les talents de ceux qui, assez riches pour avoir reçu une bonne éducation, manquent de l'illustration nécessaire pour arriver aux places : les priviléges en argent, comme ceux de la noblesse française, sont une des principales causes de la mauvaise administration des finances et de la misère du peuple. Ces priviléges, ces prérogatives, obtenus par la force ou par l'intrigue, ont trouvé, au bout d'un certain temps, des hommes qui en ont fait l'apologie, et ont voulu en prouver l'utilité. C'est le sort de toutes les mauvaises institutions; ceux qui les ont faites seraient bien étonnés des motifs qu'on leur prête, et de tout l'esprit qu'on leur suppose. K.

[2] Chap. XLIII. B.

Angleterre, jouirent d'une noblesse héréditaire, par cela seul que leurs terres féodales ou non féodales demeurèrent dans leurs familles. Les titres de duc, de comte, de vicomte, de marquis, étaient d'abord des dignités, des offices à vie, qui ensuite passèrent de père en fils, les uns plus tôt, les autres plus tard.

Dans la décadence de la race de Charlemagne, presque tous les états de l'Europe, hors les républiques, furent gouvernés comme l'Allemagne l'est aujourd'hui : et nous avons déjà vu [1] que chaque possesseur de fief devint souverain dans sa terre autant qu'il le put.

Il est clair que des souverains ne devaient rien à personne, sinon ce que les petits s'étaient engagés de payer aux grands. Ainsi un châtelain payait une paire d'éperons à un vicomte, qui payait un faucon à un comte, qui payait à un duc une autre marque de vassalité. Tous reconnaissaient le roi du pays pour leur seigneur suzerain; mais aucun d'eux ne pouvait être imposé à aucune taxe. Ils devaient le service de leur personne, parcequ'ils combattaient pour leurs terres et pour eux-mêmes, en combattant pour l'état et pour le chef de l'état; et de là vient qu'encore aujourd'hui les nouveaux nobles, les anoblis, qui ne possèdent même aucun terrain, ne paient point l'impôt appelé *taille*.

Les maîtres des châteaux et des terres, qui composaient le corps de la noblesse en tout pays, excepté dans les républiques, asservirent autant qu'ils le purent les habitants de leurs terres; mais les grandes

---

[1] Chap. xxxviii. B.

villes leur résistèrent toujours : les magistrats de ces villes ne voulurent point du tout être les serfs d'un comte, d'un baron, ni d'un évêque, encore moins d'un abbé qui s'arrogeait les mêmes prétentions que ces barons et que ces comtes. Les villes du Rhin et du Rhône, quelques autres plus anciennes, comme Autun, Arles, et surtout Marseille, florissaient avant qu'il y eût des seigneurs et des prélats. Leur magistrature existait plusieurs siècles avant les fiefs ; mais bientôt les barons et les châtelains l'emportèrent presque partout sur les citoyens. Si les magistrats ne furent pas les serfs du seigneur, ils furent au moins ses bourgeois ; et de là vient que dans tant d'anciennes chartes on voit des échevins, des maires, se qualifier bourgeois d'un comte ou d'un évêque, bourgeois du roi. Ces bourgeois ne pouvaient choisir un nouveau domicile sans la permission de leur seigneur, et sans payer d'assez gros droits ; espèce de servitude qui est encore en usage en Allemagne.

De même que les fiefs furent distingués en francs fiefs qui ne devaient rien au seigneur suzerain, en grands fiefs, et en petits redevables, il y eut aussi des *francs bourgeois*, c'est-à-dire ceux qui achetèrent le droit d'être exempts de toute redevance à leur seigneur ; il y eut de *grands bourgeois* qui étaient dans les emplois municipaux, et de *petits bourgeois* qui en plusieurs points étaient esclaves.

Cette administration qui s'était formée insensiblement, s'altéra de même en plusieurs pays, et fut détruite entièrement dans d'autres.

Les rois de France, par exemple, commencèrent

par anoblir les bourgeois, en leur conférant des titres sans terres. On prétend qu'on a trouvé dans le trésor des chartes de France, les lettres d'anoblissement que Philippe Ier donna à un bourgeois de Paris nommé Eudes Le Maire (1095). Il faut bien que saint Louis eût anobli son barbier La Brosse, puisqu'il le fit son chambellan. Philippe III, qui anoblit Raoul son argentier, n'est donc pas, comme on le dit, le premier roi qui se soit arrogé le droit de changer l'état des hommes. Philippe-le-Bel donna de même le titre de noble et d'écuyer, de *miles*, au bourgeois Bertrand, et à quelques autres; tous les rois suivirent cet exemple. (1339) Philippe de Valois anoblit Simon de Buci, président au parlement, et Nicole Taupin sa femme.

(1350) Le roi Jean anoblit son chancelier Guillaume de Dormans : car alors aucun office de clerc, d'homme de loi, d'homme de robe longue, ne donnait rang parmi la noblesse, malgré le titre de chevalier ès lois, et de bachelier ès lois que prenaient les clercs. Ainsi, Jean Pastourel, avocat du roi, fut anobli par Charles V, avec sa femme Sédille (1354).

Les rois d'Angleterre, de leur côté, créèrent des comtes, des barons, qui n'avaient ni comté ni baronnie. Les empereurs usèrent de ce privilége en Italie : à leur exemple les possesseurs des grands fiefs s'arrogèrent le pouvoir d'anoblir et de corriger ainsi le hasard de la naissance. Un comte de Foix donna des lettres de noblesse à maître Bertrand son chancelier, et les descendants de Bertrand se dirent nobles; mais il dépendait du roi et des autres seigneurs de reconnaître ou non cette noblesse. De simples seigneurs d'Orange, de Saluces, et beaucoup d'autres, se donnèrent la même licence.

La milice des francs-archers et des Taupins, sous Charles VII, étant exempte de la contribution des tailles, prit sans aucune permission le titre de noble et d'écuyer, confirmé depuis par le temps, qui établit et qui détruit tous les usages et les priviléges; et plusieurs grandes maisons de France descendent de ces Taupins, qui se firent nobles, et qui méritaient de l'être, puisqu'ils avaient servi la patrie.

Les empereurs créèrent non seulement des nobles sans terres, mais des comtes palatins. Ces titres de comtes palatins furent donnés à des docteurs dans les universités. L'empereur Charles IV introduisit cet usage, et Barthole fut le premier auquel il donna ce titre de comte, titre avec lequel ses enfants ne seraient point entrés dans les chapitres, non plus que les enfants des Taupins.

Les papes, qui prétendaient être au-dessus des empereurs, crurent qu'il était de leur dignité de faire aussi des palatins, des marquis. Les légats du pape, qui gouvernent les provinces du saint-siége, firent partout de ces prétendus nobles; et de là vient qu'en Italie il y a beaucoup plus de marquis et de comtes que de seigneurs féodaux.

En France, quand Philippe-le-Bel eut établi le tribunal appelé *parlement*, les seigneurs de fiefs qui siégeaient en cette cour furent obligés de s'aider du secours des clercs tirés ou de la condition servile, ou du corps des francs, grands et petits bourgeois. Ces clercs prirent bientôt les titres de chevaliers et de bacheliers, à l'imitation de la noblesse; mais ce nom de chevalier, qui leur était donné par les plaideurs, ne les rendait pas nobles à la cour, puisque l'avocat-général Pastourel et le chancelier Dormans furent obligés de prendre des lettres de noblesse. Les étudiants des universités s'intitulaient bacheliers après un examen, et prirent la qualité de licenciés après un autre examen, n'osant prendre le titre de chevaliers.

Il paraît que c'eût été une grande contradiction que les gens de loi qui jugeaient les nobles ne jouissent pas des droits de la noblesse : cependant cette contradiction subsistait partout; mais en France ils jouirent des mêmes exemptions que les nobles pendant leur vie. Il est vrai que leurs droits ne s'étendaient pas jusqu'à prendre séance aux états-généraux en qualité de seigneurs de fiefs, de porter un oiseau sur le poing, de servir de leur personne à la guerre, mais seulement de ne point payer la taille, de s'intituler *messire*.

Le défaut de lois bien claires et bien connues, la variation des usages et des lois fut toujours ce qui caractérisa la France. L'état de la robe fut long-temps incertain. Les cours de justice, que les Français ont appelées *parlements*, jugèrent souvent des procès concernant le droit de noblesse que prétendaient les enfants des officiers de robe. Le parlement de Paris jugea que les enfants de Jean Le Maître, avocat du roi, devaient partager noblement (1540). Il rendit ensuite un arrêt semblable en faveur d'un conseiller nommé Ménager (1578) : mais les jurisconsultes eurent des opinions différentes sur ces droits que l'usage attachait insensiblement à la robe. Louet, conseiller au parlement, prétendit que les enfants des magistrats devaient partager en roture ; qu'il n'y avait que les petits-fils qui pussent jouir du droit d'aînesse des gentilshommes.

Les avis des jurisconsultes ne furent pas des décisions pour la cour. Henri III déclara par un édit « qu'aucun, sinon ceux de maison et race noble, ne « prendrait dorénavant le titre de noble et le nom d'é- « cuyer (1582). »

(1600) Henri IV fut moins sévère et plus juste, lorsque dans l'édit du réglement des tailles il déclara, quoique en termes très vagues, « que ceux qui ont servi « le public en charges honorables peuvent donner « commencement de noblesse à leur postérité. »

Cette dispute de plusieurs siècles sembla terminée depuis sous Louis XIV, en 1644, au mois de juillet, et ne le fut pourtant pas. Nous devançons ici les temps pour donner tout l'éclaircissement nécessaire à cette matière. Vous verrez dans le *Siècle de Louis XIV*[1] quelle guerre civile fut excitée dans Paris pendant la jeunesse de ce monarque. Ce fut dans cette guerre que le parlement de Paris, la chambre des comptes, la cour des aides, et toutes les autres cours des provinces (1644), obtinrent *les priviléges des nobles de race, gentilshommes et barons du royaume*, affectés aux enfants des conseillers et présidents qui auraient servi vingt ans, ou qui seraient morts dans l'exercice de leurs charges. Leur état semblait être assuré par cet édit.

[1] Chap. IV. B.

CHAP. XCVIII. DE LA NOBLESSE.

(1669) Pourrait-on croire après cela que Louis XIV, séant lui-même au parlement, révoqua ces priviléges, et maintint seulement tous ces officiers de judicature dans *leurs anciens droits*, en révoquant tous les priviléges de noblesse accordés à eux et à leurs descendants en 1644, et depuis jusqu'à l'année 1669 ?

Louis XIV, tout puissant qu'il était, ne l'a pas été assez pour ôter à tant de citoyens un droit qui leur avait été donné sous son nom. Il est difficile qu'un seul homme puisse obliger tant d'autres hommes à se dépouiller de ce qu'ils ont regardé comme leur possession. L'édit de 1644 a prévalu : les cours de judicature ont joui des priviléges de la noblesse, et la nation ne les a pas contestés à ceux qui jugent la nation.

Pendant que les magistrats des cours supérieures disputaient ainsi sur leur état depuis l'an 1300, les bourgeois des villes et leurs officiers principaux flottèrent dans la même incertitude. Charles V, dit *le Sage*, pour s'acquérir l'affection des citoyens de Paris, leur accorda plusieurs priviléges de la noblesse, comme de porter des armoiries et de tenir des fiefs sans payer la finance, qu'on appelle *le droit de franc fief*, et ils en jouissent encore. Les maires, les échevins de plusieurs villes de France jouirent des mêmes droits, les uns par un ancien usage, les autres par des concessions.

La plus ancienne concession de la noblesse à un office de plume en France, fut celle des secrétaires du roi. Ils étaient originairement ce que sont aujourd'hui les secrétaires d'état ; ils s'appelaient *clercs du secret ;*

et puisqu'ils écrivaient sous les rois, et qu'ils expédiaient leurs ordres, il était juste de les distinguer. Leur droit de jouir de la noblesse après vingt ans d'exercice servit de modèle aux officiers de judicature.

C'est ici que se voit principalement l'extrême variation des usages de France. Les secrétaires d'état, qui n'ont originairement d'autre droit que de signer les expéditions, et qui ne pouvaient les rendre authentiques qu'autant qu'ils étaient clercs du secret, secrétaires-notaires du roi, sont devenus des ministres et les organes tout puissants de la volonté royale toute puissante. Ils se sont fait appeler *monseigneur*, titre qu'on ne donnait autrefois qu'aux princes et aux chevaliers; et les secrétaires du roi ont été relégués à la chancellerie, où leur unique fonction est de signer des patentes. On a augmenté leur nombre inutile jusqu'à trois cents, uniquement pour avoir de l'argent: et ce honteux moyen a perpétué la noblesse française dans près de six mille familles, dont les chefs ont acheté tour-à-tour ces charges.

Un nombre prodigieux d'autres citoyens, banquiers, chirurgiens, marchands, domestiques de princes, commis, ont obtenu des lettres de noblesse; et au bout de quelques générations ils prennent chez leurs notaires le titre de très hauts et très puissants seigneurs. Ces titres ont avili la noblesse ancienne sans relever beaucoup la nouvelle.

Enfin le service personnel des anciens chevaliers et écuyers ayant entièrement cessé, les états généraux n'étant plus assemblés, les priviléges de toute la noblesse, soit ancienne, soit nouvelle, se sont réduits à payer la capitation au lieu de payer la taille. Ceux qui n'ont eu pour père ni échevin, ni conseiller, ni homme anobli, ont été désignés par des noms qui sont devenus des outrages : ce sont les noms de *vilain* et de *roturier*.

Vilain vient de ville, parcequ'autrefois il n'y avait de nobles que les possesseurs des châteaux; et *roturier*, de rupture de terre, labourage, qu'on a nommé *roture*. De là il arriva que souvent un lieutenant général des armées, un brave officier couvert de blessures, était taillable, tandis que le fils d'un commis jouissait des mêmes droits que les premiers officiers de la couronne. Cet abus déshonorant n'a été réformé qu'en 1752, par M. d'Argenson, secrétaire d'état de la guerre, celui de tous les ministres qui a fait le plus de bien aux troupes, et dont je fais ici l'éloge d'autant plus librement, qu'il est disgracié [1].

Cette multiplicité ridicule de nobles sans fonction et sans vraie noblesse, cette distinction avilissante entre l'anobli inutile qui ne paie rien à l'état, et le roturier utile qui paie la taille, ces charges qu'on acquiert à prix d'argent, et qui donnent le vain nom d'écuyer, tout cela ne se trouve point ailleurs : c'est un effort de démence dans un gouvernement d'avilir la plus grande partie de la nation. Quiconque en Angleterre a quarante francs de revenu en terre est *homo ingenuus*, franc citoyen, libre Anglais, nommant des députés au parlement : tout ce qui n'est pas sim-

---

[1] Marc-Pierre de Voyer de Paulmy, comte d'Argenson, était disgracié depuis quatre ans (1er février 1757, voyez *Histoire du parlement*, chapitre LXVII), lorsqu'en 1761 Voltaire imprima cet éloge. B.

ple artisan est reconnu pour gentilhomme, *gentleman;* et il n'y a de nobles, dans la rigueur de la loi, que ceux qui dans la chambre haute représentent les anciens barons, les anciens pairs de l'état[1].

Dans beaucoup de pays libres, les droits du sang ne donnent aucun avantage; on ne connaît que ceux de citoyen; et même à Bâle, aucun gentilhomme ne peut parvenir aux charges de la république, à moins qu'il ne renonce à ses prérogatives de gentilhomme. Cependant, dans tous les états libres, les magistrats ont pris le titre de *nobilis,* noble. C'est sans doute une très belle noblesse, que d'avoir été de père en fils à la tête d'une république : mais tel est l'usage, tel est le préjugé, que cinq cents ans d'une si pure illustration n'empêcheraient pas d'être mis en France à la taille, et ne pourraient faire recevoir un homme dans le moindre chapitre d'Allemagne.

Ces usages sont le tableau de la vanité et de l'inconstance; et c'est la moins funeste partie de l'histoire du genre humain.

---

[1] Vilain peut aussi être synonyme de villageois. Le mot ville a été en usage pour signifier habitation des champs, village : témoin cette foule de noms propres de villages qui se terminent en *ville.* Ils sont communs surtout dans les provinces du nord de la France. *Gentleman,* en anglais, est l'équivalent de ce qu'en France nous appelons homme vivant noblement. Ceux qu'on désigne par ce titre, qui signifie vivre du revenu de ses terres, jouissent de quelques uns des priviléges de la noblesse, et surtout de ceux qui regardent la personne plutôt que les biens. On n'a pas cru devoir confondre avec le peuple des hommes que leur éducation en séparait. Mais cette humanité pour quelques citoyens est une injustice envers le peuple : ce qui prouve que le gouvernement ne doit jamais exiger de personne un service forcé, dont aucun citoyen, quelque grand qu'il soit, puisse être humilié. K.

CHAPITRE XCIX.

Des tournois.

Les tournois, si long-temps célébrés dans l'Europe chrétienne, et si souvent anathématisés, étaient des jeux plus nobles que la lutte, le disque et la course des Grecs, et bien moins barbares que les combats des gladiateurs chez les Romains. Nos tournois ne ressemblaient en rien à ces spectacles, mais beaucoup à ces exercices militaires si communs dans l'antiquité, et à ces jeux dont on trouve tant d'exemples dès le temps d'Homère. Les jeux guerriers commencèrent à prendre naissance en Italie vers le temps de Théodoric, qui abolit les gladiateurs au cinquième siècle, non pas en les interdisant par un édit, mais en reprochant aux Romains cet usage barbare, afin qu'ils apprissent d'un Goth l'humanité et la politesse. Il y eut ensuite en Italie, et surtout dans le royaume de Lombardie, des jeux militaires, de petits combats qu'on appelait *bataillole*, dont l'usage s'est conservé encore dans les villes de Venise et de Pise.

Il passa bientôt chez les autres nations. Nithard rapporte qu'en 870, les enfants de Louis-le-Débonnaire signalèrent leur réconciliation par une de ces joutes solennelles, qu'on appela depuis *tournois*. « Ex « utraque parte alter in alterum veloci cursu rue- « bant. »

L'empereur Henri-l'Oiseleur, pour célébrer son

couronnement, donna une de ces fêtes militaires (920) : on y combattit à cheval. L'appareil en fut aussi magnifique qu'il pouvait l'être dans un pays pauvre, qui n'avait encore de villes murées que celles qui avaient été bâties par les Romains le long du Rhin.

L'usage s'en perpétua en France, en Angleterre, chez les Espagnols et chez les Maures. On sait que Geoffroi de Preuilli, chevalier de Touraine, rédigea quelques lois pour la célébration de ces jeux, vers la fin du onzième siècle : quelques uns prétendent que c'est de la ville de Tours qu'ils eurent le nom de *tournois* ; car on ne tournait point dans ces jeux comme dans les courses des chars chez les Grecs et chez les Romains. Mais il est plus probable que *tournoi* venait d'épée tournante, *ensis torneaticus*, ainsi nommée dans la basse latinité, parceque c'était un sabre sans pointe, n'étant point permis dans ces jeux de frapper avec une autre pointe que celle de la lance.

Ces jeux s'appelaient d'abord chez les Français *emprises, pardons d'armes*; et ce terme *pardon* signifiait qu'on ne se combattait pas jusqu'à la mort. On les nommait aussi *béhourdis*, du nom d'une armure qui couvrait le poitrail des chevaux. René d'Anjou, roi de Sicile et de Jérusalem, duc de Lorraine, qui, ne possédant aucun de ses états, s'amusait à faire des vers et des tournois, fit de nouvelles lois pour ces combats.

« S'il veut faire un tournoi, ou béhourdis, dit-il
« dans ses lois, faut que ce soit quelque prince, ou
« du moins haut baron. » Celui qui fesait le tournoi

envoyait un héraut présenter une épée au prince qu'il invitait, et le priait de nommer les juges du camp.

« Les tournois, dit ce bon roi René, peuvent être « moult utiles; car par adventure il pourra advenir « que tel jeune chevalier ou écuyer, pour y bien faire, « acquerra grace ou augmentation d'amour de sa « dame. »

On voit ensuite toutes les cérémonies qu'il prescrit; comment on pend aux fenêtres ou aux galeries de la lice les armoiries des chevaliers qui doivent combattre les chevaliers, et des écuyers qui doivent jouter contre les écuyers.

Tout se fesait à l'honneur des dames, selon les lois du bon roi René. Elles visitaient toutes les armes, elles distribuaient les prix; et si quelque chevalier ou écuyer du tournoi avait mal parlé de quelques unes d'elles, les autres tournoyants le battaient de leurs épées, jusqu'à ce que les dames criassent grace; ou bien on le mettait sur les barrières de la lice, les jambes pendantes à droite et à gauche, comme on met aujourd'hui un soldat sur le cheval de bois.

Outre les tournois, on institua les pas d'armes; et ce même roi René fut encore législateur dans ces amusements. Le pas d'armes de la gueule du dragon auprès de Chinon, en 1446, fut très célèbre. Quelque temps après, celui du château de la joyeuse garde eut plus de réputation encore. Il s'agissait dans ces combats de défendre l'entrée d'un château, ou le passage d'un grand chemin. René eût mieux fait de tenter d'entrer en Sicile ou en Lorraine. La devise de ce galant prince était une chaufferette pleine de charbon, avec ces mots, *porté d'ardent desir ;* et cet ardent desir n'était pas pour ses états qu'il avait perdus, c'était pour mademoiselle Gui de Laval, dont il était amoureux, et qu'il épousa après la mort d'Isabelle de Lorraine.

Ce furent ces anciens tournois qui donnèrent naissance long-temps auparavant aux armoiries, vers le commencement du douzième siècle. Tous les blasons qu'on suppose avant ce temps sont évidemment faux, ainsi que toutes ces prétendues lois des chevaliers de la Table ronde, tant chantés par les romans. Chaque chevalier qui se présentait avec le casque fermé fesait peindre sur son bouclier ou sur sa cotte d'armes quelques figures de fantaisie. De là ces noms si célèbres dans les anciens romanciers, de chevaliers des aigles et des lions. Les termes du blason, qui paraissent aujourd'hui un jargon ridicule et barbare, étaient alors des mots communs. Le couleur de feu était appelé *gueules*, le vert était nommé *sinople*, un pieu était un *pal*, une bande était une *fasce*, de *fascia*, qu'on écrivit depuis *face*.

Si ces jeux guerriers des tournois avaient jamais dû être autorisés, c'était dans le temps des croisades, où l'exercice des armes était nécessaire, et devenait consacré; cependant c'est dans ce temps même que les papes s'avisèrent de les défendre, et d'anathématiser une image de la guerre, eux qui avaient si souvent excité des guerres véritables. Entre autres, Nicolas III, le même qui depuis conseilla les vêpres siciliennes, excommunia tous ceux qui avaient combattu et même assisté à un tournoi en France sous Philippe-le-Hardi (1279) : mais d'autres papes approuvèrent ces combats, et le roi de France Jean donna au pape Urbain V le spectacle d'un tournoi, lorsque après avoir été prisonnier à Londres il alla se croiser à Avignon, dans le dessein chimérique d'aller combattre les Turcs, au lieu de penser à réparer les malheurs de son royaume.

L'empire grec n'adopta que très tard les tournois; toutes les coutumes de l'Occident étaient méprisées des Grecs; ils dédaignaient les armoiries, et la science du blason leur parut ridicule. Enfin le jeune empereur Andronic ayant épousé une princesse de Savoie (1326), quelques jeunes Savoyards donnèrent le spectacle d'un tournoi à Constantinople : les Grecs alors s'accoutumèrent à cet exercice militaire; mais ce n'était pas avec des tournois qu'on pouvait résister aux Turcs; il fallait de bonnes armées et un bon gouvernement, que les Grecs n'eurent presque jamais.

L'usage des tournois se conserva dans toute l'Europe. Un des plus solennels fut celui de Boulogne-sur-mer (1309), au mariage d'Isabelle de France avec Édouard II, roi d'Angleterre. Édouard III en fit deux beaux à Londres. Il y en eut même un à Paris du temps du malheureux Charles VI : ensuite vinrent ceux de René d'Anjou, dont nous avons déjà parlé (1415). Le nombre en fut très grand jusque vers le temps qui suivit la mort du roi de France Henri II; tué, comme on sait, dans un tournoi au palais des Tournelles (1559). Cet accident semblait devoir les abolir pour jamais.

La vie désoccupée des grands, l'habitude et la passion, renouvelèrent pourtant ces jeux funestes à Orléans, un an après la mort tragique de Henri II. Le prince Henri de Bourbon-Montpensier en fut encore la victime; une chute de cheval le fit périr. Les tournois cessèrent alors absolument. Il en resta une image dans le pas d'armes, dont Charles IX et Henri III furent les tenants un an après la Saint-Barthélemi; car les fêtes furent toujours mêlées, dans ces temps horribles, aux proscriptions. Ce pas d'armes n'était pas dangereux; on n'y combattait pas à fer émoulu (1581). Il n'y eut point de tournoi au mariage du duc de Joyeuse. Le terme de tournoi est employé mal à propos à ce sujet dans le journal de *l'Étoile*. Les seigneurs ne combattirent point; et ce que *l'Étoile* appelle *tournoi* ne fut qu'une espèce de ballet guerrier représenté dans le jardin du Louvre par des mercenaires : c'était un des spectacles qu'on donnait à la cour, mais non pas un spectacle que la cour donnât elle-même. Les jeux que l'on continua depuis d'appeler *tournois* ne furent que des carrousels.

L'abolition des tournois est donc de l'année 1560. Avec eux périt l'ancien esprit de la chevalerie; qui ne reparut plus guère que dans les romans. Cet esprit régnait encore beaucoup au temps de François Ier et de Charles-Quint. Philippe II, renfermé dans son palais, n'établit en Espagne d'autre mérite que celui de la soumission à ses volontés. La France, après la mort de Henri II, fut plongée dans le fanatisme, et désolée par les guerres de religion. L'Allemagne, divisée en catholiques romains, luthériens, calvinistes, oublia tous les anciens usages de chevalerie; et l'esprit d'intrigue les détruisit en Italie.

A ces pas d'armes, aux combats à la barrière, à ces imitations des anciens tournois partout abolis, ont succédé les combats contre les taureaux en Espagne, et les carrousels en France, en Italie, en Allemagne. Il serait superflu de donner ici la description de ces jeux; il suffira du grand carrousel qu'on verra dans le *Siècle de Louis XIV*. En 1750, le roi de Prusse donna dans Berlin un carrousel très brillant [1]; mais le plus magnifique et le plus singulier de tous a été celui de Saint-Pétersbourg, donné par l'impératrice Catherine seconde [2]: les dames coururent avec les seigneurs, et remportèrent des prix. Tous ces jeux militaires commencent à être abandonnés; et de tous les exercices qui rendaient autrefois les corps plus robustes et plus agiles, il n'est presque plus resté que la chasse; encore est-elle négligée par la plupart des princes de l'Europe. Il s'est fait des révolutions dans les plaisirs comme dans tout le reste.

CHAPITRE C.

Des duels.

L'éducation de la noblesse étendit beaucoup l'usage des duels, qui se perpétua si long-temps, et qui com-

---

[1] Voyez sa description dans la *Correspondance*, lettre à d'Argental, du 28 auguste 1750. B.

[2] Voyez dans les *Poésies* l'ode qui est intitulée: *Galimatias pindarique*, 1766. B.

mença avec les monarchies modernes. Cette coutume de juger des procès par un combat juridique ne fut connue que des chrétiens occidentaux. On ne voit point de ces duels dans l'Église d'Orient; les anciennes nations n'eurent point cette barbarie. César rapporte dans ses *Commentaires* que deux de ses centurions, toujours jaloux et toujours ennemis l'un de l'autre, vidèrent leur querelle par un défi; mais ce défi était de montrer qui des deux ferait les plus belles actions dans la bataille. L'un, après avoir renversé un grand nombre d'ennemis, étant blessé et terrassé à son tour, fût secouru par son rival. C'étaient là les duels des Romains.

Le plus ancien monument des duels ordonnés par les arrêts des rois est la loi de Gondebaud-le-Bourguignon, d'une race germanique qui avait usurpé la Bourgogne. La même jurisprudence était établie dans tout notre Occident. L'ancienne loi catalane, citée par le savant Du Cange; les lois allemandes-bavaroises spécifient plusieurs cas pour ordonner le duel.

Dans les assises tenues par les croisés à Jérusalem, on s'exprime ainsi : « Le garent que l'on lieve... com « esparjur doit respondre.... à celui qui enci le lieve : « Tu ments, et je suis prest... te rendre mort ou re- « creant... et vessi mon gage. »

L'ancien coutumier de Normandie dit : « Plainte de « meurtre doit être faite; et si l'accusé nie, il en offre « gage...... et bataille li doit être ottroyée par jus- « tice. »

Il est évident par ces lois qu'un homme accusé d'homicide était en droit d'en commettre deux. On décidait souvent d'une affaire civile par cette procédure sanguinaire. Un héritage était-il contesté, celui qui se battait le mieux avait raison ; et les différents des citoyens se jugeaient, comme ceux des nations, par la force.

Cette jurisprudence eut ses variations comme toutes les institutions ou sages ou folles des hommes. Saint Louis ordonna qu'un écuyer accusé par un vilain pourrait combattre à cheval ; et que le vilain accusé par l'écuyer pourrait combattre à pied. Il exempte de la loi du duel les jeunes gens au-dessous de vingt et un ans, et les vieillards au-dessus de soixante.

Les femmes et les prêtres nommaient des champions pour s'égorger en leur nom ; la fortune, l'honneur, dépendaient d'un choix heureux. Il arriva même quelquefois que les gens d'église offrirent et acceptèrent le duel. On les vit combattre en champ clos ; et il paraît, par les constitutions de Guillaume-le-Conquérant, que les clercs et les abbés ne pouvaient combattre sans la permission de leur évêque : *Si clericus duellum sine episcopi licentiâ susceperit*, etc.

Par les établissements de saint Louis, et d'autres monuments rapportés dans Du Cange, il paraît que les vaincus étaient quelquefois pendus, quelquefois décapités ou mutilés : c'étaient les lois de l'honneur ; et ces lois étaient munies du sceau d'un saint roi qui passe pour avoir voulu abolir cet usage digne des sauvages.

(1168) On avait perfectionné la justice du temps de Louis-le-Jeune, au point qu'il statua qu'on n'ordonnerait le duel que dans des causes où il s'agirait au moins de cinq sous de ce temps, *quinque solidos.*

Philippe-le-Bel publia un grand code de duels. Si le demandeur voulait se battre par procureur, nommer un champion pour défendre sa cause, il devait dire: « Notre souverain seigneur, je proteste et retiens que « par loyale essoine de mon corps (c'est-à-dire par fai- « blesse ou maladie), je puisse avoir un gentilhomme « mon avoué, qui en ma présence, si je puis, ou en « mon absence, à l'aide de Dieu, de Notre-Dame, et « de monseigneur saint George, fera son loyal devoir « à mes coûts et dépens, etc. »

Les deux parties adverses, ou bien leurs champions, comparaissaient au jour assigné dans une lice de quatre-vingts pas de long et de quarante de large, gardée par des sergents d'armes. Ils arrivaient « à « cheval, visière baissée, écu au col, glaive au poing, « épées et dagues ceintes. » Il leur était enjoint de porter un crucifix, ou l'image de la Vierge, ou celle d'un saint, dans leurs bannières. Les hérauts d'armes fesaient ranger les spectateurs tous à pied autour des lices. Il était défendu d'être à cheval au spectacle, sous peine, pour un noble, de perdre sa monture, et pour un bourgeois, de perdre une oreille.

Le maréchal du camp, aidé d'un prêtre, fesait jurer les deux combattants sur un crucifix que leur droit était bon, et qu'ils n'avaient point d'armes enchantées; ils en prenaient à témoin monsieur saint George, et renonçaient au paradis s'ils étaient menteurs. Ces blasphèmes étant prononcés, le maréchal criâit : Laissez-les aller ; il jetait un gant ; les combattants partaient, et les armes du vaincu appartenaient au maréchal.

Les mêmes formules s'observaient à peu près en Angleterre. Elles étaient très différentes en Allemagne : on lit dans le *Théâtre d'honneur*, et dans plusieurs anciennes chroniques, que d'ordinaire le bourg de Hall en Souabe était le champ de ces combats. Les deux ennemis venaient demander permission aux notables de Souabe assemblés, d'entrer en lice. On donnait à chaque combattant un parrain et un confesseur ; le peuple chantait un *Libera*, et on plaçait au bout de la lice une bière entourée de torches pour le vaincu. Les mêmes cérémonies s'observaient à Wisbourg.

Il y eut beaucoup de combats en champ clos dans toute l'Europe jusqu'au treizième siècle. C'est des lois de ces combats que viennent les proverbes : « Les « morts ont tort ; les battus paient l'amende. »

Les parlements de France ordonnèrent quelquefois ces combats, comme ils ordonnent aujourd'hui une preuve par écrit ou par témoins. (1143) Sous Philippe de Valois, le parlement jugea qu'il y avait gage de bataille et nécessité de se tuer entre le chevalier Dubois et le chevalier de Vervins, parceque Vervins avait voulu persuader à Philippe de Valois que Dubois *avait ensorcelé son altesse le roi de France*.

Le duel de Legris et de Carrouge, ordonné par le parlement, sous Charles VI, est encore fameux aujourd'hui. Il s'agissait de savoir si Legris avait couché ou non avec la femme de Carrouge malgré elle.

(1442) Le parlement, long-temps après, dans une cause solennelle entre le chevalier Patarin et l'écuyer Tachon, déclara que le cas dont il s'agissait ne requérait pas gage de bataille, et qu'il fallait une accusation grave et dénuée de témoins pour que le duel fût légitimement ordonné.

Ce cas grave arriva en 1454. Un chevalier, nommé Jean Picard, accusé d'avoir abusé de sa propre fille, fut reçu par arrêt à se battre contre son gendre qui était sa partie. Le *Théâtre d'honneur et de chevalerie* ne dit pas quel fut l'événement; mais quel qu'il fût, le parlement ordonna un parricide pour avérer un inceste.

Les évêques, les abbés, à l'imitation des parlements et du conseil étroit des rois, ordonnèrent aussi le combat en champ clos dans leurs territoires. Yves de Chartres reproche à l'archevêque de Sens, et à l'évêque d'Orléans, d'avoir autorisé ainsi trop de duels pour des affaires civiles. Geoffroi du Maine, évêque d'Angers (1100), obligea les moines de Saint-Serga de prouver par le combat que certaines dîmes leur étaient dues; et le champion des moines, homme robuste, gagna leur cause à coups de bâton.

Sous la dernière race des ducs de Bourgogne, les bourgeois des villes de Flandre jouissaient du droit de prouver leurs prétentions avec le bouclier et la massue de mesplier; ils oignaient de suif leur pourpoint, parcequ'ils avaient entendu dire qu'autrefois les athlètes se frottaient d'huile; ensuite ils plongeaient les mains dans un baquet plein de cendres, et mettaient du miel ou du sucre dans leurs bouches;

après quoi ils combattaient jusqu'à la mort, et le vaincu était pendu.

La liste de ces combats en champ clos, commandés ainsi par les souverains, serait trop longue. Le roi François Ier en ordonna deux solennellement, et son fils Henri II en ordonna aussi deux. Le premier de ceux qu'ordonna Henri fut celui de Jarnac et de La Châteigneraye (1547). Celui-ci soutenait que Jarnac couchait avec sa belle-mère, celui-là le niait : était-ce là une raison pour un monarque de commander, de l'avis de son conseil, qu'ils se coupassent la gorge en sa présence ! mais telles étaient les mœurs. Chacun des deux champions jura sur les Évangiles qu'il combattait pour la vérité, et qu'il « n'avait sur « lui ni paroles, ni charmes, ni incantations. » La Châteigneraye étant mort de ses blessures, Henri II fit serment qu'il n'ordonnerait plus les duels ; et deux ans après il donna dans son conseil privé des lettres-patentes, par lesquelles il était enjoint à deux jeunes gentilshommes d'aller se battre en champ clos à Sedan, sous les yeux du maréchal de La Marck, prince souverain de Sedan. Henri croyait ne point violer son serment, en ordonnant aux parties d'aller se tuer ailleurs qu'en son royaume. La cour de Lorraine s'opposa formellement à cet honneur que recevait le maréchal de La Marck. Elle envoya protester dans Sedan que tous les duels entre le Rhin et la Meuse devaient, par les lois de l'empire, se faire par l'ordre et en présence des souverains de Lorraine. Le camp n'en fut pas moins assigné à Sedan. Le motif de cet arrêt du roi Henri II rendu en son conseil privé, était que l'un de ces deux gentilshommes, nommé Daguères, avait mis la main dans les chausses d'un jeune homme nommé Fendilles. Ce Fendilles, blessé dans le combat, ayant avoué qu'il avait tort, fut jeté hors du camp par les hérauts d'armes, et ses armes furent brisées; c'était une des punitions du vaincu. On ne peut concevoir aujourd'hui comment une cause si ridicule pouvait être vidée par un combat juridique.

Il ne faut pas confondre avec tous ces duels, regardés comme l'ancien jugement de Dieu, les combats singuliers entre les chefs de deux armées, entre les chevaliers de partis opposés. Ces combats sont des faits d'armes, des exploits de guerre, de tout temps en usage chez toutes les nations.

On ne sait si on doit placer plusieurs cartels de défi de roi à roi, de prince à prince, entre les duels juridiques, ou entre les exploits de chevalerie : il y en eut de ces deux espèces.

Lorsque Charles d'Anjou, frère de saint Louis, et Pierre d'Aragon, se défièrent après les vêpres siciliennes, ils convinrent de remettre la justice de leur cause à un combat singulier, avec la permission du pape Martin IV, comme le rapporte Jean-Baptiste Caraffa dans son histoire de Naples : le roi de France Philippe-le-Hardi leur assigna le camp de Bordeaux : rien ne ressemble plus aux duels juridiques. Charles d'Anjou arriva le matin au lieu et au jour assigné, et prit acte du défaut de son ennemi, qui n'arriva que sur le soir. Pierre prit acte à son tour du défaut de Charles, qui ne l'avait pas attendu. Ce défi singulier eût été au rang des combats juridiques, si les deux rois avaient eu autant d'envie de se battre que de se braver. Le duel qu'Édouard III fit proposer à Philippe de Valois appartient à la chevalerie. Philippe de Valois le refusa, prétendant que le seigneur suzerain ne pouvait être défié par son vassal; mais, lorsque ensuite le vassal eut défait les armées du suzerain, Philippe proposa le duel; Édouard III, vainqueur, le refusa, disant qu'il était trop avisé pour remettre au hasard d'un combat singulier ce qu'il avait gagné par des batailles.

Charles-Quint et François Ier se défièrent, s'envoyèrent des cartels, se dirent « qu'ils avaient menti « par la gorge », et ne se battirent point. Il n'y a pas un seul exemple de rois qui aient combattu en champ clos; mais le nombre des chevaliers qui prodiguèrent leur sang dans ces aventures est prodigieux.

Nous avons déjà cité [1] le cartel de ce duc de Bourbon qui, pour éviter l'oisiveté, proposait un combat à outrance à l'honneur des dames.

Un des plus fameux cartels est celui de Jean de Verchin, chevalier de grande renommée, et sénéchal du Hainaut : il fit afficher dans toutes les grandes villes de l'Europe qu'il se battrait à outrance, seul ou lui sixième, avec l'épée, la lance et la hache, « avec l'aide de Dieu, de la sainte Vierge, de mon- « sieur saint George, et de sa dame. » Le combat se devait faire dans un village de Flandre, nommé Con-

---

[1] Chap. cxxi. Ce qui forme aujourd'hui le chapitre cxxi existait dans l'édition de 1756 : c'est dans l'édition de 1761 que Voltaire a ajouté ce qui forme aujourd'hui le chapitre C. Voilà comment dans ce chapitre il a pu dire : *Nous avons déjà cité*. B.

chi; mais personne n'ayant comparu pour venir se battre contre ce Flamand, il fit vœu d'aller chercher des aventures dans tout le royaume de France et en Espagne, toujours armé de pied en cap; après quoi il alla offrir un bourdon à monseigneur saint Jacques en Galice : on voit par là que l'original de don Quichotte était de Flandre.

Le plus horrible duel qui fut jamais proposé, et pourtant le plus excusable, est celui du dernier duc de Gueldre, Arnoud ou Arnaud, dont les états tombèrent dans la branche de France de Bourgogne, appartinrent depuis à la branche d'Autriche espagnole, et dont une partie est libre aujourd'hui.

(1470) Adolphe, fils de ce dernier duc Arnoud, fit la guerre à son père du temps de Charles-le-Téméraire, duc de Bourgogne; et cet Adolphe déclara publiquement devant Charles que son père avait joui assez long-temps, qu'il voulait jouir à son tour; et que si son père voulait accepter une petite pension de trois mille florins, il la lui ferait volontiers. Charles, qui était très puissant avant d'être malheureux, engagea le père et le fils à comparaître en sa présence. Le père, quoique vieux et infirme, jeta le gage de bataille, et demanda au duc de Bourgogne la permission de se battre contre son fils dans sa cour. Le fils l'accepta, le duc Charles ne le permit pas; et le père ayant justement déshérité son coupable fils, et donné ses états à Charles, ce prince les perdit avec tous les siens et avec la vie, dans une guerre plus injuste que tous les duels dont nous avons parlé.

Ce qui contribua le plus à l'abolissement de cet

usage, ce fut la nouvelle manière de faire combattre les armées. Le roi Henri IV décria l'usage des lances à la journée d'Ivri : et aujourd'hui que la supériorité du feu décide de tout dans les batailles, un chevalier serait mal reçu à se présenter la lance en arrêt. La valeur consistait autrefois à se tenir ferme et armé de toutes pièces sur un cheval de carrosse qui était aussi bardé de fer : elle consiste aujourd'hui à marcher lentement devant cent bouches de canon qui emportent quelquefois des rangs entiers.

Lorsque les duels juridiques n'étaient plus d'usage, et que les cartels de chevalerie l'étaient encore, les duels entre particuliers commencèrent avec fureur; chacun se donna soi-même, pour la moindre querelle, la permission qu'on demandait autrefois aux parlements, aux évêques, et aux rois.

Il y avait bien moins de duels quand la justice les ordonnait solennellement; et lorsqu'elle les condamna, ils furent innombrables. On eut bientôt des seconds dans ces combats, comme il y en avait eu dans ceux de chevalerie.

Un des plus fameux dans l'histoire est celui de Caylus, Maugiron, et Livarot, contre Antragues, Riberac, et Schomberg, sous le règne de Henri III, à l'endroit où est aujourd'hui la place Royale à Paris, et où était autrefois le palais des Tournelles. Depuis ce temps il ne se passa presque point de jour qui ne fût marqué par quelque duel; et cette fureur fut poussée au point qu'il y avait des compagnies de gendarmes dans lesquelles on ne recevait personne qui ne se fût battu au moins une fois, ou qui ne jurât de se battre dans l'année. Cette coutume horrible a duré jusqu'au temps de Louis XIV.

CHAPITRE CI.

De Charles VIII, et de l'état de l'Europe, quand il entreprit la conquête de Naples.

Louis XI laissa son fils Charles VIII, enfant de quatorze ans, faible de corps, et sans aucune culture dans l'esprit, maître du plus beau et du plus puissant royaume qui fût alors en Europe. Mais il lui laissa une guerre civile, compagne presque inséparable des minorités. Le roi, à la vérité, n'était point mineur par la loi de Charles V, mais il l'était par celle de la nature. Sa sœur aînée, Anne, femme du duc de Bourbon-Beaujeu, eut le gouvernement par le testament de son père; et on prétend qu'elle en était digne. Louis, duc d'Orléans, premier prince du sang, qui fut depuis ce même roi Louis XII, dont la mémoire est si chère, commença par être le fléau de l'état dont il devint depuis le père. D'un côté, sa qualité de premier prince du sang, loin de lui donner aucun droit au gouvernement, ne lui eût pas même donné le pas sur les pairs plus anciens que lui; de l'autre, il semblait toujours étrange qu'une femme, que la loi déclare incapable du trône, régnât pourtant sous un autre nom. Louis, duc d'Orléans, ambitieux (car les plus vertueux le sont), fit la guerre civile à son souverain pour être son tuteur.

Le parlement de Paris vit alors quel crédit il pouvait un jour avoir dans les minorités. Le duc d'Orléans vint s'adresser aux chambres assemblées pour avoir un arrêt qui changeât le gouvernement. La Vaquerie, homme de loi, premier président, répondit que ni les finances ni le gouvernement de l'état ne regardent le parlement, mais bien les états-généraux, lesquels le parlement ne représente pas.

On voit par cette réponse que Paris alors était tranquille, et que le parlement était dans les intérêts de madame de Beaujeu. (1488) La guerre civile se fit dans les provinces, et surtout en Bretagne, où le vieux duc François II prit le parti du duc d'Orléans. On donna la bataille près de Saint-Aubin en Bretagne. Il faut remarquer que dans l'armée des Bretons et du duc d'Orléans il y avait quatre ou cinq cents Anglais, malgré les troubles qui épuisaient alors l'Angleterre. Quand il s'agit d'attaquer la France, rarement les Anglais ont été neutres. Louis de La Trimouille, grand général, battit l'armée des révoltés, et prit prisonnier le duc d'Orléans leur chef, qui depuis fut son souverain. (1491) On le peut compter pour le troisième des rois *capétiens* pris en combattant, et ce ne fut pas le dernier. Le duc d'Orléans fut enfermé près de trois ans dans la tour de Bourges, jusqu'à ce que Charles VIII allât le délivrer lui-même. Les mœurs des Français étaient bien plus douces que celles des Anglais; qui, dans le même temps, tourmentés chez eux par les guerres civiles, fesaient périr d'ordinaire par la main des bourreaux leurs ennemis vaincus.

La paix et la grandeur de la France furent cimentées par le mariage de Charles VIII, qui força enfin le vieux duc de Bretagne à lui donner sa fille et ses états. La princesse Anne de Bretagne, l'une des plus belles personnes de son temps, aimait le duc d'Orléans, jeune encore et plein de graces. Ainsi par cette guerre civile il avait perdu sa liberté et sa maîtresse.

Les mariages des princes font dans l'Europe le destin des peuples. Le roi Charles VIII, qui avait pu du temps de son père épouser Marie l'héritière de Bourgogne, pouvait encore épouser la fille de cette Marie, et du roi des Romains Maximilien; et Maximilien, de son côté, veuf de Marie de Bourgogne, s'était flatté, avec raison, d'obtenir Anne de Bretagne. Il l'avait même épousée par procureur, et le comte de Nassau avait, au nom du roi des Romains, mis une jambe dans le lit de la princesse, selon l'usage de ces temps. Mais le roi de France n'en conclut pas moins son mariage. Il eut la princesse, et pour dot la Bretagne, qui depuis a été réduite en province de France.

La France alors était au comble de la gloire. Il fallait autant de fautes qu'on en fit, pour qu'elle ne fût pas l'arbitre de l'Europe.

On se souvient comme le dernier comte de Provence donna, par son testament, cet état à Louis XI[1]. Ce comte, en qui finit la maison d'Anjou, prenait le titre de roi des Deux-Siciles, que sa maison avait perdues toutes deux depuis long-temps. Il communique ce titre à Louis XI, en lui donnant réellement la Provence. Charles VIII voulut ne pas porter un vain

---

[1] Chap. xciv. B.

titre; et tout fut bien préparé pour la conquête de Naples, et pour dominer dans toute l'Italie. Il faut se représenter ici en quel état était l'Europe au temps de ces événements, vers la fin du quinzième siècle.

CHAPITRE CII.

État de l'Europe à la fin du quinzième siècle. De l'Allemagne, et principalement de l'Espagne. Du malheureux règne de Henri IV, surnommé *l'Impuissant*. D'Isabelle et de Ferdinand. Prise de Grenade. Persécution contre les Juifs et contre les Maures.

L'empereur Frédéric III, de la maison d'Autriche, venait de mourir (1493). Il avait laissé l'empire à son fils Maximilien, élu de son vivant roi des Romains. Mais ces rois des Romains n'avaient plus aucun pouvoir en Italie. Celui qu'on leur laissait en Allemagne n'était guère au-dessus de la puissance du doge à Venise; et la maison d'Autriche était encore bien loin d'être redoutable. En vain l'on montre à Vienne cette épitaphe, « Ci-gît Frédéric III, empereur pieux, au-« guste, souverain de la chrétienté, roi de Hongrie, de « Dalmatie, de Croatie, archiduc d'Autriche, etc. : » elle ne sert qu'à faire voir la vanité des inscriptions. Il n'eut jamais rien de la Hongrie que la couronne, ornée de quelques pierreries, qu'il garda toujours dans son cabinet, sans les renvoyer ni à son pupille Ladislas, qui en était roi, ni à ceux que les Hongrois élurent ensuite, et qui combattirent contre les Turcs. Il possédait à peine la moitié de la province d'Autriche; ses cousins avaient le reste; et quant au titre de souverain de la chrétienté, il est aisé de voir s'il le méritait. Son fils Maximilien avait, outre les domaines de son père, le gouvernement des états de Marie de Bourgogne, sa femme, mais qu'il ne régissait qu'au nom de Philippe-le-Beau, son fils. Au reste, on sait qu'on l'appelait *Massimiliano pochi danari*, surnom qui ne désignait pas un puissant prince.

L'Angleterre, encore presque sauvage, après avoir été long-temps déchirée par les guerres civiles de la *rose blanche* et de la *rose rouge*, ainsi que nous le verrons incessamment, commençait à peine à respirer sous son roi Henri VII, qui, à l'exemple de Louis XI, abaissait les barons et favorisait le peuple.

En Espagne, les princes chrétiens avaient toujours été divisés. La race de Henri Transtamare, bâtard usurpateur (puisqu'il faut appeler les choses par leur nom), régnait toujours en Castille; et une usurpation d'un genre plus singulier fut la source de la grandeur espagnole.

Henri IV, un des descendants de Transtamare, qui commença son malheureux règne en 1454, était énervé par les voluptés. Il n'y a jamais eu de cour entièrement livrée à la débauche, sans qu'il y ait eu des révolutions, ou du moins des séditions. Sa femme dona Juana, que j'appelle ainsi pour la distinguer de sa fille Jeanne et des autres princesses de ce nom, fille d'un roi de Portugal, ne couvrait ses galanteries d'aucun voile. Peu de femmes dans leurs amours eurent moins de respect pour les bienséances. Le roi don Henri IV passait ses jours avec les amants de sa femme, ceux-ci avec les maîtresses du roi. Tous ensemble donnaient aux Espagnols l'exemple de la plus grande mollesse et de la plus effrénée débauche. Le gouvernement étant si faible, les mécontents, qui sont toujours le plus grand nombre en tout temps et en tout pays, devinrent très forts en Castille. Ce royaume était gouverné comme la France, l'Angleterre, l'Allemagne et tous les états monarchiques de l'Europe l'avaient été si long-temps. Les vassaux partageaient l'autorité. Les évêques n'étaient point princes souverains comme en Allemagne; mais ils étaient seigneurs et grands vassaux, ainsi qu'en France.

Un archevêque de Tolède, nommé *Carillo*, et plusieurs autres évêques, se mirent à la tête de la faction contre le roi. On vit renaître en Espagne les mêmes désordres qui affligèrent la France sous Louis-le-Débonnaire, qui sous tant d'empereurs troublèrent l'Allemagne, que nous verrons reparaître encore en France sous Henri III, et désoler l'Angleterre sous Charles Ier.

(1465) Les rebelles, devenus puissants, déposèrent leur roi en effigie. Jamais on ne s'était avisé jusque-là d'une pareille cérémonie. On dressa un vaste théâtre dans la plaine d'Avila. Une mauvaise statue de bois représentant don Henri, couverte des habits et des ornements royaux, fut élevée sur ce théâtre. La sentence de déposition fut prononcée à la statue. L'archevêque de Tolède lui ôta la couronne, un autre l'épée, un autre le sceptre; et un jeune frère de Henri, nommé Alfonse, fut déclaré roi sur ce même échafaud. Cette comédie fut accompagnée de toutes les horreurs tragiques des guerres civiles. La mort du jeune prince, à qui les conjurés avaient donné le royaume, ne mit pas fin à ces troubles. L'archevêque et son parti déclarèrent le roi impuissant dans le temps qu'il était entouré de maîtresses; et, par une procédure inouïe dans tous les états, ils prononcèrent que sa fille Jeanne était bâtarde, née d'adultère, incapable de régner. On avait auparavant reconnu roi le bâtard Transtamare, rebelle envers son roi légitime; c'est à présent un roi légitime qu'on détrône, et dont on déclare la fille bâtarde et supposée, quoique née publiquement de la reine, quoique avouée par son père.

Plusieurs grands prétendaient à la royauté; mais les rebelles se résolurent à reconnaître Isabelle, sœur du roi, âgée de dix-sept ans, plutôt que de se soumettre à un de leurs égaux; aimant mieux déchirer l'état au nom d'une jeune princesse encore sans crédit, que de se donner un maître.

L'archevêque ayant donc fait la guerre à son roi au nom de l'infant, la continua au nom de l'infante: et le roi ne put enfin sortir de tant de troubles et demeurer sur le trône, que par un des plus honteux traités que jamais souverain ait signés. Il reconnut sa sœur Isabelle pour sa seule héritière légitime (1468), au mépris des droits de sa propre fille Jeanne; et les révoltés lui laissèrent le nom de roi à ce prix. Ainsi le malheureux Charles VI, en France, avait signé l'exhérédation de son propre fils.

Il fallait, pour consommer ce scandaleux ouvrage, donner à la jeune Isabelle un mari qui fût en état de soutenir son parti. Ils jetèrent les yeux sur Ferdinand, héritier d'Aragon, prince à peu près de l'âge d'Isabelle. L'archevêque les maria en secret; et ce mariage, fait sous des auspices si funestes, fut pourtant la source de la grandeur de l'Espagne. Il renouvela d'abord les dissensions, les guerres civiles, les traités frauduleux, les fausses réunions qui augmentent les haines. Henri, après un de ces raccommodements, fut attaqué d'un mal violent dans un repas que lui donnaient quelques uns de ses ennemis réconciliés, et mourut bientôt après (1474).

En vain il laissa son royaume en mourant à Jeanne, sa fille, en vain il jura qu'elle était légitime; ni ses serments au lit de la mort, ni ceux de sa femme, ne purent prévaloir contre le parti d'Isabelle et de Ferdinand, surnommé depuis *le Catholique*, roi d'Aragon et de Sicile. Ils vivaient ensemble, non comme deux époux dont les biens sont communs sous les ordres du mari, mais comme deux monarques étroitement alliés. Ils ne s'aimaient, ni ne se haïssaient, se voyant rarement, ayant chacun leur conseil, souvent jaloux l'un de l'autre dans l'administration, la reine encore plus jalouse des infidélités de son mari, qui remplissait de ses bâtards tous les grands postes; mais unis tous deux inséparablement pour leurs communs intérêts, agissant sur les mêmes principes, ayant toujours les mots de religion et de piété à la bouche, et uniquement occupés de leur ambition. La véritable héritière de Castille, Jeanne, ne put résister à leurs forces réunies. Le roi de Portugal, don Alfonse, son oncle, qui voulait l'épouser, arma en sa faveur (1479);

mais la conclusion de tant d'efforts et de tant de troubles fut que la malheureuse princesse passa dans un cloître une vie destinée au trône.

Jamais injustice ne fut ni mieux colorée, ni plus heureuse, ni plus justifiée par une conduite hardie et prudente. Isabelle et Ferdinand formèrent une puissance telle que l'Espagne n'en avait point encore vu depuis le rétablissement des chrétiens. Les mahométans arabes-maures n'avaient plus que le royaume de Grenade; et ils touchaient à leur ruine dans cette partie de l'Europe, tandis que les mahométans turcs semblaient prêts de subjuguer l'autre. Les chrétiens avaient, au commencement du huitième siècle, perdu l'Espagne par leurs divisions, et la même cause chassa enfin les Maures d'Espagne.

Le roi de Grenade Alboacen vit son neveu Boabdilla révolté contre lui. Ferdinand-le-Catholique ne manqua pas de fomenter cette guerre civile, et de soutenir le neveu contre l'oncle pour les affaiblir tous deux l'un par l'autre. Bientôt après la mort d'Alboacen, il attaqua avec les forces de la Castille et de l'Aragon son allié Boabdilla. Il en coûta six années de temps pour conquérir le royaume mahométan. Enfin la ville de Grenade fut assiégée : le siége dura huit mois. La reine Isabelle y vint jouir de son triomphe. Le roi Boabdilla se rendit à des conditions qui marquaient qu'il eût pu encore se défendre : car il fut stipulé qu'on ne toucherait ni aux biens, ni aux lois, ni à la liberté, ni à la religion des Maures; que leurs prisonniers même seraient rendus sans rançon, et que les Juifs, compris dans le traité, jouiraient des mêmes priviléges. Boabdilla sortit à ce prix de sa capitale, (1491) et alla remettre les clefs à Ferdinand et Isabelle, qui le traitèrent en roi pour la dernière fois.

Les contemporains ont écrit qu'il versa des larmes en se retournant vers les murs de cette ville bâtie par les mahométans depuis près de cinq cents ans, peuplée, opulente, ornée de ce vaste palais des rois maures dans lequel étaient les plus beaux bains de l'Europe, et dont plusieurs salles voûtées étaient soutenues sur cent colonnes d'albâtre. Le luxe qu'il regrettait fut probablement l'instrument de sa perte. Il alla finir sa vie en Afrique.

Ferdinand fut regardé dans l'Europe comme le vengeur de la religion et le restaurateur de la patrie. Il fut dès-lors appelé roi d'Espagne. En effet, maître de la Castille par sa femme, de Grenade par ses armes, et de l'Aragon par sa naissance, il ne lui manquait que la Navarre, qu'il envahit dans la suite. Il avait de grands démêlés avec la France pour la Cerdagne et le Roussillon, engagés à Louis XI. On peut juger si, étant roi de Sicile, il voyait d'un œil jaloux Charles VIII prêt d'aller en Italie déposséder la maison d'Aragon, établie sur le trône de Naples.

Nous verrons bientôt [1] éclore les fruits d'une jalousie si naturelle. Mais avant de considérer les querelles des rois, vous voulez toujours observer le sort des peuples. Vous voyez que Ferdinand et Isabelle ne trouvèrent pas l'Espagne dans l'état où elle fut depuis sous Charles-Quint et sous Philippe II. Ce mé-

---

[1] Chapitres CVII, et CXI, CXIII, CXIV. B.

lange d'anciens Visigoths, de Vandales, d'Africains, de Juifs et d'aborigènes, dévastait depuis long-temps la terre qu'ils se disputaient; elle n'était fertile que sous les mains mahométanes. Les Maures, vaincus, étaient devenus les fermiers des vainqueurs; et les Espagnols chrétiens ne subsistaient que du travail de leurs anciens ennemis. Point de manufactures chez les chrétiens d'Espagne, point de commerce; très peu d'usage même des choses les plus nécessaires à la vie; presque point de meubles, nulle hôtellerie dans les grands chemins, nulle commodité dans les villes : le linge fin y fut très long-temps ignoré, et le linge grossier assez rare. Tout leur commerce intérieur et extérieur se fesait par les Juifs, devenus nécessaires à une nation qui ne savait que combattre.

Lorsque vers la fin du quinzième siècle on voulut rechercher la source de la misère espagnole, on trouva que les Juifs avaient attiré à eux tout l'argent du pays par le commerce et par l'usure. On comptait en Espagne plus de cent cinquante mille hommes de cette nation étrangère si odieuse et si nécessaire. Beaucoup de grands seigneurs, auxquels il ne restait que des titres, s'alliaient à des familles juives, et réparaient par ces mariages ce que leur prodigalité leur avait coûté : ils s'en fesaient d'autant moins de scrupule, que depuis long-temps les Maures et les chrétiens s'alliaient souvent ensemble. On agita dans le conseil de Ferdinand et d'Isabelle comment on pourrait se délivrer de la tyrannie sourde des Juifs, après avoir abattu celle des vainqueurs arabes. (1492) On prit enfin le parti de les chasser et de les dépouiller. On ne leur donna que six mois pour vendre leurs effets, qu'ils furent obligés de vendre au plus bas prix. On leur défendit, sous peine de la vie, d'emporter avec eux ni or, ni argent, ni pierreries. Il sortit d'Espagne trente mille familles juives, ce qui fait cent cinquante mille personnes, à cinq par famille. Les uns se retirèrent en Afrique, les autres en Portugal et en France; plusieurs revinrent feignant de s'être faits chrétiens. On les avait chassés pour s'emparer de leurs richesses, on les reçut parcequ'ils en rapportaient; et c'est contre eux principalement que fut établi le tribunal de l'inquisition, afin qu'au moindre acte de leur religion, on pût juridiquement leur arracher leurs biens et la vie. On ne traite point ainsi dans les Indes les banians, qui y sont précisément ce que les Juifs sont en Europe, séparés de tous les peuples par une religion aussi ancienne que les annales du monde, unis avec eux par la nécessité du commerce dont ils sont les facteurs, et aussi riches que les Juifs le sont parmi nous. Ces banians et les guèbres aussi anciens qu'eux, aussi séparés qu'eux des autres hommes, sont cependant bien voulus partout; les Juifs seuls sont en horreur à tous les peuples chez lesquels ils sont admis. Quelques Espagnols ont prétendu que cette nation commençait à être redoutable. Elle était pernicieuse par ses profits sur les Espagnols; mais n'étant point guerrière, elle n'était point à craindre. On feignait de s'alarmer de la vanité que tiraient les Juifs d'être établis sur les côtes méridionales de ce royaume long-temps avant les chrétiens. Il est vrai qu'ils avaient passé en Andalousie de temps immémorial. Ils enveloppaient cette vérité de fables ridicules, telles qu'en a toujours débité ce peuple, chez qui les gens de bon sens ne s'appliquent qu'au négoce, et où le rabbinisme est abandonné à ceux qui ne peuvent mieux faire. Les rabbins espagnols avaient beaucoup écrit pour prouver qu'une colonie de Juifs avait fleuri sur les côtes, du temps de Salomon, et que l'ancienne Bétique payait un tribut à ce troisième roi de la Palestine. Il est très vraisemblable que les Phéniciens, en découvrant l'Andalousie, et en y fondant des colonies, y avaient établi des Juifs, qui servirent de courtiers, comme ils en ont servi partout. Mais de tout temps les Juifs ont défiguré la vérité par des fables absurdes; ils mirent en œuvre de fausses médailles, de fausses inscriptions. Cette espèce de fourberie, jointe aux autres plus essentielles qu'on leur reprochait, ne contribua pas peu à leur disgrace.

C'est depuis ce temps qu'on distingua en Espagne et en Portugal les anciens chrétiens et les nouveaux, les familles dans lesquelles il était entré des filles mahométanes, et celles dans lesquelles il en était entré de juives.

Cependant le profit passager que le gouvernement tira de la violence faite à ce peuple usurier, le priva bientôt du revenu certain que les Juifs payaient auparavant au fisc royal. Cette disette se fit sentir jusqu'au temps où l'on recueillit les trésors du nouveau monde. On y remédia autant que l'on put par des bulles. Celle de la Cruzade, donnée par Jules II (1509), produisit plus au gouvernement que l'impôt sur les Juifs. Chaque particulier est obligé d'acheter cette bulle pour avoir le droit de manger des œufs et certaines parties des animaux en carême, et les vendredis et samedis de l'année. Tous ceux qui vont à confesse ne peuvent recevoir l'absolution sans montrer cette bulle au prêtre. On inventa encore depuis la *bulle de composition*, en vertu de laquelle il est permis de garder le bien qu'on a volé, pourvu que l'on n'en connaisse pas le maître. De telles superstitions sont bien aussi fortes que celles qu'on reproche aux Hébreux. La sottise, la folie, et les vices, font partout une partie du revenu public.

La formule de l'absolution qu'on donne à ceux qui ont acheté la bulle de la Cruzade, n'est pas indigne de ce tableau général des coutumes et des mœurs des hommes : « Par l'autorité de Dieu tout puissant, de « saint Pierre et de saint Paul, et de notre très saint « père le pape, à moi commise, je vous accorde la ré- « mission de tous vos péchés confessés, oubliés, igno- « rés, et des peines du purgatoire. »

La reine Isabelle, ou plutôt le cardinal Ximénès, traita depuis les mahométans comme les Juifs; on en força un très grand nombre à se faire chrétiens, malgré la capitulation de Grenade, et on les brûla quand ils retournèrent à leur religion. Autant de musulmans que de Juifs se réfugièrent en Afrique, sans qu'on pût plaindre ni ces Arabes qui avaient si long-temps subjugué l'Espagne, ni ces Hébreux qui l'avaient plus long-temps pillée.

Les Portugais sortaient alors de l'obscurité; et, malgré toute l'ignorance de ces temps-là, ils commençaient à mériter alors une gloire aussi durable que l'univers, par le changement du commerce du monde, qui fut bientôt le fruit de leurs découvertes. Ce fut cette nation qui navigua la première des nations modernes sur l'océan Atlantique. Elle n'a dû qu'à elle seule le passage du cap de Bonne-Espérance, au lieu que les Espagnols dûrent à des étrangers la découverte de l'Amérique. Mais c'est à un seul homme, à l'infant don Henri, que les Portugais furent redevables de la grande entreprise contre laquelle ils murmurèrent d'abord. Il ne s'est presque jamais rien fait de grand dans le monde que par le génie et la fermeté d'un seul homme qui lutte contre les préjugés de la multitude, ou qui lui en donne.

Le Portugal était occupé de ses grandes navigations et de ses succès en Afrique; il ne prenait aucune part aux événements de l'Italie qui alarmaient le reste de l'Europe.

CHAPITRE CIII.

De l'état des Juifs en Europe.

Après avoir vu comment on traitait les Juifs en Espagne, on peut observer ici quelle fut leur situation chez les autres nations. Ce peuple doit nous intéresser, puisque nous tenons d'eux notre religion, plusieurs même de nos lois et de nos usages, et que nous ne sommes au fond que des Juifs avec un prépuce. Ils firent, comme vous ne l'ignorez pas, le métier de courtiers et de revendeurs, ainsi qu'autrefois à Babylone, à Rome, et dans Alexandrie. Leur mobilier en France appartenait au baron des terres dans lesquelles ils demeuraient. *Les meubles des Juifs sont au baron*, disent les établissements de saint Louis.

Il n'était pas plus permis d'ôter un Juif à un baron que de lui prendre ses manants ou ses chevaux. Le même droit s'exerçait en Allemagne. Ils sont déclarés serfs par une constitution de Frédéric II. Un Juif était domaine de l'empereur, et ensuite chaque seigneur eut ses Juifs.

Les lois féodales avaient établi dans presque toute l'Europe, jusqu'à la fin du quatorzième siècle, que si un Juif embrassait le christianisme, il perdait alors tous ses biens, qui étaient confisqués au profit de son seigneur. Ce n'était pas un sûr moyen de les convertir; mais il fallait bien dédommager le baron de la perte de son Juif.

Dans les grandes villes, et surtout dans les villes impériales, ils avaient leurs synagogues et leurs droits municipaux, qu'on leur fesait acheter fort chèrement; et lorsqu'ils étaient devenus riches, on ne manquait pas, comme on a vu [1], de les accuser d'avoir crucifié un petit enfant le vendredi saint. C'est sur cette accusation populaire que dans plusieurs villes de Languedoc et de Provence on établit la loi qui permettait de les battre depuis le vendredi saint jusqu'à Pâques, quand on les trouvait dans les rues.

Leur grande application ayant été de temps immémorial à prêter sur gages, il leur était défendu de prêter ni sur des ornements d'église, ni sur des habits

---

[1] *Annales de l'Empire*, année 1309, tome XXIII. B.

sanglants ou mouillés. (1215) Le concile de Latran ordonna qu'ils portassent une petite roue sur la poitrine, pour les distinguer des chrétiens. Ces marques changèrent avec le temps ; mais partout on leur en fesait porter une à laquelle on pût les reconnaître. Il leur était expressément défendu de prendre des servantes ou des nourrices chrétiennes, et encore plus des concubines : il y eut même quelques pays où l'on fesait brûler les filles dont un Juif avait abusé, et les hommes qui avaient eu les faveurs d'une Juive, par la grande raison qu'en rend le grand jurisconsulte Gallus ; « que c'est la même chose de coucher avec un Juif « que de coucher avec un chien. »

Quand ils avaient un procès contre un chrétien, on les fesait jurer par *Sabaoth*, *Éloï* et *Adonaï*, par les dix noms de Dieu ; et on leur annonçait *la fièvre tierce*, *quarte*, *et quotidienne*, s'ils se parjuraient ; à quoi ils répondaient, *Amen*. On avait toujours soin de les pendre entre deux chiens, lorsqu'ils étaient condamnés.

Il leur était permis en Angleterre de prendre des biens de campagne en hypothèque pour les sommes qu'ils avaient prêtées. On trouve dans le *Monasticum anglicanum* qu'il en coûta six marques sterling, *sex marcas* (peut-être six marcs), pour libérer une terre hypothéquée à la juiverie.

Ils furent chassés de presque toutes les villes de l'Europe chrétienne en divers temps, mais presque toujours rappelés ; il n'y a guère que Rome qui les ait constamment gardés. Ils furent entièrement chassés de France, en 1394, par Charles VI, et jamais depuis ils n'ont pu obtenir de séjourner dans Paris, où ils avaient occupé les halles et sept ou huit rues entières. On leur a seulement permis des synagogues dans Metz et dans Bordeaux, parcequ'on les y trouva établis lorsque ces villes furent unies à la couronne; et ils sont toujours restés constamment à Avignon, parceque c'était terre papale. En un mot, ils furent partout usuriers, selon le privilége et la bénédiction de leur loi, et partout en horreur par la même raison.

Leurs fameux rabbins Maimonide, Abrabanel, Aben-Esra, et d'autres, avaient beau dire aux chrétiens dans leurs livres, Nous sommes vos pères, nos écritures sont les vôtres, nos livres sont lus dans vos églises, nos cantiques y sont chantés; on leur répondait en les pillant, en les chassant, ou en les fesant pendre entre deux chiens : on prit en Espagne et en Portugal l'usage de les brûler. Les derniers temps leur ont été plus favorables, surtout en Hollande et en Angleterre, où ils jouissent de leurs richesses, et de tous les droits de l'humanité, dont on ne doit dépouiller personne. Ils ont même été sur le point d'obtenir le droit de bourgeoisie en Angleterre, vers l'an 1750, et l'acte du parlement allait déjà passer en leur faveur; mais enfin le cri de la nation et l'excès du ridicule jeté sur cette entreprise la fit échouer. Il courut cent pasquinades représentant mylord Aaron et mylord Judas séants dans la chambre des pairs : on rit, et les Juifs se contentèrent d'être riches et libres.

Ce n'est pas une légère preuve des caprices de l'esprit humain de voir les descendants de Jacob brûlés en procession à Lisbonne, et aspirant à tous les priviléges de la Grande-Bretagne. Ils ne sont, en Turquie, ni brûlés, ni bachas; mais ils s'y sont rendus les maîtres de tout le commerce; et ni les Français, ni les Vénitiens, ni les Anglais, ni les Hollandais, n'y peuvent acheter ou vendre qu'en passant par les mains des Juifs : aussi les riches courtiers de Constantinople regrettent-ils peu Jérusalem, tout méprisés et tout rançonnés qu'ils sont par les Turcs.

Vous êtes frappés[1] de cette haine et de ce mépris que toutes les nations ont toujours eu pour les Juifs : c'est la suite inévitable de leur législation; il fallait, ou qu'ils subjuguassent tout, ou qu'ils fussent écrasés. Il leur fut ordonné d'avoir les nations en horreur, et de se croire souillés s'ils avaient mangé dans un plat qui eût appartenu à un homme d'une autre loi. Ils appelaient *les nations* vingt à trente bourgades, leurs voisines, qu'ils voulaient exterminer, et ils crurent qu'il fallait n'avoir rien de commun avec elles. Quand leurs yeux furent un peu ouverts par d'autres nations victorieuses, qui leur apprirent que le monde était plus grand qu'ils ne croyaient, ils se trouvèrent, par leur loi même, ennemis naturels de ces nations, et enfin du genre humain. Leur politique absurde subsista quand elle devait changer; leur superstition augmenta avec leurs malheurs : leurs vainqueurs étaient incirconcis; il ne parut pas plus permis à un Juif de manger dans un plat qui avait servi à un Romain que dans le plat d'un Amorrhéen. Ils

---

[1] L'ouvrage ayant été composé pour madame du Châtelet, il semblerait qu'on devrait lire ici *frappée*; mais il y a *frappés* dans l'édition de 1761, la première qui contienne ce chapitre. B.

gardèrent tous leurs usages, qui sont précisément le contraire des usages sociables; ils furent donc avec raison traités comme une nation opposée en tout aux autres; les servant par avarice, les détestant par fanatisme, se fesant de l'usure un devoir sacré. Et ce sont nos pères!

CHAPITRE CIV.

De ceux qu'on appelait Bohêmes ou Égyptiens.

Il y avait alors une petite nation aussi vagabonde, aussi méprisée que les Juifs, et adonnée à une autre espèce de rapine; c'était un ramas de gens inconnus, qu'on nommait Bohêmes en France, et ailleurs Égyptiens, Giptes, ou Gipsis, ou Syriens: on les a nommés en Italie Zingani, et Zingari. Ils allaient par troupes d'un bout de l'Europe à l'autre, avec des tambours de basque et des castagnettes; ils dansaient, chantaient, disaient la bonne fortune, guérissaient les maladies avec des paroles, volaient tout ce qu'ils trouvaient, et conservaient entre eux certaines cérémonies religieuses, dont ni eux ni personne ne connaissait l'origine. Cette race a commencé à disparaître de la face de la terre depuis que, dans nos derniers temps, les hommes ont été désinfatués des sortiléges, des talismans, des prédictions, et des possessions: on voit encore quelques restes de ces malheureux, mais rarement: c'était très vraisemblablement un reste de ces anciens prêtres et des prêtresses d'Isis, mêlés avec ceux de la déesse de Syrie. Ces troupes errantes, aussi méprisées des Romains qu'elles avaient été honorées autrefois, portèrent leurs cérémonies et leurs superstitions mercenaires par tout le monde. Missionnaires errants de leur culte, ils couraient de province en province convertir ceux à qui un hasard heureux confirmait les prédictions de ces prophètes, et ceux qui, étant guéris naturellement d'une maladie légère, croyaient être guéris par la vertu miraculeuse de quelques mots et de quelques signes mystérieux. Le portrait que fait Apulée de ces troupes vagabondes de prophètes et de prophétesses, est l'image de ce que les hordes errantes appelées Bohêmes ont été si long-temps dans toutes les parties de l'Europe : leurs castagnettes et leurs tambours de basque sont les cymbales et les crotales des prêtres isiaques et syriens. Apulée, qui passa presque toute sa vie à rechercher les secrets de la religion et de la magie, parle des prédictions, des talismans, des cérémonies, des danses et des chants de ces prêtres pélerins, et spécifie surtout l'adresse avec laquelle ils volaient dans les maisons et dans les basses-cours.

Quand le christianisme eut pris la place de la religion de Numa, quand Théodose eut détruit le fameux temple de Sérapis en Égypte, quelques prêtres égyptiens se joignirent à ceux de Cybèle et de la déesse de Syrie, et allèrent demander l'aumône comme ont fait depuis nos ordres mendiants. Mais des chrétiens ne les auraient pas assistés; il fallut donc qu'ils mêlassent le métier de charlatans à celui de pélerins : ils exerçaient la chiromancie, et formaient des danses singulières. Les hommes veulent être amusés et trompés ; ainsi ce ramas d'anciens prêtres s'est perpétué jusqu'à nos jours : telle a été la fin de l'ancienne religion d'Osiris et d'Isis, dont les noms impriment encore du respect. Cette religion, tout emblématique, et toute vénérable dans son origine, était, dès le temps de Cyrus, un mélange de superstitions ridicules. Elle devint encore plus méprisable sous les Ptolémées, et tomba dans le dernier avilissement sous les Romains : elle a fini par être abandonnée à des troupes de voleurs. Il arrivera peut-être aux Juifs la même catastrophe : quand la société des hommes sera perfectionnée, quand chaque peuple fera le commerce par lui-même et ne partagera plus les fruits de son travail avec ces courtiers errants, alors le nombre des Juifs diminuera nécessairement. Les riches commencent parmi eux à mépriser leurs superstitions ; elles ne seront plus que le partage d'un peuple sans arts et sans lois, qui, ne trouvant plus à s'enrichir par notre négligence, ne pourra plus faire une société séparée ; et qui n'entendant plus son ancien jargon corrompu, mêlé d'hébraïque et de syriaque, ignorant alors jusqu'à ses livres, se confondra avec la lie des autres peuples.

CHAPITRE CV.

Suite de l'état de l'Europe au quinzième siècle. De l'Italie. De l'assassinat de Galéas Sforce dans une église. De l'assassinat des Médicis dans une église; de la part que Sixte IV eut à cette conjuration.

Des montagnes du Dauphiné au fond de l'Italie, voici quelles étaient les puissances, les intérêts et les mœurs des nations.

L'état de la Savoie, moins étendu qu'aujourd'hui, n'ayant même ni le Montferrat, ni Saluces, manquant d'argent et de commerce, n'était pas regardé comme une barrière. Ses souverains étaient attachés à la maison de France, qui depuis peu, dans leur minorité, avait disposé du gouvernement; et les passages des Alpes étaient ouverts.

On descend du Piémont dans le Milanais, le pays le plus fertile de l'Italie citérieure : c'était encore, ainsi que la Savoie, une principauté de l'empire, mais principauté puissante, très indépendante alors d'un empire faible. Après avoir appartenu aux Viscontis, cet état avait passé sous les lois du bâtard d'un paysan, grand homme et fils d'un grand homme : ce paysan est François Sforce, devenu par son mérite connétable de Naples et puissant en Italie. Le bâtard son fils avait été un de ces *condottieri*, chef de brigands disciplinés qui louaient leurs services aux papes, aux Vénitiens, aux Napolitains. Il avait pris Milan vers le milieu du quinzième siècle, et s'était ensuite emparé de Gênes, qui autrefois était si florissante, et qui, ayant soutenu neuf guerres contre Venise, flottait alors d'esclavage en esclavage. Elle s'était donnée aux Français du temps de Charles VI : elle s'était révoltée (1458) : elle prit ensuite le joug de Charles VII, et le secoua encore : elle voulut se donner à Louis XI, qui répondit qu'elle pouvait se donner au diable, et que pour lui il n'en voulait point. Ce fut alors qu'elle fut contrainte de se livrer à ce duc de Milan, François Sforce (1464).

Galéas Sforce, fils de ce bâtard, fut assassiné dans la cathédrale de Milan le jour de Saint-Étienne (1476). Je rapporte cette circonstance, qui ailleurs serait frivole, et qui est ici très importante : car les assassins prièrent saint Étienne et saint Ambroise à haute voix de leur donner assez de courage pour assassiner leur souverain. L'empoisonnement, l'assassinat, joints à la superstition, caractérisaient alors les peuples de l'Italie ; ils savaient se venger, et ne savaient guère se battre ; on trouvait beaucoup d'empoisonneurs et peu de soldats ; et tel était le destin de ce beau pays depuis le temps des Othon. De l'esprit, de la superstition, de l'athéisme, des mascarades, des vers, des trahisons, des dévotions, des poisons, des assassinats, quelques grands hommes, un nombre infini de scélérats habiles, et cependant malheureux ; voilà ce que fut l'Italie. Le fils de ce malheureux Galéas, Marie, encore enfant, succéda au duché de Milan, sous la tutèle de sa mère et du chancelier Simonetta ; mais son oncle, que nous appelons Ludovic Sforce, ou Louis-le-Maure, chassa la mère, fit mourir le chancelier, et bientôt après empoisonna son neveu.

C'était ce Louis-le-Maure qui négociait avec Charles VIII, pour faire descendre les Français en Italie.

La Toscane, pays moins fertile, était au Milanais ce que l'Attique avait été à la Béotie ; car depuis un siècle Florence se signalait, comme on a vu, par le commerce et par les beaux-arts. Les Médicis étaient à la tête de cette nation polie : aucune maison dans le monde n'a jamais acquis la puissance par des titres si justes ; elle l'obtint à force de bienfaits et de vertus. Cosme de Médicis, né en 1389, simple citoyen de Florence, vécut sans rechercher de grands titres ; mais il acquit par le commerce des richesses comparables à celles des plus grands rois de son temps : il s'en servit pour secourir les pauvres, pour se faire des amis parmi les riches en leur prêtant son bien, pour orner sa patrie d'édifices, pour appeler à Florence les savants grecs chassés de Constantinople : ses conseils furent pendant trente années les lois de sa république : ses bienfaits furent ses principales intrigues, et ce sont toujours les plus sûres. On vit après sa mort, par ses papiers, qu'il avait prêté à ses compatriotes des sommes immenses, dont il n'avait jamais exigé le moindre paiement : il mourut regretté de ses ennemis mêmes (1464). Florence, d'un commun consentement, orna son tombeau du nom de *Père de la patrie*, titre qu'aucun des rois qui ont passé devant vos yeux n'avait pu obtenir.

Sa réputation valut à ses descendants la principale autorité dans la Toscane : son fils l'administra sous le nom de *Gonfalonier*. (1478) Ses deux petits-fils, Laurent et Julien, maîtres de la république, furent assassinés dans une église par des conjurés, au moment où on élevait l'hostie : Julien en mourut; Laurent échappa. Le gouvernement des Florentins ressemblait à celui des Athéniens, comme leur génie : il était tantôt aristocratique, tantôt populaire, et on n'y craignait rien tant que la tyrannie.

Cosme de Médicis pouvait être comparé à Pisistrate, qui, malgré son pouvoir, fut mis au nombre des sages. Les petits-fils de ce Cosme eurent le sort des enfants de Pisistrate, assassinés par Harmodius et Aristogiton : Laurent échappa aux meurtriers comme un des enfants de Pisistrate, et vengea comme lui la mort de son frère. Mais ce qu'on n'avait point vu dans Athènes, et ce qu'on vit à Florence, c'est que les chefs de la religion tramèrent cette conspiration sanguinaire.

On peut, par cet événement, se former une idée très juste de l'esprit et des mœurs de ces temps-là. La Rovère, Sixte IV, était souverain pontife. Je n'examinerai pas ici avec Machiavel si les Riario, qu'il fesait passer pour ses neveux, étaient en effet ses enfants; ni avec Michel Brutus, s'il les avait fait naître lorsqu'il était cordelier. Il suffit, pour l'intelligence des faits, de savoir qu'il sacrifiait tout pour l'agrandissement de Jérôme Riario, l'un de ces prétendus neveux. Nous avons déjà observé que le domaine du saint-siége n'était pas à beaucoup près aussi étendu qu'aujourd'hui. Sixte IV voulut dépouiller les seigneurs d'Imola et de Forli pour enrichir Jérôme de leurs états. Les deux frères Médicis secoururent de leur argent ces petits princes, et les soutinrent. Le pape crut que pour dominer dans l'Italie il fallait qu'il exterminât les Médicis. Un banquier florentin établi à Rome, nommé Pazzi, ennemi des deux frères, proposa au pape de les assassiner. Le cardinal Raphaël Riario, frère de Jérôme, fut envoyé à Florence pour diriger la conspiration; et Salviati, archevêque de Florence, en dressa tout le plan. Le prêtre Stephano, attaché à cet archevêque, se chargea d'être un des assassins. On choisit la solennité d'une grande fête dans l'église de Santa-Reparata pour égorger les Médicis et leurs amis, comme les assassins du duc Galéas Sforce avaient choisi la cathédrale de Milan, et le jour de Saint-Étienne, pour massacrer ce prince au pied de l'autel. Le moment de l'élévation de l'hostie fut celui qu'on prit pour le meurtre, afin que le peuple, attentif et prosterné, ne pût en empêcher l'exécution. En effet, dans cet instant même, Julien de Médicis fut tué par un frère de Pazzi et par d'autres conjurés. Le prêtre Stephano blessa Laurent, qui eut assez de force pour se retirer dans la sacristie.

Quand on voit un pape, un archevêque, un prêtre, méditer un tel crime, et choisir pour l'exécution le moment où leur Dieu se montre dans le temple, on ne peut douter de l'athéisme qui régnait alors. Certainement s'ils avaient cru que leur Créateur leur apparaissait sous le pain sacré, ils n'auraient osé lui insulter à ce point. Le peuple adorait ce mystère; les grands et les hommes d'état s'en moquaient; toute l'histoire de ces temps-là le démontre. Ils pensaient comme on pensait à Rome du temps de César : leurs passions concluaient qu'il n'y a aucune religion. Ils fesaient tous ce détestable raisonnement : Les hommes m'ont enseigné des mensonges ; donc il n'y a point de Dieu. Ainsi la religion naturelle fut éteinte dans presque tous ceux qui gouvernaient alors; et jamais siècle ne fut plus fécond en assassinats, en empoisonnements, en trahisons, en débauches monstrueuses.

Les Florentins, qui aimaient les Médicis, les vengèrent par le supplice de tous les coupables qu'ils rencontrèrent. L'archevêque de Florence fut pendu aux fenêtres du palais public. Laurent eut la générosité ou la prudence de sauver la vie au cardinal neveu, qu'on voulait égorger au pied de l'autel qu'il avait souillé, et où il se réfugia. Pour Stephano, comme il n'était que prêtre, le peuple ne l'épargna pas; il fut traîné dans les rues de Florence, mutilé, écorché, et enfin pendu.

Une des singularités de cette conspiration fut que Bernard Bandini, l'un des meurtriers, retiré depuis chez les Turcs, fut livré à Laurent de Médicis; et que le sultan Bajazet servit à punir le crime que le pape Sixte avait fait commettre. Ce qui fut moins extraordinaire, c'est que le pape excommunia les Florentins, pour avoir puni la conspiration; il leur fit même une guerre que Médicis termina par sa prudence. Vous voyez à quoi l'on employait la religion et les anathèmes. Je défie l'imagination la plus atroce de rien inventer qui approche de ces détestables horreurs.

Laurent, vengé par ses concitoyens, s'en fit aimer le reste de sa vie. On le surnomma le *Père des muses*, titre qui ne vaut pas celui de *Père de la patrie*, mais qui annonce qu'il l'était en effet. C'était une chose aussi admirable qu'éloignée de nos mœurs, de voir ce citoyen, qui fesait toujours le commerce, vendre d'une main les denrées du Levant, et soutenir de l'autre le fardeau de la république; entretenir des facteurs, et recevoir des ambassadeurs; résister au pape, faire la guerre et la paix, être l'oracle des princes, cultiver les belles-lettres, donner des spectacles au peuple, et accueillir tous les savants grecs de Constantinople. Il égala le grand Cosme par ses bienfaits, et le surpassa par sa magnificence. Ce fut dès-lors que Florence fut comparable à l'ancienne Athènes. On y vit à-la-fois le prince Pic de La Mirandole, Poliziano, Marcello Ficino, Landino, Lascaris, Chalcondyle, que Laurent rassemblait autour de lui, et qui étaient supérieurs peut-être à ces sages de la Grèce tant vantés.

Son fils Pierre eut comme lui l'autorité principale et presque souveraine dans la Toscane, du temps de l'expédition des Français, mais avec bien moins de crédit que ses prédécesseurs et ses descendants.

CHAPITRE CVI.

De l'état du pape, de Venise, et de Naples, au quinzième siècle.

L'état du pape n'était pas ce qu'il est aujourd'hui, encore moins ce qu'il aurait dû être si la cour de Rome avait pu profiter des donations qu'on croit que Charlemagne avait faites, et de celles que la comtesse Mathilde fit réellement. La maison de Gonzague était

CHAP. CVI. ÉTAT DU PAPE, VENISE, ETC.

en possession de Mantoue, dont elle fesait hommage à l'empire. Divers seigneurs jouissaient en paix, sous les noms de vicaires de l'empire ou de l'Église, des belles terres qu'ont aujourd'hui les papes. Pérouse était à la maison des Bailloni; les Bentivoglio avaient Bologne; les Polentini, Ravenne; les Manfredi, Faenza; les Sforces, Pezaro; les Riario possédaient Imola et Forli; la maison d'Est régnait depuis long-temps à Ferrare; les Pics à la Mirandole; les barons romains étaient encore très puissants dans Rome : on les appelait les *menottes* des papes. Les Colonnes et les Ursins, les Conti, les Savelli, premiers barons, et possesseurs anciens des plus considérables domaines, partageaient l'état romain par leurs querelles continuelles, semblables aux seigneurs qui s'étaient fait la guerre en France et en Allemagne dans les temps de faiblesse. Le peuple romain, assidu aux processions, et demandant à grands cris des indulgences plénières à ses papes, se soulevait souvent à leur mort, pillait leur palais, était prêt de jeter leur corps dans le Tibre. C'est ce qu'on vit surtout à la mort d'Innocent VIII.

Après lui fut élu l'Espagnol Roderico Borgia, Alexandre VI, homme dont la mémoire a été rendue exécrable par les cris de l'Europe entière, et par la plume de tous les historiens. Les protestants, qui dans les siècles suivants s'élevèrent contre l'Église, chargèrent encore la mesure des iniquités de ce pontife. Nous verrons si on lui a imputé trop de crimes. Son exaltation fait bien connaître les mœurs et l'esprit de son siècle, qui ne ressemble en rien au nôtre. Les cardinaux qui l'élurent savaient qu'il élevait cinq enfants nés de son commerce avec Vanoza. Ils devaient prévoir que tous les biens, les honneurs, l'autorité, seraient entre les mains de cette famille : cependant ils le choisirent pour maître. Les chefs des factions du conclave vendirent pour de modiques sommes leurs intérêts et ceux de l'Italie.

Venise, des bords du lac de Cosme, étendait ses domaines en terre ferme jusqu'au milieu de la Dalmatie. Les Ottomans lui avaient arraché presque tout ce qu'elle avait autrefois envahi en Grèce sur les empereurs chrétiens; mais il lui restait la grande île de Crète (1437), et elle s'était approprié celle de Chypre par la donation de la dernière reine, fille de Marco Cornaro, Vénitien. Mais la ville de Venise, par son industrie, valait seule et Crète, et Chypre, et tous ses domaines en terre ferme. L'or des nations coulait chez elle par tous les canaux du commerce : tous les princes italiens craignaient Venise, et elle craignait l'irruption des Français.

De tous les gouvernements de l'Europe, celui de Venise était le seul réglé, stable, et uniforme. Il n'avait qu'un vice radical qui n'en était pas un aux yeux de sénat : c'est qu'il manquait un contre-poids à la puissance patricienne, et un encouragement aux plébéiens. Le mérite ne put jamais dans Venise élever un simple citoyen, comme dans l'ancienne Rome. La beauté du gouvernement d'Angleterre, depuis que la chambre des communes a part à la législation, consiste dans ce contre-poids, et dans ce chemin toujours ouvert aux honneurs pour quiconque en est digne; mais aussi le peuple étant toujours tenu dans la sujétion, le gouvernement des nobles en est mieux affermi, et les discordes civiles plus éloignées. On n'y craint point la démocratie, qui ne convient qu'à un petit canton suisse, ou à Genève [1].

Pour les Napolitains, toujours faibles et remuants, incapables de se gouverner eux-mêmes, de se donner un roi et de souffrir celui qu'ils avaient, ils étaient au premier qui arrivait chez eux avec une armée.

Le vieux roi Fernando régnait à Naples. Il était bâtard de la maison d'Aragon. La bâtardise n'excluait point alors du trône. C'était une race bâtarde qui régnait en Castille : c'était encore la race bâtarde de don Pèdre-le-Sévère, qui était sur le trône de Portugal. Fernando, régnant à ce titre dans Naples, avait reçu l'investiture du pape au préjudice des héritiers de la maison d'Anjou, qui réclamaient leurs droits. Mais il n'était aimé ni du pape son suzerain, ni de ses sujets.

[1] Si l'on entend par démocratie une constitution dans laquelle l'assemblée générale des citoyens fait immédiatement les lois, il est clair que la démocratie ne convient qu'à un petit état ; mais si l'on entend une constitution où tous les citoyens, partagés en plusieurs assemblées, élisent des députés chargés de représenter et de porter l'expression générale de la volonté de leurs commettants à une assemblée générale qui représente alors la nation, il est aisé de voir que cette constitution convient à de grands états. On peut même, en formant plusieurs ordres d'assemblées représentatives, l'appliquer aux empires les plus étendus, et leur donner par ce moyen une consistance qu'aucun n'a pu avoir jusqu'ici, et en même temps cette unité de vues si nécessaire, qu'il est impossible d'obtenir d'une manière durable dans une constitution fédérative. Il serait possible même d'établir une forme de constitution telle que toute loi, ou du moins toute loi importante, fût aussi réellement l'expression de la volonté générale des citoyens qu'elle peut l'être dans le conseil général de Genève; et alors il serait impossible de ne pas la regarder comme une vraie démocratie. K.

Il mourut en 1494, laissant une famille infortunée, à qui Charles VIII ravit le trône sans pouvoir le garder, et qu'il persécuta pour son propre malheur.

CHAPITRE CVII.

De la conquête de Naples par Charles VIII, roi de France et empereur. De Zizim, frère de Bajazet II. Du pape Alexandre VI, etc.

Charles VIII, son conseil, ses jeunes courtisans, étaient si enivrés du projet de conquérir le royaume de Naples, qu'on rendit à Maximilien la Franche-Comté et l'Artois, partie des dépouilles de sa femme, et qu'on remit la Cerdagne et le Roussillon à Ferdinand-le-Catholique, auquel on fit encore une remise de trois cent mille écus qu'il devait, à condition qu'il ne troublerait point la conquête. On ne fesait pas réflexion que douze villages qui joignent un état valent mieux qu'un royaume à quatre cents lieues de chez soi. On fesait encore une autre faute ; on se fiait au roi *catholique*.

L'enivrement du projet chimérique de conquérir non seulement une partie de l'Italie, mais de détrôner le sultan des Turcs, fut aussi une des raisons qui forcèrent Charles VIII à conclure avec Henri VII, roi d'Angleterre, un marché plus honteux encore que celui de Louis XI avec Édouard IV. Il se soumit à lui payer six cent vingt mille écus d'or, de peur que Henri ne lui fît la guerre ; se rendant ainsi le tributaire des Anglais belliqueux, qu'il craignait, pour aller attaquer des Italiens amollis qu'il ne craignait pas. Il crut aller à la gloire par le chemin de l'opprobre, et commença par s'appauvrir en voulant s'enrichir par des conquêtes.

(1494) Enfin Charles VIII descend en Italie. Il n'avait pour une telle entreprise que seize cents hommes d'armes, qui, avec leurs archers, composaient un corps de bataille de cinq mille cavaliers pesamment armés, deux cents gentilshommes de sa garde, cinq cents cavaliers armés à la légère, six mille fantassins français et six mille Suisses, avec si peu d'argent qu'il était obligé d'en emprunter sur les chemins, et de mettre en gage les pierreries que lui prêta la duchesse de Savoie. Sa marche cependant imprima partout l'épouvante et la soumission. Les Italiens étaient étonnés de voir cette grosse artillerie traînée par des chevaux, eux qui ne connaissaient que de petites coulevrines de cuivre traînées par des bœufs. La gendarmerie italienne était composée de spadassins, qui se louaient fort cher pour un temps limité à ces condottieri, lesquels se louaient encore plus cher aux princes qui achetaient leur dangereux service. Ces chefs prenaient des noms faits pour intimider la populace. L'un s'appelait Taille-Cuisse; l'autre, Fier-à-Bras, ou Fracasse, ou Sacripant. Chacun d'eux craignait de perdre ses hommes : ils poussaient leurs ennemis dans les batailles, et ne les frappaient pas. Ceux qui perdaient le champ étaient les vaincus. Il y avait beaucoup plus de sang répandu dans les vengeances particulières, dans les enceintes des villes, dans les conspirations, que dans les combats. Machiavel rapporte que dans la bataille d'Anguiari, il n'y eut de mort qu'un cavalier étouffé dans la presse.

Une guerre sérieuse les effraya tous, et aucun n'osa paraître. Le pape Alexandre VI, les Vénitiens, le duc de Milan, Louis-le-Maure, qui avaient appelé le roi en Italie, voulurent le traverser dès qu'il y fut. Pierre de Médicis, contraint d'implorer sa protection, fut chassé de la république pour l'avoir demandée, et se retira dans Venise, d'où il n'osa sortir, malgré la bienveillance du roi, craignant plus les vengeances secrètes de son pays qu'il ne comptait sur l'appui des Français.

Le roi entre à Florence en maître. Il délivre la ville de Sienne du joug des Toscans, qui bientôt après la remirent en servitude. Il marche à Rome, où Alexandre VI négociait en vain contre lui. Il y fait son entrée en conquérant. Le pape, réfugié dans le château Saint-Ange, vit les canons de France tournés contre ses faibles murailles. Il demanda grace.

Il ne lui en coûta guère qu'un chapeau de cardinal pour fléchir le roi (1494). Brissonnet, de président des comptes devenu archevêque, conseilla cet accommodement qui lui valut la pourpre. Un roi est souvent bien servi par ses sujets quand ils sont cardinaux, mais rarement quand ils veulent l'être. Le confesseur du roi entra encore dans l'intrigue. Charles, dont l'intérêt était de déposer le pape, lui pardonna, et s'en repentit. Jamais pape n'avait plus mérité l'indignation d'un roi chrétien. Lui et les Vénitiens s'étaient adressés à Bajazet II, sultan des Turcs, fils et successeur de Mahomet II, pour les aider à chasser

Charles VIII d'Italie. Il fut avéré que le pape avait envoyé un nonce, nommé Bozzo, à la Porte, et on en conclut que le prix de l'union du sultan et du pontife était un de ces meurtres atroces dont on commence à sentir quelque horreur aujourd'hui dans le sérail même de Constantinople.

Le pape, par un enchaînement d'événements extraordinaires, avait entre ses mains Zizim ou Gem, frère de Bajazet. Voici comment ce fils de Mahomet II était tombé entre les mains du pape.

Zizim, chéri des Turcs, avait disputé l'empire à Bajazet, qui en était haï. Mais, malgré les vœux des peuples, il avait été vaincu. Dans sa disgrace il eut recours aux chevaliers de Rhodes, qui sont aujourd'hui les chevaliers de Malte, auxquels il avait envoyé un ambassadeur. On le reçut d'abord comme un prince à qui on devait l'hospitalité, et qui pouvait être utile; mais bientôt après on le traita en prisonnier. Bajazet payait quarante mille sequins par an aux chevaliers, pour ne pas laisser retourner Zizim en Turquie. Les chevaliers le menèrent en France dans une de leurs commanderies du Poitou, appelée *le Bourgneuf*. Charles VIII reçut à-la-fois un ambassadeur de Bajazet et un nonce du pape Innocent VIII, prédécesseur d'Alexandre, au sujet de ce précieux captif. Le sultan le redemandait; le pape voulait l'avoir comme un gage de la sûreté de l'Italie contre les Turcs. Charles envoya Zizim au pape. Le pontife le reçut avec toute la splendeur que le maître de Rome pouvait affecter avec le frère du maître de Constantinople. On voulut l'obliger à baiser les pieds du pape; mais

Bozzo, témoin oculaire, assure que le Turc rejeta cet abaissement avec indignation. Paul Jove dit qu'Alexandre VI, par un traité avec le sultan, marchanda la mort de Zizim. Le roi de France, qui, dans des projets trop vastes, assuré de la conquête de Naples, se flattait d'être redoutable à Bajazet, voulut avoir ce frère malheureux. Le pape, selon Paul Jove, le livra empoisonné. Il resta indécis si le poison avait été donné par un domestique du pape, ou par un ministre secret du grand-seigneur; mais on divulgua que Bajazet avait promis trois cent mille ducats au pape pour la tête de son frère.

Le prince Démétrius Cantemir dit que, selon les annales turques, le barbier de Zizim lui coupa la gorge, et que ce barbier fut grand-vizir pour récompense. Il n'est pas probable qu'on ait fait ministre et général un barbier. Si Zizim avait été ainsi assassiné, le roi Charles VIII, qui renvoya son corps à son frère, aurait su ce genre de mort; les contemporains en auraient parlé. Le prince Cantemir, et ceux qui accusent Alexandre VI, peuvent se tromper également. La haine qu'on portait à ce pontife, et qu'il méritait si bien, lui imputa tous les crimes qu'il pouvait commettre.

Le pape, ayant juré de ne plus inquiéter le roi dans sa conquête, sortit de sa prison, et reparut en pontife sur le théâtre du Vatican. Là, dans un consistoire public, le roi vint prêter ce qu'on appelle hommage d'obédience, assisté de Jean de Gannai, premier président du parlement de Paris, qui semblait devoir être ailleurs qu'à cette cérémonie. Le roi baisa les pieds de celui que deux jours auparavant il voulait faire condamner comme un criminel; et, pour achever la scène, il servit la messe d'Alexandre VI. Guichardin, auteur contemporain très accrédité, assure que dans l'église le roi se plaça au-dessous du doyen des cardinaux. Il ne faut donc pas tant s'étonner que le cardinal de Bouillon, doyen du sacré collége, ait de nos jours, en s'appuyant de ces anciens usages, écrit à Louis XIV : « Je vais prendre la première place « du monde chrétien après la suprême. »

Charlemagne s'était fait déclarer dans Rome empereur d'Occident; Charles VIII y fut déclaré empereur d'Orient, mais d'une manière bien différente. Un Paléologue, neveu de celui qui avait perdu l'empire et la vie, céda très inutilement à Charles VIII et à ses successeurs un empire qu'on ne pouvait plus recouvrer.

Après cette cérémonie, Charles s'avança au royaume de Naples. Alfonse II, nouveau roi de ce pays, haï de ses sujets comme son père, et intimidé par l'approche des Français, donna au monde l'exemple d'une lâcheté nouvelle. Il s'enfuit secrètement à Messine, et se fit moine chez les Olivétains. Son fils Fernando, devenu roi, ne put rétablir les affaires que l'abdication de son père fesait voir désespérées. Abandonné bientôt des Napolitains, il leur remit leur serment de fidélité, après quoi il se retira dans la petite île d'Ischia, située à quelques milles de Naples.

Charles, maître du royaume et arbitre de l'Italie (1495), entra dans Naples en vainqueur, sans avoir presque combattu. Il prit les titres prématurés d'Auguste et d'empereur. Mais dans ce temps-là même presque toute l'Europe travaillait sourdement à lui faire perdre la couronne de Naples. Le pape, les Vénitiens, le duc de Milan, Louis-le-Maure, l'empereur Maximilien, Ferdinand d'Aragon, Isabelle de Castille, se liguaient ensemble. Il fallait avoir prévu cette ligue, et pouvoir la combattre. Il repartit pour la France cinq mois après l'avoir quittée. Tel fut, ou son aveuglement, ou son mépris pour les Napolitains, ou plutôt son impuissance, qu'il ne laissa que quatre à cinq mille Français pour conserver sa conquête; et il se trompa au point de croire que des seigneurs du pays, comblés de ses bienfaits, soutiendraient son parti pendant son absence.

Dans son retour auprès de Plaisance, vers le village de Fornovo, que nous nommons Fornouc, rendu célèbre par cette journée, il trouve l'armée des confédérés forte d'environ trente mille hommes. Il n'en avait que huit mille. S'il était battu, il perdait la liberté ou la vie; s'il battait, il ne gagnait que l'avantage de la retraite. On vit alors ce qu'il eût fait dans cette expédition, si la prudence avait secondé le courage. (1495) Les Italiens ne tinrent pas long-temps devant lui; il ne perdit pas deux cents hommes : les alliés en perdirent quatre mille. Tel est, d'ordinaire, l'avantage d'une troupe aguerrie qui combat avec son roi contre une multitude mercenaire. Guicciardino dit que, depuis quelques siècles, les Italiens n'avaient jamais donné une bataille si sanglante. Les Vénitiens comptèrent pour une victoire d'avoir, dans ce combat, pillé quelques bagages du roi. On porta sa tente en triomphe dans Venise. Charles VIII ne vainquit que pour s'en retourner en France, laissant encore la moitié de sa petite armée près de Novare dans le Milanais, où le duc d'Orléans fut bientôt assiégé, et dont il fut obligé de sortir avec les restes d'une garnison exténuée de misère et de faim.

Les ligués pouvaient encore l'attaquer avec un grand avantage; mais ils n'osèrent. Nous ne pouvons résister, disaient-ils, *alla furia francese*. Les Français firent précisément en Italie ce que les Anglais avaient fait en France; ils vainquirent en petit nombre, et ils perdirent leurs conquêtes.

Quand le roi fut à Turin, on fut bien étonné de voir un camérier du pape Alexandre VI qui ordonna au roi de France de retirer ses troupes du Milanais et de Naples, et de venir rendre compte de sa conduite au saint-père, sous peine d'excommunication. Cette bravade n'eût été qu'un sujet de plaisanterie, si d'ailleurs la conduite du pape n'eût pas été un sujet de plainte très sérieux.

Le roi revint en France, et fut aussi négligent à conserver ses conquêtes qu'il avait été prompt à les faire. Frédéric, oncle de Fernando, ce roi de Naples détrôné, devenu roi titulaire après la mort de Fernando, reprit en un mois tout son royaume, assisté de Gonsalve de Cordoue, surnommé *le grand capitaine*, que Ferdinand d'Aragon, surnommé *le Catholique*, envoya pour lors à son secours.

Le duc d'Orléans, qui régna bientôt après, fut trop heureux qu'on le laissât sortir de Novare. Enfin, de ce torrent qui avait inondé l'Italie, il ne resta nul vestige; et Charles VIII, dont la gloire avait passé si vite, mourut sans enfants à l'âge de près de vingt-huit ans (1497), laissant à Louis XII son premier exemple à suivre, et ses fautes à réparer.

CHAPITRE CVIII.

De Savonarole.

Avant de voir comment Louis XII soutint ses droits sur l'Italie, ce que devint tout ce beau pays agité de tant de factions, et disputé par tant de puissances, et comment les papes formèrent l'état qu'ils possèdent aujourd'hui, on doit quelque attention à un fait extraordinaire qui exerçait alors la crédulité de l'Europe, et qui étalait ce que peut le fanatisme.

Il y avait à Florence un dominicain nommé Jérôme Savonarole. C'était un de ces prédicateurs à qui le talent de parler en chaire fait croire qu'ils peuvent gouverner les peuples, un de ces théologiens qui ayant expliqué l'*Apocalypse* pensent être devenus prophètes. Il dirigeait, il prêchait, il confessait, il écrivait; et dans une ville libre, pleine nécessairement de factions, il voulait être à la tête d'un parti.

Dès que les principaux citoyens de Florence surent que Charles VIII méditait sa descente en Italie, il la prédit, et le peuple le crut inspiré. Il déclama contre le pape Alexandre VI; il encouragea ceux de ses compatriotes qui persécutaient les Médicis, et qui répandirent le sang des amis de cette maison. Jamais homme n'avait eu plus de crédit à Florence sur le commun peuple. Il était devenu une espèce de tribun, en fesant recevoir les artisans dans la magistrature. Le pape et les Médicis se servirent contre Savonarole des mêmes armes qu'il employait; ils envoyèrent un franciscain prêcher contre lui. L'ordre de saint François haïssait celui de saint Dominique plus que les guelfes ne haïssaient les gibelins. Le cordelier réussit à rendre le dominicain odieux. Les deux ordres se déchaînèrent l'un contre l'autre. Enfin un dominicain s'offrit à passer à travers un bûcher pour prouver la sainteté de Savonarole. Un cordelier proposa aussitôt la même épreuve pour prouver que Savonarole était un scélérat. Le peuple, avide d'un tel spectacle, en pressa l'exécution; le magistrat fut contraint de l'ordonner. Tous les esprits étaient encore remplis de l'ancienne fable de cet Aldobrandin, surnommé *Petrus igneus*, qui dans le onzième siècle avait passé et repassé sur des charbons ardents au milieu de deux bûchers; et les partisans de Savonarole ne doutaient pas que Dieu ne fît pour un jacobin ce qu'il avait fait pour un bénédictin. La faction contraire en espérait autant pour le cordelier. Si nous lisions ces religieuses horreurs dans l'histoire des Iroquois, nous ne les croirions pas. Cependant cette scène se jouait chez le peuple le plus ingénieux de la terre, dans la patrie du Dante, de l'Arioste, de Pétrarque, et de Machiavel. Parmi les chrétiens, plus un peuple est spirituel, plus il tourne son esprit à soutenir la superstition, et à colorer son absurdité.

On alluma les feux : les champions comparurent

en présence d'une foule innombrable; mais quand ils virent tous deux de sang froid les bûchers en flamme, tous deux tremblèrent, et leur peur commune leur suggéra une commune évasion. Le dominicain ne voulut entrer dans le bûcher que l'hostie à la main. Le cordelier prétendit que c'était une clause qui n'était pas dans les conventions. Tous deux s'obstinèrent, et s'aidant ainsi l'un l'autre à sortir d'un mauvais pas, ils ne donnèrent point l'affreuse comédie qu'ils avaient préparée.

Le peuple alors, soulevé par le parti des cordeliers, voulut saisir Savonarole. Les magistrats ordonnèrent à ce moine de sortir de Florence. Mais quoiqu'il eût contre lui le pape, la faction des Médicis et le peuple, il refusa d'obéir. Il fut pris et appliqué sept fois à la question. L'extrait de ses dépositions porte qu'il avoua qu'il était un faux prophète, un fourbe qui abusait du secret des confessions, et de celles que lui révélaient ses frères. Pouvait-il ne pas avouer qu'il était un imposteur? Un inspiré qui cabale n'est-il pas convaincu d'être un fourbe? peut-être était-il encore plus fanatique: l'imagination humaine est capable de réunir ces deux excès qui semblent s'exclure. Si la justice seule l'eût condamné, la prison, la pénitence, auraient suffi; mais l'esprit de parti s'en mêla. On le condamna lui et deux dominicains à mourir dans les flammes qu'ils s'étaient vantés d'affronter. Ils furent étranglés avant d'être jetés au feu (13 mai 1498). Ceux du parti de Savonarole ne manquèrent pas de lui attribuer des miracles; dernière ressource des adhérents d'un chef malheureux. N'oublions pas qu'Alexandre VI lui envoya, dès qu'il fut condamné, une indulgence plénière.

Vous regardez en pitié toutes ces scènes d'absurdité et d'horreur ; vous ne trouvez rien de pareil ni chez les Romains et les Grecs, ni chez les barbares. C'est le fruit de la plus infame superstition qui ait jamais abruti les hommes, et du plus mauvais des gouvernements. Mais vous savez qu'il n'y a pas long-temps que nous sommes sortis de ces ténèbres, et que tout n'est pas encore éclairé.

CHAPITRE CIX.

De Pic de La Mirandole.

Si l'aventure de Savonarole fait voir quel était encore le fanatisme, les thèses du jeune prince de La Mirandole nous montrent en quel état étaient les sciences. C'est à Florence et à Rome, chez les peuples alors les plus ingénieux de la terre, que se passent ces deux scènes différentes. Il est aisé d'en conclure quelles ténèbres étaient répandues ailleurs, et avec quelle lenteur la raison humaine se forme.

C'est toujours une preuve de la supériorité des Italiens dans ces temps-là, que Jean-François Pic de La Mirandole, prince souverain, ait été dès sa plus tendre jeunesse un prodige d'étude et de mémoire : il eût été dans notre temps un prodige de véritable érudition. Le goût des sciences fut si fort en lui, qu'à la fin il renonça à sa principauté, et se retira à Florence, (1494) où il mourut le même jour que Charles VIII fit son entrée dans cette ville. On dit qu'à l'âge de dix-huit ans il savait vingt-deux langues. Cela n'est certainement pas dans le cours ordinaire de la nature. Il n'y a point de langue qui ne demande environ une année pour la bien savoir. Quiconque dans une si grande jeunesse en sait vingt-deux, peut être soupçonné de les savoir bien mal, ou plutôt il en sait les éléments, ce qui est ne rien savoir.

Il est encore plus extraordinaire que ce prince, ayant étudié tant de langues, ait pu à vingt-quatre ans soutenir à Rome des thèses sur tous les objets des sciences, sans en excepter une seule. On trouve à la tête de ses ouvrages quatorze cents conclusions générales sur lesquelles il offrit de disputer. Un peu d'éléments de géométrie et de la sphère étaient dans cette étude immense la seule chose qui méritait ses peines. Tout le reste ne sert qu'à faire voir l'esprit du temps. C'est la *Somme de saint Thomas*; c'est le précis des ouvrages d'Albert, surnommé *le Grand*; c'est un mélange de théologie avec le péripatétisme. On y voit qu'un ange est infini *secundùm quid* : les animaux et les plantes naissent d'une *corruption animée par la vertu productive*. Tout est dans ce goût. C'est ce qu'on apprenait dans toutes les universités. Des milliers d'écoliers se remplissaient la tête de ces chimères, et fréquentaient jusqu'à quarante ans les écoles où on les enseignait. On ne savait pas mieux dans le reste de la terre. Ceux qui gouvernaient le monde étaient bien excusables alors de mépriser les sciences, et Pic de La Mirandole bien malheureux

CHAP. CIX. DE PIC DE LA MIRANDOLE.

d'avoir consumé sa vie et abrégé ses jours dans ces graves démences.

Ceux qui, nés avec un vrai génie cultivé par la lecture des bons auteurs romains, avaient échappé aux ténèbres de cette érudition, étaient, depuis le Dante et Pétrarque, en très petit nombre. Leurs ouvrages convenaient davantage aux princes, aux hommes d'état, aux femmes, aux seigneurs, qui ne cherchent dans la lecture qu'un délassement agréable; et ils devaient être plus propres au prince de La Mirandole que les compilations d'Albert-le-Grand.

Mais la passion de la science universelle l'emportait; et cette science universelle consistait à savoir par cœur sur chaque matière quelques mots qui ne donnaient aucune idée. Il est difficile de comprendre comment les mêmes hommes qui raisonnent si juste et si finement sur les affaires du monde et sur leurs intérêts, ont pu se payer de paroles inintelligibles dans presque tout le reste. La raison en est qu'on veut paraître instruit plutôt que de s'instruire; et quand des maîtres d'erreur ont plié notre âme dans notre jeunesse, nous ne fesons pas même d'efforts pour la redresser; nous en fesons au contraire pour la courber encore. De là vient que tant d'hommes pleins de sagacité, et même de génie, sont pétris d'erreurs populaires; de là vient que de grands hommes, tels que Pascal et Arnauld, finirent par être fanatiques.

Pic de La Mirandole écrivit, à la vérité, contre l'astrologie judiciaire; mais il ne faut pas s'y méprendre, c'était contre l'astrologie pratiquée de son temps. Il en admettait une autre; et c'était l'ancienne, la véritable, qui, disait-il, était négligée.

Il dit dans sa première proposition que « la magie, « telle qu'elle est aujourd'hui, et que l'Église con- « damne, n'est point fondée sur la vérité, puisqu'elle « dépend des puissances ennemies de la vérité. » On voit par ces paroles mêmes, toutes contradictoires qu'elles sont, qu'il admettait la *magie* comme une *œuvre des démons*, et c'était le sentiment reçu. Aussi il assure qu'il n'y a aucune vertu dans le ciel et sur la terre qu'un magicien ne puisse faire agir; et il prouve que les paroles sont efficaces en *magie*, parceque Dieu s'est servi de la parole pour arranger le monde.

Ces thèses firent beaucoup plus de bruit, et eurent plus d'éclat que n'en ont eu de nos jours les découvertes de Newton, et les vérités approfondies par Locke. Le pape Innocent VIII fit censurer treize propositions de toute cette grande doctrine. Ces censures ressemblaient aux décisions de ces Indiens qui condamnaient l'opinion que la terre est soutenue par un dragon, parceque, disaient-ils, elle ne peut être soutenue que par un éléphant. Pic de La Mirandole fit son apologie; il s'y plaint de ses censeurs. Il dit qu'un d'eux s'emporta violemment contre *la cabale*. « Mais « savez-vous, lui dit le jeune prince, ce que veut dire « ce mot de cabale? Belle demande! répondit le théo- « logien; ne sait-on pas que c'était un hérétique qui « écrivit contre Jésus-Christ? »

Enfin il fallut que le pape Alexandre VI, qui au moins avait le mérite de mépriser ces disputes, lui envoyât une absolution. Il est remarquable qu'il traita de même Pic de La Mirandole et Savonarole.

L'histoire du prince de La Mirandole n'est que celle d'un écolier plein de génie, parcourant une vaste carrière d'erreurs, et guidé en aveugle par des maîtres aveugles : ce qui suit est l'histoire des maîtres du mensonge, qui fondent leur puissance sur la stupidité humaine.

CHAPITRE CX.

Du pape Alexandre VI et du roi Louis XII. Crimes du pape et de son fils. Malheurs du faible Louis XII.

Le pape Alexandre VI avait alors deux grands objets, celui de joindre au domaine de Rome tant de terres qu'on prétendait en avoir été démembrées, et celui de donner une couronne à son fils César Borgia. Le scandale de ses amours et les horreurs de sa conduite ne lui ôtaient rien de son autorité. On ne vit point le peuple se révolter contre lui dans Rome. Il était accusé par la voix publique d'abuser de sa propre fille Lucrèce, qu'il enleva successivement à trois maris, dont il fit assassiner le dernier (Alfonse d'Aragon) pour la donner enfin à l'héritier de la maison d'Est. Ces noces furent célébrées au Vatican par la plus infame réjouissance que la débauche ait jamais inventée, et qui ait effrayé la pudeur. Cinquante courtisanes nues dansèrent devant cette famille incestueuse, et des prix furent donnés aux mouvements les plus lascifs. Les enfants de ce pape, le duc de Gandie, et César de Borgia alors diacre, archevêque de Valence en Espagne et cardinal, avaient passé publiquement pour se disputer la jouissance de leur sœur Lucrèce. Le duc de Gandie fut assassiné dans Rome : la voix publique imputa ce meurtre au cardinal Borgia, et Guichardin n'hésite pas à l'en accuser. Le mobilier des cardinaux appartenait après leur mort au pontife; et il y avait de fortes présomptions qu'on avait hâté la mort de plus d'un cardinal dont on avait voulu hériter. Cependant le peuple romain était obéissant, et toutes les puissances recherchaient Alexandre VI.

Louis XII, roi de France, successeur de Charles VIII, s'empressa plus qu'aucun autre à s'allier avec ce pontife. Il en avait plus d'une raison. Il voulait se séparer, par un divorce, de sa femme, fille de Louis XI, avec laquelle il avait consommé son mariage, et qui avait vécu avec lui vingt-deux années, mais sans en avoir d'enfants. Nul droit, hors le droit naturel, ne pouvait autoriser ce divorce; mais le dégoût et la politique le rendaient nécessaire.

Anne de Bretagne, veuve de Charles VIII, conservait pour Louis XII l'inclination qu'elle avait sentie pour le duc d'Orléans; et s'il ne l'épousait pas, la Bretagne échappait à la France. C'était un usage ancien, mais dangereux, de s'adresser à Rome, soit pour se marier avec ses parentes, soit pour répudier sa femme; car de tels mariages ou de tels divorces étant souvent nécessaires à l'état, la tranquillité d'un royaume dépendait donc de la manière de penser d'un pape, souvent ennemi de ce royaume.

L'autre raison qui liait Louis XII avec Alexandre VI, c'était ce droit funeste qu'on voulait faire valoir sur les états d'Italie. Louis XII revendiquait le duché de Milan, parcequ'il comptait parmi ses grand'mères une sœur d'un Visconti, lequel avait eu cette principauté. On lui opposait la prescription de l'investiture que l'empereur Maximilien avait donnée à Louis-le-Maure, dont même cet empereur avait épousé la nièce.

Le droit public féodal toujours incertain ne pouvait être interprété que par la loi du plus fort. Ce duché de Milan, cet ancien royaume des Lombards, était un fief de l'empire. On n'avait point décidé si ce fief était mâle ou femelle, si les filles devaient en hériter. L'aïeule de Louis XII, fille d'un Visconti, duc de Milan, n'avait eu par son contrat de mariage que le comté d'Ast. Ce contrat de mariage fut la source des malheurs de l'Italie, des disgraces de Louis XII, et des malheurs de François 1er. Presque tous les états d'Italie ont flotté ainsi dans l'incertitude, ne pouvant ni être libres, ni décider à quel maître ils devaient appartenir.

Les droits de Louis XII sur Naples étaient les mêmes que ceux de Charles VIII.

Le bâtard du pape, César de Borgia, fut chargé d'apporter en France la bulle du divorce, et de négocier avec le roi sur tous ses projets de conquête. Borgia ne partit de Rome qu'après s'être assuré du duché de Valentinois, d'une compagnie de cent hommes d'armes, et d'une pension de vingt mille livres que lui donnait Louis XII, avec promesse de faire épouser à cet archevêque la sœur du roi de Navarre. César de Borgia, tout diacre et archevêque qu'il était, passa donc à l'état séculier; et son père, le pape, donna en même temps dispense à son fils et au roi de France, à l'un pour quitter l'Église, à l'autre pour quitter sa femme. On fut bientôt d'accord. Louis XII prépara une nouvelle descente en Italie.

Il avait pour lui les Vénitiens, qui devaient partager une partie des dépouilles du Milanais. Ils avaient déjà pris le Bressan et le pays de Bergame : ils voulaient au moins le Crémonais, sur lequel ils n'avaient pas plus de droit que sur Constantinople.

L'empereur Maximilien, qui eût dû défendre le duc de Milan, oncle de sa femme et son vassal, contre la France son ennemie naturelle, n'était alors en état de défendre personne. Il se soutenait à peine contre les Suisses, qui achevaient d'ôter à la maison d'Autriche ce qui lui restait dans leur pays. Maximilien joua donc en cette conjoncture le rôle forcé de l'indifférence.

Louis XII termina tranquillement quelques discussions avec le fils de cet empereur, Philippe-le-Beau, père de Charles-Quint, maître des Pays-Bas; et ce Philippe-le-Beau rendit hommage en personne à la France pour les comtés de Flandre et d'Artois. Le chancelier Gui de Rochefort reçut dans Arras cet hommage. Il était assis et couvert, tenant entre ses mains les mains jointes du prince, qui, découvert, sans armes et sans ceinture, prononça ces mots : « Je fais
« hommage à monsieur le roi pour mes pairies de
« Flandre et d'Artois, etc. »

Louis XII ayant d'ailleurs renouvelé les traités de

Charles VIII avec l'Angleterre, assuré de tous côtés, du moins pour un temps, fait passer les Alpes à son armée. Il est à remarquer qu'en entreprenant cette guerre, loin d'augmenter les impôts, il les diminua, et que cette indulgence commença à lui faire donner le nom de *Père du peuple*. Mais il vendit plusieurs offices qu'on nomme royaux, et surtout ceux des finances [1]. N'eût-il pas mieux valu établir des impôts également répartis, que d'introduire la vénalité honteuse des charges dans un pays dont il voulait être le père ? Cet usage de mettre des emplois à l'encan venait d'Italie : on a vendu long-temps à Rome les places de la chambre apostolique, et ce n'est que de nos jours que les papes ont aboli cette coutume.

L'armée que Louis XII envoya au-delà des Alpes n'était guère plus forte que celle avec laquelle Charles VIII avait conquis Naples. Mais ce qui doit paraître étrange, c'est que Louis-le-Maure, simple duc de Milan, de Parme et de Plaisance, et seigneur de Gênes, avait une armée tout aussi considérable que le roi de France.

(1499) On vit encore ce que pouvait *la furia francese* [2] contre la sagacité italienne. L'armée du roi s'empara en vingt jours de l'état de Milan et de celui de

---

[1] On ne vit alors dans la vente de ces offices qu'un moyen d'avoir de l'argent : il en fut de même lorsque François 1er vendit les charges de judicature, lorsque Henri III vendit les maîtrises dans les arts et métiers. Mais dans la suite on s'est avisé de faire l'apologie de ces usages honteux ou tyranniques, de les regarder comme de belles institutions politiques, liées avec l'esprit de la nation et avec la constitution de l'état. K.

[2] Voyez chap. CVII, page 75. B.

Gênes, tandis que les Vénitiens occupèrent le Crémonais.

Louis XII, après avoir pris ces belles provinces par ses généraux, fit son entrée dans Milan : il y reçut les députés de tous les états d'Italie en homme qui était leur arbitre : mais à peine fut-il retourné à Lyon, que la négligence, qui suit presque toujours la fougue, fit perdre aux Français le Milanais comme ils avaient perdu Naples (1500). Louis-le-Maure, dans cet établissement passager, payait un ducat d'or pour chaque tête de Français qu'on lui portait. Alors Louis XII fit un nouvel effort. Louis de la Trimouille va réparer les fautes qu'on avait faites. On rentre dans le Milanais. Les Suisses, qui depuis Charles VIII fesaient usage de leur liberté pour se vendre à qui les payait, étaient à-la-fois en grand nombre dans l'armée française et dans la milanaise. Il est remarquable que les ducs de Milan furent les premiers princes qui prirent des Suisses à leur solde : Marie Sforce avait donné cet exemple aux souverains.

Quelques capitaines de cette nation, si ressemblante jusqu'alors aux anciens Lacédémoniens par la liberté, l'égalité, la pauvreté et le courage, flétrirent sa gloire par l'amour de l'argent. Ils gardaient dans Novare le duc de Milan, qui leur avait confié sa personne préférablement aux Italiens (1500); mais, loin de mériter cette confiance, ils composèrent avec les Français. Tout ce que Louis-le-Maure put en obtenir, ce fut de sortir avec eux, habillé à la suisse, et une hallebarde à la main : il parut ainsi à travers les haies des soldats français; mais ceux qui l'avaient vendu le firent bientôt reconnaître. Il est pris, conduit à Pierre-Encise, de là dans la même tour de Bourges, où Louis XII lui-même avait été en prison; enfin transféré à Loches, où il vécut encore dix années, non dans une cage de fer, comme on le croit communément, mais servi avec distinction, et se promenant les dernières années à cinq lieues du château.

Louis XII, maître du Milanais et de Gênes, veut encore avoir Naples; mais il devait craindre ce même Ferdinand-le-Catholique, qui en avait déjà chassé les Français.

Ainsi qu'il s'était uni avec les Vénitiens pour conquérir le Milanais dont ils partagèrent les dépouilles, il s'unit avec Ferdinand pour conquérir Naples. Le roi catholique alors aima mieux dépouiller sa maison que la secourir : il partagea, par un traité avec la France, ce royaume où régnait Frédéric, le dernier roi de la branche bâtarde d'Aragon. Le roi catholique retient pour lui la Pouille et la Calabre, le reste est destiné pour la France. Le pape Alexandre VI, allié de Louis XII, entre dans cette conjuration contre un monarque innocent, son feudataire, et donne aux deux rois l'investiture qu'il avait donnée au roi de Naples. Le roi catholique envoie ce même général Gonsalve de Cordoue à Naples, sous prétexte de défendre son parent, et en effet pour l'accabler : les Français arrivent par mer et par terre. Il faut avouer que dans cette conquête de Naples il n'y eut qu'injustice, perfidie, et bassesse; mais l'Italie ne fut pas gouvernée autrement pendant plus de six cents années.

(1501) Les Napolitains n'étaient point dans l'habitude de combattre pour leurs rois : l'infortuné monarque, trahi par son parent, pressé par les armes françaises, dénué de toute ressource, aima mieux se remettre dans les mains de Louis XII, qu'il crut généreux, que dans celles du roi catholique, qui le traitait avec tant de perfidie. Il demande aux Français un passe-port pour sortir de son royaume : il vient en France avec cinq galères, et là il reçoit une pension du roi de cent vingt mille livres de notre monnaie d'aujourd'hui : étrange destinée pour un souverain !

Louis XII avait donc tout à-la-fois un duc de Milan prisonnier, un roi de Naples suivant sa cour, et son pensionnaire : la république de Gênes était une de ses provinces. Le royaume, peu chargé d'impôts, était un des plus florissants de la terre : il lui manquait seulement l'industrie du commerce et la gloire des beaux-arts, qui étaient, comme nous le verrons, le partage de l'Italie.

CHAPITRE CXI.

Attentats de la famille d'Alexandre VI et de César de Borgia. Suite des affaires de Louis XII avec Ferdinand-le-Catholique. Mort du pape.

Alexandre VI fesait alors en petit ce que Louis XII exécutait en grand : il conquérait les fiefs de la Romagne par les mains de son fils. Tout était destiné à l'agrandissement de ce fils ; mais il n'en jouit guère : il travaillait sans y penser pour le domaine ecclésiastique.

Il n'y eut ni violence, ni artifice, ni grandeur de courage, ni scélératesse, que César Borgia ne mît en usage. Il employa, pour envahir huit ou dix petites villes, et pour se défaire de quelques petits seigneurs, plus d'art que les Alexandre, les Gengis, les Tamerlan, les Mahomet, n'en mirent à subjuguer une grande partie de la terre. On vendit des indulgences pour avoir une armée : le cardinal Bembo assure que dans les seuls domaines de Venise on en vendit pour près de seize cents marcs d'or. On imposa le dixième sur tous les revenus ecclésiastiques, sous prétexte d'une guerre contre les Turcs : et il ne s'agissait que d'une petite guerre aux portes de Rome.

D'abord on saisit les places des Colonna et des Savelli auprès de Rome. Borgia emporta par force et par adresse Forli, Faenza, Rimini, Imola, Piombino; et dans ces conquêtes, la perfidie, l'assassinat, l'empoisonnement, font une partie de ses armes. Il demande au nom du pape des troupes et de l'artillerie au duc d'Urbin : il s'en sert contre le duc d'Urbin même, et lui ravit son duché : il attire dans une conférence le seigneur de la ville de Camerino ; il le fait étrangler avec ses deux fils. Il engage, par les plus grands serments, le duc de Gravina, Oliverotto, Pagolo Vitelli, et un autre, à venir traiter avec lui auprès de Sinigaglia. L'embuscade était préparée : il fait massacrer impitoyablement Vitelli et Oliverotto. Pourrait-on penser que Vitelli, en expirant, suppliât son assassin d'obtenir pour lui auprès du pape son père une indulgence à l'article de la mort? C'est pourtant ce que disent les contemporains : rien ne montre mieux la faiblesse humaine et le pouvoir de l'opinion. Si César Borgia fût mort avant Alexandre VI du poison qu'on prétend qu'ils préparèrent à des cardinaux, et qu'ils burent l'un et l'autre, il ne faudrait pas s'étonner que Borgia, en mourant, eût demandé une indulgence plénière au pontife son père.

Alexandre VI, dans le même temps, se saisissait des amis de ces infortunés, et les fesait étrangler au château Saint-Ange. Guicciardino croit que le seigneur de Farneza, nommé Astor, jeune homme d'une grande beauté, livré au bâtard du pape, fut forcé de servir à ses plaisirs, et envoyé ensuite avec son frère naturel au pape, qui les fit périr tous deux par la corde. Le roi de France, père de son peuple, et honnête homme chez lui, favorisait en Italie ces crimes, qu'il aurait punis dans son royaume. Il s'en rendait le complice; il abandonnait au pape ces victimes, pour être secondé par lui dans sa conquête de Naples : ce qu'on appelle la politique, l'intérêt d'état, le rendit injuste en faveur d'Alexandre VI. Quelle politique, quel intérêt d'état, de seconder les atrocités d'un scélérat qui le trahit bientôt après! Et comment les hommes sont gouvernés! Un pape, et son bâtard qu'on avait vu archevêque, souillaient l'Italie de tous les crimes; un roi de France, qu'on a nommé père du peuple, les secondait; et les nations hébétées demeuraient dans le silence!

La destinée des Français, qui était de conquérir

Naples, était aussi d'en être chassés. Ferdinand-le-Catholique, ou *le perfide*, qui avait trompé le dernier roi de Naples, son parent, ne fut pas plus fidèle à Louis XII : il fut bientôt d'accord avec Alexandre VI pour ôter au roi de France son partage.

Gonsalve de Cordoue, qui mérita si bien le titre de *grand capitaine*, et non de *vertueux*, lui qui disait que *la toile d'honneur doit être grossièrement tissue*, trompa d'abord les Français, et ensuite les vainquit. Il me semble qu'il y a eu souvent dans les généraux français beaucoup plus de ce courage que l'honneur inspire, que de cet art nécessaire dans les grandes affaires. Le duc de Nemours, descendant de Clovis, commandait les Français : il appela Gonsalve en duel. Gonsalve répondit en battant plusieurs fois son armée, et surtout à Cerignola dans la Pouille, où Nemours fut tué avec quatre mille Français (1503) : il ne périt, dit-on, que neuf Espagnols dans cette bataille; preuve évidente que Gonsalve avait choisi un poste avantageux, que Nemours avait manqué de prudence, et qu'il n'avait que des troupes découragées. En vain le fameux chevalier Bayard soutint seul sur un pont étroit l'effort de deux cents ennemis qui l'attaquaient; cet effort de valeur fut glorieux et inutile. On le comparait à Horatius Coclès; mais il ne combattait pas pour les Romains.

Ce fut dans cette guerre qu'on trouva une nouvelle manière d'exterminer les hommes. Pierre de Navarre, soldat de fortune et grand général espagnol, inventa les mines, dont les Français éprouvèrent les premiers effets.

La France cependant était alors si puissante que Louis XII put mettre à-la-fois trois armées en campagne et une flotte en mer. De ces trois armées, l'une fut destinée pour Naples, les deux autres pour le Roussillon et pour Fontarabie; mais aucune de ces armées ne fit des progrès, et celle de Naples fut bientôt entièrement dissipée, tant on opposa une mauvaise conduite à celle du *grand capitaine*; enfin Louis XII perdit sa part du royaume de Naples sans retour.

(1503) Bientôt après, l'Italie fut délivrée d'Alexandre VI et de son fils. Tous les historiens se plaisent à transmettre à la postérité que ce pape mourut du poison qu'il avait destiné dans un festin à plusieurs cardinaux : trépas digne en effet de sa vie; mais le fait est bien peu vraisemblable. On prétend que dans un besoin pressant d'argent il voulut hériter de ces cardinaux; mais il est prouvé que César Borgia emporta cent mille ducats d'or du trésor de son père après sa mort; le besoin n'était donc pas réel. D'ailleurs, comment se méprit-on à cette bouteille de vin empoisonnée qui, dit-on, donna la mort au pape et mit son fils au bord du tombeau ? Des hommes qui ont une si longue expérience du crime ne laissent pas lieu à une telle méprise : on ne cite personne qui en ait fait l'aveu; il paraît donc bien difficile qu'on en fût informé. Si, quand le pape mourut, cette cause de sa mort avait été sue, elle l'eût été par ceux-là mêmes qu'on avait voulu empoisonner : ils n'eussent point laissé un tel crime impuni : ils n'eussent point souffert que Borgia s'emparât paisiblement des trésors de son père. Le peuple, qui hait souvent ses maîtres, et qui a de tels maîtres en exécration, tenu dans l'esclavage sous Alexandre, eût éclaté à sa mort : il eût troublé la pompe funèbre de ce monstre : il eût déchiré son abominable fils. Enfin, le journal de la maison de Borgia porte que le pape, âgé de soixante et douze ans, fut attaqué d'une fièvre tierce, qui bientôt devint continue et mortelle : ce n'est pas là l'effet du poison. On ajoute que le duc de Borgia se fit enfermer dans le ventre d'une mule. Je voudrais bien savoir de quel venin le ventre d'une mule est l'antidote : et comment ce Borgia moribond serait-il allé au Vatican prendre cent mille ducats d'or? Était-il enfermé dans sa mule quand il enleva ce trésor?

Il est vrai qu'après la mort du pape il y eut du tumulte dans Rome. Les Colonnes et les Ursins y rentrèrent en armes; mais c'était dans ce tumulte même qu'on eût dû accuser solennellement le père et le fils de ce crime. Enfin, le pape Jules II, mortel ennemi de cette maison, et qui eut long-temps le duc en sa puissance, ne lui imputa point ce que la voix publique lui attribue.

Mais, d'un autre côté, pourquoi le cardinal Bembo, Guichardin, Paul Jove, Tomasi, et tant de contemporains, s'accordent-ils dans cette étrange accusation? d'où viennent tant de circonstances détaillées? pourquoi nomme-t-on l'espèce de poison dont on se servit, qui s'appelait *cantarella* [1]? On peut répondre qu'il n'est pas difficile d'inventer quand on accuse, et qu'il

---

[1] Voltaire reparle de la *cantarella* dans le *Dictionnaire philosophique*, au mot EMPOISONNEMENTS. B.

fallait colorer de quelques vraisemblances une accusation si horrible; que ces écrivains ne se fesaient pas scrupule de charger Alexandre d'un forfait de plus, et qu'on pouvait soupçonner cette dernière scélératesse lorsque tant d'autres étaient avérées [1].

Alexandre VI laissa dans l'Europe une mémoire plus odieuse que celle des Néron et des Caligula, parceque la sainteté de son ministère le rendit plus coupable. Cependant c'est à lui que Rome dut sa grandeur temporelle, et ce fut lui qui mit ses successeurs en état de tenir quelquefois la balance de l'Italie. Son fils perdit tout le fruit de ses crimes, que l'Église recueillit. Presque toutes les villes dont il s'était emparé se donnèrent à d'autres dès que son père fut mort; et le pape Jules II le força bientôt après de lui rendre celles qui lui restaient. Il ne conserva rien de toute sa funeste grandeur. Tout fut pour le saint-siége, à qui sa scélératesse fut plus utile que ne l'avait été l'habileté de tant de papes soutenue des armes de la religion. Mais ce qui est singulier, c'est que cette religion ne fut pas attaquée alors; comme la plupart des princes, des ministres et des guerriers n'en avaient point du tout, les crimes des papes ne les inquiétaient pas. L'ambition effrénée ne fesait aucune réflexion à cette suite horrible de sacriléges: on n'étudiait point, on ne lisait point. Le peuple hébété allait en pélerinage. Les grands égorgeaient et pillaient; ils ne voyaient dans Alexandre VI que leur semblable, et on donnait tou-

---

[1] Voltaire avait déjà combattu les insinuations de Guichardin dans sa *Dissertation sur la mort de Henri IV*, imprimée à la suite de la *Henriade*, tome x de la présente édition. B.

jours le nom de saint-siége au siége de tous les crimes.

Machiavel prétend que les mesures de Borgia étaient si bien prises, qu'il devait rester maître de Rome et de tout l'état ecclésiastique après la mort de son père; mais qu'il ne pouvait pas prévoir que lui-même serait aux portes du tombeau dans le temps qu'Alexandre y descendrait. Amis, ennemis, alliés, parents, tout l'abandonna en peu de temps; on le trahit comme il avait trahi tout le monde. Gonsalve de Cordoue, le grand capitaine, auquel il s'était confié, l'envoya prisonnier en Espagne. Louis XII lui ôta son duché de Valentinois et sa pension. Enfin, évadé de sa prison, il se réfugia dans la Navarre. Le courage, qui n'est pas une vertu, mais une qualité heureuse, commune aux scélérats et aux grands hommes, ne l'abandonna pas dans son asile. Il ne quitta en rien son caractère; il intrigua, il commanda l'armée du roi de Navarre son beau-frère, dans une guerre qu'il conseilla pour déposséder les vassaux de la Navarre, comme il avait autrefois dépossédé les vassaux de l'empire et du saint-siége. Il fut tué les armes à la main. Sa mort fut glorieuse; et nous voyons dans le cours de cette histoire des souverains légitimes et des hommes vertueux périr par la main des bourreaux.

CHAPITRE CXII.

Suite des affaires politiques de Louis XII.

Il eût été possible aux Français de reprendre Naples, de même qu'ils avaient repris le Milanais. L'ambition du premier ministre de Louis XII fut cause que cet état fut perdu pour toujours. Le cardinal Chaumont d'Amboise, archevêque de Rouen, tant loué pour n'avoir eu qu'un seul bénéfice, mais à qui la France, qu'il gouvernait en maître, tenait au moins lieu d'un second, voulut en avoir un autre plus relevé. Il prétendit être pape après la mort d'Alexandre VI, et on eût été forcé de l'élire, s'il eût été aussi politique qu'ambitieux[1]. Il avait des trésors : les troupes qui devaient aller au royaume de Naples étaient aux portes de Rome ; mais les cardinaux italiens lui persuadèrent d'éloigner cette armée, afin que son élection en parût plus libre et en fût plus valide. Il l'écarta (1503), et alors le cardinal Julien de La Rovère fit élire Pie III, qui mourut au bout de vingt-sept jours. Ensuite ce cardinal Julien, qu'on appelle Jules II, fut pape lui-même. Cependant la saison pluvieuse empêcha les Français de passer assez tôt le Garillan, et favorisa Gonsalve de Cordoue. Ainsi le cardinal d'Amboise, qui pourtant passa pour un homme sage, perdit à-la-fois la tiare pour lui, et Naples pour son roi.

Une seconde faute d'un autre genre qu'on lui a reprochée, fut l'incompréhensible traité de Blois, par

[1] Il paraît que le cardinal avait de l'ambition et de l'avidité, et qu'il ne montra dans les affaires qu'une habileté très médiocre. Mais comme il ne fut ni sanguinaire ni déprédateur, et surtout qu'il fut souvent trompé, il laissé la réputation d'un homme vertueux ; réputation facile à obtenir dans le siècle des Ferdinand et des Borgia.

M. de Voltaire l'a trop loué dans *la Henriade* (chant VII) ; le dernier des quatre vers où il en parle est peut-être le seul qui soit rigoureusement vrai. Mais M. de Voltaire, encore très jeune lorsqu'il fit *la Henriade*, parlait alors d'après l'opinion générale, et non d'après ses propres recherches sur l'histoire. K.

lequel le conseil du roi démembrait et détruisait d'un coup de plume la monarchie française. Par ce traité, le roi donnait la seule fille qu'il eût d'Anne de Bretagne au petit-fils de l'empereur et du roi Ferdinand d'Aragon, ses deux ennemis, à ce même prince qui fut depuis, sous le nom de Charles-Quint, si terrible à la France et à l'Europe. Qui croirait que sa dot devait être composée de la Bretagne entière, de la Bourgogne, et qu'on abandonnait Milan, Gênes, sur lesquels on cédait ses droits? Voilà ce que Louis XII ôtait à la France en cas qu'il mourût sans enfants mâles. On ne peut excuser un traité si extraordinaire qu'en disant que le roi et le cardinal d'Amboise n'avaient nulle intention de le tenir, et qu'enfin Ferdinand avait accoutumé le cardinal d'Amboise à l'artifice. Mais quel artifice et quelle infamie! On est réduit à imputer au bon Louis XII l'imbécillité ou la fraude.

(1506) Aussi les états-généraux, assemblés à Tours, réclamèrent contre ce projet funeste. Peut-être le roi, qui s'en repentait, eut-il l'habileté de se faire demander par la France entière ce qu'il n'osait faire de lui-même : peut-être céda-t-il par raison aux remontrances de la nation. L'héritière d'Anne de Bretagne fut donc ôtée à l'héritier de la maison d'Autriche et de l'Espagne, ainsi qu'Anne elle-même avait été ravie à l'empereur Maximilien. Elle épousa le comte d'Angoulême, qui fut depuis François Ier. La Bretagne deux fois unie à la France, et deux fois près de lui échapper, lui fut incorporée, et la Bourgogne n'en fut point démembrée.

Une autre faute qu'on reproche à Louis XII fut de se liguer contre les Vénitiens, ses alliés, avec tous ses ennemis secrets. Ce fut un événement inouï jusqu'alors que la conspiration de tant de rois contre une république qui, trois cents années auparavant, était une ville de pêcheurs devenus d'illustres négociants.

CHAPITRE CXIII.

De la Ligue de Cambrai, et quelle en fut la suite. Du pape Jules II, etc.

Le pape Jules II, né à Savone, domaine de Gênes, voyait avec indignation sa patrie sous le joug de la France. Un effort que fit Gênes en ce temps-là pour recouvrer son ancienne liberté, avait été puni par Louis XII avec plus de faste que de rigueur. Il était entré dans la ville l'épée nue à la main ; il avait fait brûler en sa présence tous les priviléges de la ville; ensuite, ayant fait dresser son trône dans la grande place sur un échafaud superbe, il fit venir les Génois au pied de l'échafaud, qui entendirent leur sentence à genoux. Il ne les condamna qu'à une amende de cent mille écus d'or, et bâtit une citadelle qu'il appela *la bride de Gênes*.

Le pape, qui, comme tous ses prédécesseurs, aurait voulu chasser tous les étrangers d'Italie, cherchait à renvoyer les Français au-delà des Alpes; mais il voulait d'abord que les Vénitiens s'unissent avec lui, et commençassent par lui remettre beaucoup de villes que l'Église réclamait. La plupart de ces villes avaient été arrachées à leurs possesseurs par le duc de Valentinois, César Borgia; et les Vénitiens, toujours attentifs à leurs intérêts, s'étaient emparés, immédiatement après la mort d'Alexandre VI, de Rimini, de Faenza, de beaucoup de terres dans la Romagne, dans le Ferrarois, et dans le duché d'Urbin. Ils voulurent retenir leurs conquêtes. Jules II se servit alors contre Venise des Français mêmes, contre lesquels il eût voulu l'armer. Ce ne fut pas assez des Français, il fit entrer toute l'Europe dans la ligue.

Il n'y avait guère de souverain qui ne pût redemander quelque territoire à cette république. L'empereur Maximilien avait des prétentions illimitées comme empereur. Un fait très intéressant, qui n'a pas été connu à l'abbé Dubos dans son excellente *Histoire de la Ligue de Cambrai*, un fait qui nous paraît aujourd'hui très extraordinaire, et qui pourtant ne l'était pas aux yeux de la chancellerie allemande, c'est que l'empereur Maximilien avait cité déjà le doge Loredano et tout le sénat de Venise à comparaître devant lui, et à demander pardon de n'avoir pas souffert qu'il passât par leur territoire avec des troupes pour aller se faire couronner empereur à Rome. Le sénat n'ayant point obéi à ses sommations, la chambre impériale le condamna par contumace, et le mit au ban de l'empire.

Il est donc évident qu'on regardait à Vienne les Vénitiens comme des vassaux rebelles, et que jamais la cour impériale ne se départit de ses prétentions sur presque toute l'Europe. S'il eût été aussi aisé de prendre Venise que de la condamner, cette république, la plus ancienne et la plus florissante de la terre, n'existerait plus. Le droit le plus sacré des hommes, la liberté, ce droit plus ancien que tous les empires, ne serait qu'une rébellion. C'est là un étrange droit public!

D'ailleurs Vérone, Vicence, Padoue, la Marche Trévisane, le Frioul, étaient à la bienséance de l'empereur. Le roi d'Aragon, Ferdinand-le-Catholique, pouvait reprendre quelques villes maritimes dans le royaume de Naples, qu'il avait engagées aux Vénitiens. C'était une manière prompte de s'acquitter. Le roi de Hongrie avait des prétentions sur une partie de la Dalmatie. Le duc de Savoie pouvait aussi revendiquer l'île de Chypre, parcequ'il était allié de la maison de Chypre qui n'existait plus. Les Florentins, en qualité de voisins, avaient aussi des droits.

(1508) Presque tous les potentats, ennemis les uns des autres, suspendirent leurs querelles pour s'unir ensemble à Cambrai contre Venise. Le Turc, son ennemi naturel, et qui était alors en paix avec elle, fut le seul qui n'accéda pas à ce traité. Jamais tant de rois ne s'étaient ligués contre l'ancienne Rome. Venise était aussi riche qu'eux tous ensemble. Elle se confia dans cette ressource, et surtout dans la désunion qui se mit bientôt entre tant d'alliés. Il ne tenait qu'à elle d'apaiser Jules II, principal auteur de la ligue; mais elle dédaigna de demander grace; et osa attendre l'orage. C'est peut-être la seule fois qu'elle ait été téméraire.

Les excommunications, plus méprisées chez les

Vénitiens qu'ailleurs, furent la déclaration du pape. Louis XII envoya un héraut d'armes annoncer la guerre au doge. Il redemandait le Crémonais, qu'il avait cédé lui-même aux Vénitiens, quand ils l'avaient aidé à prendre le Milanais. Il revendiquait le Bressan, Bergame, et d'autres terres.

Cette rapidité de fortune qui avait accompagné les Français dans les commencements de toutes leurs expéditions ne se démentit pas. Louis XII, à la tête de son armée, détruisit les forces vénitiennes à la célèbre journée d'Agnadel, près de la rivière d'Adda. Alors chacun des prétendants se jeta sur son partage. Jules II s'empara de toute la Romagne (1509). Ainsi les papes, qui devaient, dit-on, à un empereur de France leurs premiers domaines, dûrent le reste aux armes de Louis XII. Ils furent alors en possession de presque tout le pays qu'ils occupent aujourd'hui.

Les troupes de l'empereur, s'avançant cependant dans le Frioul, s'emparèrent de Trieste, qui est resté à la maison d'Autriche. Les troupes d'Espagne occupèrent ce que Venise avait en Calabre. Il n'y eut pas jusqu'au duc de Ferrare et au marquis de Mantoue, autrefois général au service des Vénitiens, qui ne saisissent leur proie. Venise passa de la témérité à la consternation. Elle abandonna elle-même ses villes de terre ferme, et leur remit non seulement les serments de fidélité, mais l'argent qu'elles devaient à l'état; et réduite à ses lagunes, elle implora la miséricorde de l'empereur Maximilien, qui, se voyant heureux, fut inflexible.

Le sénat, excommunié par le pape et opprimé par

tant de princes, n'eut alors d'autre parti à prendre que de se jeter entre les bras du Turc. Il députa Louis Raimond en qualité d'ambassadeur vers Bajazet; mais l'empereur Maximilien ayant échoué au siége de Padoue, les Vénitiens reprirent courage, et contremandèrent leur ambassadeur. Au lieu de devenir tributaires de la Porte ottomane, ils consentirent à demander pardon au pape Jules II, auquel ils envoyèrent six nobles. Le pape leur imposa des pénitences comme s'il avait fait la guerre par ordre de Dieu, et comme si Dieu avait ordonné aux Vénitiens de ne pas se défendre.

Jules II ayant rempli son premier projet d'agrandir Rome sur les ruines de Venise, songea au second; c'était de chasser les barbares d'Italie.

Louis XII était retourné en France, prenant toujours, ainsi que Charles VIII, moins de mesures pour conserver qu'il n'avait eu de promptitude à conquérir. Le pape pardonna aux Vénitiens, qui, revenus de leur première terreur, résistaient aux armes impériales.

Enfin il se ligua avec cette même république contre ces mêmes Français, après l'avoir opprimée par eux. Il voulait détruire en Italie tous les étrangers les uns par les autres, exterminer le reste alors languissant de l'autorité allemande, et faire de l'Italie un corps puissant dont le souverain pontife serait le chef. Il n'épargna dans ses desseins ni négociations, ni argent, ni peines. Il fit lui-même la guerre; il alla à la tranchée; il affronta la mort. Nos historiens blâment son ambition et son opiniâtreté; il fallait aussi rendre justice à son courage et à ses grandes vues. C'était un mauvais prêtre, mais un prince aussi estimable qu'aucun de son temps.

Une nouvelle faute de Louis XII seconda les desseins de Jules II. Le premier avait une économie qui est une vertu dans le gouvernement ordinaire d'un état paisible, et un vice dans les grandes affaires.

Une mauvaise discipline fesait consister alors toute la force des armées dans la gendarmerie, qui combattait à pied comme à cheval. On n'avait pas su faire encore une bonne infanterie française, ce qui était pourtant aisé, comme l'expérience l'a prouvé depuis; et les rois de France soudoyaient des fantassins allemands ou suisses.

On sait que les Suisses surtout avaient contribué à la conquête du Milanais. Ils avaient vendu leur sang, et jusqu'à leur bonne foi, en livrant Louis-le-Maure. Les cantons demandèrent au roi une augmentation de pension; Louis la refusa. Le pape profita de la conjoncture. Il les flatta, et leur donna de l'argent: il les encouragea par les titres qu'il leur prodigua de défenseurs de l'Église. Il fit prêcher chez eux contre les Français. Ils accouraient à ces sermons guerriers qui flattaient leurs passions. C'était prêcher une croisade.

On voit que, par la bizarrerie des conjonctures, ces mêmes Français étaient alors les alliés de l'empire allemand, dont ils ont été si souvent ennemis. Ils étaient de plus ses vassaux. Louis XII avait donné, pour l'investiture de Milan, cent mille écus d'or à l'empereur Maximilien, qui n'était ni un allié puissant, ni un ami fidèle ; et comme empereur, il n'aimait ni les Français, ni le pape.

Ferdinand-le-Catholique, par qui Louis XII fut toujours trompé, abandonna la ligue de Cambrai, dès qu'il eut ce qu'il prétendait en Calabre. Il reçut du pape l'investiture pleine et entière du royaume de Naples. Jules II le mit à ce prix entièrement dans ses intérêts. Ainsi le pape, par sa politique, avait pour lui les Vénitiens, les Suisses, les secours du royaume de Naples, ceux même de l'Angleterre; et ce fut aux Français à soutenir tout le fardeau.

(1510) Louis XII, attaqué par le pape, convoqua une assemblée d'évêques à Tours, pour savoir s'il lui était permis de se défendre, et si les excommunications du pape seraient valides. La postérité éclairée sera étonnée qu'on ait fait de telles questions ; mais il fallait alors respecter les préjugés du temps. Je ne puis m'empêcher de remarquer le premier cas de conscience qui fut proposé dans cette assemblée : le président demanda « si le pape avait droit de faire la « guerre, quand il ne s'agissait ni de religion, ni du « domaine de l'Église »; et il fut répondu que non. Il est évident qu'on ne proposait pas ce qu'il fallait demander, et qu'on répondait le contraire de ce qu'il fallait répondre : car, en matière de religion et de possession ecclésiastique, si on s'en tient à l'Évangile, un évêque, loin de faire la guerre, ne doit que prier et souffrir; mais en matière de politique, un souverain de Rome peut et doit assurément secourir ses alliés et venger l'Italie; et si Jules s'en était tenu là, il eût été un grand prince.

Cette assemblée française répondit plus dignement, en concluant qu'il fallait s'en tenir à la fameuse pragmatique sanction de Charles VII, ne plus envoyer d'argent à Rome, et en lever sur le clergé de France pour faire la guerre au pape, chef romain de ce clergé français.

On commença par se battre vers Bologne et vers le Ferrarois. Jules II avait déjà enlevé Bologne aux Bentivoglio, et il voulait s'emparer de Ferrare. Il détruisait, par ces invasions, son grand dessein de chasser d'Italie les étrangers; car Bologne et Ferrare appelaient nécessairement les Français à leur secours contre lui; et après avoir voulu être le vengeur de l'Italie, il en devint l'oppresseur. Son ambition, qui l'emportait, plongea l'Italie dans les calamités dont il eût été si glorieux de la tirer. Il préféra ses intérêts aux bienséances, au point de recevoir dans Bologne une nombreuse troupe de Turcs, arrivée avec les Vénitiens pour le défendre contre l'armée française commandée par Chaumont d'Amboise : c'est Paul Jove, évêque de Nocera, témoin oculaire, qui nous instruit de ce fait singulier. Les autres papes avaient armé contre les Turcs. Jules fut le premier qui se servit d'eux; il fit ce que les Vénitiens avaient voulu faire. On ne pouvait insulter davantage au christianisme, dont il était le premier pontife. On vit ce pape, âgé de soixante et dix ans, assiéger en personne la Mirandole, aller le casque en tête à la tranchée, visiter les travaux, presser les ouvrages, et entrer en vainqueur par la brèche.

(1511) Tandis que le pape, cassé de vieillesse, était

sous les armes, le roi de France, encore dans la vigueur de l'âge, assemblait un concile. Il remuait la chrétienté ecclésiastique, et le pape la chrétienté guerrière. Le concile fut indiqué à Pise, où quelques cardinaux, ennemis du pape, se rendirent. Mais le concile du roi ne fut qu'une entreprise vaine, et la guerre du pape fut heureuse.

En vain on fit frapper à Paris quelques médailles, sur lesquelles Louis XII était représenté avec cette devise, *Perdam Babylonis nomen* [1] ; « Je détruirai jus-« qu'au nom de Babylone. » Il était honteux de s'en vanter, quand on était si loin de l'exécuter; et d'ailleurs, quel rapport de Paris à Jérusalem, et de Rome à Babylone?

Les actions de courage les plus brillantes, souvent même des batailles gagnées, ne servent qu'à illustrer une nation, et non à l'agrandir, quand il y a dans le gouvernement politique un vice radical qui à la longue porte la destruction. C'est ce qui arriva aux Français en Italie. Le brave chevalier Bayard fit admirer sa valeur et sa générosité. Le jeune Gaston de Foix rendit à vingt-trois ans son nom immortel, en repoussant d'abord une armée de Suisses, en passant rapidement quatre rivières, en chassant le pape de Bologne, en gagnant la célèbre bataille de Ravenne, où il acquit tant de gloire, et où il perdit la vie (1512). Tous ces faits d'armes rapides étaient éclatants: mais le roi était éloigné, les ordres arrivaient trop tard, et quelquefois se contredisaient. Son économie, quand il fallait prodiguer l'or, donnait peu d'émulation. L'es-

---

[1] Isaïe, xiv, 22. B.

prit de subordination était inconnu dans les troupes. L'infanterie était composée d'étrangers allemands, mercenaires peu attachés. La galanterie des Français, et l'air de supériorité qui convenait à des vainqueurs, irritait les Italiens humiliés et jaloux. Le coup fatal fut porté, quand l'empereur Maximilien, gagné enfin par le pape, fit publier les avocatoires impériaux par lesquels tout soldat allemand qui servait sous les drapeaux de France devait les quitter, sous peine d'être déclaré traître à la patrie.

Les Suisses descendent aussitôt de leurs montagnes contre ces Français qui, au temps de la ligue de Cambrai, avaient l'Europe pour alliée, et qui maintenant l'avaient pour ennemie. Ces montagnards se fesaient un honneur de mener avec eux le fils de ce duc de Milan, Louis-le-Maure, et d'expier, en couronnant le fils, la trahison qu'ils avaient faite au père.

Les Français, commandés par le maréchal de Trivulce, abandonnent l'une après l'autre toutes les villes qu'ils avaient prises du fond de la Romagne aux confins de la Savoie. Le fameux Bayard fesait de belles retraites; mais c'était un héros obligé de fuir. Il n'y eut que trois mois entre la victoire de Ravenne et la totale expulsion des Français. Louis XII eut encore une destinée plus triste que Charles VIII; car du moins les Français s'étaient ouvert une retraite glorieuse sous Charles par la bataille de Fornoue; mais sous Louis ils furent chassés par les seuls Suisses à la bataille de Novare : ce fut le comble du malheur et de la honte. Louis de la Trimouille avait été envoyé avec une armée pour conserver au moins les restes du Milanais qu'on perdait. Il assiégeait Novare : douze mille Suisses viennent l'attaquer avant qu'il se soit retranché. Ils se présentent sans canon, marchent droit au sien, et s'en emparent : ils détruisent toute son infanterie, font fuir la gendarmerie, remportent une victoire complète, dont le président Hénault ne parle pas, et donnent à Maximilien Sforce le duché de Milan, que Louis avait tant disputé : il eut la mortification de voir établi dans Milan, par les Suisses, le jeune Maximilien Sforce, fils du duc mort prisonnier dans ses états. Gênes, où il avait étalé la pompe d'un roi d'Asie, reprit sa liberté, et chassa deux fois les Français : il ne resta rien à Louis XII au-delà des Alpes.

Voilà le fruit de tant de sang et de tant de trésors prodigués : toutes ses négociations, toutes ses guerres, eurent une fin malheureuse.

Les Suisses devenus ennemis du roi, dont ils avaient été les fantassins mercenaires, vinrent au nombre de vingt mille mettre le siége devant Dijon. Paris même fut épouvanté. Louis de la Trimouille, gouverneur de Bourgogne, ne put les renvoyer qu'avec vingt mille écus comptant, une promesse de quatre cent mille au nom du roi, et sept otagés qui en répondaient. Le roi ne voulut donner que cent mille écus, payant encore à ce prix leur invasion plus cher que leurs secours refusés. Mais les Suisses, furieux de ne recevoir que le quart de leur argent, condamnèrent à la mort leurs sept otages. Alors le roi fut obligé de promettre non seulement toute la somme, mais encore la moitié par-dessus : les otages, heureusement évadés, sauvèrent au roi son argent, mais non pas sa gloire.

CHAPITRE CXIV.

Suite des affaires de Louis XII. De Ferdinand-le-Catholique, et de Henri VIII, roi d'Angleterre.

Cette fameuse ligue de Cambrai, qui s'était d'abord tramée contre Venise, ne fut donc à la fin tournée que contre la France; et c'est à Louis XII qu'elle devint funeste. On voit qu'il y avait surtout deux princes plus habiles que lui, Ferdinand-le-Catholique et le pape. Louis n'avait été à craindre qu'un moment; et il eut, depuis, le reste de l'Europe à craindre.

Tandis qu'il perdait Milan et Gênes, ses trésors et ses troupes, on le privait encore d'un rempart que la France avait contre l'Espagne. Son allié et son parent le roi de Navarre, Jean d'Albret, vit son état enlevé tout d'un coup par Ferdinand-le-Catholique. Ce brigandage était appuyé d'un prétexte sacré : Ferdinand prétendait avoir une bulle du pape Jules II qui excommuniait Jean d'Albret comme adhérent du roi de France et du concile de Pise. La Navarre est restée depuis à l'Espagne, sans que jamais elle en ait été détachée.

Pour mieux connaître la politique de ce Ferdinand-le-Catholique, fameux par la religion et la bonne foi dont il parlait sans cesse, et qu'il viola toujours, il faut voir avec quel art il fit cette conquête. Le jeune Henri VIII, roi d'Angleterre, était son gendre : il lui propose de s'unir ensemble pour rendre aux Anglais la Guienne, leur ancien patrimoine, dont ils étaient chassés depuis plus de cent ans. (1512) Le jeune roi d'Angleterre ébloui envoie une flotte en Biscaye : Ferdinand se sert de l'armée anglaise pour conquérir la Navarre, et laisse les Anglais retourner ensuite chez eux sans avoir rien tenté sur la Guienne, dont l'invasion était impraticable. C'est ainsi qu'il trompa son gendre, après avoir successivement trompé son parent le roi de Naples, et le roi Louis XII, et les Vénitiens, et les papes. On l'appelait en Espagne *le sage*, *le prudent*; en Italie, *le pieux*; en France et à Londres, *le perfide*.

Louis XII, qui avait mis un bon ordre à la défense de la Guienne, ne fut pas aussi heureux en Picardie. Le nouveau roi d'Angleterre, Henri VIII, prenait ce temps de calamité pour faire de ce côté une irruption en France, dont la ville de Calais donnait toujours l'entrée.

Ce jeune roi, bouillant d'ambition et de courage, attaqua seul la France, sans être secouru des troupes de l'empereur Maximilien, ni de Ferdinand-le-Catholique, ses alliés. Le vieil empereur, toujours entreprenant et pauvre, servit dans l'armée du roi d'Angleterre, et ne rougit point d'en recevoir une paie de cent écus par jour. Henri VIII, avec ses seules forces, semblait près de renouveler les temps funestes de Poitiers et d'Azincourt. Il eut une victoire complète à la journée de Guinegaste (1513), qu'on nomma *la journée des éperons*. Il prit Térouane, qui à présent n'existe plus, et Tournai, ville de tout temps incorporée à la France, et le berceau de la monarchie française.

Louis XII, alors veuf d'Anne de Bretagne, ne put avoir la paix avec Henri VIII qu'en épousant sa sœur Marie d'Angleterre ; mais au lieu que les rois, aussi-bien que les particuliers, reçoivent une dot de leurs femmes, Louis XII en paya une : il lui en coûta un million d'écus pour épouser la sœur de son vainqueur. Rançonné à-la-fois par l'Angleterre et par les Suisses, toujours trompé par Ferdinand-le-Catholique, et chassé de ses conquêtes d'Italie par la fermeté de Jules II, il finit bientôt après sa carrière (1515).

Comme il mit peu d'impôts, il fut appelé *Père* par le peuple. Les héros dont la France était pleine l'eussent aussi appelé leur père, s'il avait, en imposant des tributs nécessaires, conservé l'Italie, réprimé les Suisses, secouru efficacement la Navarre, repoussé l'Anglais, et préservé la Picardie et la Bourgogne d'invasions plus ruineuses que ces impôts n'auraient pu l'être.

Mais s'il fut malheureux au-dehors de son royaume, il fut heureux au-dedans. On ne peut reprocher à ce roi que la vente des charges, laquelle ne s'étendit pas sous lui aux offices de judicature : il en tira en dix-sept années de règne la somme de douze cent mille livres dans le seul district de Paris : mais les tailles, les aides furent modiques. Il eut toujours une attention paternelle à ne point faire porter au peuple un fardeau pesant : il ne se croyait pas roi des Français comme un seigneur l'est de sa terre, uniquement pour en tirer la substance. On ne connut de son temps aucune imposition nouvelle (1580) : et lorsque Fromenteau présenta au dissipateur Henri III un état de comparaison de ce qu'on exigeait sous ce malheureux prince, avec ce qu'on avait payé sous Louis XII, on vit à chaque article une somme immense pour Henri III, et une modique pour Louis, si c'était un ancien droit; mais quand c'était une taxe extraordinaire, il y avait à l'article Louis XII, *néant;* et malheureusement cet état de ce qu'on ne payait pas à Louis XII et de ce qu'on exigeait sous Henri III, contient un gros volume.

Ce roi n'avait environ que treize millions de revenu; mais ces treize millions en valaient environ cinquante d'aujourd'hui. Les denrées étaient beaucoup moins chères, et l'état n'était pas endetté : il n'est donc pas étonnant qu'avec ce faible revenu numéraire et une sage économie, il vécût avec splendeur et maintînt son peuple dans l'abondance. Il avait soin que la justice fût rendue partout avec promptitude, avec impartialité et presque sans frais : on payait quarante fois moins d'épices qu'aujourd'hui[a]. Il n'y avait dans le bailliage de Paris que quarante-neuf sergents, et à présent il y en a plus de cinq cents : il est vrai que Paris n'était pas la cinquième partie de ce qu'il est de nos jours; mais le nombre des officiers de justice s'est accru dans une bien plus grande proportion que Paris, et les maux inséparables des grandes villes ont augmenté plus que le nombre des habitants.

Il maintint l'usage où étaient les parlements du royaume de choisir trois sujets pour remplir une place

---

[a] Sous Louis XV, on n'en paya plus depuis 1771 : le chancelier de Maupeou, en abolissant l'infame vénalité des offices de judicature introduite par le chancelier Duprat, supprima aussi l'opprobre des épices; mais la vénalité et les épices ont été rétablies en 1774. (*Note ajoutée en* 1775.)

vacante : le roi nommait un des trois. Les dignités de la robe n'étaient données alors qu'aux avocats : elles étaient le prix du mérite, ou de la réputation qui suppose le mérite. Son édit de 1499, éternellement mémorable, et que nos historiens n'auraient pas dû oublier, a rendu sa mémoire chère à tous ceux qui rendent la justice, et à ceux qui l'aiment. Il ordonne, par cet édit, « qu'on suive toujours la loi, malgré les « ordres contraires à la loi que l'importunité pour- « rait arracher du monarque. »

Le plan général suivant lequel vous étudiez ici l'histoire n'admet que peu de détails; mais de telles particularités, qui font le bonheur des états et la leçon des bons princes, deviennent un objet principal.

Louis XII fut le premier des rois qui mit les laboureurs à couvert de la rapacité du soldat, et qui fit punir de mort les gendarmes qui rançonnaient le paysan. Il en coûta la vie à cinq gendarmes, et les campagnes furent tranquilles. S'il ne fut ni un héros, ni un grand politique, il eut donc la gloire plus précieuse d'être un bon roi; et sa mémoire sera toujours en bénédiction à la postérité.

CHAPITRE CXV.

De l'Angleterre et de ses malheurs après l'invasion de la France.
De Marguerite d'Anjou, femme de Henri VI, etc.

Le pape Jules II, au milieu de toutes les dissensions qui agitèrent toujours l'Italie, ferme dans le dessein d'en chasser tous les étrangers, avait donné au pontificat une force temporelle qu'il n'avait point eue jusqu'alors. Parme et Plaisance, détachés du Milanais, étaient joints au domaine de Rome du consentement de l'empereur même. (1513) Jules avait consommé son pontificat et sa vie par cette action qui honore sa mémoire. Les papes n'ont point conservé cet état. Le saint-siége était alors en Italie une puissance temporelle prépondérante.

Venise, quoique en guerre avec Ferdinand-le-Catholique, roi de Naples, demeurait encore très puissante. Elle résistait à-la-fois aux mahométans et aux chrétiens. L'Allemagne était paisible; l'Angleterre recommençait à être redoutable. Il faut voir d'où elle sortait, et où elle parvint.

L'aliénation d'esprit de Charles VI avait perdu la France; la faiblesse d'esprit de Henri VI désola l'Angleterre.

(1442) D'abord ses parents se disputèrent le gouvernement dans sa jeunesse, ainsi que les parents de Charles VI avaient tout bouleversé pour commander en son nom. Si dans Paris un duc de Bourgogne fit assassiner un duc d'Orléans, on vit à Londres la duchesse de Glocester, tante du roi, accusée d'avoir attenté à la vie de Henri VI par des sortiléges. Une malheureuse devineresse et un prêtre imbécile ou scélérat, qui se disaient sorciers, furent brûlés vifs pour cette prétendue conspiration. La duchesse fut heureuse de n'être condamnée qu'à faire *une amende honorable* en chemise, et à une prison perpétuelle. L'esprit de philosophie était alors bien éloigné de cette île : elle était le centre de la superstition et de la cruauté.

(1444) La plupart des querelles des souverains ont fini par des mariages. Charles VII donna pour femme à Henri VI Marguerite d'Anjou, fille de ce René d'Anjou, roi de Naples, duc de Lorraine, comte du Maine, qui, avec tous ces titres, était sans états, et qui n'eut pas de quoi donner la plus légère dot à sa fille. Peu de princesses ont été plus malheureuses en père et en époux. C'était une femme entreprenante, courageuse, inébranlable; héroïne, si elle n'avait d'abord souillé ses vertus par un crime. Elle eut tous les talents du gouvernement et toutes les vertus guerrières; mais aussi elle se livra quelquefois aux cruautés et aux attentats que l'ambition, la guerre et les factions inspirent. Sa hardiesse et la pusillanimité de son mari furent les premières sources des calamités publiques.

(1447) Elle voulut gouverner; et il fallut se défaire du duc de Glocester, oncle du roi, et mari de cette duchesse déjà sacrifiée à ses ennemis, et confinée en prison. On fait arrêter ce duc sous prétexte d'une conspiration nouvelle, et le lendemain il est trouvé mort dans son lit. Cette violence rendit le gouvernement de la reine et le nom du roi odieux. Rarement les Anglais haïssent sans conspirer. Il se trouvait alors en Angleterre un descendant d'Édouard III, de qui même la branche était plus près d'un degré de la souche commune que la branche alors régnante. Ce prince était un duc d'York; il portait sur son écu une *rose blanche*, et le roi Henri VI, de la branche de Lancastre, portait une *rose rouge*. C'est de là que vinrent ces noms fameux consacrés à la guerre civile.

Dans les commencements des factions, il faut être protégé par un parlement, en attendant que ce parlement devienne l'esclave du vainqueur. (1450) Le duc d'York accuse devant le parlement le duc de Suffolk, premier ministre et favori de la reine, à qui ces deux titres avaient valu la haine de la nation. Voici un étrange exemple de ce que peut cette haine. La cour, pour contenter le peuple, bannit d'Angleterre le premier ministre. Il s'embarque pour passer en France. Le capitaine d'un vaisseau de guerre garde-côte rencontre le vaisseau qui porte ce ministre ; il demande qui est à bord : le patron dit qu'il mène en France le duc de Suffolk. « Vous ne conduirez pas « ailleurs celui qui est accusé par mon pays », dit le capitaine ; et sur-le-champ il lui fait trancher la tête. C'est ainsi que les Anglais en usaient en pleine paix. Bientôt la guerre ouvrit une carrière plus horrible.

Le roi Henri VI avait des maladies de langueur qui le rendaient, pendant des années entières, incapable d'agir et de penser. L'Europe vit, dans ce siècle, trois souverains que le dérangement des organes du cerveau plongea dans les plus extrêmes malheurs : l'empereur Venceslas, Charles VI de France, et Henri VI d'Angleterre. (1455) Pendant une de ces années funestes de la langueur de Henri VI, le duc d'York et son parti se rendent les maîtres du conseil. Le roi, comme en revenant d'un long assoupissement, ouvrit les yeux : il se vit sans autorité. Sa femme, Marguerite d'Anjou, l'exhortait à être roi : mais pour l'être, il fallut tirer l'épée. Le duc d'York, chassé du conseil, était déjà à la tête d'une armée. On traîna Henri à la bataille de Saint-Alban; il y fut blessé et pris, mais non encore détrôné. Le duc d'York, son vainqueur, le conduisit en triomphe à Londres (1455); et lui laissant le titre de roi, il prit pour lui-même celui de protecteur, titre déjà connu aux Anglais.

Henri VI, souvent malade et toujours faible, n'était qu'un prisonnier servi avec l'appareil de la royauté. Sa femme voulut le rendre libre pour l'être elle-même; son courage était plus grand que ses malheurs. Elle lève des troupes, comme on en levait dans ce temps-là, avec le secours des seigneurs de son parti. Elle tire son mari de Londres, et devient la générale de son armée. Les Anglais en peu de temps virent ainsi quatre Françaises conduire des soldats : la femme du comte de Montfort en Bretagne, la femme du roi Édouard II en Angleterre, la Pucelle d'Orléans en France, et Marguerite d'Anjou.

(1460) Cette reine rangea elle-même son armée en bataille, à la sanglante journée de Northampton, et combattit à côté de son mari. Le duc d'York, son grand ennemi, n'était pas dans l'armée opposée : son fils aîné, le comte de La Marche, y fesait son apprentissage de la guerre civile sous le comte de Warwick, l'homme de ce temps-là qui avait le plus de réputation, esprit né pour ce temps de trouble, pétri d'artifice, et plus encore de courage et de fierté, propre pour une campagne et pour un jour de bataille, fécond en ressources, capable de tout, fait pour donner et pour ôter le trône selon sa volonté. Le génie du comte de Warwick l'emporta sur celui de Marguerite d'Anjou : elle fut vaincue. Elle eut la douleur de voir prendre prisonnier le roi son mari dans sa tente; et, tandis que ce malheureux prince lui tendait les bras, il fallut qu'elle s'enfuît à toute bride avec son fils le prince de Galles. Le roi est reconduit, pour la seconde fois, par ses vainqueurs, dans sa capitale, toujours roi et toujours prisonnier.

On convoqua un parlement, et le duc d'York, auparavant protecteur, demanda cette fois un autre titre. Il réclamait la couronne comme représentant Édouard III, à l'exclusion de Henri VI, né d'une branche cadette. La cause du roi et de celui qui prétendait l'être fut solennellement débattue dans la chambre des pairs. Chaque parti fournit ses raisons par écrit, comme dans un procès ordinaire. Le duc d'York, tout vainqueur qu'il était, ne put gagner sa cause entièrement. Le parlement décida que Henri VI garderait le trône pendant sa vie, et que le duc d'York, à l'exclusion du prince de Galles, serait son successeur. Mais à cet arrêt on ajouta une clause qui était une nouvelle déclaration de trouble et de guerre; c'est que, si le roi violait cette loi, la couronne dès ce moment serait dévolue au duc d'York.

Marguerite d'Anjou, vaincue, fugitive, éloignée de son mari, ayant contre elle le duc d'York victorieux, Londres et le parlement, ne perdit point courage. Elle courait dans la principauté de Galles et dans les provinces voisines, animant ses amis, s'en fesant de nouveaux, et formant une armée. On sait assez que ces armées n'étaient pas des troupes régulières, tenues long-temps sous le drapeau, et soudoyées par un seul chef. Chaque seigneur amenait ce qu'il pouvait d'hommes rassemblés à la hâte. Le pillage tenait lieu de provisions et de solde. Il fallait en venir bientôt à une bataille, ou se retirer. La reine se trouva enfin en présence de son grand ennemi le duc d'York, dans la province de ce nom, près du château de Sandal. Elle était à la tête de dix-huit mille hommes. (1461) La fortune dans cette journée seconda son courage. Le duc d'York vaincu mourut percé de coups. Son second fils Rutland fut tué en fuyant. La tête du père, plantée sur la muraille avec celles de quelques généraux, y resta long-temps comme un monument de sa défaite.

Marguerite, victorieuse, marche vers Londres pour délivrer le roi son époux. Le comte de Warwick, l'ame du parti d'York, avait encore une armée dans laquelle il traînait Henri son roi et son captif à sa suite. La reine et Warwick se rencontrèrent près de Saint-Alban, lieu fameux par plus d'un combat. La reine eut encore le bonheur de vaincre (1461) : elle goûta le plaisir de voir fuir devant elle ce Warwick si redoutable, et de rendre à son mari sur le champ de bataille sa liberté et son autorité. Jamais femme n'avait eu plus de succès et plus de gloire; mais le triomphe fut court. Il fallait avoir pour soi la ville de Londres : Warwick avait su la mettre dans son parti. La reine ne put y être reçue, ni la forcer avec une faible armée.

Le comte de La Marche, fils aîné du duc d'York, était dans la ville, et respirait la vengeance. Le seul fruit des victoires de la reine fut de pouvoir se retirer en sûreté. Elle alla dans le nord d'Angleterre fortifier son parti, que le nom et la présence du roi rendaient encore plus considérable.

(1461) Cependant Warwick, maître dans Londres, assemble le peuple dans une campagne aux portes de la ville, et lui montrant le fils du duc d'York : « Lequel « voulez-vous pour votre roi, dit-il, ou ce jeune « prince, ou Henri de Lancastre ? » Le peuple répondit, *York*. Les cris de la multitude tinrent lieu d'une délibération du parlement. Il n'y en avait point de convoqué pour lors. Warwick assembla quelques seigneurs et quelques évêques. Ils jugèrent que Henri VI de Lancastre avait enfreint la loi du parlement, parceque sa femme avait combattu pour lui. Le jeune York fut donc reconnu dans Londres sous le nom d'Édouard IV, tandis que la tête de son père était encore attachée aux murailles d'York, comme celle d'un coupable. On ôta la couronne à Henri VI, qui avait été déclaré roi de France et d'Angleterre au berceau, et qui avait régné à Londres trente-huit années, sans qu'on eût pu jamais lui rien reprocher que sa faiblesse.

Sa femme, à cette nouvelle, rassembla dans le nord d'Angleterre jusqu'à soixante mille combattants. C'était un grand effort. Elle ne hasarda cette fois ni la personne de son mari, ni celle de son fils, ni la sienne. Warwick conduisit son jeune roi à la tête de quarante mille hommes contre l'armée de la reine. On se trouva en présence à Santon, vers les bords de la rivière d'Aire, aux confins de la province d'York. (1461) Ce fut là que se donna la plus sanglante bataille qui ait dépeuplé l'Angleterre. Il y périt, disent les contemporains, plus de trente-six mille hommes. Il faut toujours faire attention que ces grandes batailles se donnaient par une populace effrénée, qui abandonnait pendant quelques semaines sa charrue et ses pâturages; l'esprit de parti l'entraînait. On combattait alors de près, et l'acharnement produisait ces grands massacres dont il y a peu d'exemples depuis que des troupes réglées combattent pour de l'argent, et que les peuples oisifs attendent à quel vainqueur leurs blés appartiendront.

Warwick fut pleinement victorieux, le jeune Édouard IV affermi, et Marguerite d'Anjou abandonnée. Elle s'enfuit dans l'Écosse avec son mari et son fils. Alors le roi Édouard fit ôter des murs d'York la tête de son père pour y mettre celles des généraux ennemis. Chaque parti dans le cours de ces guerres exterminait tour-à-tour, par la main des bourreaux, les principaux prisonniers. L'Angleterre était un vaste théâtre de carnage, où les échafauds étaient dressés de tous côtés sur les champs de bataille. La France avait été aussi malheureuse sous Philippe de Valois, sous Jean, sous Charles VI; mais elle le fut par les Anglais, qui sous leur Henri VI et jusqu'à leur Henri VII ne furent malheureux que par eux-mêmes.

CHAPITRE CXVI.

D'Édouard IV, de Marguerite d'Anjou, et de la mort de Henri VI.

L'intrépide Marguerite ne perdit point courage. Mal secourue en Écosse, elle passe en France à travers des vaisseaux ennemis qui couvraient la mer. Louis XI commençait alors à régner. Elle sollicita du secours; et quoique la fausse politique de Louis lui en refuse, elle ne se rebute point. Elle emprunte de l'argent, elle emprunte des vaisseaux; elle obtient enfin cinq cents hommes; elle se rembarque; elle essuie une tempête qui sépare son vaisseau de sa petite flotte : enfin elle regagne le rivage de l'Angleterre; elle y assemble des forces; elle affronte encore le sort des batailles; elle ne craint plus alors d'exposer sa personne, et son mari, et son fils. Elle donne une nouvelle bataille vers Hexham (1462); mais elle la perd encore. Toutes les ressources lui manquent après cette défaite. Le mari fuit d'un côté, la femme et le fils de l'autre, sans domestiques, sans secours, exposés à tous les accidents et à tous les affronts. Henri, dans sa fuite, tomba entre les mains de ses ennemis. On le conduisit à Londres avec ignominie, et on le renferma dans la tour. Marguerite, moins malheureuse, se sauva avec son fils en France, chez René d'Anjou son père, qui ne pouvait que la plaindre.

Le jeune Édouard IV, mis sur le trône par les mains de Warwick, délivré par lui de tous ses ennemis, maître de la personne de Henri, régnait paisiblement. Mais dès qu'il fut tranquille, il fut ingrat. Warwick, qui lui servait de père, négociait en France le mariage de ce prince avec Bonne de Savoie, sœur de la femme de Louis XI. Édouard, pendant qu'on était prêt à conclure, voit Élisabeth Woodville, veuve du chevalier Gray, en devient amoureux, l'épouse en secret, et enfin la déclare reine sans en faire part à Warwick (1465). L'ayant ainsi offensé, il le néglige; il l'écarte des conseils; il s'en fait un ennemi irréconciliable. Warwick, dont l'artifice égalait l'audace, employa bientôt l'un et l'autre à se venger. Il séduisit le duc de Clarence, frère du roi; il arma l'Angleterre: et ce n'était point alors le parti de la *rose rouge* contre la *rose blanche*; la guerre civile était entre le roi et son sujet irrité. Les combats, les trêves, les négociations, les trahisons, se succédèrent rapidement. (1470) Warwick chassa enfin d'Angleterre le roi qu'il avait fait, et alla à la tour de Londres, tirer de prison ce même Henri VI qu'il avait détrôné, et le replaça sur le trône. On le nommait *le feseur de rois*. Les parlements n'étaient que les organes de la volonté du plus fort. Warwick en fit convoquer un qui rétablit bientôt Henri VI dans tous ses droits, et qui déclara usurpateur et traître ce même Édouard IV, auquel il avait, peu d'années auparavant, décerné la couronne. Cette longue et sanglante tragédie n'était pas à son dénouement. Édouard IV, réfugié en Hollande, avait des partisans en Angleterre. Il y rentra après sept mois d'exil. Sa faction lui ouvrit les portes de Londres. Henri, le jouet de la fortune, rétabli à peine, fut encore remis dans la tour. Sa femme, Marguerite d'Anjou, toujours prête à le venger, et toujours féconde en ressources, repassait dans ces temps-là même en Angleterre avec son fils le prince de Galles. Elle apprit, en abordant, son nouveau malheur. Warwick, qui l'avait tant persécutée, était son défenseur; il marchait contre Édouard : c'était un reste d'espérance pour cette malheureuse reine. Mais à peine avait-elle appris la nouvelle prison de son mari, qu'un second courrier lui apprend sur le rivage que Warwick vient d'être tué dans un combat, et qu'Édouard IV est vainqueur (1471).

On est étonné qu'une femme, après cette foule de disgraces, ait encore osé tenter la fortune. L'excès de son courage lui fit trouver des ressources et des amis. Quiconque avait un parti en Angleterre était sûr, au bout de quelque temps, de trouver sa faction fortifiée par la haine contre la cour et contre le ministre. C'est en partie ce qui valut encore une armée à Marguerite d'Anjou, après tant de revers et de défaites. Il n'y avait guère de province en Angleterre dans laquelle elle n'eût combattu. Les bords de la Saverne et le parc de Tewkesbury furent le champ de sa dernière bataille. Elle commandait ses troupes, menant de rang en rang le prince de Galles (1471). Le combat fut opiniâtre; mais enfin Édouard IV demeura victorieux.

La reine, dans le désordre de sa défaite, ne voyant point son fils, et demandant en vain de ses nouvelles, perdit tout sentiment et toute connaissance. Elle resta long-temps évanouie sur un chariot, et ne reprit ses sens que pour voir son fils prisonnier, et son vainqueur Édouard IV devant elle. On sépara la mère et le fils. Elle fut conduite à Londres dans la tour, où était le roi son mari.

Tandis qu'on enlevait ainsi la mère, Édouard se tournant vers le prince de Galles : « Qui vous a rendu « assez hardi, lui dit-il, pour entrer dans mes états ? » « Je suis venu dans les états de mon père, répondit « le prince, pour le venger, et pour sauver de vos « mains mon héritage. » Édouard irrité le frappa de son gantelet au visage ; et les historiens disent que les propres frères d'Édouard, le duc de Clarence, rentré pour lors en grace, et le duc de Glocester, accompagnés de quelques seigneurs, se jetèrent alors comme des bêtes féroces sur le prince de Galles, et le percèrent de coups. Quand les premiers d'une nation ont de telles mœurs, quelles doivent être celles du peuple ? On ne donna la vie à aucun prisonnier ; et enfin on résolut la mort de Henri VI.

Le respect que dans ces temps féroces on avait eu pendant plus de quarante années pour la vertu de ce monarque, avait toujours arrêté jusque-là les mains des assassins. Mais après avoir ainsi massacré le prince de Galles, on respecta moins le roi. On prétend que ce même duc de Glocester, depuis Richard III, qui avait trempé ses mains dans le sang du fils, alla lui-même dans la tour de Londres assassiner le père (1471). Cette horreur peut être vraie, et n'est point du tout vraisemblable ; à moins, comme le dit l'ingénieux M. Walpole, que ce duc de Glocester n'eût reçu d'É-douard IV, son frère, des patentes de bourreau en titre d'office. On laissa vivre Marguerite d'Anjou, parce qu'on espérait que les Français paieraient sa rançon. En effet lorsque, quatre ans après, Édouard, paisible chez lui, vint à Calais pour faire la guerre à la France, et que Louis XI le renvoya en Angleterre à force d'argent par un traité honteux, Louis, dans cet accord, racheta cette héroïne pour cinquante mille écus. C'était beaucoup pour des Anglais appauvris par les guerres de France et par leurs troubles domestiques. Marguerite d'Anjou, après avoir soutenu dans douze batailles les droits de son mari et de son fils, (1482) mourut la reine, l'épouse et la mère la plus malheureuse de l'Europe; et, sans le meurtre de l'oncle de son mari, la plus vénérable.

CHAPITRE CXVII.

Suite des troubles d'Angleterre sous Édouard IV, sous le tyran Richard III, et jusqu'à la fin du règne de Henri VII.

Édouard IV régna tranquille. Le triomphe de la *rose blanche* était complet, et sa domination était cimentée du sang de presque tous les princes de la *rose rouge*. Il n'y a personne qui, en considérant la conduite d'Édouard IV, ne se figure un barbare uniquement occupé de ses vengeances. C'était cependant un homme livré au plaisir, plongé dans les intrigues des femmes autant que dans celles de l'état. Il n'avait pas besoin d'être roi pour plaire. La nature l'avait fait le plus bel homme de son temps, et le plus amoureux; et par un contraste étonnant, elle mit dans un cœur si sensible une barbarie qui fait horreur. (1477) Il fit condamner son frère Clarence sur les sujets les plus légers, et ne lui fit d'autre grace que de lui laisser le choix de sa mort. Clarence demanda qu'on l'étouffât dans un tonneau de vin, choix bizarre dont on ne voit pas la raison. Mais qu'il ait été noyé dans du vin, ou qu'il ait péri d'un genre de mort plus vraisemblable, il en résulte qu'Édouard était un monstre, et que les peuples n'avaient que ce qu'ils méritaient, en se laissant gouverner par de tels scélérats.

Le secret de plaire à sa nation était de faire la guerre à la France. On a déjà vu, dans l'article de Louis XI[1], comment cet Édouard passa la mer (1475), et par quelle politique mêlée de honte Louis XI acheta la retraite de ce roi, moins puissant que lui, et mal affermi. Acheter la paix d'un ennemi, c'est lui donner de quoi faire la guerre. (1483) Édouard proposa donc à son parlement une nouvelle invasion en France. Jamais offre ne fut acceptée avec une joie plus universelle. Mais lorsqu'il se préparait à cette grande entreprise, il mourut à l'âge de quarante-deux ans (1483).

Comme il était d'une constitution très robuste, on soupçonna son frère Richard, duc de Glocester, d'avoir avancé ses jours par le poison. Ce n'était pas juger témérairement du duc de Glocester; ce prince était un autre monstre né pour commettre de sang froid tous les crimes.

Édouard IV laissa deux enfants mâles, dont l'aîné, âgé de treize ans, porta le nom d'Édouard V. Glocester forma le dessein d'arracher les deux enfants à la

[1] Chap. XCIV, tome XVI, page 517. B.

reine leur mère, et de les faire mourir pour régner. Il s'était déjà rendu maître de la personne du roi, qui était alors vers la province de Galles. Il fallait avoir en sa puissance le duc d'York son frère. Il prodigua les serments et les artifices. La faible mère mit son second fils dans les mains du traître, croyant que deux parricides seraient plus difficiles à commettre qu'un seul. Il les fit garder dans la tour. C'était, disait-il, pour leur sûreté. Mais quand il fallut en venir à ce double assassinat, il trouva un obstacle. Le lord Hastings, homme d'un caractère farouche, mais attaché au jeune roi, fut sondé par les émissaires de Glocester, et laissa entrevoir qu'il ne prêterait jamais son ministère à ce crime. Glocester, voyant un tel secret en des mains si dangereuses, n'hésita pas un moment sur ce qu'il devait faire. Le conseil d'état était assemblé dans la tour; Hastings y assistait : Glocester entre avec des satellites : « Je t'arrête pour tes crimes, dit- « il au lord Hastings. Qui ? moi, mylord ? répondit « l'accusé. Oui, toi, traître, » dit le duc de Glocester; et dans l'instant il lui fit trancher la tête en présence du conseil.

Délivré ainsi de celui qui savait son secret, et méprisant les formes des lois, avec lesquelles on colorait en Angleterre tous les attentats, il rassemble des malheureux de la lie du peuple, qui crient dans l'hôtel de ville qu'ils veulent avoir Richard de Glocester pour monarque. Un maire de Londres va le lendemain, suivi de cette populace, lui offrir la couronne. Il l'accepte; il se fait couronner sans assembler de parlement, sans prétexter la moindre raison. Il se contente de semer le bruit que le roi Édouard IV, son frère, était né d'adultère, et ne se fit point de scrupule de déshonorer sa mère, qui était vivante. De telles raisons n'étaient inventées que pour la vile populace. Les intrigues, la séduction, et la crainte, contenaient les seigneurs du royaume, non moins méprisables que le peuple.

(1483) A peine fut-il couronné, qu'un nommé Tirrel étrangla, dit-on, dans la tour, le jeune roi et son frère. La nation le sut, et ne fit que murmurer en secret; tant les hommes changent avec les temps! Glocester, sous le nom de Richard III, jouit deux ans et demi du fruit du plus grand des crimes que l'Angleterre eût encore vus, tout accoutumée qu'elle était à ces horreurs. M. Walpole révoque en doute ce double crime. Mais sous le règne de Charles II, on retrouva les ossements de ces deux enfants précisément au même endroit où l'on disait qu'ils avaient été enterrés. Peut-être dans la foule des forfaits qu'on impute à ce tyran, il en est qu'il n'a pas commis; mais si l'on a fait de lui des jugements téméraires, c'est lui qui en est coupable. Il est certain qu'il enferma ses neveux dans la tour; ils ne parurent plus, c'est à lui d'en répondre.

Dans cette courte jouissance du trône, il assembla un parlement, dans lequel il osa faire examiner son droit. Il y a des temps où les hommes sont lâches à proportion que leurs maîtres sont cruels. Ce parlement déclara que la mère de Richard III avait été adultère ; que ni le feu roi Édouard IV, ni ses autres frères, n'étaient légitimes ; que le seul qui le fût était Richard; et qu'ainsi la couronne lui appartenait à l'exclusion des deux jeunes princes étranglés dans la tour, mais sur la mort desquels on ne s'expliquait pas. Les parlements ont fait quelquefois des actions plus cruelles, mais jamais de si infames. Il faut des siècles entiers de vertu pour réparer une telle lâcheté.

Enfin au bout de deux ans et demi il parut un vengeur. Il restait après tous les princes massacrés un seul rejeton de la *rose rouge,* caché dans la Bretagne. On l'appelait Henri, comte de Richmond. Il ne descendait point de Henri VI. Il rapportait, comme lui, son origine à Jean de Gand, duc de Lancastre, fils du grand Édouard III, mais par les femmes, et même par un mariage très équivoque de ce Jean de Gand. Son droit au trône était plus que douteux; mais l'horreur des crimes de Richard III le fortifiait. Il était encore fort jeune quand il conçut le dessein de venger le sang de tant de princes de la maison de Lancastre, de punir Richard III et de conquérir l'Angleterre. Sa première tentative fut malheureuse; et après avoir vu son parti défait, il fut obligé de retourner en Bretagne mendier un asile. Richard négocia secrètement, pour l'avoir en sa puissance, avec le ministre de François II, duc de Bretagne, père d'Anne de Bretagne, qui épousa Charles VIII et Louis XII. Ce duc n'était pas capable d'une action lâche, mais son ministre Landais l'était. Il promit de livrer le comte de Richmond au tyran. Le jeune prince s'enfuit déguisé sur les terres d'Anjou, et n'y arriva qu'une heure avant les satellites qui le cherchaient.

Il était de l'intérêt de Charles VIII, alors roi de

France, de protéger Richmond. Le petit-fils de Charles VII, qui pouvait nuire aux Anglais, et qui les eût laissés en repos, eût manqué au premier devoir de la politique. Mais Charles VIII ne donna que deux mille hommes. C'en était assez, supposé que le parti de Richmond eût été considérable. Il le devint bientôt; et Richard même, quand il sut que son rival ne débarquait qu'avec cette escorte, jugea que Richmond trouverait bientôt une armée. Tout le pays de Galles, dont ce jeune prince était originaire, s'arma en sa faveur. Richard III et Richmond combattirent à Bosworth, près de Lichfield. Richard avait la couronne en tête, croyant avertir par là ses soldats qu'ils combattaient pour leur roi contre un rebelle. Mais le lord Stanley, un de ses généraux, qui voyait depuis long-temps avec horreur cette couronne usurpée par tant d'assassinats, trahit son indigne maître, et passa avec un corps de troupes du côté de Richmond (1485). Richard avait de la valeur; c'était sa seule vertu. Quand il vit la bataille désespérée, il se jeta en fureur au milieu de ses ennemis, et y reçut une mort plus glorieuse qu'il ne méritait. Son corps nu et sanglant, trouvé dans la foule des morts, fut porté dans la ville de Leicester, sur un cheval, la tête pendante d'un côté et les pieds de l'autre. Il y resta deux jours exposé à la vue du peuple, qui, se rappelant tous ses crimes, n'eut pour lui aucune pitié. Stanley, qui lui avait arraché la couronne de la tête, lorsqu'il avait été tué, la porta à Henri de Richmond.

Les victorieux chantèrent le *Te Deum* sur le champ de bataille; et après cette prière, tous les soldats, inspirés d'un même mouvement, s'écrièrent : *Vive notre roi Henri!* Cette journée mit fin aux désolations dont la *rose rouge* et la *rose blanche* avaient rempli l'Angleterre. Le trône, toujours ensanglanté et renversé, fut enfin ferme et tranquille. Les malheurs qui avaient persécuté la famille d'Édouard III cessèrent. Henri VII, en épousant une fille d'Édouard IV, réunit les droits des Lancastre et des York en sa personne. Ayant su vaincre, il sut gouverner. Son règne qui fut de vingt-quatre ans, et presque toujours paisible, humanisa un peu les mœurs de la nation. Les parlements qu'il assembla, et qu'il ménagea, firent de sages lois; la justice distributive rentra dans tous ses droits; le commerce, qui avait commencé à fleurir sous le grand Édouard III, ruiné pendant les guerres civiles, commença à se rétablir. L'Angleterre en avait besoin. On voit qu'elle était pauvre, par la difficulté extrême que Henri VII eut à tirer de la ville de Londres un prêt de deux mille livres sterling, qui ne revenait pas à cinquante mille livres de notre monnaie d'aujourd'hui. Son goût et la nécessité le rendirent avare. Il eût été sage s'il n'eût été qu'économe; mais une lésine honteuse et des rapines fiscales ternirent sa gloire. Il tenait un registre secret de tout ce que lui valaient les confiscations. Jamais les grands rois n'ont descendu à ces bassesses. Ses coffres se trouvèrent remplis à sa mort de deux millions de livres sterling, somme immense, qui eût été plus utile en circulant dans le public qu'en restant ensevelie dans le trésor du prince. Mais dans un pays où les peuples étaient plus enclins à faire des révolutions qu'à donner de l'argent à leurs rois, il était nécessaire que le roi eût un trésor.

Son règne fut plutôt inquiété que troublé par deux aventures étonnantes. Un garçon boulanger lui disputa la couronne : il se dit neveu d'Édouard IV. Instruit à jouer ce rôle par un prêtre, il fut couronné roi à Dublin en Irlande (1487), et osa donner bataille au roi près de Nottingham. Henri, qui le prit prisonnier, crut humilier assez les factieux en mettant ce roi dans sa cuisine, où il servit long-temps.

Les entreprises hardies, quoique malheureuses, font souvent des imitateurs. On est excité par un exemple brillant, et on espère de meilleurs succès. Témoin six faux Démétrius qu'on a vus de suite en Moscovie, et témoin tant d'autres imposteurs. Le garçon boulanger fut suivi par le fils d'un Juif, courtier d'Anvers, qui joua un plus grand personnage.

Ce jeune Juif, qu'on appelait Perkin, se dit fils du roi Édouard IV. Le roi de France, attentif à nourrir toutes les semences de division en Angleterre, le reçut à sa cour, le reconnut, l'encouragea ; mais bientôt ménageant Henri VII, il abandonna cet imposteur à sa destinée.

La vieille douairière de Bourgogne, sœur d'Édouard IV et veuve de Charles-le-Téméraire, laquelle fesait jouer ce ressort, reconnut le jeune Juif pour son neveu (1493). Il jouit plus long-temps de sa fourberie que le jeune garçon boulanger. Sa taille majestueuse, sa politesse, sa valeur, semblaient le rendre digne du rang qu'il usurpait. Il épousa une princesse de la maison d'York, dont il fut encore aimé même quand son imposture fut découverte. Il eut les armes à la main pendant cinq ans entiers : il arma même l'Écosse, et eut des ressources dans ses défaites. Mais enfin, abandonné et livré au roi (1498), condamné seulement à la prison, et ayant voulu s'évader, il paya sa hardiesse de sa tête. Ce fut alors que l'esprit de faction fut anéanti, et que les Anglais, n'étant plus redoutables à leurs monarques, commencèrent à le devenir à leurs voisins, surtout lorsque Henri VIII, en montant au trône, fut, par l'économie extrême et par la sagesse du gouvernement de son père, possesseur d'un ample trésor et maître d'un peuple belliqueux, et pourtant soumis autant que les Anglais peuvent l'être.

CHAPITRE CXVIII.

Idée générale du seizième siècle.

Le commencement du seizième siècle, que nous avons déjà entamé, nous présente à-la-fois les plus grands spectacles que le monde ait jamais fournis. Si on jette la vue sur ceux qui régnaient pour lors en Europe, leur gloire, ou leur conduite, ou les grands changements dont ils ont été cause, rendent leurs noms immortels. C'est à Constantinople un Sélim qui met sous la domination ottomane la Syrie et l'Égypte, dont les mahométans mamelucs avaient été en possession depuis le treizième siècle. C'est après lui son fils, le grand Soliman, qui le premier des empereurs turcs marche jusqu'à Vienne, et se fait couronner roi de Perse dans Bagdad, prise par ses armes, fesant trembler à-la-fois l'Europe et l'Asie.

On voit en même temps vers le Nord Gustave Vasa, brisant dans la Suède le joug étranger, élu roi du pays dont il est le libérateur.

En Moscovie les deux Jean Basilowitz ou Basilides délivrent leur patrie du joug des Tartares dont elle était tributaire; princes à la vérité barbares, et chefs d'une nation plus barbare encore : mais les vengeurs de leur pays méritent d'être comptés parmi les grands princes.

En Espagne, en Allemagne, en Italie, on voit Charles-Quint, maître de tous ces états sous des titres différents, soutenant le fardeau de l'Europe, toujours en action et en négociation, heureux long-temps en politique et en guerre, le seul empereur puissant depuis Charlemagne, et le premier roi de toute l'Espagne depuis la conquête des Maures : opposant des barrières à l'empire ottoman, fesant des rois et une multitude de princes, et se dépouillant enfin de toutes les couronnes dont il est chargé, pour aller mourir en solitaire après avoir troublé l'Europe.

Son rival de gloire et de politique, François Ier, roi de France, moins heureux, mais plus brave et plus aimable, partage entre Charles-Quint et lui les vœux et l'estime des nations. Vaincu et plein de gloire, il rend son royaume florissant malgré ses malheurs; il transplante en France les beaux-arts, qui étaient en Italie au plus haut point de perfection.

Le roi d'Angleterre Henri VIII, trop cruel, trop

capricieux pour être mis au rang des héros, a pourtant sa place entre ces rois, et par la révolution qu'il fit dans les esprits de ses peuples, et par la balance que l'Angleterre apprit sous lui à tenir entre les souverains. Il prit pour devise un guerrier tendant son arc, avec ces mots, *Qui je défends est maître;* devise que sa nation a rendue quelquefois véritable.

Le nom du pape Léon X est célèbre par son esprit, par ses mœurs aimables, par les grands hommes dans les arts qui éternisent son siècle, et par le grand changement qui sous lui divisa l'Église.

Au commencement du même siècle, la religion et le prétexte d'épurer la loi reçue, ces deux grands instruments de l'ambition, font le même effet sur les bords de l'Afrique qu'en Allemagne, et chez les mahométans que chez les chrétiens. Un nouveau gouvernement, une race nouvelle de rois, s'établissent dans le vaste empire de Maroc et de Fez, qui s'étend jusqu'aux déserts de la Nigritie. Ainsi l'Asie, l'Afrique, et l'Europe, éprouvent à-la-fois une révolution dans les religions : car les Persans se séparent pour jamais des Turcs; et reconnaissant le même dieu et le même prophète, ils consomment le schisme d'Omar et d'Ali. Immédiatement après, les chrétiens se divisent aussi entre eux, et arrachent au pontife de Rome la moitié de l'Europe.

L'ancien monde est ébranlé, le nouveau monde est découvert et conquis par Charles-Quint; le commerce s'établit entre les Indes orientales et l'Europe, par les vaisseaux et les armes du Portugal.

D'un côté, Cortez soumet le puissant empire du

Mexique, et les Pizarro font la conquête du Pérou, avec moins de soldats qu'il n'en faut en Europe pour assiéger une petite ville. De l'autre, Albuquerque dans les Indes établit la domination et le commerce du Portugal, avec presque aussi peu de forces, malgré les rois des Indes, et malgré les efforts des musulmans en possession de ce commerce.

La nature produit alors des hommes extraordinaires presque en tous les genres, surtout en Italie.

Ce qui frappe encore dans ce siècle illustre, c'est que malgré les guerres que l'ambition excita, et malgré les querelles de religion qui commençaient à troubler les états, ce même génie qui fesait fleurir les beaux-arts à Rome, à Naples, à Florence, à Venise, à Ferrare, et qui de là portait sa lumière dans l'Europe, adoucit d'abord les mœurs des hommes dans presque toutes les provinces de l'Europe chrétienne. La galanterie de la cour de François Ier opéra en partie ce grand changement. Il y eut entre Charles-Quint et lui une émulation de gloire, d'esprit de chevalerie, de courtoisie, au milieu même de leurs plus furieuses dissensions; et cette émulation qui se communiqua à tous les courtisans, donna à ce siècle un air de grandeur et de politesse inconnu jusqu'alors. Cette politesse brillait même au milieu des crimes; c'était une robe d'or et de soie ensanglantée.

L'opulence y contribua; et cette opulence devenue plus générale, était en partie (par une étrange révolution) la suite de la perte funeste de Constantinople: car bientôt après tout le commerce des Ottomans fut fait par les chrétiens, qui leur vendaient jusqu'aux épiceries des Indes, en les allant charger sur leurs vaisseaux dans Alexandrie, et les portant ensuite dans les mers du Levant. Les Vénitiens surtout firent ce commerce non seulement jusqu'à la conquête de l'Égypte par le sultan Sélim, mais jusqu'au temps où les Portugais devinrent les négocians des Indes.

L'industrie fut partout excitée. Marseille fit un grand commerce. Lyon eut de belles manufactures. Les villes des Pays-Bas furent plus florissantes encore que sous la maison de Bourgogne. Les dames appelées à la cour de François Ier en firent le centre de la magnificence, comme de la politesse. Les mœurs étaient plus dures à Londres, où régnait un roi capricieux et féroce : mais Londres commençait déjà à s'enrichir par le commerce.

En Allemagne, les villes d'Augsbourg et de Nuremberg, répandant les richesses de l'Asie qu'elles tiraient de Venise, se ressentaient déjà de leur correspondance avec les Italiens. On voyait dans Augsbourg de belles maisons dont les murs étaient ornés de peintures *à fresque* à la manière vénitienne. En un mot, l'Europe voyait naître de beaux jours ; mais ils furent troublés par les tempêtes que la rivalité entre Charles-Quint et François Ier excita ; et les querelles de religion, qui déjà commençaient à naître, souillèrent la fin de ce siècle : elles la rendirent affreuse, et y portèrent enfin une espèce de barbarie que les Hérules, les Vandales, et les Huns, n'avaient jamais connue.

CHAPITRE CXIX.

État de l'Europe du temps de Charles-Quint. De la Moscovie ou Russie. Digression sur la Laponie.

Avant de voir ce que fut l'Europe sous Charles-Quint, je dois me former un tableau des différents gouvernements qui la partageaient. J'ai déjà vu ce qu'étaient l'Espagne, la France, l'Allemagne, l'Italie, l'Angleterre. Je ne parlerai de la Turquie et de ses conquêtes en Syrie et en Afrique qu'après avoir vu tout ce qui se passa d'admirable et de funeste chez les chrétiens, et lorsque ayant suivi les Portugais dans leurs voyages et dans leur commerce militaire en Asie, j'aurai vu en quel état était le monde oriental.

Je commence par les royaumes chrétiens du Septentrion. L'état de la Moscovie ou Russie prenait quelque forme. Cet empire si puissant, et qui le devient tous les jours davantage, n'était depuis le onzième siècle qu'un assemblage de demi-chrétiens sauvages, esclaves des Tartares de Casan descendants de Tamerlan. Le duc de Russie payait tous les ans un tribut à ces Tartares en argent, en pelleteries, et en bétail. Il conduisait le tribut à pied devant l'ambassadeur tartare, se prosternait à ses pieds, lui présentait du lait à boire; et s'il en tombait sur le cou du cheval de l'ambassadeur, le prince était obligé de le lécher. Les Russes étaient, d'un côté, esclaves des Tartares; de l'autre, pressés par les Lithuaniens; et vers l'Ukraine, ils étaient encore exposés aux déprédations des Tartares de la Crimée, successeurs des Scythes de la Chersonèse Taurique, auxquels ils payaient un tribut. Enfin il se trouva un chef nommé Jean Basilides, ou fils de Basile, homme de courage, qui anima les Russes, s'affranchit de tant de servitude, et joignit à ses états Novogorod et la ville de Moscou, qu'il conquit sur les Lithuaniens à la fin du quinzième siècle. Il étendit ses conquêtes dans la Finlande, qui a été souvent un sujet de rupture entre la Russie et la Suède.

La Russie fut donc alors une grande monarchie, mais non encore redoutable à l'Europe. On dit que Jean Basilides ramena de Moscou trois cents chariots chargés d'or, d'argent, et de pierreries. Les fables sont l'histoire des temps grossiers. Les peuples de Moscou, non plus que les Tartares, n'avaient alors d'argent que celui qu'ils avaient pillé; mais, volés eux-mêmes dès long-temps par ces Tartares, quelles richesses pouvaient-ils avoir? ils ne connaissaient guère que le nécessaire.

Le pays de Moscou produit de bon blé qu'on sème en mai, et qu'on recueille en septembre : la terre porte quelques fruits; le miel y est commun, ainsi qu'en Pologne; le gros et le menu bétail y a toujours été en abondance : mais la laine n'était point propre aux manufactures, et les peuples grossiers n'ayant aucune industrie, les peaux étaient leurs seuls vêtements. Il n'y avait pas à Moscou une seule maison de pierre. Leurs huttes de bois étaient faites de troncs d'arbres enduits de mousse. Quant à leurs mœurs, ils vivaient en brutes, ayant une idée confuse de l'Église grecque, de laquelle ils croyaient être. Leurs pasteurs les enterraient avec un billet pour saint Pierre et pour saint Nicolas, qu'on mettait dans la main du mort. C'était là leur plus grand acte de religion : mais au-delà de Moscou, vers le nord-est, presque tous les villages étaient idolâtres.

(1551) Les czars, depuis Jean Basilides, eurent des richesses, surtout lorsqu'un autre Jean Basilowitz eut pris Casan et Astracan sur les Tartares ; mais les Russes furent toujours pauvres : ces souverains absolus, fesant presque tout le commerce de leur empire, et rançonnant ceux qui avaient gagné de quoi vivre, eurent bientôt des trésors, et ils étalèrent même une magnificence asiatique dans les jours de solennité. Ils commerçaient avec Constantinople par la mer Noire, avec la Pologne par Novogorod. Ils pouvaient donc policer leurs états, mais le temps n'en était pas venu. Tout le nord de leur empire par-delà Moscou consistait dans de vastes déserts et dans quelques habitations de sauvages. Ils ignoraient même que la vaste Sibérie existât. Un cosaque découvrit la Sibérie sous ce Jean Basilowitz, et la conquit comme Cortez conquit le Mexique, avec quelques armes à feu.

Les czars prenaient peu de part aux affaires de l'Europe, excepté dans quelques guerres contre la Suède au sujet de la Finlande, ou contre la Pologne pour des frontières. Nul Moscovite ne sortait de son pays : ils ne trafiquaient sur aucune mer, excepté le Pont-Euxin. Le port même d'Archangel était alors aussi inconnu que ceux de l'Amérique. Il ne fut découvert que dans l'année 1553 par les Anglais, lorsqu'ils cherchèrent de nouvelles terres vers le nord, à l'exemple des Portugais et des Espagnols, qui avaient fait tant de nouveaux établissements au midi, à l'orient, et à l'occident. Il fallait passer le Cap-Nord, à l'extrémité de la Laponie. On sut par expérience qu'il y a des pays où pendant près de cinq mois le soleil n'éclaire pas l'horizon. L'équipage entier de deux vaisseaux périt de froid et de maladie dans ces terres. Un troisième, sous la conduite de Chancelor, aborda le port d'Archangel sur la Duina, dont les bords n'étaient habités que par des sauvages. Chancelor alla par la Duina vers le chemin de Moscou. Les Anglais, depuis ce temps, furent presque les seuls maîtres du commerce de la Moscovie, dont les pelleteries précieuses contribuèrent à les enrichir. Ce fut encore une branche de commerce enlevée à Venise. Cette république, ainsi que Gênes, avait eu des comptoirs autrefois, et même une ville sur les bords du Tanaïs; et depuis, elle avait fait ce commerce de pelleteries par Constantinople. Quiconque lit l'histoire avec fruit, voit qu'il y a eu autant de révolutions dans le commerce que dans les états.

On était alors bien loin d'imaginer qu'un jour un prince russe fonderait dans des marais, au fond du golfe de Finlande, une nouvelle capitale, où il aborde tous les ans environ deux cent cinquante vaisseaux étrangers, et que de là il partirait des armées qui viendraient faire des rois en Pologne, secourir l'empire allemand contre la France, démembrer la Suède, prendre deux fois la Crimée, triompher de toutes les forces de l'empire ottoman, et envoyer des flottes victorieuses aux Dardanelles [a].

On commença dans ces temps-là à connaître plus particulièrement la Laponie, dont les Suédois mêmes, les Danois, et les Russes, n'avaient encore que de faibles notions. Ce vaste pays, voisin du pôle, avait été désigné par Strabon sous le nom de la contrée des Troglodytes et des Pygmées septentrionaux : nous apprîmes que la race des Pygmées n'est point une fable. Il est probable que les Pygmées méridionaux ont péri, et que leurs voisins les ont détruits. Plusieurs espèces d'hommes ont pu ainsi disparaître de la face de la terre, comme plusieurs espèces d'animaux. Les Lapons ne paraissent point tenir de leurs voisins. Les hommes, par exemple, sont grands et bien faits en Norvége ; et la Laponie ne produit que des hommes de trois coudées de haut. Leurs yeux, leurs oreilles, leur nez, les différencient encore de tous les peuples qui entourent leurs déserts. Ils paraissent une espèce particulière faite pour le climat qu'ils habitent, qu'ils aiment, et qu'eux seuls peuvent aimer. La nature, qui n'a mis les rennes ou les rangifères que dans ces contrées, semble y avoir produit des Lapons ; et comme leurs rennes ne sont point venus d'ailleurs, ce n'est pas non plus d'un autre pays que les Lapons y paraissent venus. Il n'est pas vraisemblable que les habitants d'une terre moins sauvage aient franchi les glaces et les déserts pour se transplanter dans des terres si stériles. Une famille peut être jetée par la

[a] Ces derniers mots ont été ajoutés en 1772.

tempête dans une île déserte, et la peupler; mais on ne quitte point dans le continent des habitations qui produisent quelque nourriture, pour aller s'établir au loin sur des rochers couverts de mousse, où l'on ne peut se nourrir que de lait de rennes et de poissons. De plus, si des Norvégiens, des Suédois, s'étaient transplantés en Laponie, y auraient-ils changé absolument de figure? Pourquoi des Islandais, qui sont aussi septentrionaux que les Lapons, sont-ils d'une haute stature; et les Lapons non seulement petits, mais d'une figure toute différente? C'était donc une nouvelle espèce d'hommes qui se présentait à nous, tandis que l'Amérique, l'Asie, et l'Afrique, nous en fesaient voir tant d'autres. La sphère de la nature s'élargissait pour nous de tous côtés, et c'est par là seulement que la Laponie mérite notre attention.

Je ne parlerai point de l'Islande qui était le Thulé des anciens, ni du Groënland, ni de toutes ces contrées voisines du pôle, où l'espérance de découvrir un passage en Amérique a porté nos vaisseaux : la connaissance de ces pays est aussi stérile qu'eux, et n'entre point dans le plan politique du monde.

La Pologne, ayant long-temps conservé les mœurs des Sarmates, commençait à être considérée de l'Allemagne depuis que la race des Jagellons était sur le trône. Ce n'était plus le temps où ce pays recevait un roi de la main des empereurs, et leur payait tribut.

Le premier des Jagellons avait été élu roi de cette république en 1382. Il était duc de Lithuanie : son pays et lui étaient idolâtres, ou du moins ce que nous appelons idolâtres, aussi bien que plus d'un palatinat. Il promit de se faire chrétien, et d'incorporer la Lithuanie à la Pologne : il fut roi à ces conditions.

Ce Jagellon, qui prit le nom de Ladislas, fut père de ce malheureux Ladislas, roi de Hongrie et de Pologne, né pour être un des plus puissants rois du monde, (1444) mais qui fut défait et tué à cette bataille de Varnes, que le cardinal Julien lui fit donner contre les Turcs, malgré la foi jurée, ainsi que nous l'avons vu.[1]

Les deux grands ennemis de la Pologne furent long-temps les Turcs et les religieux chevaliers teutoniques. Ceux-ci, qui s'étaient formés dans les croisades, n'ayant pu réussir contre les musulmans, s'étaient jetés sur les idolâtres et sur les chrétiens de la Prusse, province que les Polonais possédaient.

Sous Casimir, au quinzième siècle, les chevaliers religieux teutoniques firent long-temps la guerre à la Pologne, et enfin partagèrent la Prusse avec elle, à condition que le grand-maître serait vassal du royaume, et en même temps palatin, ayant séance aux diètes.

Il n'y avait alors que ces palatins qui eussent voix dans les états du royaume ; mais Casimir y appela les députés de la noblesse vers l'an 1460, et ils ont toujours conservé ce droit.

Les nobles en eurent alors un autre commun avec les palatins, ce fut de n'être arrêtés pour aucun crime avant d'avoir été convaincus juridiquement : ce droit était celui de l'impunité. Ils avaient encore droit de vie et de mort sur leurs paysans : ils pouvaient tuer

[1] Chap. LXXXIX. B.

impunément un de ces serfs, pourvu qu'ils missent environ dix écus sur la fosse; et quand un noble polonais avait tué un paysan appartenant à un autre noble, la loi d'honneur l'obligeait d'en rendre un autre. Ce qu'il y a d'humiliant pour la nature humaine, c'est qu'un tel privilége subsiste encore.

Sigismond, de la race des Jagellons, qui mourut en 1548, était contemporain de Charles-Quint, et passait pour un grand prince. Les Polonais eurent de son temps beaucoup de guerres contre les Moscovites, et encore contre ces chevaliers teutoniques dont Albert de Brandebourg était grand-maître. Mais la guerre était tout ce que connaissaient les Polonais, sans en connaître l'art, qui se perfectionnait dans l'Europe méridionale; ils combattaient sans ordre, n'avaient point de place fortifiée; leur cavalerie fesait, comme aujourd'hui, toute leur force.

Ils négligeaient le commerce. On n'avait découvert qu'au treizième siècle les salines de Cracovie, qui font une des richesses du pays. Le négoce du blé et du sel était abandonné aux Juifs et aux étrangers, qui s'enrichissaient de l'orgueilleuse oisiveté des nobles et de l'esclavage du peuple. Il y avait déjà en Pologne plus de deux cents synagogues.

D'un côté, cette administration était à quelques égards une image de l'ancien gouvernement des Francs, des Moscovites, et des Huns; de l'autre, elle ressemblait à celui des anciens Romains, en ce que chaque noble a le droit des tribuns du peuple, de pouvoir s'opposer aux lois du sénat par le seul mot *veto:* ce pouvoir, étendu à tous les gentilshommes, et porté jusqu'au droit d'annuler par une seule voix toutes les voix de la république, est devenu la prérogative de l'anarchie. Le tribun était le magistrat du peuple romain, et le gentilhomme n'est qu'un membre, un sujet de l'état : le droit de ce membre est de troubler tout le corps ; mais ce droit est si cher à l'amour-propre, qu'un sûr moyen d'être mis en pièces serait de proposer dans une diète l'abolition de cette coutume.

Il n'y avait d'autre titre en Pologne que celui de noble, de même qu'en Suède, en Danemarck, et dans tout le Nord ; les qualités de duc et de comte sont récentes : c'est une imitation des usages d'Allemagne ; mais ces titres ne donnent aucun pouvoir : toute la noblesse est égale. Ces palatins, qui ôtaient la liberté au peuple, n'étaient occupés qu'à défendre la leur contre leur roi. Quoique le sang des Jagellons eût régné long-temps, ces princes ne furent jamais ni absolus par leur royauté, ni rois par droit de naissance ; ils furent toujours élus comme les chefs de l'état, et non comme les maîtres. Le serment prêté par les rois, à leur couronnement, portait, en termes exprès, « qu'ils priaient la nation de les détrôner, s'ils « n'observaient pas les lois qu'ils avaient jurées. »

[1] Ce n'était pas une chose aisée de conserver toujours le droit d'élection, en laissant toujours la même famille sur le trône ; mais les rois n'ayant ni forteresse, ni la disposition du trésor public, ni celle des armées, la liberté n'a jamais reçu d'atteinte. L'état n'accordait alors au roi que douze cent mille de nos

---

[1] Cet alinéa existe dès 1756 ; la note de Voltaire est posthume. B.

livres annuelles pour soutenir sa dignité. Le roi de Suède aujourd'hui n'en a pas tant. L'empereur n'a rien; il est à ses frais « le chef de l'univers chrétien, » *caput orbis christiani;* tandis que l'île de la Grande-Bretagne donne à son roi environ vingt-trois millions pour sa liste civile. La vente de la royauté est devenue en Pologne la plus grande source de l'argent qui roule dans l'état. La capitation des Juifs, qui fait un de ses gros revenus, ne monte pas à plus de cent vingt mille florins du pays[a].

A l'égard de leurs lois, ils n'en eurent d'écrites en leur langue qu'en 1552. Les nobles, toujours égaux entre eux, se gouvernaient suivant leurs résolutions prises dans leurs assemblées, qui sont la loi véritable encore aujourd'hui; et le reste de la nation ne s'informe seulement pas de ce qu'on y a résolu. Comme ces possesseurs des terres sont les maîtres de tout, et que les cultivateurs sont esclaves, c'est aussi à ces seuls possesseurs qu'appartiennent les biens de l'Église. Il en est de même en Allemagne: mais c'est en Pologne une loi expresse et générale, au lieu qu'en Allemagne ce n'est qu'un usage établi, usage trop contraire au christianisme, mais conforme à l'esprit de la constitution germanique. Rome, différemment gouvernée, a eu toujours cet avantage, depuis ses rois et ses consuls jusqu'au dernier temps de la monarchie pontificale, de ne fermer jamais la porte des honneurs au simple mérite.

Les royaumes de Suède, de Danemarck, et de Nor-

---

[a] Tout ceci avait été écrit vers 1760; et souvent, tandis qu'on parle de la constitution d'un état, cette constitution change.

vége, étaient électifs à peu près comme la Pologne. Les agriculteurs étaient esclaves en Danemarck; mais en Suède ils avaient séance aux diètes de l'état, et donnaient leurs voix pour régler les impôts. Jamais peuples voisins n'eurent une antipathie plus violente que les Suédois et les Danois. Cependant ces nations rivales n'avaient composé qu'un seul état par la fameuse union de Calmar, à la fin du quatorzième siècle.

Un roi de Suède, nommé Albert, ayant voulu prendre pour lui le tiers des métairies du royaume, ses sujets se soulevèrent. Marguerite Waldemar, fille de Waldemar III, la Sémiramis du Nord, profita de ces troubles, et se fit reconnaître reine de Suède, de Danemarck, et de Norvége (1395). Elle unit deux ans après ces royaumes, qui devaient être à perpétuité gouvernés par un même souverain.

Quand on se souvient qu'autrefois de simples pirates danois avaient porté leurs armes victorieuses presque dans toute l'Europe, et conquis l'Angleterre et la Normandie, et qu'on voit ensuite la Suède, la Norvége et le Danemarck réunis n'être pas une puissance formidable à leurs voisins, on voit évidemment qu'on ne fait des conquêtes que chez des peuples mal gouvernés. Les villes anséatiques, Hambourg, Lubeck, Dantzick, Rostock, Lunebourg, Vismar, pouvaient résister à ces trois royaumes, parcequ'elles étaient plus riches. La seule ville de Lubeck fit même la guerre aux successeurs de Marguerite Waldemar. Cette union de trois royaumes, qui semble si belle au premier coup d'œil, fut la source de leurs malheurs.

Il y avait en Suède un primat, archevêque d'Upsal, et six évêques, qui avaient à peu près cette autorité que la plupart des ecclésiastiques avaient acquise en Allemagne et ailleurs. L'archevêque d'Upsal surtout était, ainsi que le primat de Pologne, la seconde personne du royaume. Quiconque est la seconde veut toujours être la première.

(1452) Il arriva que les états de Suède, lassés du joug danois, élurent pour leur roi, d'un commun consentement, le grand maréchal Charles Canutson, d'une maison qui subsiste encore.

Non moins lassés du joug des évêques, ils ordonnèrent qu'on ferait une recherche des biens que l'Église avait envahis à la faveur des troubles. L'archevêque d'Upsal, nommé Jean de Salstad, assisté des six évêques de Suède et du clergé, excommunia le roi et le sénat dans une messe solennelle, déposa ses ornements sur l'autel, et, prenant une cuirasse et une épée, sortit de l'église en commençant la guerre civile. Les évêques la continuèrent pendant sept ans. Ce ne fut depuis qu'une anarchie sanglante et une guerre perpétuelle entre les Suédois, qui voulaient avoir un roi indépendant, et les Danois, qui étaient presque toujours les maîtres. Le clergé, tantôt armé pour la patrie, tantôt contre elle, excommuniait, combattait, et pillait. Il eût mieux valu pour la Suède d'être demeurée païenne que d'être devenue chrétienne à ce prix.

Enfin les Danois l'ayant emporté sous leur roi Jean, fils de Christiern 1er, les Suédois s'étant soumis et s'étant depuis soulevés, ce roi Jean fit rendre, par son sénat en Danemarck, un arrêt contre le sénat de Suède, par lequel tous les sénateurs suédois étaient condamnés à perdre leur noblesse et leurs biens (1505). Ce qui est fort singulier, c'est qu'il fit confirmer cet arrêt par l'empereur Maximilien, et que cet empereur écrivit aux états de Suède « qu'ils eussent « à obéir, qu'autrement il procéderait contre eux se- « lon les lois de l'empire. » Je ne sais comment l'abbé de Vertot a oublié, dans ses *Révolutions de Suède*, un fait aussi important, soigneusement recueilli par Puffendorf.

Ce fait prouve que les empereurs allemands, ainsi que les papes, ont toujours prétendu une juridiction universelle. Il prouve encore que le roi danois voulait flatter Maximilien, dont, en effet, il obtint la fille pour son fils Christiern II. Voilà comme les droits s'établissent. La chancellerie de Maximilien écrivait aux Suédois, comme celle de Charlemagne eût écrit aux peuples de Bénévent ou de la Guienne. Mais il fallait avoir les armées et la puissance de Charlemagne.

Ce Christiern II, après la mort de son père, prit des mesures différentes. Au lieu de demander un arrêt à la chambre impériale, il obtint de François Ier, roi de France, trois mille hommes. Jamais les Français jusqu'alors n'étaient entrés dans les querelles du Nord. Il est vraisemblable que François Ier, qui aspirait à l'empire, voulait se faire un appui du Danemarck. Les troupes françaises combattirent en Suède sous Christiern, mais elles en furent bien mal récompensées : congédiées sans paie, poursuivies dans leur retour par les paysans, il n'en revint pas trois cents hommes en France; suite ordinaire parmi nous de toute expédition qui se fait trop loin de la patrie.

Nous verrons dans l'article du luthéranisme quel tyran était Christiern. Un de ses crimes fut la source de son châtiment, qui lui fit perdre trois royaumes. Il venait de faire un accord avec un administrateur créé par les états de Suède, nommé Sténon Sture. Christiern semblait moins craindre cet administrateur que le jeune Gustave Vasa, neveu du roi Canutson, prince d'un courage entreprenant, le héros et l'idole de la Suède. Il feignit de vouloir conférer avec l'administrateur dans Stockholm, et demanda qu'on lui amenât sur sa flotte, à la rade de la ville, le jeune Gustave et six autres otages.

(1518) A peine furent-ils sur son vaisseau, qu'il les fit mettre aux fers, et fit voile en Danemarck avec sa proie. Alors il prépara tout pour une guerre ouverte. Rome se mêlait de cette guerre. Voici comme elle y entra, et comme elle fut trompée.

Troll, archevêque d'Upsal, dont je rapporterai les cruautés en parlant du luthéranisme, élu par le clergé, confirmé par Léon X, et lié d'intérêt avec Christiern, avait été déposé par les états de Suède (1517), et condamné à faire pénitence dans un monastère. Les états furent excommuniés par le pape selon le style ordinaire. Cette excommunication, qui n'était rien par elle-même, était beaucoup par les armes de Christiern.

Il y avait alors en Danemarck un légat du pape, nommé Arcemboldi, qui avait vendu les indulgences dans les trois royaumes. Telle avait été son adresse, et telle l'imbécillité des peuples, qu'il avait tiré près de deux millions de florins de ces pays les plus pauvres de l'Europe. Il allait les faire passer à Rome : Christiern les prit pour faire, disait-il, la guerre à des excommuniés. Sa guerre fut heureuse : il fut reconnu roi ; et l'archevêque Troll fut rétabli.

(1520) C'est après ce rétablissement que le roi et son primat donnèrent dans Stockholm cette fête funeste, dans laquelle ils firent égorger le sénat entier et tant de citoyens. Cependant Gustave s'était échappé de sa prison, et avait repassé en Suède. Il fut obligé de se cacher quelque temps dans les montagnes de la Dalécarlie, déguisé en paysan. Il travailla même aux mines, soit pour subsister, soit pour se mieux déguiser. Mais enfin il se fit connaître à ces hommes sauvages, qui détestaient d'autant plus la tyrannie que toute politique était inconnue à leur simplicité rustique. Ils le suivirent, et Gustave Vasa se vit bientôt à la tête d'une armée. L'usage des armes à feu n'était point encore connu de ces hommes grossiers, et peu familier au reste des Suédois ; c'est ce qui avait donné toujours aux Danois la supériorité. Mais Gustave, ayant fait acheter sur son crédit des mousquets à Lubeck, combattit bientôt avec des armes égales.

Lubeck ne fournit pas seulement des armes, elle envoya des troupes ; sans quoi Gustave eût eu bien de la peine à réussir. C'était une simple ville de marchands de qui dépendait la destinée de la Suède. Christiern était alors en Danemarck. L'archevêque d'Upsal soutint tout le poids de la guerre contre le libérateur. Enfin, ce qui n'est pas ordinaire, le parti le plus juste l'emporta. Gustave, après des aventures malheureuses, battit les lieutenants du tyran, et fut maître d'une partie du pays.

Christiern, furieux, qui dès long-temps avait en son pouvoir à Copenhague la mère et la sœur de Gustave (1521), fit une action qui, même après ce qu'on a vu de lui, paraît d'une atrocité presque incroyable. Il fit jeter, dit-on, ces deux princesses dans la mer, enfermées dans un sac l'une et l'autre. Il y a des auteurs qui disent qu'on se contenta de les menacer de ce supplice.

Ce tyran savait ainsi se venger, mais il ne savait pas combattre. Il assassinait des femmes, et il n'osait aller en Suède faire tête à Gustave. Non moins cruel envers ses Danois qu'envers ses ennemis, il fut bientôt aussi exécrable au peuple de Copenhague qu'aux Suédois.

Ces Danois, en possession alors d'élire leurs rois, avaient le droit de punir un tyran. Les premiers qui renoncèrent à sa domination furent ceux de Jutland, du duché de Schlesvick, et de la partie du Holstein qui appartenait à Christiern. Son oncle Frédéric, duc de Holstein, profita du juste soulèvement des peuples. La force appuya le droit. Tous les habitants de ce qui composait autrefois la Chersonèse Cimbrique firent signifier au tyran l'acte de sa déposition authentique par le premier magistrat de Jutland.

Ce chef de justice intrépide osa porter à Christiern sa sentence dans Copenhague même. Le tyran, voyant tout le reste de l'état ébranlé, haï de ses propres officiers, n'osant se fier à personne, reçut dans son palais, comme un criminel, son arrêt qu'un seul homme désarmé lui signifiait. Il faut conserver à la postérité le nom de ce magistrat : il s'appelait Mons. « Mon nom, disait-il, devrait être écrit sur la porte « de tous les méchants princes. » Le Danemarck obéit à l'arrêt. Il n'y a point d'exemple d'une révolution si juste, si subite, et si tranquille. (1523) Le roi se dégrada lui-même en fuyant, et se retira en Flandre dans les états de Charles-Quint, son beau-frère, dont il implora long-temps le secours.

Son oncle Frédéric fut élu dans Copenhague roi de Danemarck, de Norvége, et de Suède; mais il n'eut de la couronne de Suède que le titre. Gustave Vasa, ayant pris dans le même temps Stockholm, fut élu roi par les Suédois, et sut défendre le royaume qu'il avait délivré. Christiern, avec son archevêque Troll errant comme lui, fit au bout de quelques années une tentative pour rentrer dans quelques uns de ses états. Il avait la ressource que donnent toujours les mécontents d'un nouveau règne. Il y en eut en Danemarck, il y en eut en Suède. Il passa avec eux en Norvége. Le nouveau roi Gustave commençait à secouer le joug de la religion romaine dans quelques unes de ses provinces. Le roi Frédéric permettait que les Danois en changeassent. Christiern se déclarait bon catholique; mais n'en étant ni meilleur prince, ni meilleur général, ni plus aimé, il ne fit qu'un effort inutile.

Abandonné bientôt de tout le monde, il se laissa mener en Danemarck, et finit ses jours en prison

(1532). L'empereur Charles-Quint, son beau-frère, qui ébranla l'Europe, ne fut pas assez puissant pour le seconder. L'archevêque Troll, d'une ambition inquiète, ayant armé la ville de Lubeck contre le Danemarck, mourut de ses blessures plus glorieusement que Christiern, dignes l'un et l'autre d'une fin plus tragique.

Gustave, libérateur de son pays, jouit assez paisiblement de sa gloire. Il fit le premier connaître aux nations étrangères de quel poids la Suède pouvait être dans les affaires de l'Europe, dans un temps où la politique européane prenait une nouvelle face, où l'on commençait à vouloir établir la balance du pouvoir.

François Ier fit une alliance avec lui, et même, tout luthérien qu'était Gustave, il lui envoya le collier de son ordre malgré les statuts. Gustave, le reste de sa vie, se fit une étude de régler l'état. Il fallut user de toute sa prudence pour que la religion qu'il avait détruite ne troublât pas son gouvernement. Les Dalécarliens, qui l'avaient aidé les premiers à monter sur le trône, furent les premiers à l'inquiéter. Leur rusticité farouche les attachait aux anciens usages de leur Église; ils n'étaient catholiques que comme ils étaient barbares, par la naissance et par l'éducation. On en peut juger par une requête qu'ils lui présentèrent; ils demandèrent que le roi ne portât point d'habits découpés à la mode de France, et qu'on fît brûler tous les citoyens qui feraient gras le vendredi. C'était presque la seule chose à quoi ils distinguaient les catholiques des luthériens.

Le roi étouffa tous ces mouvements, établit avec adresse sa religion en conservant des évêques, et en diminuant leurs revenus et leur pouvoir. Les anciennes lois de l'état furent respectées; (1544) il fit déclarer son fils Frédéric son successeur par les états, et même il obtint que la couronne resterait dans sa maison, à condition que si sa race s'éteignait, les états rentreraient dans le droit d'élection; que s'il ne restait qu'une princesse, elle aurait une dot sans prétendre à la couronne.

Voilà dans quelle situation étaient les affaires du Nord du temps de Charles-Quint. Les mœurs de tous ces peuples étaient simples, mais dures : on n'en était que moins vertueux pour être plus ignorant. Les titres de comte, de marquis, de baron, de chevalier, et la plupart des symboles de la vanité, n'avaient point pénétré chez les Suédois, et peu chez les Danois; mais aussi les inventions utiles y étaient ignorées. Ils n'avaient ni commerce réglé, ni manufactures. Ce fut Gustave Vasa qui, en tirant les Suédois de l'obscurité, anima aussi les Danois par son exemple.

La Hongrie se gouvernait entièrement comme la Pologne : elle élisait ses rois dans ses diètes. Le palatin de Hongrie avait la même autorité que le primat polonais; et de plus il était juge entre le roi et la nation. Telle avait été autrefois la puissance ou le droit du palatin de l'empire, du maire du palais de France, du justicier d'Aragon. On voit que, dans toutes les monarchies, l'autorité des rois commença toujours par être balancée : on voulut des monarques, mais jamais de despotes.

Les nobles avaient les mêmes priviléges qu'en Pologne, je veux dire d'être impunis, et de disposer de leurs serfs : la populace était esclave. La force de l'état était dans la cavalerie, composée de nobles et de leurs suivants : l'infanterie était un ramas de paysans sans ordre, qui combattaient dans le temps qui suit les semailles, jusqu'à celui de la moisson.

On se souvient que vers l'an 1000 la Hongrie reçut le christianisme[1]. Le chef des Hongrois, Étienne, qui voulait être roi, se servit de la force et de la religion. Le pape Silvestre II lui donna le titre de roi, et même de roi apostolique. Des auteurs prétendent que ce fut Jean XVIII ou XIX qui conféra ces deux honneurs à Étienne en 1003 ou 1004. De telles discussions ne sont pas le but de mes recherches. Il me suffit de considérer que c'est pour avoir donné ce titre dans une bulle, que les papes prétendaient exiger des tributs de la Hongrie ; et c'est en vertu de ce mot *apostolique* que les rois de Hongrie prétendaient donner tous les bénéfices du royaume.

On voit qu'il y a des préjugés par lesquels les rois et les nations entières se gouvernent. Le chef d'une nation guerrière n'avait osé prendre le titre de roi sans la permission du pape. Ce royaume et celui de Pologne étaient gouvernés sur le modèle de l'empire allemand. Cependant les rois de Pologne et de Hongrie, qui ont fait enfin des comtes, n'osèrent jamais

[1] Chap. XLIII. B.

faire des ducs; loin de prendre le titre de *majesté*, on les appelait alors *votre excellence*.

Les empereurs regardaient même la Hongrie comme un fief de l'empire: en effet, Conrad-le-Salique avait reçu un hommage et un tribut du roi Pierre; et les papes, de leur côté, soutenaient qu'ils devaient donner cette couronne, parcequ'ils avaient les premiers appelé du nom de *roi* le chef de la nation hongroise.

Il faut un moment remonter ici au temps où la maison de France, qui a fourni des rois au Portugal, à l'Angleterre, à Naples, vit aussi ses rejetons sur le trône de Hongrie.

Vers l'an 1290, le trône étant vacant, l'empereur Rodolphe de Habsbourg en donna l'investiture à son fils Albert d'Autriche, comme s'il eût donné un fief ordinaire. Le pape Nicolas IV, de son côté, conféra le royaume comme un bénéfice au petit-fils de ce fameux Charles d'Anjou, frère de saint Louis, roi de Naples et de Sicile. Ce neveu de saint Louis était appelé Charles Martel, et il prétendait le royaume parceque sa mère, Marie de Hongrie, était sœur du roi hongrois dernier mort. Ce n'est pas chez les peuples libres un titre pour régner que d'être parent de leurs rois. La Hongrie ne prit pour maître ni celui que nommait l'empereur, ni celui que lui donnait le pape; elle choisit André, surnommé *le Vénitien* parcequ'il s'était marié à Venise, prince qui d'ailleurs était du sang royal. Il y eut des excommunications et des guerres; mais après sa mort, et après celle de son concurrent Charles Martel, les arrêts du tribunal de Rome furent exécutés.

(1303) Boniface VIII, quatre mois avant que l'affront qu'il reçut du roi de France le fît, dit-on, mourir de douleur, jouit de l'honneur de voir plaider devant lui, comme on l'a déjà dit[1], la cause de la maison d'Anjou. La reine de Naples, Marie, parla elle-même devant le consistoire; et Boniface donna la Hongrie au prince Carobert, fils de Charles Martel, et petit-fils de cette Marie.

(1306) Ce Carobert fut donc en effet roi par la grace du pape, soutenu de son parti et de son épée. La Hongrie, sous lui, devint plus puissante que les empereurs, qui la regardaient comme un fief. Carobert réunit la Dalmatie, la Croatie, la Servie, la Transylvanie, la Valachie, provinces démembrées du royaume dans la suite des temps.

Le fils de Carobert, nommé Louis, frère de cet André de Hongrie, que la reine de Naples Jeanne, sa femme, fit étrangler, accrut encore la puissance des Hongrois. Il passa au royaume de Naples pour venger le meurtre de son frère. Il aida Charles de Durazzo à détrôner Jeanne, sans l'aider dans la cruelle mort dont Durazzo fit périr cette reine[2]. De retour dans la Hongrie, il y acquit une vraie gloire, car il fut juste: il fit de sages lois; il abolit les épreuves du fer ardent et de l'eau bouillante, d'autant plus accréditées que les peuples étaient plus grossiers.

On remarque toujours qu'il n'y a guère de grand homme qui n'ait aimé les lettres. Ce prince cultivait la géométrie et l'astronomie. Il protégeait les autres

---

[1] Chap. LXIII. B.
[2] Voyez chap. LXIX. B.

arts. C'est à cet esprit philosophique, si rare alors, qu'il faut attribuer l'abolition des épreuves superstitieuses. Un roi qui connaissait la saine raison, était un prodige dans ces climats. Sa valeur fut égale à ses autres qualités. Ses peuples le chérirent : les étrangers l'admirèrent : les Polonais, sur la fin de sa vie, l'élurent pour leur roi (1370). Il régna heureusement quarante ans en Hongrie, et douze ans en Pologne. Les peuples lui donnèrent le nom de *Grand*, dont il était digne. Cependant il est presque ignoré en Europe : il n'avait pas régné sur des hommes qui sussent transmettre sa gloire aux nations. Qui sait qu'au quatorzième siècle il y eut un Louis-le-Grand vers les monts Krapac?

Il était si aimé, que les états élurent (1382) sa fille Marie, qui n'était pas encore nubile, et l'appelèrent Marie-roi, titre qu'ils ont encore renouvelé de nos jours pour la fille du dernier empereur de la maison d'Autriche.

Tout sert à faire voir que si, dans les royaumes héréditaires, on peut se plaindre des abus du despotisme, les états électifs sont exposés à de plus grands orages, et que la liberté même, cet avantage si naturel et si cher, a quelquefois produit de grands malheurs. La jeune Marie-roi était gouvernée, aussi bien que l'état, par sa mère Élisabeth de Bosnie. Les seigneurs furent mécontents d'Élisabeth ; ils se servirent de leur droit de mettre la couronne sur une autre tête. Ils la donnèrent à Charles de Durazzo, surnommé *le Petit*, descendant en droite ligne du frère de saint Louis, qui régna dans les Deux-Siciles (1386). Il arrive de Naples à Bude : il est couronné solennellement, et reconnu roi par Élisabeth elle-même.

Voici un de ces événements étranges sur lesquels les lois sont muettes, et qui laissent en doute si ce n'est pas un crime de punir le crime même.

Élisabeth et sa fille Marie, après avoir vécu en intelligence autant qu'il était possible avec celui qui possédait leur couronne, l'invitent chez elles et le font assassiner en leur présence. Elles soulèvent le peuple en leur faveur ; et la jeune Marie, toujours conduite par sa mère, reprend la couronne.

(1389) Quelque temps après, Élisabeth et Marie voyagent dans la Basse-Hongrie. Elles passent imprudemment sur les terres d'un comte de Hornac, ban de Croatie. Ce ban était ce qu'on appelle en Hongrie *comte suprême*, commandant les armées, et rendant la justice. Il était attaché au roi assassiné. Lui était-il permis ou non de venger la mort de son roi ? Il ne délibéra pas, et parut consulter la justice dans la cruauté de sa vengeance. Il fait le procès aux deux reines, fait noyer Élisabeth, et garde Marie en prison, comme la moins criminelle.

Dans le même temps, Sigismond, qui depuis fut empereur, entrait en Hongrie, et venait épouser la reine Marie. Le ban de Croatie se crut assez puissant et fut assez hardi pour lui amener lui-même cette reine dont il avait fait noyer la mère. Il semble qu'il crut n'avoir fait qu'un acte de justice sévère. Mais Sigismond le fit tenailler et mourir dans les tourments. Sa mort souleva la noblesse hongroise, et ce règne ne fut qu'une suite de troubles et de factions.

On peut régner sur beaucoup d'états, et n'être pas un puissant prince. Ce Sigismond fut à-la-fois empereur, roi de Bohême et de Hongrie. Mais en Hongrie il fut battu par les Turcs, et mis une fois en prison par ses sujets révoltés. En Bohême il fut presque toujours en guerre contre les Hussites; et dans l'empire, son autorité fut presque toujours contre-balancée par les priviléges des princes et des villes.

En 1438, Albert d'Autriche, gendre de Sigismond, fut le premier prince de la maison d'Autriche qui régna sur la Hongrie.

Il fut, comme Sigismond, empereur et roi de Bohême; mais il ne régna que trois ans. Ce règne si court fut la source des divisions intestines qui, jointes aux irruptions des Turcs, ont dépeuplé la Hongrie, et en ont fait une des malheureuses contrées de la terre.

Les Hongrois, toujours libres, ne voulurent point pour leur roi d'un enfant que laissait Albert d'Autriche, et ils choisirent cet Uladislas, ou Ladislas, roi de Pologne, que nous avons vu [1] perdre la bataille de Varnes avec la vie (1444).

(1440) Frédéric III d'Autriche, empereur d'Allemagne, se dit roi de Hongrie, et ne le fut jamais. Il garda dans Vienne le fils d'Albert d'Autriche, que j'appellerai Ladislas Albert, pour le distinguer de tant d'autres, tandis que le fameux Jean Huniade tenait tête en Hongrie à Mahomet II, vainqueur de tant d'états. Ce Jean Huniade n'était pas roi, mais il était général chéri d'une nation libre et guerrière, et nul roi ne fut aussi absolu que lui.

[1] Chap. lxxxix. B.

Après sa mort la maison d'Autriche eut la couronne de Hongrie. Ce Ladislas Albert fut élu. Il fit périr par la main du bourreau un des fils de ce Jean Huniade, vengeur de la patrie. Mais chez les peuples libres la tyrannie n'est pas impunie; Ladislas Albert d'Autriche fut chassé de ce trône souillé d'un si beau sang, et paya par l'exil sa cruauté.

Il restait un fils de ce grand Huniade : ce fut Mathias Corvin, que les Hongrois ne tirèrent qu'à force d'argent des mains de la maison d'Autriche. Il combattit et l'empereur Frédéric III, auquel il enleva l'Autriche, et les Turcs, qu'il chassa de la Haute-Hongrie.

Après sa mort, arrivée en 1490, la maison d'Autriche voulut toujours ajouter la Hongrie à ses autres états. L'empereur Maximilien, rentré dans Vienne, ne put obtenir ce royaume. Il fut déféré à un roi de Bohême, nommé encore Ladislas, que j'appellerai Ladislas de Bohême.

Les Hongrois, en se choisissant ainsi leurs rois, restreignaient toujours leur autorité, à l'exemple des nobles en Pologne, et des électeurs de l'empire. Mais il faut avouer que les nobles de Hongrie étaient de petits tyrans qui ne voulaient point être tyrannisés. Leur liberté était une indépendance funeste, et ils réduisaient le reste de la nation à un esclavage si misérable, que tous les habitants de la campagne se soulevèrent contre des maîtres trop durs. Cette guerre civile, qui dura quatre années, affaiblit encore ce malheureux royaume. La noblesse, mieux armée que le peuple, et possédant tout l'argent, eut enfin le dessus; et la guerre finit par le redoublement des chaînes du peuple, qui est encore réellement esclave de ses seigneurs.

Un pays si long-temps dévasté, et dans lequel il ne restait qu'un peuple esclave et mécontent, sous des maîtres presque toujours divisés, ne pouvait plus résister par lui-même aux armes des sultans turcs : aussi, quand le jeune Louis II, fils de ce Ladislas de Bohême, et beau-frère de l'empereur Charles-Quint, voulut soutenir les efforts de Soliman, toute la Hongrie ne put, dans cette extrême nécessité, lui fournir une armée de trente mille combattants. Un cordelier nommé Tomoré, général de cette armée dans laquelle il y avait cinq évêques, promit la victoire au roi Louis. (1526) L'armée fut détruite à la célèbre journée de Mohats. Le roi fut tué, et Soliman vainqueur parcourut tout ce royaume malheureux, dont il emmena plus de deux cent mille captifs.

En vain la nature a placé dans ce pays des mines d'or, et les vrais trésors des blés et des vins; en vain elle y forme des hommes robustes, bien faits, spirituels : on ne voyait presque plus qu'un vaste désert, des villes ruinées, des campagnes dont on labourait une partie les armes à la main, des villages creusés sous terre, où les habitants s'ensevelissaient avec leurs grains et leurs bestiaux, une centaine de châteaux fortifiés dont les possesseurs disputaient la souveraineté aux Turcs et aux Allemands.

Il y avait encore plusieurs beaux pays de l'Europe dévastés, incultes, inhabités, tels que la moitié de la Dalmatie, le nord de la Pologne, les bords du Tanaïs, la fertile contrée de l'Ukraine, tandis qu'on allait chercher des terres dans un nouvel univers et aux bornes de l'ancien.

Dans ce tableau du gouvernement politique du Nord, je ne dois pas oublier l'Écosse, dont je parlerai encore en traitant de la religion.

L'Écosse entrait un peu plus que le reste dans le système de l'Europe, parceque cette nation, ennemie des Anglais qui voulaient la dominer, était alliée de la France depuis long-temps. Il n'en coûtait pas beaucoup aux rois de France pour faire armer les Écossais. On voit que François Ier n'envoya que trente mille écus (qui font aujourd'hui trois cent vingt mille de nos livres) au parti qui devait faire déclarer la guerre aux Anglais (1543). En effet, l'Écosse est si pauvre, qu'aujourd'hui qu'elle est réunie à l'Angleterre, elle ne paie que la quarantième partie des subsides des deux royaumes[a].

Un état pauvre voisin d'un état riche est à la longue vénal. Mais tant que cette province ne se vendit point, elle fut redoutable. Les Anglais, qui subjuguèrent si aisément l'Irlande sous Henri II, ne purent dominer en Écosse. Édouard III, grand guerrier et adroit politique, la dompta, mais ne put la garder. Il y eut toujours entre les Écossais et les Anglais une inimitié et une jalousie pareille à celle qu'on voit aujourd'hui entre les Portugais et les Espagnols. La maison des Stuarts régnait sur l'Écosse depuis 1370. Jamais maison n'a été plus infortunée. Jacques Ier, après avoir été prisonnier en Angleterre dix-huit années, fut assassiné par ses sujets. (1460) Jacques II fut tué dans

---

[a] Ceci était écrit en 1740.

une expédition malheureuse à Roxborough, à l'âge de vingt-neuf ans. (1488) Jacques III, n'en ayant pas encore trente-cinq, fut tué par ses sujets en bataille rangée. (1513) Jacques IV, gendre du roi d'Angleterre Henri VII, périt âgé de trente-neuf ans dans une bataille contre les Anglais, après un règne très malheureux. (1542) Jacques V mourut dans la fleur de son âge, à trente ans.

Nous verrons[1] la fille de Jacques V, plus malheureuse que tous ses prédécesseurs, augmenter le nombre des reines mortes par la main des bourreaux. Jacques VI son fils ne fut roi d'Écosse, d'Angleterre et d'Irlande, que pour jeter, par sa faiblesse, les fondements des révolutions qui ont porté la tête de Charles Ier sur un échafaud, qui ont fait languir Jacques VII dans l'exil, et qui tiennent encore cette famille infortunée errante loin de sa patrie. Le temps le moins funeste de cette maison était celui de Charles-Quint et de François Ier : c'était alors que régnait Jacques V, père de Marie Stuart, et qu'après sa mort, sa veuve, Marie de Lorraine, mère de Marie Stuart, eut la régence du royaume. Les troubles ne commencèrent à naître que sous la régence de cette Marie de Lorraine; et la religion, comme on le verra, en fut le premier prétexte.

Je n'étendrai pas davantage ce recensement des royaumes du Nord au seizième siècle. J'ai déjà exposé en quels termes étaient ensemble l'Allemagne, l'Angleterre, la France, l'Italie, l'Espagne : ainsi je me suis donné une connaissance préliminaire des intérêts

---

[1] Chap. CLXIX. B.

du Nord et du Midi. Il faut voir plus particulièrement ce que c'était que l'empire.

CHAPITRE CXX.

De l'Allemagne et de l'empire aux quinzième et seizième siècles.

Le nom d'empire d'Occident subsistait toujours. Ce n'était guère depuis très long-temps qu'un titre onéreux ; et il y parut bien, puisque l'ambitieux Édouard III, à qui les électeurs l'offrirent, (1348) n'en voulut point. L'empereur Charles IV, regardé comme le législateur de l'empire, ne put obtenir du pape Innocent VI et des barons romains la permission de se faire couronner empereur à Rome, qu'à condition qu'il ne coucherait pas dans la ville. Sa fameuse *bulle d'or* mit quelque ordre dans l'anarchie de l'Allemagne. Le nombre des électeurs fut fixé par cette loi, qu'on regarda comme fondamentale, et à laquelle on a dérogé depuis. De son temps les villes impériales eurent voix délibérative dans les diètes. Toutes les villes de la Lombardie étaient réellement libres, et l'empire ne conservait sur elles que des droits. Chaque seigneur continua d'être souverain dans ses terres en Allemagne et en Lombardie pendant tous les règnes suivants.

Les temps de Venceslas, de Robert, de Jossé, de Sigismond, furent des temps obscurs où l'on ne voit aucune trace de la majesté de l'empire, excepté dans le concile de Constance, que Sigismond convoqua, et où il parut dans toute sa gloire, mais dont il sortit avec la honte d'avoir violé le droit des gens en laissant brûler Jean Hus et Jérôme de Prague.

Les empereurs n'avaient plus de domaines ; ils les avaient cédés aux évêques et aux villes, tantôt pour se faire un appui contre les seigneurs des grands fiefs, tantôt pour avoir de l'argent. Il ne leur restait que la subvention des mois romains, taxe qu'on ne payait qu'en temps de guerre, et pour la vaine cérémonie du couronnement et du voyage de Rome. Il était donc absolument nécessaire d'élire un chef puissant par lui-même ; et ce fut ce qui mit le sceptre dans la maison d'Autriche. Il fallait un prince dont les états pussent, d'un côté, communiquer à l'Italie, et de l'autre résister aux inondations des Turcs. L'Allemagne trouvait cet avantage avec Albert II, duc d'Autriche, roi de Bohême et de Hongrie ; et c'est ce qui fixa la dignité impériale dans sa maison ; le trône y fut héréditaire sans cesser d'être électif. Albert et ses successeurs furent choisis, parcequ'ils avaient de grands domaines ; et Rodolphe de Habsbourg, tige de cette maison, avait été élu, parcequ'il n'en avait point. La raison en est palpable : Rodolphe fut choisi dans un temps où les maisons de Saxe et de Souabe avaient fait craindre le despotisme ; et Albert II, dans un temps où l'on croyait la maison d'Autriche assez puissante pour défendre l'empire, et non assez pour l'asservir.

Frédéric III eut l'empire à ce titre. L'Allemagne, de son temps, fut dans la langueur et dans la tranquillité. Il ne fut pas aussi puissant qu'il aurait pu l'être; et nous avons vu qu'il était bien loin d'être *souverain de la chrétienté*, comme le porte son épitaphe.

Maximilien Ier, n'étant encore que roi des Romains, commença la carrière la plus glorieuse par la victoire de Guinegaste en Flandre, qu'il remporta contre les Français, et par le traité de 1492, qui lui assura la Franche-Comté, l'Artois, et le Charolais (1476). Mais ne tirant rien des Pays-Bas qui appartenaient à son fils Philippe-le-Beau, rien des peuples de l'Allemagne, et peu de chose de ses états tenus en échec par la France, il n'aurait jamais eu de crédit en Italie sans la ligue de Cambrai, et sans Louis XII qui travailla pour lui.

(1508) D'abord le pape et les Vénitiens l'empêchèrent de venir se faire couronner à Rome ; et il prit le titre d'*empereur élu*, ne pouvant être empereur couronné par le pape (1513). On le vit, depuis la ligue de Cambrai, recevoir une solde de cent écus par jour du roi d'Angleterre Henri VIII. Il avait dans ses états d'Allemagne des hommes avec lesquels on pouvait combattre les Turcs ; mais il n'avait pas les trésors avec lesquels la France, l'Angleterre, et l'Italie, combattaient alors.

L'Allemagne était devenue véritablement une république de princes et de villes, quoique le chef s'expliquât dans ses édits en maître absolu de l'univers. Elle était dès l'an 1500 divisée en dix cercles ; et les directeurs de ces cercles étant des princes souverains, les généraux et les colonels de ces cercles étant payés par les provinces et non par l'empereur, cet établissement, qui liait toutes les parties de l'Allemagne ensemble, en assurait la liberté. La chambre impériale, qui jugeait en dernier ressort, payée par les princes et par les villes, et ne résidant point dans les domaines particuliers du monarque, était encore un appui de la liberté publique. Il est vrai qu'elle ne pouvait jamais mettre ses arrêts à exécution contre de grands princes, à moins que l'Allemagne ne la secondât; mais cet abus même de la liberté en prouvait l'existence. Cela est si vrai, que la cour aulique, qui prit sa forme en 1512, et qui ne dépendait que des empereurs, fut bientôt le plus ferme appui de leur autorité.

L'Allemagne, sous cette forme de gouvernement, était alors aussi heureuse qu'aucun autre état du monde. Peuplée d'une nation guerrière et capable des plus grands travaux militaires, il n'y avait pas d'apparence que les Turcs pussent jamais la subjuguer. Son terrain est assez bon et assez bien cultivé pour que ses habitants n'en cherchassent pas d'autres comme autrefois; et ils n'étaient ni assez riches, ni assez pauvres, ni assez unis, pour conquérir toute l'Italie.

Mais quel était alors le droit sur l'Italie et sur l'empire romain? Le même que celui des Othons, et de la maison impériale de Souabe; le même qui avait coûté tant de sang, et qui avait souffert tant d'altérations depuis que Jean XII, patrice de Rome aussi bien que pape, au lieu de réveiller le courage des anciens Romains, avait eu l'imprudence d'appeler les étrangers. Rome ne pouvait que s'en repentir : et depuis ce temps il y eut toujours une guerre sourde entre l'empire et le sacerdoce, aussi bien qu'entre les droits des empereurs et les libertés des provinces d'Italie. Le titre de César n'était qu'une source de droits contestés, de disputes indécises, de grandeur apparente, et de faiblesse réelle. Ce n'était plus le temps où les Othons fesaient des rois et leur imposaient des tributs. Si le roi de France Louis XII s'était entendu avec les Vénitiens, au lieu de les battre, jamais probablement les empereurs ne seraient revenus en Italie. Mais il fallait nécessairement, par les divisions des princes italiens, et par la nature du gouvernement pontifical, qu'une grande partie de ce pays fût toujours la proie des étrangers.

CHAPITRE CXXI.

Usages des quinzième et seizième siècles, et de l'état des beaux-arts.

On voit qu'en Europe il n'y avait guère de souverains absolus. Les empereurs, avant Charles-Quint, n'avaient osé prétendre au despotisme. Les papes étaient beaucoup plus maîtres à Rome qu'auparavant, mais moins dans l'Église. Les couronnes de Hongrie et de Bohême étaient encore électives, ainsi que toutes celles du Nord; et l'élection suppose nécessairement un contrat entre le roi et la nation. Les rois d'Angleterre ne pouvaient ni faire des lois ni en abuser sans le concours du parlement. Isabelle, en Castille, avait respecté les priviléges des Cortes, qui sont les états du royaume. Ferdinand-le-Catholique n'avait pu en Aragon détruire l'autorité du justicier, qui se croyait en droit de juger les rois. La France seule, depuis Louis XI, s'était tournée en état purement monarchique : gouvernement heureux lorsqu'un roi tel que Louis XII répara par son amour pour son peuple toutes les fautes qu'il commit avec les étrangers ; mais gouvernement le pire de tous sous un roi faible ou méchant.

La police générale de l'Europe s'était perfectionnée, en ce que les guerres particulières des seigneurs féodaux n'étaient plus permises nulle part par les lois ; mais il restait l'usage des duels[a].

Les décrets des papes, toujours sages, et de plus toujours utiles à la chrétienté dans ce qui ne concernait pas leurs intérêts personnels, anathématisaient ces combats ; mais plusieurs évêques les permettaient. Les parlements de France les ordonnaient quelquefois ; témoin celui de Legris et de Carrouge sous Charles VI. Il se fit beaucoup de duels depuis assez juridiquement. Le même abus était aussi appuyé en Allemagne, en Italie, et en Espagne, par des formes regardées comme essentielles. On ne manquait pas surtout de se confesser et de communier avant de se préparer au meurtre. Le bon chevalier Bayard fesait toujours dire une messe lorsqu'il allait se battre en duel. Les combattants choisissaient un parrain, qui prenait soin de leur donner des armes égales, et surtout de voir s'ils n'avaient point sur eux quelques en-

---

[a] Voyez le chap. c, *Des Duels.*

chantemens; car rien n'était plus crédule qu'un chevalier.

On vit quelquefois de ces chevaliers partir de leurs pays pour aller chercher un duel dans un autre, sans autre raison que l'envie de se signaler. (1414) On a vu que le duc Jean de Bourbon fit déclarer « qu'il irait « en Angleterre avec seize chevaliers combattre à ou-« trance pour éviter l'oisiveté, et pour mériter la « grace de la très belle dont il est serviteur. »

Les tournois [a], quoique encore condamnés par les papes, étaient partout en usage. On les appelait toujours *Ludi Gallici*, parceque Geoffroi de Preuilli en avait rédigé les lois au onzième siècle. Il y avait eu plus de cent chevaliers tués dans ces jeux, et ils n'en étaient que plus en vogue. C'est ce qui a été détaillé au chapitre des *Tournois*.

L'art de la guerre, l'ordonnance des armées, les armes offensives et défensives, étaient tout autres encore qu'aujourd'hui.

L'empereur Maximilien avait mis en usage les armes de la phalange macédonienne, qui étaient des piques de dix-huit pieds : les Suisses s'en servirent dans les guerres du Milanais; mais ils les quittèrent pour l'espadon à deux mains.

Les arquebuses étaient devenues une arme offensive indispensable contre ces remparts d'acier dont chaque gendarme était couvert. Il n'y avait guère de casque et de cuirasse à l'épreuve de ces arquebuses. La gendarmerie, qu'on appelait *la bataille*, combat-

---

[a] Voyez le chap. xcix, *Des Tournois*.

tait à pied comme à cheval : celle de France, au quinzième siècle, était la plus estimée.

L'infanterie allemande et l'espagnole étaient réputées les meilleures. Le cri d'armes était aboli presque partout. Il y a eu des modes dans la guerre comme dans les habillements.

Quant au gouvernement des états, je vois des cardinaux à la tête de presque tous les royaumes. C'est en Espagne un Ximénès, sous Isabelle, qui après la mort de sa reine est régent du royaume; qui, toujours vêtu en cordelier, met son faste à fouler sous ses sandales le faste espagnol; qui lève une armée à ses propres dépens, la conduit en Afrique, et prend Oran; qui enfin est absolu, jusqu'à ce que le jeune Charles-Quint le renvoie à son archevêché de Tolède, et le fasse mourir de douleur.

On voit Louis XII gouverné par le cardinal d'Amboise; François Ier a pour ministre le cardinal Duprat; Henri VIII est pendant vingt ans soumis au cardinal Wolsey, fils d'un boucher, homme aussi fastueux que d'Amboise, qui comme lui voulut être pape, et qui n'y réussit pas mieux. Charles-Quint prit pour son ministre en Espagne son précepteur le cardinal Adrien, que depuis il fit pape; et le cardinal Granvelle gouverna ensuite la Flandre. Le cardinal Martinusius fut maître en Hongrie sous Ferdinand, frère de Charles-Quint.

Si tant d'ecclésiastiques ont régi des états tous militaires, ce n'est pas seulement parceque les rois se fiaient plus aisément à un prêtre qu'ils ne craignaient point, qu'à un général d'armée qu'ils redoutaient;

c'est encore parceque ces hommes d'église étaient souvent plus instruits, plus propres aux affaires, que les généraux et les courtisans.

Ce ne fut que dans ce siècle que les cardinaux, sujets des rois, commencèrent à prendre le pas sur les chanceliers. Ils le disputaient aux électeurs, et le cédaient en France et en Angleterre aux chanceliers de ces royaumes; et c'est encore une des contradictions que les usages de l'orgueil avaient introduites dans la république chrétienne. Les registres du parlement d'Angleterre font foi que le chancelier Warham précéda le cardinal Wolsey jusqu'à l'année 1516.

Le terme de *majesté* commençait à être affecté par les rois[1]. Leurs rangs étaient réglés à Rome. L'empereur avait sans contredit les premiers honneurs. Après lui venait le roi de France sans aucune concurrence: la Castille, l'Aragon, le Portugal, la Sicile, alternaient avec l'Angleterre: puis venaient l'Écosse, la Hongrie, la Navarre, Chypre, la Bohême, et la Pologne. Le Danemarck et la Suède étaient les derniers. Ces préséances causèrent depuis de violents démêlés. Presque tous les rois ont voulu être égaux; mais aucun n'a jamais contesté le premier rang aux empereurs; ils l'ont conservé en perdant leur puissance.

Tous les usages de la vie civile différaient des nôtres; le pourpoint et le petit manteau étaient devenus l'habit de toutes les cours. Les hommes de robe portaient partout la robe longue et étroite; les marchands, une petite robe qui descendait à la moitié des jambes.

Il n'y avait sous François Ier que deux coches dans

---

[1] Voyez chap. xciv. B.

Paris, l'un pour la reine, l'autre pour Diane de Poitiers : hommes et femmes allaient à cheval.

Les richesses étaient tellement augmentées, que Henri VIII, roi d'Angleterre, promit en 1519 une dot de trois cent trente-trois mille écus d'or à sa fille Marie, qui devait épouser le fils aîné de François Ier : on n'en avait jamais donné une si forte.

L'entrevue de François Ier et de Henri fut long-temps célèbre par sa magnificence. Leur camp fut appelé *le camp du drap d'or* : mais cet appareil passager et cet effort de luxe ne supposait pas cette magnificence générale et ces commodités d'usage si supérieures à la pompe d'un jour, et qui sont aujourd'hui si communes. L'industrie n'avait point changé en palais somptueux les cabanes de bois et de plâtre qui formaient les rues de Paris : Londres était encore plus mal bâtie, et la vie y était plus dure. Les plus grands seigneurs menaient à cheval leurs femmes en croupe à la campagne : c'était ainsi que voyageaient toutes les princesses, couvertes d'une cape de toile cirée dans les saisons pluvieuses; on n'allait point autrement au palais des rois. Cet usage se conserva jusqu'au milieu du dix-septième siècle. La magnificence de Charles-Quint, de François Ier, de Henri VIII, de Léon X, n'était que pour les jours d'éclat et de solennité : aujourd'hui les spectacles journaliers, la foule des chars dorés, les milliers de fanaux qui éclairent pendant la nuit les grandes villes, forment un plus beau spectacle et annoncent plus d'abondance que les plus brillantes cérémonies des monarques du seizième siècle.

On commençait dès le temps de Louis XII à substituer aux fourrures précieuses les étoffes d'or et d'argent qui se fabriquaient en Italie : il n'y en avait point encore à Lyon. L'orfévrerie était grossière. Louis XII l'ayant défendue dans son royaume par une loi somptuaire indiscrète, les Français firent venir leur argenterie de Venise. Les orfèvres de France furent réduits à la pauvreté, et Louis XII révoqua sagement la loi.

François Ier, devenu économe sur la fin de sa vie, défendit les étoffes d'or et de soie. Henri III renouvela cette défense; mais si ces lois avaient été observées, les manufactures de Lyon étaient perdues. Ce qui détermina à faire ces lois, c'est qu'on tirait la soie de l'étranger. On ne permit sous Henri II des habits de soie qu'aux évêques. Les princes et les princesses eurent la prérogative d'avoir des habits rouges, soit en soie, soit en laine. (1563) Enfin, il n'y eut que les princes et les évêques qui eurent le droit de porter des souliers de soie.

Toutes ces lois somptuaires ne prouvent autre chose sinon que le gouvernement n'avait pas toujours de grandes vues, et qu'il parut plus aisé aux ministres de proscrire l'industrie que de l'encourager[1].

[1] Toute loi somptuaire est injuste en elle-même. C'est pour le maintien de leurs droits que les hommes se sont réunis en société, et non pour donner aux autres celui d'attenter à la liberté que doit avoir chaque individu de s'habiller, de se nourrir, de se loger, à sa fantaisie; en un mot, de faire de sa propriété l'usage qu'il veut en faire, pourvu que cet usage ne blesse le droit de personne.

Les lois somptuaires ont été très communes chez les nations anciennes; elles eurent pour cause l'envie que les citoyens pauvres portaient aux riches, ou la politique des riches mêmes, qui ne voulaient pas que les hommes de leur parti dissipassent en frivolités des richesses qu'on pouvait employer à

Les mûriers n'étaient encore cultivés qu'en Italie et en Espagne : l'or trait ne se fabriquait qu'à Venise et à Milan. Cependant les modes des Français se communiquaient déjà aux cours d'Allemagne, à l'Angleterre, et à la Lombardie. Les historiens italiens se plaignent que depuis le passage de Charles VIII on affectait chez eux de s'habiller à la française, et de faire venir de France tout ce qui servait à la parure.

Le pape Jules II fut le premier qui laissa croître sa barbe, pour inspirer par cette singularité un nouveau respect aux peuples. François Ier, Charles-Quint, et tous les autres rois, suivirent cet exemple, adopté à l'instant par leurs courtisans. Mais les gens de robe, toujours attachés à l'ancien usage, quel qu'il soit, continuaient de se faire raser, tandis que les jeunes guerriers affectaient la marque de la gravité et de la

---

l'accroissement de la puissance commune. Les anciens, qui, dans plusieurs de leurs institutions politiques, ont montré une sagacité et une profondeur de vues que nous admirons avec raison, ignoraient les vrais principes de la législation, et comptaient pour rien la justice. Ils croyaient que la volonté publique a droit d'exiger tout des individus, et de les soumettre à tout ; opinion fausse, dangereuse, funeste aux progrès de la civilisation et des lumières, et qui ne subsiste encore que trop parmi nous.

L'histoire a prouvé que toutes les lois somptuaires des anciens et des modernes ont été partout, après un temps très court, abolies, éludées, ou négligées : la vanité inventera toujours plus de manières de se distinguer que les lois n'en pourront défendre.

Le seul moyen permis d'attaquer le luxe par les lois, et en même temps le seul qui soit vraiment efficace, est de chercher à établir la plus grande égalité entre les fortunes, par le partage égal des successions, la destruction ou la restriction du droit de tester, la liberté de toute espèce de commerce et d'industrie ; et, ces lois sont précisément celles qu'indépendamment du desir d'abolir le luxe, la justice, la raison, et la nature, conseilleraient à tout législateur éclairé. K.

vieillesse. C'est une petite observation; mais elle entre dans l'histoire des usages.

Ce qui est bien plus digne de l'attention de la postérité, ce qui doit l'emporter sur toutes ces coutumes introduites par le caprice, sur toutes ces lois abolies par le temps, sur les querelles des rois qui passent avec eux, c'est la gloire des arts, qui ne passera jamais. Cette gloire a été, pendant tout le seizième siècle, le partage de la seule Italie. Rien ne rappelle davantage l'idée de l'ancienne Grèce; car si les arts fleurirent en Grèce au milieu des guerres étrangères et civiles, ils eurent en Italie le même sort; et presque tout y fut porté à sa perfection, tandis que les armées de Charles-Quint saccagèrent Rome, que Barberousse ravagea les côtes, et que les dissensions des princes et des républiques troublèrent l'intérieur du pays.

L'Italie eut, dans Guichardin, son Thucydide, ou plutôt son Xénophon; car il commanda quelquefois dans les guerres qu'il écrivit. Il n'y eut, en aucune province d'Italie, d'orateurs comme les Démosthène, les Périclès, les Eschine. Le gouvernement ne comportait presque nulle part cette espèce de mérite. Celui du théâtre, quoique très inférieur à ce que fut depuis la scène française, pouvait être comparé à la scène grecque qu'elle fesait revivre; il y a de la vérité, du naturel et du bon comique dans les comédies de l'Arioste; et la seule *Mandragore* de Machiavel vaut peut-être mieux que toutes les pièces d'Aristophane. Machiavel, d'ailleurs, était un excellent historien, avec lequel un bel esprit, tel qu'Aristophane, ne peut entrer en aucune sorte de comparaison. Le cardinal Bibiena avait fait revivre la comédie grecque; et Trissino, archevêque de Bénévent[1], la tragédie, dès le commencement du seizième siècle. Ruccelaï suivit bientôt l'archevêque Trissino. On traduisit à Venise les meilleures pièces de Plaute; et on les traduisit en vers, comme elles doivent l'être, puisque c'est en vers que Plaute les écrivit; elles furent jouées avec succès sur les théâtres de Venise, et dans les couvents où l'on cultivait les lettres.

Les Italiens, en imitant les tragiques grecs et les comiques latins, ne les égalèrent pas; mais ils firent de la pastorale un genre nouveau dans lequel ils n'avaient point de guides, et où personne ne les a surpassés. L'*Aminta* du Tasse, et le *Pastor Fido* du Guarini, sont encore le charme de tous ceux qui entendent l'italien.

Presque toutes les nations polies de l'Europe sentirent alors le besoin de l'art théâtral, qui rassemble les citoyens, adoucit les mœurs, et conduit à la morale par le plaisir. Les Espagnols approchèrent un peu des Italiens; mais ils ne purent parvenir à faire aucun ouvrage régulier. Il y eut un théâtre en Angleterre, mais il était encore plus sauvage. Shakespeare donna de la réputation à ce théâtre sur la fin du seizième siècle. Son génie perça au milieu de la barbarie, comme Lope de Véga en Espagne. C'est dommage qu'il y ait beaucoup plus de barbarie encore que de génie dans les ouvrages de Shakespeare. Pourquoi des scènes

---

[1] Trissino n'était pas ecclésiastique : voyez ma note sur la *Dissertation*, en tête de la tragédie de *Sémiramis*. B.

entières du Pastor Fido sont-elles sues par cœur aujourd'hui à Stockholm et à Pétersbourg? et pourquoi aucune pièce de Shakespeare n'a-t-elle pu passer la mer? C'est que le bon est recherché de toutes les nations. Un peuple qui aurait des tragédies, des tableaux, une musique uniquement de son goût, et réprouvés de tous les autres peuples policés, ne pourra jamais se flatter justement d'avoir le bon goût en partage.

Les Italiens réussirent surtout dans les grands poëmes de longue haleine; genre d'autant plus difficile que l'uniformité de la rime et des stances, à laquelle ils s'asservirent, semblait devoir étouffer le génie.

Si l'on veut mettre sans préjugé dans la balance l'*Odyssée* d'Homère avec le *Roland* de l'Arioste, l'italien l'emporte à tous égards, tous deux ayant le même défaut, l'intempérance de l'imagination, et le romanesque incroyable. L'Arioste a racheté ce défaut par des allégories si vraies, par des satires si fines, par une connaissance si approfondie du cœur humain, par les graces du comique, qui succèdent sans cesse à des traits terribles, enfin par des beautés si innombrables en tout genre, qu'il a trouvé le secret de faire un monstre admirable.

A l'égard de l'*Iliade*, que chaque lecteur se demande à lui-même ce qu'il penserait s'il lisait, pour la première fois, ce poëme et celui du Tasse, en ignorant les noms des auteurs, et les temps où ces ouvrages furent composés, en ne prenant enfin pour juge que son plaisir. Pourrait-il ne pas donner en tous sens la préférence au Tasse? Ne trouverait-il pas dans l'italien plus de conduite, d'intérêt, de variété, de justesse, de graces, et de cette mollesse qui relève le sublime? Encore quelques siècles, et on n'en fera peut-être pas de comparaison.

Il paraît indubitable que la peinture fut portée, dans ce seizième siècle, à une perfection que les Grecs ne connurent jamais, puisque non seulement ils n'avaient pas cette variété de couleurs que les Italiens employèrent, mais qu'ils ignoraient l'art de la perspective et du clair-obscur.

La sculpture, art plus facile et plus borné, fut celui où les Grecs excellèrent, et la gloire des Italiens est d'avoir approché de leurs modèles. Ils les ont surpassés dans l'architecture; et, de l'aveu de toutes les nations, rien n'a jamais été comparable au temple principal de Rome moderne, le plus beau, le plus vaste, le plus hardi qui jamais ait été dans l'univers.

La musique ne fut bien cultivée qu'après ce seizième siècle; mais les plus fortes présomptions font penser qu'elle est très supérieure à celle des Grecs, qui n'ont laissé aucun monument par lequel on pût soupçonner qu'ils chantassent en parties.

La gravure en estampes, inventée à Florence au milieu du quinzième siècle, était un art tout nouveau qui était alors dans sa perfection. Les Allemands jouissaient de la gloire d'avoir inventé l'imprimerie, à peu près dans le temps que la gravure fut connue; et, par ce seul service, ils multiplièrent les connaissances humaines. Il n'est pas vrai, comme le disent les auteurs anglais de l'*Histoire universelle*, que Fauste fut condamné au feu par le parlement de Paris comme sorcier ; mais il est vrai que ses facteurs, qui vinrent vendre à Paris les premiers livres imprimés, furent accusés de magie : cette accusation n'eut aucune suite. C'est seulement une triste preuve de la grossière ignorance dans laquelle on était plongé, et que l'art même de l'imprimerie ne put dissiper de long-temps. (1474) Le parlement fit saisir tous les livres qu'un des facteurs de Mayence avait apportés : c'est ce que nous avons vu à l'article de Louis XI [1].

Il n'eût pas fait cette démarche dans un temps plus éclairé : mais tel est le sort des compagnies les plus sages, qui n'ont d'autres règles que leurs anciens usages et leurs formalités ; tout ce qui est nouveau les effarouche. Ils s'opposent à tous les arts naissants, à toutes les vérités contraires aux erreurs de leur enfance, à tout ce qui n'est pas dans l'ancien goût et dans l'ancienne forme. C'est par cet esprit que ce même parlement a résisté si long-temps à la réforme du calendrier, qu'il a défendu d'enseigner d'autre doctrine que celle d'Aristote, qu'il a proscrit l'émétique, qu'il a fallu plusieurs lettres de jussion pour lui faire enregistrer les lettres de pairie d'un Montmorenci, qu'il s'est refusé quelque temps à l'établissement de l'Académie Française, et qu'il s'est enfin opposé de nos jours à l'inoculation de la petite-vérole et au débit de l'*Encyclopédie* [2].

---

[1] Voltaire ne dit pas-tout-à-fait cela dans le chapitre xciv; mais il le dit dans l'*Histoire du parlement*, à la fin du chap. xi. B.

[2] Sur l'arrêt concernant l'inoculation, voyez, dans les *Mélanges*, année 1763, l'opuscule intitulé *Omer de Fleuri*; sur l'arrêt concernant l'Ency-

Comme aucun membre d'une compagnie ne répond des délibérations du corps, les avis les moins raisonnables passent quelquefois sans contradiction : c'est pourquoi le duc de Sulli dit dans ses Mémoires « que « si la sagesse descendait sur la terre, elle aimerait « mieux se loger dans une seule tête que dans celles « d'une compagnie. »

Louis XI, qui ne pouvait être méchant quand il ne s'agissait pas de ses intérêts, et dont la raison était supérieure quand elle n'était pas aveuglée par ses passions, ôta la connaissance de cette affaire au parlement; il ne souffrit pas que la France fût à jamais déshonorée par la proscription de l'imprimerie, et fit payer aux artistes de Mayence le prix de leurs livres.

La vraie philosophie ne commença à luire aux hommes que sur la fin du seizième siècle. Galilée fut le premier qui fit parler à la physique le langage de la vérité et de la raison : c'était un peu avant que Copernic, sur les frontières de la Pologne, avait découvert le véritable système du monde. Galilée fut non seulement le premier bon physicien, mais il écrivit aussi élégamment que Platon, et il eut sur le philosophe grec l'avantage incomparable de ne dire que des choses certaines et intelligibles. La manière dont ce grand homme fut traité par l'inquisition sur la fin de ses jours imprimerait une honte éternelle à l'Italie, si cette honte n'était pas effacée par la gloire même de Galilée. Une congrégation de théologiens, dans un décret donné en 1616, déclara l'opinion de Copernic,

---

clopédie, du 6 février 1759, voyez une de mes notes sur le premier des *Dialogues Chrétiens* (*Mélanges*, année 1760). B.

mise par le philosophe florentin dans un si beau jour, « non seulement hérétique dans la foi, mais absurde « dans la philosophie. » Ce jugement contre une vérité prouvée depuis en tant de manières est un grand témoignage de la force des préjugés. Il dut apprendre à ceux qui n'ont que le pouvoir à se taire quand la philosophie parle, et à ne pas se mêler de décider sur ce qui n'est pas de leur ressort. Galilée fut condamné depuis par le même tribunal, en 1633, à la prison et à la pénitence, et fut obligé de se rétracter à genoux. Sa sentence est à la vérité plus douce que celle de Socrate; mais elle n'est pas moins honteuse à la raison des juges de Rome que la condamnation de Socrate le fut aux lumières des juges d'Athènes : c'est le sort du genre humain que la vérité soit persécutée dès qu'elle commence à paraître. La philosophie, toujours gênée, ne put, dans le seizième siècle, faire autant de progrès que les beaux-arts.

Les disputes de religion qui agitèrent les esprits en Allemagne, dans le Nord, en France, et en Angleterre, retardèrent les progrès de la raison au lieu de les hâter : des aveugles qui combattaient avec fureur ne pouvaient trouver le chemin de la vérité : ces querelles ne furent qu'une maladie de plus dans l'esprit humain. Les beaux-arts continuèrent à fleurir en Italie, parceque la contagion des controverses ne pénétra guère dans ce pays ; et il arriva que lorsqu'on s'égorgeait en Allemagne, en France, en Angleterre, pour des choses qu'on n'entendait point, l'Italie, tranquille depuis le saccagement étonnant de Rome par l'armée de Charles-Quint, cultiva les arts plus que jamais. Les guerres de religion étalaient ailleurs des ruines ; mais à Rome et dans plusieurs autres villes italiennes l'architecture était signalée par des prodiges. Dix papes de suite contribuèrent presque sans aucune interruption à l'achèvement de la basilique de Saint-Pierre, et encouragèrent les autres arts : on ne voyait rien de semblable dans le reste de l'Europe. Enfin la gloire du génie appartint alors à la seule Italie, ainsi qu'elle avait été le partage de la Grèce.

Une centaine d'artistes en tout genre a formé ce beau siècle que les Italiens appellent le *Seicento* [1]. Plusieurs de ces grands hommes ont été malheureux et persécutés ; la postérité les venge : leur siècle, comme tous les autres, produisit des crimes et des calamités ; mais il a sur les autres siècles la supériorité que ces rares génies lui ont donnée. C'est ce qui arriva dans l'âge qui produisit les Sophocle et les Démosthène, dans celui qui fit naître les Cicéron et les Virgile. Ces hommes, qui sont les précepteurs de tous les temps, n'ont pas empêché qu'Alexandre n'ait tué Clitus, et qu'Auguste n'ait signé les proscriptions. Racine, Corneille, et La Fontaine, n'ont certainement pu empêcher que Louis XIV n'ait commis de très grandes fautes. Les crimes et les malheurs ont été de tous les temps, et il n'y a que quatre siècles pour les beaux-arts. Il faut être fou pour dire que ces arts ont nui aux mœurs ;

---

[1] Ginguené fait observer qu'ici Voltaire se trompe. Les Italiens appellent *Seicento* le siècle pendant lequel on compte six cents après mille, c'est-à-dire le dix-septième siècle (de 1601 à 1700). Le siècle auquel appartiennent les années du règne de Léon X est appelé par les Italiens *Cinquecento* (de 1501 à 1600), et non *Seicento*. B.

ils sont nés malgré la méchanceté des hommes, et ils ont adouci jusqu'aux mœurs des tyrans.

CHAPITRE CXXII.

De Charles-Quint et de François Ier jusqu'à l'élection de Charles à l'empire, en 1519. Du projet de l'empereur Maximilien de se faire pape. De la bataille de Marignan.

Vers ce siècle où Charles-Quint eut l'empire, les papes ne pouvaient plus en disposer comme autrefois; et les empereurs avaient oublié leurs droits sur Rome. Ces prétentions réciproques ressemblaient à ces titres vains de *roi de France* que le roi d'Angleterre prend encore, et au nom de *roi de Navarre* que le roi de France conserve.

Les partis des *guelfes* et des *gibelins* étaient presque entièrement oubliés. Maximilien n'avait acquis en Italie que quelques villes qu'il devait au succès de la ligue de Cambrai, et qu'il avait prises sur les Vénitiens; mais Maximilien imagina un nouveau moyen de soumettre Rome et l'Italie aux empereurs : ce fut d'être pape lui-même après la mort de Jules II, étant veuf de sa femme, fille de Galéas Marie Sforce, duc de Milan. On a encore deux lettres écrites de sa main, l'une à sa fille Marguerite, gouvernante des Pays-Bas, l'autre au seigneur de Chièvres, par lesquelles ce dessein est manifesté : il avoue dans ces lettres qu'il marchandait le pontificat ; mais il n'était pas assez riche pour acheter cette singulière couronne tant de fois mise à l'enchère.

Qui peut savoir ce qui serait arrivé si la même tête eût porté la couronne impériale et la tiare? le système de l'Europe eût bien changé; mais il changea autrement sous Charles-Quint.

(1518) A la mort de Maximilien, précisément comme les indulgences et Luther commençaient à diviser l'Allemagne, François Ier, roi de France, et Charles d'Autriche, roi d'Espagne, des deux Siciles, de Navarre, et souverain des dix-sept provinces des Pays-Bas, briguèrent ouvertement l'empire dans le temps que l'Allemagne, menacée par les Turcs, avait besoin d'un chef tel que François Ier ou Charles d'Autriche : on n'avait point vu encore de si grands rois se disputer la couronne d'Allemagne. François Ier, plus âgé de cinq ans que son rival, en paraissait plus digne par les grandes actions qu'il venait de faire.

(1515) Dès son avénement à la couronne de France, la république de Gênes s'était remise sous la domination de la France, par les intrigues de ses propres citoyens : François Ier passe aussitôt en Italie aussi rapidement que ses prédécesseurs.

Il s'agissait d'abord de conquérir le Milanais, perdu par Louis XII, et de l'arracher encore à cette malheureuse maison de Sforce. Il avait pour lui les Vénitiens, qui voulaient reprendre au moins le Véronais, enlevé par Maximilien : il avait contre lui alors le pape Léon X, vif et intrigant, et l'empereur Maximilien, affaibli par l'âge et incapable d'agir : mais les Suisses, toujours irrités contre la France depuis leur querelle avec Louis XII, toujours animés par les harangues de Mathieu Shinner (Scheiner), cardinal de Sion;

étaient les plus dangereux ennemis du roi. Ils prenaient alors le titre de défenseurs des papes, et de protecteurs des princes; et ces titres, depuis près de dix ans, n'étaient point imaginaires.

Le roi, qui marchait à Milan, négociait toujours avec eux. Le cardinal de Sion, qui leur apprit à tromper, fit amuser le roi de vaines promesses, jusqu'à ce que les Suisses, ayant su que la caisse militaire de France était arrivée, crurent pouvoir enlever cet argent et le roi même : ils l'attaquèrent comme on attaque un convoi sur le grand chemin.

(1515) Vingt-cinq mille Suisses, portant sur l'épaule et sur la poitrine la clef de saint Pierre, les uns armés de ces longues piques de dix-huit pieds que plusieurs soldats poussaient ensemble en bataillon serré, les autres tenant leurs grands espadons à deux mains, vinrent fondre à grands cris dans le camp du roi, près de Marignan, vers Milan : ce fut de toutes les batailles données en Italie la plus sanglante et la plus longue. Le jeune roi, pour son coup d'essai, s'avança à pied contre l'infanterie suisse, une pique à la main, combattit une heure entière, accompagné d'une partie de sa noblesse. Les Français et les Suisses, mêlés ensemble dans l'obscurité de la nuit, attendirent le jour pour recommencer. On sait que le roi dormit sur l'affût d'un canon, à cinquante pas d'un bataillon suisse. Ces peuples, dans cette bataille, attaquèrent toujours, et les Français furent toujours sur la défensive : c'est, me semble, une preuve assez forte que les Français, quand ils sont bien conduits, peuvent avoir ce courage patient qui est quelquefois aussi nécessaire que l'ardeur impétueuse qu'on leur accorde. Il était beau, surtout à un jeune prince de vingt et un ans, de ne perdre point le sang-froid dans une action si vive et si longue. Il était difficile, puisqu'elle durait, que les Suisses fussent vainqueurs, parceque les bandes noires d'Allemagne qui étaient avec le roi fesaient une infanterie aussi ferme que la leur, et qu'ils n'avaient point de gendarmerie : tout ce qui surprend, c'est qu'ils purent résister près de deux jours aux efforts de ces grands chevaux de bataille qui tombaient à tout moment sur leurs bataillons rompus. Le vieux maréchal de Trivulce appelait cette journée une *bataille de géants*. Tout le monde convenait que la gloire de cette victoire était due principalement au fameux connétable Charles de Bourbon, depuis trop mal récompensé, et qui se vengea trop bien. Les Suisses fuirent enfin, mais sans déroute totale, laissant sur le champ de bataille plus de dix mille de leurs compagnons, et abandonnant le Milanais aux vainqueurs. Maximilien Sforce fut pris et emmené en France comme Louis-le-Maure, mais avec des conditions plus douces (1515) : il devint sujet, au lieu que l'autre avait été captif. On laissa vivre en France, avec une pension modique, ce souverain du plus beau pays de l'Italie.

« François, après cette victoire de Marignan et cette conquête du Milanais, était devenu l'allié du pape Léon X, et même celui des Suisses, qui, enfin, aimèrent mieux fournir des troupes aux Français que se battre contre eux. Ses armes forcèrent l'empereur Maximilien à céder aux Vénitiens le Véronais, qui leur est toujours demeuré depuis : il fit donner à Léon X le duché d'Urbin, qui est encore à l'Église. On le regardait donc comme l'arbitre de l'Italie, et le plus grand prince de l'Europe, et le plus digne de l'empire, qu'il briguait après la mort de Maximilien. La renommée ne parlait point encore en faveur du jeune Charles d'Autriche ; ce fut ce qui détermina en partie les électeurs de l'empire à le préférer. Ils craignaient d'être trop soumis à un roi de France : ils redoutaient moins un maître dont les états, quoique plus vastes, étaient éloignés et séparés les uns des autres. (1519) Charles fut donc empereur, malgré les quatre cent mille écus dont François Ier crut avoir acheté des suffrages.

CHAPITRE CXXIII.

De Charles-Quint et de François Ier. Malheurs de la France.

On connaît quelle rivalité s'éleva dès-lors entre ces deux princes. Comment pouvaient-ils n'être pas éternellement en guerre ? Charles, seigneur des Pays-Bas, avait l'Artois et beaucoup de villes à revendiquer : roi de Naples et de Sicile, il voyait François Ier prêt à réclamer ces états au même titre que Louis XII : roi d'Espagne, il avait l'usurpation de la Navarre à soutenir : empereur, il devait défendre le grand fief du Milanais contre les prétentions de la France. Que de raisons pour désoler l'Europe !

Entre ces deux grands rivaux, Léon X veut d'abord tenir la balance; mais comment le peut-il? qui choisira-t-il pour vassal, pour roi des Deux-Siciles, Charles ou François? que deviendra l'ancienne loi des papes, portée dès le treizième siècle, « que jamais roi « de Naples ne pourra être empereur? » loi à laquelle Charles d'Anjou s'était soumis, et que les papes regardaient comme la gardienne de leur indépendance. Léon X n'était pas assez puissant pour faire exécuter cette loi : elle pouvait être respectée à Rome; elle ne l'était pas dans l'empire. Bientôt le pape est obligé de donner une dispense à Charles-Quint, qui veut bien la solliciter, et de reconnaître malgré lui un vassal qui le fait trembler : il donne cette dispense, et s'en repent le moment d'après.

Cette balance que Léon X voulait tenir, Henri VIII l'avait entre les mains : aussi le roi de France et l'empereur le courtisent; mais tous deux tâchent de gagner son premier ministre le cardinal Wolsey.

(1520) D'abord François Ier ménage cette célèbre entrevue près de Calais avec le roi d'Angleterre. Charles, arrivant d'Espagne, va voir ensuite Henri à Cantorbéry, et Henri le reconduit à Calais et à Gravelines.

Il était naturel que le roi d'Angleterre prît le parti de l'empereur, puisqu'en se liguant avec lui il pouvait espérer de reprendre en France les provinces dont avaient joui ses ancêtres; au lieu qu'en se liguant avec François Ier il ne pouvait rien gagner en Allemagne, où il n'avait rien à prétendre.

Pendant qu'il temporise encore, François Ier commença cette querelle interminable en s'emparant de la Navarre. Je suis très éloigné de perdre de vue le tableau de l'Europe pour chercher à réfuter les détails rapportés par quelques historiens; mais je ne puis m'empêcher de remarquer combien Puffendorf se trompe souvent : il dit que cette entreprise sur la Navarre fut faite par le roi dépossédé (1516), immédiatement après la mort de Ferdinand-le-Catholique; il ajoute que « Charles avait toujours devant les yeux « son *plus ultrà*, et formait de jour en jour de vastes « desseins. » Il y a là bien des méprises. (1516) Charles avait quinze ans; ce n'est pas l'âge des vastes desseins; il n'avait point pris encore sa devise de *plus ultrà*. Enfin, après la mort de Ferdinand, ce ne fut point Jean d'Albret qui rentra dans la Navarre : ce Jean d'Albret mourut cette année-là même (1516); ce fut François Ier qui en fit la conquête passagère au nom de Henri d'Albret, non pas en 1516, mais en 1521.

Ni Charles VIII, ni Louis XII, ni François Ier, ne gardèrent leurs conquêtes. La Navarre à peine soumise fut prise par les Espagnols. Dès-lors les Français furent obligés de se battre toujours contre les forces espagnoles, à toutes les extrémités du royaume, vers Fontarabie, vers la Flandre, vers l'Italie; et cette situation des affaires a duré jusqu'au dix-huitième siècle.

(1521) Dans le même temps que les troupes espagnoles de Charles-Quint reprenaient la Navarre, ses troupes allemandes pénétraient jusqu'en Picardie, et ses partisans soulevaient l'Italie : les factions et la guerre étaient partout.

Le pape Léon X, toujours flottant entre François Ier et Charles-Quint, était alors pour l'empereur. Il avait raison de se plaindre des Français : ils avaient voulu lui enlever Reggio comme une dépendance du Milanais ; ils se fesaient des ennemis de leurs nouveaux voisins par des violences hors de saison. Lautrec, gouverneur du Milanais, avait fait écarteler le seigneur Pallavicini, soupçonné de vouloir soulever le Milanais, et il avait donné à son propre frère de Foix la confiscation de l'accusé. Cela seul rendait le nom français odieux. Tous les esprits étaient révoltés. Le gouvernement de France ne remédiait à ces désordres ni par sa sagesse, ni en envoyant l'argent nécessaire.

En vain le roi de France devenu l'allié des Suisses en avait à sa solde ; il y en eut aussi dans l'armée impériale ; et ce cardinal de Sion, toujours si funeste aux rois de France, ayant su renvoyer en leur pays ceux qui étaient dans l'armée française, Lautrec, gouverneur du Milanais, fut chassé de la capitale, et bientôt de tout le pays. (1521) Léon X mourut alors dans le temps que sa monarchie temporelle s'affermissait, et que la spirituelle commençait à tomber en décadence.

Il parut bien à quel point Charles-Quint était puissant, et quelle était la sagesse de son conseil. Il eut le crédit de faire élire pape son précepteur Adrien, quoique né à Utrecht et presque inconnu à Rome. Ce conseil, toujours supérieur à celui de François Ier, eut encore l'habileté de susciter contre la France le roi d'Angleterre Henri VIII, qui espéra pouvoir démembrer au moins ce pays qu'avaient possédé ses prédécesseurs. Charles va lui-même en Angleterre précipiter l'armement et le départ. Il sut même bientôt après détacher les Vénitiens de l'alliance de la France, et les mettre dans son parti. Pour comble, une faction qu'il avait dans Gênes, aidée de ses troupes, chasse les Français, et fait un nouveau doge sous la protection impériale : ainsi sa puissance et son adresse pressaient et entouraient de tous côtés la monarchie française.

François Ier, qui dans de telles circonstances dépensait trop à ses plaisirs, et gardait peu d'argent pour ses affaires, fut obligé de prendre dans Tours une grande grille d'argent massif dont Louis XI avait entouré le tombeau de saint Martin ; elle pesait près[a] de sept mille marcs : cet argent, à la vérité, était plus nécessaire à l'état qu'à saint Martin ; mais cette ressource montrait un besoin pressant. Il y avait déjà quelques années que le roi avait vendu vingt charges nouvelles de conseillers du parlement de Paris. La magistrature ainsi à l'encan, et l'enlèvement des ornements des tombeaux, ne marquaient que trop le dérangement des finances. Il se voyait seul contre l'Europe ; et cependant, loin de se décourager, il résista de tous côtés. On mit si bon ordre aux frontières de Picardie, que l'Anglais, quoiqu'il eût dans Calais la clef de la France, ne put entrer dans le royaume : on tint en Flandre la fortune égale ; on ne fut point entamé du côté de l'Espagne ; enfin le roi, auquel il ne restait en Italie que le château de Crémone, voulut

---

[a] Voyez l'*Histoire du Parlement*, chap. XVI.

aller lui-même reconquérir le Milanais, ce fatal objet de l'ambition des rois de France.

Pour avoir tant de ressources, et pour oser rentrer dans le Milanais, lorsqu'on était attaqué partout, vingt charges de conseillers et la grille de saint Martin ne suffisaient pas : on aliéna pour la première fois le domaine du roi; on haussa les tailles et les autres impôts. C'était un grand avantage qu'avaient les rois de France sur leurs voisins; Charles-Quint n'était despotique à ce point dans aucun de ses états; mais cette facilité funeste de se ruiner produisit plus d'un malheur en France.

On peut compter parmi les causes des disgraces de François Ier l'injustice qu'il fit au connétable de Bourbon, auquel il devait le succès de la journée de Marignan. C'était peu qu'on l'eût mortifié dans toutes les occasions : Louise de Savoie, duchesse d'Angoulême, mère du roi, qui avait voulu se marier au connétable devenu veuf, et qui en avait essuyé un refus, voulut le ruiner, ne pouvant l'épouser; elle lui suscita un procès reconnu pour très injuste par tous les jurisconsultes; il n'y avait que la mère toute puissante d'un roi qui pût le gagner.

Il s'agissait de tous les biens de la branche de Bourbon. Les juges, trop sollicités, donnèrent un arrêt qui, mettant ses biens en séquestre, dépouillait le connétable. Ce prince envoie l'évêque d'Autun, son ami, demander au roi au moins une surséance. Le roi ne veut pas seulement voir l'évêque. Le connétable au désespoir était déjà sollicité secrètement par Charles-Quint. Il eût été héroïque de bien servir et de souffrir; il y a une autre sorte de grandeur, celle de se venger. Charles de Bourbon prit ce funeste parti : il quitta la France et se donna à l'empereur. Peu d'hommes ont goûté plus pleinement ce triste plaisir de la vengeance.

Tous les historiens flétrissent le connétable du nom de traître. On pouvait, il est vrai, l'appeler rebelle et transfuge; il faut donner à chaque chose son nom véritable. Le traître est celui qui livre le trésor, ou le secret, ou les places de son maître, ou son maître lui-même à l'ennemi. Le terme latin *tradere*, dont traître dérive, n'a pas d'autre signification.

C'était un persécuté fugitif qui se dérobait aux vexations d'une cour injuste et corrompue, et qui s'allait mettre sous la protection d'un défenseur puissant pour se venger les armes à la main.

Le connétable de Bourbon, loin de livrer à Charles-Quint rien de ce qui appartenait au roi de France, se livra seul à lui dans la Franche-Comté, où il s'enfuit sans aucun secours.

(1523) Dès qu'il fut entré sur les terres de l'empire, il rompit publiquement tous les liens qui l'attachaient au roi dont il était outragé; il renonça à toutes ses dignités, et accepta le titre de généralissime des armées de l'empereur. Ce n'était point trahir le roi, c'était se déclarer contre lui ouvertement. Sa franchise était à la vérité celle d'un rebelle, sa défection était condamnable; mais il n'y avait assurément ni perfidie ni bassesse. Il était à peu près dans le même cas que le prince Louis de Bourbon, nommé *le grand Condé*, qui, pour se venger du cardinal Mazarin, alla se mettre à la tête des armées espagnoles. Ces deux princes furent également rebelles, mais aucun d'eux n'a été perfide.

Il est vrai que la cour de France, soumise à la duchesse d'Angoulême, ennemie du connétable, persécuta les amis du fugitif. Le chancelier Duprat surtout, homme dur autant que servile, le fit condamner lui et ses amis comme traîtres : mais la trahison et la rébellion sont deux choses très différentes.

Tous nos livres en *ana*, tous nos recueils de contes ont répété l'historiette d'un grand d'Espagne qui brûla sa maison à Madrid, parceque le traître Bourbon y avait couché. Cette anecdote est aisément détruite; le connétable de Bourbon n'alla jamais en Espagne, et d'ailleurs la grandeur espagnole consista toujours à protéger les Français persécutés dans leur patrie.

Le connétable, en qualité de généralissime des armées de l'empereur, va dans le Milanais, où les Français étaient rentrés sous l'amiral Bonnivet, son plus grand ennemi. Un connétable qui connaissait le fort et le faible de toutes les troupes de France, devait avoir un grand avantage. Charles en avait de plus grands; presque tous les princes d'Italie étaient dans ses intérêts; les peuples haïssaient la domination française; et enfin il avait les meilleurs généraux de l'Europe; c'était un marquis de Pescaire, un Lannoy, un Jean de Médicis, noms fameux encore de nos jours.

L'amiral Bonnivet, opposé à ces généraux, ne leur fut pas comparé; et quand même il leur eût été supérieur par le génie, il était trop inférieur par le nombre et par la qualité des troupes, qui encore n'étaient point payées. Il est obligé de fuir. Il est attaqué dans sa retraite à Biagrasse. Le fameux Bayard, qui ne commanda jamais en chef, mais à qui le surnom de *chevalier sans peur et sans reproche* était si bien dû, fut blessé à mort dans cette déroute de Biagrasse. Peu de lecteurs ignorent que Charles de Bourbon, le voyant dans cet état, lui marqua combien il le plaignait, et que le chevalier lui répondit en mourant: « Ce n'est pas moi qu'il faut plaindre, mais vous qui « combattez contre votre roi et contre votre patrie. »

Il s'en fallut bien peu que la défection de ce prince ne fût la ruine du royaume. Il avait des droits litigieux sur la Provence, qu'il pouvait faire valoir par les armes, au lieu de droits réels qu'un procès lui avait fait perdre. Charles-Quint lui avait promis cet ancien royaume d'Arles, dont la Provence devait faire la principale partie. (1524) Le roi Henri VIII lui donnait cent mille écus par mois cette année pour les frais de la guerre. Il venait de prendre Toulon; il assiégea Marseille. François Ier avait sans doute à se repentir; cependant rien n'était désespéré; le roi avait une armée florissante. Il courut au secours de Marseille; et ayant délivré la Provence, il s'enfonça encore dans le Milanais. Bourbon alors retournait par l'Italie en Allemagne chercher de nouveaux soldats. François Ier, dans cet intervalle, se crut quelque temps maître de l'Italie.

CHAPITRE CXXIV.

Prise de François Ier. Rome saccagée. Soliman repoussé. Principautés données. Conquête de Tunis. Question si Charles-Quint voulait la monarchie universelle. Soliman reconnu roi de Perse dans Babylone.

Voici un des plus grands exemples des coups de la fortune, qui n'est autre chose, après tout, que l'enchaînement nécessaire de tous les événements de l'univers. D'un côté Charles-Quint est occupé dans l'Espagne à régler les rangs et à former l'étiquette; de l'autre, François Ier, déjà célèbre dans l'Europe par la victoire de Marignan, aussi valeureux que le chevalier Bayard, accompagné de l'intrépide noblesse de son royaume, suivi d'une armée florissante, est au milieu du Milanais. Le pape Clément VII, qui redoutait avec raison l'empereur, est hautement dans le parti du roi de France. Un des meilleurs capitaines de ce temps-là, Jean de Médicis, ayant quitté alors le service des Impériaux, combat pour lui à la tête d'une troupe choisie. Cependant il est vaincu devant Pavie; et malgré des actions de bravoure qui suffiraient pour l'immortaliser (1525, 14 février), il est fait prisonnier, ainsi que les principaux seigneurs de France, et le roi titulaire de Navarre, Henri d'Albret, fils de celui qui avait perdu son royaume et conservé seulement le Béarn. Le malheur de François voulut encore qu'il fût pris par le seul officier français qui avait suivi le duc de Bourbon, et que le même homme qui était condamné à Paris devint le maître de sa vie. Ce gentilhomme, nommé Pomperan, eut à-la-fois la gloire de le garantir de la mort et de le prendre prisonnier. Il est certain que le jour même le duc de Bourbon, l'un de ses vainqueurs, vint le voir, et jouit de son triomphe. Cette entrevue ne fut pas pour François Ier le moment le moins fatal de la journée. Jamais lettre ne fut plus vraie que celle qu'écrivit ce monarque à sa mère : « Madame, tout est perdu, hors « l'honneur [1]. » Des frontières dégarnies, le trésor royal sans argent, la consternation dans tous les ordres du royaume, la désunion dans le conseil de la mère du roi régente, le roi d'Angleterre, Henri VIII, menaçant d'entrer en France, et d'y renouveler les temps d'Édouard III et de Henri V, tout semblait annoncer une ruine inévitable.

Charles-Quint, qui n'avait pas encore tiré l'épée, tient en prison à Madrid non-seulement un roi, mais un héros. Il semble qu'alors Charles manqua à sa fortune; car, au lieu d'entrer en France et de venir profiter de la victoire de ses généraux en Italie, il reste oisif en Espagne; au lieu de prendre au moins le Milanais pour lui, il se croit obligé d'en vendre l'investiture à François Sforce, pour ne pas donner trop d'ombrage à l'Italie. Henri VIII, au lieu de se réunir à lui pour démembrer la France, devient jaloux de sa grandeur, et traite avec la régente. Enfin la prise

---

[1] Cette phrase est passée en proverbe; mais elle n'est pas tout-à-fait telle que l'a écrite le monarque français. L'autographe qui est parvenu jusqu'à nous, porte : *De toutes choses non mest demuré que lhonn et la vie qui est sayne;* ce qui est un peu moins noble. B.

de François Ier, qui devait faire naître de si grandes révolutions, ne produisit guère qu'une rançon avec des reproches, des démentis, des défis solennels et inutiles, qui mêlèrent du ridicule à ces événements terribles, et qui semblèrent dégrader les deux premiers personnages de la chrétienté.

Henri d'Albret, détenu prisonnier dans Pavie, s'échappa et revint en France. François Ier, mieux gardé à Madrid, (1526, 15 janvier) fut obligé, pour sortir de prison, de céder à l'empereur le duché entier de Bourgogne, une partie de la Franche-Comté, tout ce qu'il prétendait au-delà des Alpes, la suzeraineté sur la Flandre et l'Artois, la possession d'Arras, de Lille, de Tournai, de Mortagne, de Hesdin, de Saint-Amant, d'Orchies : non seulement il signe qu'il rétablira le connétable de Bourbon, son vainqueur, dans tous les biens dont il l'avait dépouillé, mais il promet encore de « faire droit à cet ennemi pour les préten-« tions qu'il a sur la Provence. » Enfin, pour comble d'humiliation, il épouse en prison la sœur de l'empereur. Le comte de Lannoy, l'un des généraux qui l'avaient fait prisonnier, vient en bottes dans sa chambre lui faire signer ce mariage forcé. Ce traité de Madrid était aussi funeste que celui de Bretigni; mais François Ier, en liberté, n'exécuta pas son traité comme le roi Jean.

Ayant cédé la Bourgogne, il se trouva assez puissant pour la garder. Il perdit la suzeraineté de la Flandre et de l'Artois; mais en cela il ne perdit qu'un vain hommage. Ses deux fils furent prisonniers (1526) à sa place en qualité d'otages; mais il les racheta pour de l'argent; cette rançon, à la vérité, se monta à deux millions d'écus d'or, et ce fut un grand fardeau pour la France. Si on considère ce qu'il en coûta pour la captivité de François Ier, pour celle du roi Jean, pour celle de saint Louis, combien la dissipation des trésors de Charles V par le duc d'Anjou son frère, combien les guerres contre les Anglais avaient épuisé la France, on admire les ressources que François Ier trouva dans la suite. Ces ressources étaient dues aux acquisitions successives du Dauphiné, de la Provence, de la Bretagne, à la réunion de la Bourgogne, et au commerce qui florissait. Voilà ce qui répara tant de malheurs, et ce qui soutint la France contre l'ascendant de Charles-Quint.

La gloire ne fut pas le partage de François Ier dans toute cette triste aventure. Il avait donné sa parole à Charles-Quint de lui remettre la Bourgogne; promesse faite par faiblesse, faussée par raison, mais avec honte. Il en essuya le reproche de l'empereur. Il eut beau lui répondre, « Vous avez menti par la gorge, « et toutes les fois que le direz, mentirez », la loi de la politique était pour François Ier, mais la loi de la chevalerie était contre lui.

Le roi voulut assurer son honneur en proposant un duel à Charles-Quint, comme Philippe de Valois avait défié Édouard III. L'empereur l'accepta, et lui envoya même un héraut qui apportait ce qu'on appelait *la sûreté du camp*, c'est-à-dire la désignation du lieu du combat et les conditions. François Ier reçut ce héraut dans la grand'salle du palais, en présence de toute la cour et des ambassadeurs; mais il ne voulut pas lui permettre de parler. Le duel n'eut point lieu. Tant d'appareil n'aboutit qu'au ridicule, dont le trône même ne garantit pas les hommes. Ce qu'il y eut encore d'étrange dans toute cette aventure, c'est que le roi demanda au pape Clément VII une bulle d'absolution, pour avoir cédé la mouvance de la Flandre et de l'Artois. Il se fesait absoudre pour avoir gardé un serment qu'il ne pouvait violer, et il ne se fesait pas absoudre d'avoir juré qu'il céderait la Bourgogne et de ne l'avoir pas rendue. On ne croirait pas une telle farce, si cette bulle du 25 novembre n'existait pas.

Cette même fortune qui mit un roi dans les fers de l'empereur fit encore le pape Clément VII son prisonnier (1525), sans qu'il le prévît, sans qu'il y eût la moindre part. La crainte de sa puissance avait uni contre lui le pape, le roi d'Angleterre, et la moitié de l'Italie (1527). Ce même duc de Bourbon, si fatal à François Ier, le fut de même à Clément VII. Il commandait sur les frontières du Milanais une armée d'Espagnols, d'Italiens, et d'Allemands, victorieuse, mais mal payée, et qui manquait de tout. Il propose à ses capitaines et à ses soldats d'aller piller Rome pour leur solde, précisément comme autrefois les Hérules et les Goths avaient fait ce voyage. Ils y volèrent, malgré une trève signée entre le pape et le vice-roi de Naples (1527, 5 mai). On escalade les murs de Rome : Bourbon est tué en montant à la muraille; mais Rome est prise, livrée au pillage, saccagée comme elle le fut par Alaric; et le pape, réfugié au château Saint-Ange, est prisonnier.

Les troupes allemandes et espagnoles vécurent neuf mois à discrétion dans Rome : le pillage monta, dit-on, à quinze millions d'écus romains : mais comment évaluer au juste de tels désastres?

Il semble que c'était là le temps d'être en effet empereur de Rome, et de consommer ce qu'avaient commencé les Charlemagne et les Othon; mais, par une fatalité singulière, dont la seule cause est toujours venue de la jalousie des nations, le nouvel empire romain n'a jamais été qu'un fantôme.

La prise de Rome et la captivité du pape ne servirent pas plus à rendre Charles-Quint maître absolu de l'Italie, que la prise de François Ier ne lui avait donné une entrée en France. L'idée de la monarchie universelle qu'on attribue à Charles-Quint est donc aussi fausse et aussi chimérique que celle qu'on imputa depuis à Louis XIV. Loin de garder Rome, loin de subjuguer toute l'Italie, il rend la liberté au pape pour quatre cent mille écus d'or (1528), dont même il n'eut jamais que cent mille, comme il rend la liberté aux enfants de France pour deux millions d'écus.

On est surpris qu'un empereur, maître de l'Espagne, des dix-sept provinces des Pays-Bas, de Naples et de Sicile, suzerain de la Lombardie, déjà possesseur du Mexique, et pour qui dans ce temps-là même on fesait la conquête du Pérou, ait si peu profité de son bonheur; mais les premiers trésors qu'on lui avait envoyés du Mexique furent engloutis dans la mer; il ne recevait point de tribut réglé d'Amérique, comme en reçut depuis Philippe II. Les troubles excités en Allemagne par le luthéranisme l'inquiétaient : les

Turcs en Hongrie l'alarmaient davantage : il avait à repousser à-la-fois Soliman et François Ier, à contenir les princes d'Allemagne, à ménager ceux d'Italie, et surtout les Vénitiens, à fixer l'inconstance de Henri VIII. Il joua toujours le premier rôle sur le théâtre de l'Europe; mais il fut toujours bien loin de la monarchie universelle.

Ses généraux ont encore de la peine à chasser d'Italie les Français, qui étaient jusque dans le royaume de Naples. (1528) Le système de la balance et de l'équilibre était dès-lors établi en Europe : car immédiatement après la prise de François Ier, l'Angleterre et les puissances italiennes se liguèrent avec la France pour balancer le pouvoir de l'empereur. Elles se liguèrent de même après la prise du pape.

(1529) La paix se fit à Cambrai, sur le plan du traité de Madrid, par lequel François Ier avait été délivré de prison. C'est à cette paix que Charles rendit les deux enfants de France, et se désista de ses prétentions sur la Bourgogne pour deux millions d'écus.

Alors Charles quitte l'Espagne pour aller recevoir la couronne des mains du pape, et pour baiser les pieds de celui qu'il avait retenu captif. Il investit François Sforce du Milanais, et Alexandre de Médicis de la Toscane; il donne un duc à Mantoue (1529); il fait rendre par le pape Modène et Reggio au duc de Ferrare (1530); mais tout cela pour de l'argent, et sans se réserver d'autre droit que celui de la suzeraineté.

Tant de princes à ses pieds lui donnent une grandeur qui impose. La grandeur véritable fut d'aller repousser Soliman de la Hongrie, à la tête de cent mille hommes, assisté de son frère Ferdinand, et surtout des princes protestants d'Allemagne, qui se signalèrent pour la défense commune. Ce fut là le commencement de sa vie active et de sa gloire personnelle. On le voit à-la-fois combattre les Turcs, retenir les Français au-delà des Alpes, indiquer un concile, et revoler en Espagne pour aller faire la guerre en Afrique. Il aborde devant Tunis (1535), remporte une victoire sur l'usurpateur de ce royaume, donne à Tunis un roi tributaire de l'Espagne, délivre dix-huit mille captifs chrétiens, qu'il ramène en triomphe en Europe, et qui, aidés de ses bienfaits et de ses dons, vont, chacun dans leur patrie, élever le nom de Charles-Quint jusqu'au ciel. Tous les rois chrétiens alors semblaient petits devant lui, et l'éclat de sa renommée obscurcissait toute autre gloire.

Son bonheur voulut encore que Soliman, ennemi plus redoutable que François Ier, fût alors occupé contre les Persans (1534). Il avait pris Tauris, et de là, tournant vers l'ancienne Assyrie, il était entré en conquérant dans Bagdad, la nouvelle Babylone, s'étant rendu maître de la Mésopotamie, qu'on nomme à présent le Diarbeck, et du Curdistan, qui est l'ancienne Suziane. Enfin, il s'était fait reconnaître et inaugurer roi de Perse par le calife de Bagdad. Les califes en Perse n'avaient plus depuis long-temps d'autre honneur que celui de donner en cérémonie le turban des sultans, et de ceindre le sabre au plus puissant. Mahmoud, Gengis, Tamerlan, Ismaël Sophi, avaient accoutumé les Persans à changer de maîtres. (1535) Soliman, après avoir pris la moitié de la Perse sur Thamas, fils d'Ismaël, retourna triomphant à Constantinople. Ses généraux perdirent en Perse une partie des conquêtes de leur maître. C'est ainsi que tout se balançait, et que tous les états tombaient les uns sur les autres, la Perse sur la Turquie, la Turquie sur l'Allemagne et sur l'Italie, l'Allemagne et l'Espagne sur la France; et s'il y avait eu des peuples plus occidentaux, l'Espagne et la France auraient eu de nouveaux ennemis.

L'Europe ne sentit point de plus violentes secousses depuis la chute de l'empire romain, et nul empereur depuis Charlemagne n'eut tant d'éclat que Charles-Quint. L'un a le premier rang dans la mémoire des hommes comme conquérant et fondateur; l'autre, avec autant de puissance, a un personnage bien plus difficile à soutenir. Charlemagne, avec les nombreuses armées aguerries par Pepin et Charles-Martel, subjugua aisément des Lombards amollis, et triompha des Saxons sauvages. Charles-Quint a toujours à craindre la France, l'empire des Turcs, et la moitié de l'Allemagne.

L'Angleterre, qui était séparée du reste du monde au huitième siècle, est, dans le seizième, un puissant royaume qu'il faut toujours ménager. Mais ce qui rend la situation de Charles-Quint très supérieure à celle de Charlemagne, c'est qu'ayant à peu près en Europe la même étendue de pays sous ses lois, ce pays est plus peuplé, beaucoup plus florissant, plein de grands hommes en tout genre. On ne comptait pas une grande ville commerçante dans les premiers temps du renouvellement de l'empire. Aucun nom, excepté celui du maître, ne fut consacré à la postérité. La seule province de Flandre, au seizième siècle, vaut mieux que tout l'empire au neuvième. L'Italie, au temps de Paul III, est à l'Italie du temps d'Adrien Ier et de Léon III, ce qu'est la nouvelle architecture à la gothique. Je ne parle pas ici des beaux-arts, qui égalaient ce siècle à celui d'Auguste, et du bonheur qu'avait Charles-Quint de compter tant de grands génies parmi ses sujets : il ne s'agit que des affaires publiques et du tableau général du monde.

CHAPITRE CXXV.

Conduite de François Ier. Son entrevue avec Charles-Quint. Leurs querelles, leur guerre. Alliance du roi de France et du sultan Soliman. Mort de François Ier.

Que François Ier, voyant son rival donner des royaumes, voulût rentrer dans le Milanais, auquel il avait renoncé par deux traités; qu'il ait appelé à son secours ce même Soliman, ces mêmes Turcs repoussés par Charles-Quint; cette manœuvre peut être politique, mais il fallait de grands succès pour la rendre glorieuse.

Ce prince pouvait abandonner ses prétentions sur le Milanais, source intarissable de guerres et tombeau des Français, comme Charles avait abandonné ses droits sur la Bourgogne, droits fondés sur le traité de Madrid : il eût joui d'une heureuse paix; il eût em-

CHAP. CXXV. CONDUITE DE FRANÇOIS Ier. 213

belli, policé, éclairé son royaume beaucoup plus qu'il ne fit dans les derniers temps de sa vie; il eût donné une libre carrière à toutes ses vertus. Il fut grand pour avoir encouragé les arts; mais la passion malheureuse de vouloir toujours être duc de Milan et vassal de l'empire malgré l'empereur, fit tort à sa gloire. (1536) Réduit bientôt à chercher le secours de Barberousse, amiral de Soliman, il en essuya des reproches pour ne l'avoir pas secondé, et il fut traité de renégat et de parjure en pleine diète de l'empire.

Quel funeste contraste de faire brûler à petit feu dans Paris des luthériens parmi lesquels il y avait des Allemands, et de s'unir en même temps aux princes luthériens d'Allemagne, auprès desquels il est obligé de s'excuser de cette rigueur, et d'affirmer même qu'il n'y avait point eu d'Allemands parmi ceux qu'on avait fait mourir! Comment des historiens peuvent-ils avoir la lâcheté d'approuver ce supplice, et de l'attribuer *au zèle pieux* d'un prince voluptueux, qui n'avait pas la moindre ombre de cette piété qu'on lui attribue? Si c'est là un acte religieux, il est cruellement démenti par le nombre prodigieux de captifs catholiques que son traité avec Soliman livra depuis aux fers de Barberousse sur les côtes d'Italie: si c'est une action de politique, il faut donc approuver les persécutions des païens qui immolèrent tant de chrétiens. Ce fut en 1535 qu'on brûla ces malheureux dans Paris. Le P. Daniel met à la marge, *Exemple de piété*. Cet exemple de piété consistait à suspendre les patients à une haute potence dont on les fesait tomber à plusieurs reprises sur le bûcher: exemple en effet d'une barbarie raffinée, qui inspire autant d'horreur contre les historiens qui la louent que contre les juges qui l'ordonnèrent.

Daniel ajoute que François Ier dit publiquement qu'il ferait mourir ses propres enfants s'ils étaient hérétiques. Cependant il écrivait dans ce temps-là même à Mélanchton, l'un des fondateurs du luthéranisme, pour l'engager à venir à sa cour[a].

Charles-Quint ne se conduisait pas ainsi, quoique les luthériens fussent ses ennemis déclarés; et loin de livrer des hérétiques aux bourreaux, et des chrétiens aux fers, il avait délivré dans Tunis dix-huit mille chrétiens esclaves, soit catholiques, soit protestants.

Il faut, pour la funeste expédition de Milan, passer par le Piémont; et le duc de Savoie refuse au roi le passage. Le roi attaque donc le duc de Savoie pendant que l'empereur revenait triomphant de Tunis. Une autre cause de ce que la Savoie fut mise à feu et à sang (1534), c'est que la mère de François Ier était de cette maison. Des prétentions sur quelques parties de cet état étaient depuis long-temps un sujet de discorde. Les guerres du Milanais avaient de même leur origine dans le mariage de l'aïeul de Louis XII. Il n'y a aucun état héréditaire en Europe où les mariages n'aient apporté la guerre. Le droit public est devenu par là un des plus grands fléaux des peuples; presque toutes les clauses des contrats et des traités n'ont été expliquées que par les armes. Les états du duc furent ravagés : mais cette invasion de François Ier procura une liberté entière à Genève, et en fit comme

---

[a] Voyez l'*Histoire du Parlement*, chap. XIX.

la capitale de la nouvelle religion réformée. Il arriva que ce même roi, qui fesait périr à Paris les novateurs par des supplices affreux, qui fesait des processions pour expier leurs erreurs, qui disait « qu'il n'é- « pargnerait pas ses enfants s'ils en étaient coupables », était partout ailleurs le plus grand soutien de ce qu'il voulait exterminer dans ses états.

C'est une grande injustice dans le P. Daniel de dire que la ville de Genève mit alors le comble à sa révolte contre le duc de Savoie : ce duc n'était point son souverain ; elle était ville libre impériale ; elle partageait, comme Cologne et comme beaucoup d'autres villes, le gouvernement avec son évêque. L'évêque avait cédé une partie de ses droits au duc de Savoie, et ces droits disputés étaient en compromis depuis douze années.

Les Génevois disaient qu'un évêque n'a nul droit à la souveraineté ; que les apôtres ne furent point des princes ; que si dans les temps d'anarchie et de barbarie les évêques usurpèrent des provinces, les peuples, dans des temps éclairés, devaient les reprendre.

Mais ce qu'il fallait surtout observer, c'est que Genève était alors une ville petite et pauvre, et que depuis qu'elle se rendit libre, elle fut plus peuplée du double, plus industrieuse, plus commerçante.

Cependant quel fruit François Ier recueille-t-il de tant d'entreprises ? Charles-Quint arrive de Rome, fait repasser les Alpes aux Français, entre en Provence avec cinquante mille hommes, s'avance jusqu'à Marseille (1536), met le siége devant Arles ; et une autre armée ravage la Champagne et la Picardie.

Ainsi le fruit de cette nouvelle tentative sur l'Italie fut de hasarder la France.

La Provence et le Dauphiné ne furent sauvées[1] que par la sage conduite du maréchal de Montmorenci, comme elles l'ont été de nos jours par le maréchal de Belle-Isle. On peut, ce me semble, tirer un grand fruit de l'histoire, en comparant les temps et les événements. C'est un plaisir digne d'un bon citoyen d'examiner par quelles ressources on a chassé dans le même terrain et dans les mêmes occasions deux armées victorieuses. On ne sait guère, dans l'oisiveté des grandes villes, quels efforts il en coûte pour rassembler des vivres dans un pays qui en fournit à peine à ses habitants, pour avoir de quoi payer le soldat, pour lui fournir le nécessaire sur son crédit, pour garder des rivières, pour enlever aux ennemis des postes avantageux dont ils se sont emparés. Mais de tels détails n'entrent point dans notre plan : il n'est nécessaire de les examiner que dans le temps même de l'action; ce sont les matériaux de l'édifice; on ne les compte plus quand la maison est construite.

L'empereur fut obligé de sortir de ce pays dévasté, et de regagner l'Italie avec une armée diminuée par les maladies contagieuses. La France envahie de ce côté regarda sa délivrance comme un triomphe; mais il eût été plus beau de l'empêcher d'entrer que de s'applaudir de le voir sortir.

Ce qui caractérise davantage les démêlés de Charles-Quint et de François Ier, et les secousses qu'ils

---

[1] Les éditions de 1756, 1761, 1769, 1775 portent *sauvées;* c'est sans doute par ellipse; l'auteur a sous-entendu ces mots : *Les provinces de.* B.

donnèrent à l'Europe, c'est ce mélange bizarre de franchise et de duplicité, d'emportements de colère et de réconciliation, des plus sanglants outrages et d'un prompt oubli, des artifices les plus raffinés et de la plus noble confiance.

Il y eut des choses horribles, il y en eut de ridicules.

François, dauphin, fils de François I*er*, meurt d'une pleurésie (1536) : on accuse un Italien, nommé Montécuculli, son échanson, de l'avoir empoisonné; on regarde Charles-Quint comme l'auteur du crime. Qu'aurait gagné l'empereur à faire périr par le poison un prince de dix-huit ans qui n'avait jamais fait parler de lui, et qui avait un frère? Montécuculli fut écartelé; voilà ce qui est horrible : voici le ridicule.

François I*er*, qui par le traité de Madrid n'était plus suzerain de la Flandre et de l'Artois, et qui n'était sorti de prison qu'à cette condition, fait citer l'empereur au parlement de Paris, en qualité de comte de Flandre et d'Artois, son vassal. L'avocat-général Cappel prend des conclusions contre Charles-Quint, et le parlement de Paris le déclare rebelle.

Peut-on s'attendre que Charles et François se verront familièrement comme deux gentilshommes voisins après la prison de Madrid, après des *démentis-par la gorge*, des défis, des duels proposés en présence du pape en plein consistoire, après la ligue du roi de France avec Soliman ; enfin, après que l'empereur a été accusé aussi publiquement qu'injustement d'avoir fait empoisonner le premier dauphin, et lorsqu'il se voit condamné comme contumace par une cour de judicature, dans le même pays qu'il a fait trembler tant de fois?

Cependant ces deux grands rivaux se voient à la rade d'Aigues-Mortes : le pape avait ménagé cette entrevue après une trève. Charles-Quint même descendit à terre, fit la première visite, et se mit entre les mains de son ennemi : c'était la suite de l'esprit du temps : Charles se défia toujours des promesses du monarque, et se livra à la foi du chevalier.

Le duc de Savoie fut long-temps la victime de cette entrevue. Ces deux monarques, qui en se voyant avec tant de familiarité prenaient toujours des mesures l'un contre l'autre, gardèrent les places du duc : le roi de France, pour se frayer un passage dans l'occasion vers le Milanais; et l'empereur, pour l'en empêcher.

Charles-Quint, après cette entrevue à Aigues-Mortes, fait un voyage à Paris, qui est bien plus étonnant que celui des empereurs Sigismond et Charles IV.

Retourné en Espagne, il apprend que la ville de Gand s'est révoltée en Flandre. De savoir jusqu'où cette ville avait dû soutenir ses priviléges, et jusqu'où elle en avait abusé, c'est un problème qu'il n'appartient qu'à la force de résoudre. Charles-Quint voulait l'assujettir et la punir : il demande passage au roi, qui lui envoie le dauphin et le duc d'Orléans jusqu'à Bayonne, et qui va lui-même au-devant de lui jusqu'à Châtelleraut.

L'empereur aimait à voyager, à se montrer à tous les peuples de l'Europe, à jouir de sa gloire : ce voyage fut un enchaînement de fêtes; et le but était d'aller faire pendre vingt-quatre malheureux citoyens.

Il eût pu aisément s'épargner tant de fatigues en envoyant quelques troupes à la gouvernante des Pays-Bas : on peut même s'étonner qu'il n'en eût pas laissé assez en Flandre pour réprimer la révolte des Gantois ; mais c'était alors la coutume de licencier ses troupes après une trève ou une paix.

Le dessein de François Ier, en recevant l'empereur dans ses états avec tant d'appareil et de bonne foi, était d'obtenir enfin de lui la promesse de l'investiture du Milanais. Ce fut dans cette vaine idée qu'il refusa l'hommage que lui offraient les Gantois : il n'eut ni Gand ni Milan.

On a prétendu que le connétable de Montmorenci fut disgracié par le roi pour lui avoir conseillé de se contenter de la promesse verbale de Charles-Quint : je rapporte ce petit événement, parceque, s'il est vrai, il fait connaître le cœur humain. Un homme qui n'a qu'à s'en prendre à lui-même d'avoir suivi un mauvais avis est souvent assez injuste pour en punir l'auteur. Mais on ne devait guère se repentir de n'avoir exigé de Charles-Quint que des paroles ; une promesse par écrit n'eût pas été plus sûre.

François Ier avait promis par écrit de céder la Bourgogne, et il s'était bien donné de garde de tenir sa parole : on ne cède guère à son ennemi une grande province sans y être forcé par les armes. L'empereur avoua depuis, publiquement, qu'il avait promis le Milanais à un fils du roi ; mais il soutint que c'était à condition que François Ier évacuerait Turin, que François garda toujours.

La générosité avec laquelle le roi avait reçu l'empereur en France, tant de fêtes somptueuses, tant de témoignages de confiance et d'amitié réciproques, n'aboutirent donc qu'à de nouvelles guerres.

Pendant que Soliman ravage encore la Hongrie, pendant que Charles-Quint, pour mettre le comble à sa gloire, veut conquérir Alger comme il a subjugué Tunis, et qu'il échoue dans cette entreprise, François Ier resserre les nœuds de son alliance avec Soliman. Il envoie deux ministres secrets à la Porte par la voie de Venise; ces deux ministres sont assassinés en chemin par l'ordre du marquis del Vasto, gouverneur du Milanais, sous prétexte qu'ils sont nés tous deux sujets de l'empereur. Le dernier duc de Milan, François Sforce, avait, quelques années auparavant, fait trancher la tête à un autre ministre du roi (1541). Comment accorder ces violations du droit des gens avec la générosité dont se piquaient alors les officiers de l'empereur, ainsi que ceux du roi ? La guerre recommence avec plus d'animosité que jamais vers le Piémont, vers les Pyrénées, en Picardie : c'est alors que les galères du roi se joignent à celles de Cheredin, surnommé *Barberousse*, amiral du sultan, et vice-roi d'Alger. Les fleurs de lis et le croissant sont devant Nice (1543). Les Français et les Turcs, sous le comte d'Enghien, de la branche de Bourbon, et sous l'amiral turc, ne peuvent prendre cette ville; et Barberousse ramène la flotte turque à Toulon, dès que le célèbre André Doria s'avance au secours de la ville avec ses galères.

Barberousse était le maître absolu dans Toulon. Il y fit changer une grande maison en mosquée : ainsi le même roi qui avait laissé périr dans son royaume tant de chrétiens de la communion de Luther par le plus cruel supplice, laissait les mahométans exercer leur religion dans ses états. Voilà la piété que le jésuite Daniel loue; c'est ainsi que les historiens se déshonorent. Un historien citoyen eût avoué que la politique fesait brûler des luthériens et favorisait des musulmans.

André Doria est le héros qu'on peut mettre à la tête de tous ceux qui servirent la fortune de Charles-Quint. Il avait eu la gloire de battre ses galères devant Naples quand il était amiral de François Ier, et que Gênes sa patrie était encore sous la domination de la France : il se crut ensuite obligé, comme le connétable de Bourbon, par des intrigues de cour, de passer au service de l'empereur. Il défit plusieurs fois les flottes de Soliman; mais ce qui lui fit le plus d'honneur, ce fut de rendre la liberté à sa patrie, dont Charles-Quint lui permettait d'être souverain. Il préféra le titre de restaurateur à celui de maître : il établit le gouvernement tel qu'il subsiste aujourd'hui, et vécut jusqu'à quatre-vingt-quatorze ans l'homme le plus considéré de l'Europe. Gênes lui éleva une statue comme au libérateur de la patrie.

Cependant le comte d'Enghien répare l'affront de Nice par la victoire qu'il remporte à Cérisoles, (1544) dans le Piémont, sur le marquis del Vasto : jamais victoire ne fut plus complète. Quel fruit retira-t-on de cette glorieuse journée? aucun. C'était le sort des Français de vaincre inutilement en Italie : les journées d'Agnadel, de Fornoue, de Ravenne, de Marignan, de Cérisoles, en sont des témoignages immortels.

Le roi d'Angleterre Henri VIII, par une fatalité inconcevable, s'alliait contre la France avec ce même empereur dont il avait répudié la tante si honteusement, et dont il avait déclaré la cousine bâtarde; avec ce même empereur qui avait forcé le pape Clément VII à l'excommunier. Les princes oublient les injures comme les bienfaits quand l'intérêt parle; mais il semble que c'était alors le caprice plus que l'intérêt qui liait Henri VIII avec Charles-Quint.

Il comptait marcher à Paris avec trente mille hommes : il assiégeait Boulogne-sur-mer, tandis que Charles-Quint avançait en Picardie. Où était alors cette balance que Henri VIII voulait tenir ? Il ne voulait qu'embarrasser François Ier, et l'empêcher de traverser le mariage qu'il projetait entre son fils Édouard et Marie Stuart, qui fut depuis reine de France : quelle raison pour déclarer la guerre !

Ces nouveaux périls rendent la bataille de Cérisoles infructueuse : le roi de France est obligé de rappeler une grande partie de cette armée victorieuse pour venir défendre les frontières septentrionales du royaume.

La France était plus en danger que jamais : Charles était déjà à Soissons, et le roi d'Angleterre prenait Boulogne; on tremblait pour Paris. Le luthéranisme fit alors le salut de la France, et la servit mieux que les Turcs, sur qui le roi avait tant compté. Les princes luthériens d'Allemagne s'unissaient alors contre Charles-Quint, dont ils craignaient le despotisme; ils étaient en armes. Charles, pressant la France, et pressé dans l'empire, fit la paix à Crépi en Valois (1544), pour aller combattre ses sujets en Allemagne.

Par cette paix, il promit encore le Milanais au duc d'Orléans, fils du roi, qui devait être son gendre: mais la destinée ne voulait pas qu'un prince de France eût cette province; et la mort du duc d'Orléans épargna à l'empereur l'embarras d'une nouvelle violation de sa parole.

(1546). François Ier acheta bientôt après la paix avec l'Angleterre pour huit cent mille écus. Voilà ses derniers exploits; voilà le fruit des desseins qu'il eut sur Naples et Milan toute sa vie. Il fut en tout la victime du bonheur de Charles-Quint; car il mourut, quelques mois après Henri VIII, de cette maladie alors presque incurable que la découverte du Nouveau-Monde avait transplantée en Europe. C'est ainsi que les événements sont enchaînés: un pilote génois donne un univers à l'Espagne; la nature a mis dans les îles de ces climats lointains un poison qui infecte les sources de la vie; et il faut qu'un roi de France en périsse. Il laisse en mourant une discorde trop durable, non pas entre la France et l'Allemagne, mais entre la maison de France et celle d'Autriche.

La France, sous ce prince, commençait à sortir de la barbarie, et la langue prenait un tour moins gothique. Il reste encore quelques petits ouvrages de ce temps, qui, s'ils ne sont pas réguliers, ont du sel et de la naïveté; comme quelques épigrammes de l'évêque Saint-Gelais, de Clément Marot, de François Ier

même. Il écrivit, dit-on, sous un portrait d'Agnès Sorel :

> Gentille Agnès plus d'honneur en mérite,
> La cause étant de France recouvrer,
> Que ce que peut dedans un cloître ouvrer
> Close nonnain ou bien dévot ermite.

Je ne saurais pourtant concilier ces vers, qui paraissent purement écrits pour le temps, avec les lettres qu'on a encore de sa main, et surtout avec celle que Daniel a rapportée :

« Tout à steure ynsi que je me vouloys mettre o lit est aryvé Laval, lequel m'a aporté la certeneté du levement den siége, etc. »

Ce n'était point ainsi que les Scipion, les Sylla, les César, écrivaient en leur langue. Il faut avouer que, malgré l'instinct heureux qui animait François Ier en faveur des arts, tout était barbare en France, comme tout était petit en comparaison des anciens Romains.

Il composa des mémoires sur la discipline militaire dans le temps qu'il voulait établir en France la légion romaine. Tous les arts furent protégés par lui; mais il fut obligé de faire venir des peintres, des sculpteurs, des architectes, d'Italie.

Il voulut bâtir le Louvre; mais à peine eut-il le temps d'en faire jeter les fondements : son projet magnifique du collége royal ne put être exécuté; mais du moins on enseigna par ses libéralités les langues grecque et hébraïque, et la géométrie, qu'on était très loin de pouvoir enseigner dans l'université. Cette université avait le malheur de n'être fameuse que par sa théologie scolastique et par ses disputes : il n'y avait pas un homme en France avant ce temps-là qui sût lire les caractères grecs.

On ne se servait dans les écoles, dans les tribunaux, dans les monuments publics, dans les contrats, que d'un mauvais latin appelé le langage du moyen âge, reste de l'ancienne barbarie des Francs, des Lombards, des Germains, des Goths, des Anglais, qui ne surent ni se former une langue régulière, ni bien parler la latine.

Rodolphe de Habsbourg avait ordonné dans l'Allemagne qu'on plaidât et qu'on rendît les arrêts dans la langue du pays. Alfonse-le-Sage, en Castille, établit le même usage. Édouard III en fit autant en Angleterre. François Ier ordonna enfin qu'en France ceux qui avaient le malheur de plaider pussent lire leur ruine dans leur propre idiome. Ce ne fut pas ce qui commença à polir la langue française, ce fut l'esprit du roi et celui de sa cour à qui l'on eut cette obligation.

CHAPITRE CXXVI.

Troubles d'Allemagne. Bataille de Mulberg. Grandeur et disgrace de Charles-Quint. Son abdication.

La mort de François Ier n'aplanit pas à Charles-Quint le chemin vers cette monarchie universelle dont on lui imputait le dessein : il en était alors bien éloigné. Non seulement il eut dans Henri II, successeur de François, un ennemi redoutable, mais, dans ce temps-là même, les princes, les villes de la nouvelle religion en Allemagne, fesaient la guerre civile, et assemblaient contre lui une grande armée. C'était le parti de la liberté beaucoup plus encore que celui du luthéranisme.

Cet empereur si puissant, et son frère Ferdinand, roi de Hongrie et de Bohême, ne purent lever autant d'Allemands que les confédérés leur en opposaient. Charles fut obligé, pour avoir des forces égales, de recourir à ses Espagnols, à l'argent et aux troupes du pape Paul III.

Rien ne fut plus éclatant que sa victoire de Mulberg. Un électeur de Saxe, un landgrave de Hesse, prisonniers à sa suite, le parti luthérien consterné, les taxes immenses imposées sur les vaincus, tout semblait le rendre despotique en Allemagne; mais il lui arriva encore ce qui lui était arrivé après la prise de François Ier, tout le fruit de son bonheur fut perdu. Ce même pape Paul III retira ses troupes dès qu'il le vit trop puissant. Henri VIII ranima les restes languissants du parti luthérien en Allemagne. Le nouvel électeur de Saxe, Maurice, à qui Charles avait donné le duché du vaincu, se déclara bientôt contre lui, et se mit à la tête de la ligue.

(1552) Enfin cet empereur si terrible est sur le point d'être fait prisonnier avec son frère par les princes protestants d'Allemagne, qu'il ne regardait que comme des sujets révoltés. Il fuit en désordre dans les détroits d'Inspruck. Dans ce temps-là même, le roi de France, Henri II, se saisit de Metz, Toul, et Verdun, qui sont toujours restés à la France pour prix de la liberté qu'elle avait assurée à l'Allemagne. On voit que dans tous les temps les seigneurs de l'empire, le luthéranisme même, dûrent leur conservation aux rois de France : c'est ce qui est encore arrivé depuis sous Ferdinand II et sous Ferdinand III.

Le possesseur du Mexique est obligé d'emprunter deux cent mille écus d'or du duc de Florence Cosme, pour tâcher de reprendre Metz; et s'étant raccommodé avec les luthériens pour se venger du roi de France, il assiége cette ville à la tête de cinquante mille combattants (1552). Ce siége est un des plus mémorables dans l'histoire; il fait la gloire éternelle de François de Guise, qui défendit la ville soixante-cinq jours contre Charles-Quint, et qui le contraignit enfin d'abandonner son entreprise, après avoir perdu le tiers de son armée.

La puissance de Charles-Quint n'était alors qu'un amas de grandeurs et de dignités entouré de précipices. Les agitations de sa vie ne lui permirent jamais de faire de ses vastes états un corps régulier et robuste dont toutes les parties s'aidassent mutuellement, et lui fournissent de grandes armées toujours entretenues. C'est ce que sut faire Charlemagne : mais ses états se touchaient; et vainqueur des Saxons et des Lombards, il n'avait point un Soliman à repousser, des rois de France à combattre, de puissants princes d'Allemagne et un pape plus puissant à réprimer ou à craindre.

Charles sentait trop quel ciment était nécessaire pour bâtir un édifice aussi fort que celui de la grandeur de Charlemagne. Il fallait que Philippe son fils eût l'empire; alors ce prince, que les trésors du Mexique et du Pérou rendirent plus riche que tous les rois de l'Europe ensemble, eût pu parvenir à cette monarchie universelle, plus aisée à imaginer qu'à saisir.

C'est dans cette vue que Charles-Quint fit tous ses efforts pour engager son frère Ferdinand, roi des Romains, à céder l'empire à Philippe : mais à quoi aboutit cette proposition révoltante? à brouiller pour jamais Philippe et Ferdinand.

(1556) Enfin, lassé de tant de secousses, vieilli avant le temps, détrompé de tout, parcequ'il avait tout éprouvé, il renonce à ses couronnes et aux hommes, à l'âge de cinquante-six ans, c'est-à-dire à l'âge où l'ambition des autres hommes est dans toute sa force, et où tant de rois subalternes nommés ministres ont commencé la carrière de leur grandeur.

On prétend que son esprit se dérangea dans sa solitude de Saint-Just. En effet, passer la journée à démonter des pendules et à tourmenter des novices, se donner dans l'église la comédie de son propre enterrement, se mettre dans un cercueil, et chanter son *De profundis*, ce ne sont pas là des traits d'un cerveau bien organisé. Celui qui avait fait trembler l'Europe et l'Afrique, et repoussé le vainqueur de la Perse, mourut donc en démence (1558). Tout montre dans sa famille l'excès de la faiblesse humaine.

Son grand-père Maximilien veut être pape; Jeanne sa mère est folle et enfermée ; et Charles-Quint s'enferme chez des moines, et y meurt ayant l'esprit aussi troublé que sa mère.

CHAP. CXXVI. TROUBLES D'ALLEMAGNE. 229

N'oublions pas que le pape Paul IV ne voulut jamais reconnaître pour empereur Ferdinand Ier, à qui son frère avait cédé l'empire : ce pape prétendait que Charles n'avait pu abdiquer sans sa permission. L'archevêque électeur de Mayence, chancelier de l'empire, promulgua tous ses actes au nom de Charles-Quint, jusqu'à la mort de ce prince. C'est la dernière époque de la prétention qu'eurent si long-temps les papes de disposer de l'empire. Sans tous les exemples que nous avons vus de cette prétention étrange, on croirait que Paul IV avait le cerveau encore plus blessé que Charles-Quint.

Avant de voir quelle influence eut Philippe II, son fils, sur la moitié de l'Europe, combien l'Angleterre fut puissante sous Élisabeth, ce que devint l'Italie, comment s'établit la république des Provinces-Unies, et à quel état affreux la France fut réduite, je dois parler des révolutions de la religion, parcequ'elle entra dans toutes les affaires, comme cause ou comme prétexte, dès le temps de Charles-Quint.

Ensuite je me ferai une idée des conquêtes des Espagnols dans l'Amérique, et de celles que firent les Portugais dans les Indes : prodiges dont Philippe II recueillit tout l'avantage, et qui le rendirent le prince le plus puissant de la chrétienté.

CHAPITRE CXXVII.

De Léon X, et de l'Église.

Vous avez parcouru tout ce vaste chaos dans lequel l'Europe chrétienne a été confusément plongée depuis la chute de l'empire romain. Le gouvernement politique de l'Église, qui semblait devoir réunir toutes ces parties divisées, fut malheureusement la nouvelle source d'une confusion inouïe jusqu'alors dans les annales du monde [1].

---

[1] Les abus de la puissance ecclésiastique en Occident commencèrent à devenir sensibles vers la fin de la première race de nos rois; les réclamations qui s'élevèrent contre elle datent du même temps, et elles ont continué sans interruption.

Jusqu'aux guerres contre les Albigeois, le clergé n'eut besoin, pour conserver sa puissance, que de livrer au supplice comme hérétiques tous ceux qui, par ces réclamations, se fesaient un petit parti dans le peuple. Cet usage barbare de punir de mort pour les opinions, introduit dans l'Église chrétienne, à la fin du quatrième siècle, par le tyran Maxime, a subsisté depuis plus constamment qu'aucun autre point de la discipline ecclésiastique. Les Albigeois ne s'étaient répandus que dans quelques provinces; une croisade prêchée contre eux étouffa cette hérésie dans le sang de deux ou trois cent mille hommes; les souverains de la Bohême commirent la faute de risquer leur trône, et de détruire leur pays pour assurer au clergé le maintien de sa puissance, et l'hérésie des hussites fut anéantie. Ces événements avaient peu influé sur le reste de l'Europe. Chaque opinion n'était répandue que dans le pays où elle avait pris naissance. L'invention de l'imprimerie vint tout changer. Un auteur se fesait entendre à-la-fois de tous les pays où sa langue était connue. Un livre écrit en latin était lu dans toute l'Europe. Le clergé crut pouvoir employer au seizième siècle les mêmes armes qu'au treizième, et il se trompa : ceux qu'il persécutait plaidèrent leur cause au tribunal de toutes les nations, et la gagnèrent auprès de quelques unes.

La destruction des abus de la puissance ecclésiastique était le vœu secret de tous les hommes instruits et vertueux, de tous les princes, de tous les

L'Église romaine et la grecque, sans cesse aux prises, avaient, par leurs querelles, ouvert les portes de Constantinople aux Ottomans. L'empire et le sacerdoce, toujours armés l'un contre l'autre, avaient désolé l'Italie, l'Allemagne, et presque tous les autres états. Le mélange de ces deux pouvoirs, qui se com-

magistrats de l'Europe. Mais par malheur ceux qui attaquèrent ces abus étaient théologiens par état; ils mêlèrent à leurs réclamations des opinions théologiques. Ces questions, sur lesquelles presque personne n'avait d'opinion précise ou bien arrêtée, et auxquelles le plus grand nombre n'avait jamais pensé, occupèrent bientôt tous les esprits, et chacun prit ou garda l'opinion qu'il crut la plus vraie.

Les hommes ne changèrent pas d'opinion, comme on le croit communément; mais chacun en adopta une, ou garda celle qu'il avait auparavant, sans savoir que ses voisins en eussent une autre.

Il eût été facile aux princes d'étouffer ces disputes en ne paraissant point y attacher d'importance, et de faire le bien de leurs peuples en augmentant leur puissance et leurs propres richesses par la destruction des abus. L'indépendance de leur couronne et de leur personne assurée, tant d'ecclésiastiques inutiles rendus à la population et au travail, les biens de l'Église réunis au domaine de l'état, le peuple délivré de l'impôt qui se levait sur lui en frais de culte, en aumônes aux moines, en fêtes, en pèlerinages, en achats de dispenses ou d'indulgences; la superstition bannie avec la férocité, l'ignorance et la corruption, qui en sont les suites; que d'avantages pour les souverains très peu riches de provinces dépeuplées, sans industrie, et sans culture! Il n'eût fallu que vouloir, on n'eût trouvé dans les peuples, au premier moment, que de l'horreur pour les scandales et les extorsions du clergé, et de l'indifférence pour les dogmes. Cela est si vrai, que tous les princes qui ont voulu se séparer de Rome et réformer leur clergé y ont réussi. La fausse politique de Charles-Quint et de François Ier empêcha la révolution d'être générale et paisible. Ils ne songèrent qu'à l'intérêt qu'ils croyaient avoir de se ménager l'appui du pape pour leurs guerres d'Italie, et ils se disputèrent à qui lui immolerait le plus de victimes humaines. Cependant ni la protection du pape, ni les états qu'ils se disputaient, ne pouvaient augmenter leur puissance réelle autant que la réunion à leur domaine des bénéfices inutiles. La sécularisation des évêchés et des abbayes d'Allemagne eût donné à Charles, dans l'empire, une puissance plus grande que celle qu'il se flatta vainement d'acquérir en allumant les guerres funestes qui ont manqué deux fois de causer la ruine de sa maison. Le rescrit de la

battaient partout, ou sourdement ou hautement, entretenait des troubles éternels. Le gouvernement féodal avait fait des souverains de plusieurs évêques et de plusieurs moines. Les limites des diocèses n'étaient point celles des états. La même ville était italienne ou allemande par son évêque, et française par son roi : c'est un malheur que les vicissitudes des guerres attachent encore aux villes frontières. Vous avez vu la juridiction séculière s'opposer partout à l'ecclésiastique, excepté dans les états où l'Église a été et est encore souveraine : chaque prince séculier cherchant à rendre son gouvernement indépendant du siége de

diète de Nuremberg, en 1523, et sa réponse au pape, prouvent que Charles eût alors été le maître d'établir la réforme sans exciter le moindre trouble. Peut-être l'opinion eût-elle eu la force de l'emporter sur la mauvaise politique de ces princes; mais malheureusement une grande partie de ceux qui dominaient alors sur les opinions, restèrent attachés à la religion romaine qu'ils méprisaient au fond du cœur autant que les subtilités théologiques des nouveaux sectaires; les uns par crainte, par amour de la paix, d'autres dans l'idée que la réforme des abus devait être la suite infaillible, mais tranquille, du progrès des lumières, et qu'il ne fallait pas se hâter de peur de tout perdre. Ils se trompèrent, et leur indifférence ou leur erreur a plongé l'Europe dans des malheurs auxquels nulle autre époque de l'histoire ne présente rien de comparable.

A la vérité, l'intolérance des protestants rend plus excusable la conduite de ceux qui refusèrent de se joindre à eux. Ils ne virent point que le principe d'examen adopté par les protestants conduisait nécessairement à la tolérance, au lieu que le principe de l'autorité, point fondamental de la croyance romaine, en écarte non moins nécessairement; qu'enfin l'intolérance des protestants, et même ce qu'ils avaient conservé de dogmes théologiques, n'était qu'un reste de papisme que les principes mêmes sur lesquels la réforme était fondée devaient détruire un jour. Ils crurent que puisqu'ils n'avaient que le choix de leurs chaînes, il valait mieux porter celles que la naissance leur avait données, que d'en prendre de nouvelles, et ne se mêler de ces querelles que pour adoucir l'erreur des partis, puisque dans tous ceux qui partageaient l'Europe, quiconque voulait penser d'après lui-même n'avait que le choix du silence ou du bûcher. K.

Rome, et ne pouvant y parvenir; des évêques tantôt résistant aux papes, tantôt s'unissant à eux contre les rois; en un mot, la république chrétienne du rite latin unie presque toujours dans le dogme en apparence et à quelques scissions près, mais sans cesse divisée sur tout le reste.

Après le pontificat détesté, mais heureux, d'Alexandre VI, après le règne guerrier et plus heureux encore de Jules II, les papes pouvaient se regarder comme les arbitres de l'Italie, et influer beaucoup sur le reste de l'Europe. Il n'y avait aucun potentat italien qui eût plus de terres, excepté le roi de Naples, lequel relevait encore de la tiare.

(1513) Dans ces circonstances favorables, les vingt-quatre cardinaux qui composaient alors tout le collége élurent Jean de Médicis, arrière-petit-fils de ce grand Cosme de Médicis, simple négociant, et père de la patrie.

Créé cardinal à quatorze ans, il fut pape à l'âge de trente-six, et prit le nom de Léon X. Sa famille alors était rentrée en Toscane. Léon eut bientôt le crédit de mettre son frère Pierre à la tête du gouvernement de Florence. Il fit épouser à son autre frère, Julien-le-Magnifique, la princesse de Savoie, duchesse de Nemours, et le fit un des plus puissants seigneurs d'Italie. Ces trois frères, élevés par Ange Politien et par Chalcondyle, étaient tous trois dignes d'avoir eu de tels maîtres. Tous trois cultivaient à l'envi les lettres et les beaux-arts; ils méritèrent que ce siècle s'appelât le siècle des Médicis. Le pape surtout joignait le goût le plus fin à la magnificence la plus recherchée.

Il excitait les grands génies dans tous les arts par ses bienfaits, et par son accueil plus séduisant encore. Son couronnement coûta cent mille écus d'or. Il fit représenter dans plusieurs fêtes publiques le *Pénule* de Plaute, la *Calandra* du cardinal Bibiena. On croyait voir renaître les beaux jours de l'empire romain. La religion n'avait rien d'austère, elle s'attirait le respect par des cérémonies pompeuses; le style barbare de la daterie était aboli, et fesait place à l'éloquence des cardinaux Bembo et Sadolet, alors secrétaires des brefs, hommes qui savaient imiter la latinité de Cicéron, et qui semblaient adopter sa philosophie sceptique. Les comédies de l'Arioste et celles de Machiavel, quoiqu'elles respectent peu la pudeur et la piété, furent jouées souvent dans cette cour en présence du pape et des cardinaux, par les jeunes gens les plus qualifiés de Rome. Le mérite seul de ces ouvrages (mérite très grand pour ce siècle) fesait impression. Ce qui pouvait offenser la religion n'était pas aperçu dans une cour occupée d'intrigues et de plaisirs, qui ne pensait pas que la religion pût être attaquée par ces libertés. En effet, comme il ne s'agissait ni du dogme ni du pouvoir, la cour romaine n'en était pas plus effarouchée que les Grecs et les anciens Romains ne le furent des railleries d'Aristophane et de Plaute.

Les affaires les plus graves, que Léon X savait traiter en maître, ne dérobèrent rien à ses plaisirs délicats. La conspiration même de plusieurs cardinaux contre sa vie, et le châtiment sévère qu'il en fit, n'altérèrent point la gaieté de sa cour.

Les cardinaux Petrucci, Soli, et quelques autres,

irrités de ce que le pape avait ôté le duché d'Urbin au neveu de Jules II, corrompirent un chirurgien qui devait panser un ulcère secret du pape; et la mort de Léon X devait être le signal d'une révolution dans beaucoup de villes de l'état ecclésiastique. La conspiration fut découverte (1517). Il en coûta la vie à plus d'un coupable. Les deux cardinaux furent appliqués à la question, et condamnés à la mort. On pendit le cardinal Petrucci dans la prison : l'autre racheta sa vie par ses trésors.

Il est très remarquable qu'ils furent condamnés par les magistrats séculiers de Rome, et non par leurs pairs. Le pape semblait, par cette action, inviter les souverains à rendre tous les ecclésiastiques justiciables des juges ordinaires : mais jamais le saint-siége ne crut devoir céder aux rois un droit qu'il se donnait à lui-même. Comment les cardinaux, qui élisent les papes, leur ont-ils laissé ce despotisme, tandis que les électeurs et les princes de l'empire ont tant restreint le pouvoir des empereurs? C'est que ces princes ont des états, et que les cardinaux n'ont que des dignités.

Cette triste aventure fit bientôt place aux réjouissances accoutumées. Léon X, pour mieux faire oublier le supplice d'un cardinal mort par la corde, en créa trente nouveaux, la plupart italiens: et se conformant au génie du maître, s'ils n'avaient pas tous le goût et les connaissances du pontife, ils l'imitèrent au moins dans ses plaisirs. Presque tous les autres prélats suivirent leurs exemples. L'Espagne était alors le seul pays où l'Église connût les mœurs sévères; elles y avaient été introduites par le cardinal Ximénès, esprit né austère et dur, qui n'avait de goût que celui de la domination absolue, et qui, revêtu de l'habit d'un cordelier quand il était régent d'Espagne, disait qu'avec son cordon il saurait ranger tous les grands à leur devoir, et qu'il écraserait leur fierté sous ses sandales.

Partout ailleurs les prélats vivaient en princes voluptueux. Il y en avait qui possédaient jusqu'à huit et neuf évêchés. On s'effraie aujourd'hui en comptant tous les bénéfices dont jouissaient, par exemple, un cardinal de Lorraine, un cardinal de Wolsey, et tant d'autres; mais ces biens ecclésiastiques accumulés sur un seul homme ne fesaient pas un plus mauvais effet alors que n'en font aujourd'hui tant d'évêchés réunis par des électeurs ou par des prélats d'Allemagne.

Tous les écrivains protestants et catholiques se récrient contre la dissolution des mœurs de ces temps: ils disent que les prélats, les curés, et les moines, passaient une vie commode; que rien n'était plus commun que des prêtres qui élevaient publiquement leurs enfants, à l'exemple d'Alexandre VI. Il est vrai qu'on a encore le testament d'un *Croy*, évêque de Cambrai en ces temps-là, qui laisse plusieurs legs à ses enfants, et tient une somme en réserve pour « les bâ-
« tards qu'il espère encore que Dieu lui fera la grace
« de lui donner, en cas qu'il réchappe de sa maladie. »
Ce sont les propres mots de son testament. Le pape Pie II avait écrit dès long-temps « que pour de fortes
« raisons on avait interdit le mariage aux prêtres,

« mais que pour de plus fortes il fallait le leur per-
« mettre. » Les protestants n'ont pas manqué de recueillir les preuves que dans plusieurs états d'Allemagne les peuples obligeaient toujours leurs curés
d'avoir des concubines, afin que les femmes mariées
fussent plus en sûreté. On voit même dans les cent
griefs, rédigés auparavant par la diète de l'empire
sous Charles-Quint, contre les abus de l'Église, que
les évêques vendaient aux curés, pour un écu par
an, le droit d'avoir une concubine; et qu'il fallait
payer, soit qu'on usât de ce privilége, soit qu'on le
négligeât : mais aussi il faut convenir que ce n'était
pas une raison pour autoriser tant de guerres civiles,
et qu'il ne fallait pas tuer les autres hommes, parceque quelques prélats fesaient des enfants, et que des
curés achetaient avec un écu le droit d'en faire.

Ce qui révoltait le plus les esprits, c'était cette
vente publique et particulière d'indulgences, d'abso-
lutions, de dispenses à tout prix; c'était cette taxe
apostolique, illimitée et incertaine avant le pape
Jean XII, mais rédigée par lui comme un code du
droit canon. Un meurtrier sous-diacre, ou diacre,
était absous, avec la permission de posséder trois bénéfices, pour douze tournois, trois ducats et six car-
lins; c'est environ vingt écus. Un évêque, un abbé,
pouvaient assassiner pour environ trois cents livres.
Toutes les impudicités les plus monstrueuses avaient
leur prix fait. La bestialité était estimée deux cent cinquante livres. On obtenait même des dispenses, non
seulement pour des péchés passés, mais pour ceux
qu'on avait envie de faire. On a retrouvé dans les ar-

chives de Joinville une indulgence en expectative pour le cardinal de Lorraine et douze personnes de sa suite, laquelle remettait à chacun d'eux, par avance, trois péchés à leur choix. Le Laboureur, écrivain exact, rapporte que la duchesse de Bourbon et d'Auvergne, sœur de Charles VIII, eut le droit de se faire absoudre toute sa vie de tout péché, elle et dix personnes de sa suite, à quarante-sept fêtes de l'année, sans compter les dimanches.

Cet étrange abus semblait pourtant avoir sa source dans les anciennes lois des nations de l'Europe, dans celles des Francs, des Saxons, des Bourguignons. La cour pontificale n'avait adopté cette évaluation des péchés et des dispenses que dans les temps d'anarchie, et même quand les papes n'osaient résider à Rome. Jamais aucun concile ne mit la taxe des péchés parmi les articles de foi.

Il y avait des abus violents, il y en avait de ridicules. Ceux qui dirent qu'il fallait réparer l'édifice, et non le détruire, semblent avoir dit tout ce qu'on pouvait répondre aux cris des peuples indignés. Le grand nombre de pères de famille qui travaillent sans cesse pour assurer à leurs femmes et à leurs enfants une médiocre fortune, le nombre beaucoup supérieur d'artisans, de cultivateurs, qui gagnent leur pain à la sueur de leur front, voyaient avec douleur des moines entourés du faste et du luxe des souverains : on répondait que ces richesses répandues par ce faste même rentraient dans la circulation. Leur vie molle, loin de troubler l'intérieur de l'Église, en affermissait la paix ; et leurs abus, eussent-ils été plus excessifs, étaient moins dangereux sans doute que les horreurs des guerres et le saccagement des villes. On oppose ici le sentiment de Machiavel, le docteur de ceux qui n'ont que de la politique. Il dit dans ses discours sur Tite-Live, que « si les Italiens de son temps étaient « excessivement méchants, on le devait imputer à la « religion et aux prêtres. » Mais il est clair qu'il ne peut avoir en vue les guerres de religion, puisqu'il n'y en avait point alors; il ne peut entendre par ces paroles que les crimes de la cour du pape Alexandre VI, et l'ambition de plusieurs ecclésiastiques, ce qui est très étranger aux dogmes, aux disputes, aux persécutions, aux rébellions, à cet acharnement de la haine théologique qui produisit tant de meurtres.

Venise même, dont le gouvernement passait pour le plus sage de l'Europe, avait, dit-on, très grand soin d'entretenir tout son clergé dans la débauche, afin qu'étant moins révéré, il fût sans crédit parmi le peuple, et ne pût le soulever. Il y avait cependant partout des hommes de mœurs très pures, des pasteurs dignes de l'être, des religieux soumis de cœur à des vœux qui effraient la mollesse humaine; mais ces vertus sont ensevelies dans l'obscurité, tandis que le luxe et le vice dominent dans la splendeur.

Le faste de la cour voluptueuse de Léon X pouvait blesser les yeux; mais aussi on devait voir que cette cour même policait l'Europe, et rendait les hommes plus sociables. La religion, depuis la persécution contre les hussites, ne causait plus aucun trouble dans le monde. L'inquisition exerçait, à la vérité, de grandes cruautés en Espagne contre les musulmans et les Juifs; mais ce ne sont pas là de ces malheurs universels qui bouleversent les nations. La plupart des chrétiens vivaient dans une ignorance heureuse. Il n'y avait peut-être pas en Europe dix gentilshommes qui eussent la *Bible*. Elle n'était point traduite en langue vulgaire, ou du moins les traductions qu'on en avait faites dans peu de pays étaient ignorées.

Le haut clergé, occupé uniquement du temporel, savait jouir et ne savait pas disputer. On peut dire que le pape Léon X, en encourageant les études, donna des armes contre lui-même. J'ai ouï dire à un seigneur anglais [1] qu'il avait vu une lettre du seigneur Polus ou De la Pole, depuis cardinal, à ce pape, dans laquelle, en le félicitant sur ce qu'il étendait le progrès des sciences en Europe, il l'avertissait qu'il était dangereux de rendre les hommes trop savants. La naissance des lettres dans une partie de l'Allemagne, à Londres, et ensuite à Paris, à la faveur de l'imprimerie perfectionnée, commença la ruine de la monarchie spirituelle. Des hommes de la Basse-Allemagne, que l'Italie traitait toujours de barbares, furent les premiers qui accoutumèrent les esprits à mépriser ce qu'on révérait. Érasme [2], quoique long-temps moine, ou plutôt parcequ'il l'avait été, jeta sur les moines, dans la plupart de ses écrits, un ridicule dont ils ne se relevèrent pas. Les auteurs des *Lettres des Hommes*

---

[1]. Bolingbroke; voyez, dans la *Correspondance*, la lettre à Barigny, du 24 février 1757. B.

[2] Érasme, que ses tuteurs forcèrent, à dix-sept ans, d'entrer chez les chanoines réguliers au monastère de Stein, n'y demeura pas long-temps; il fut, trois ou quatre ans après, tiré du cloître par Henri de Bergue, évêque de Cambrai. B.

obscurs[1] firent rire l'Allemagne aux dépens des Italiens, qui jusque-là ne les avaient pas crus capables d'être de bons plaisants : ils le furent pourtant ; et le ridicule prépara, en effet, la révolution la plus sérieuse.

Léon X était bien loin de craindre cette révolution qu'il vit dans la chrétienté. Sa magnificence, et une des plus belles entreprises qui puissent illustrer des souverains, en furent les principales causes.

Son prédécesseur, Jules II, sous qui la peinture et l'architecture commencèrent à prendre de si nobles accroissements, voulut que Rome eût un temple qui surpassât Sainte-Sophie de Constantinople, et qui fût le plus beau qu'on eût encore élevé sur la terre. Il eut le courage d'entreprendre ce qu'il ne pouvait jamais voir finir. Léon X suivit ardemment ce beau projet : il fallait beaucoup d'argent, et ses magnificences avaient épuisé son trésor. Il n'est point de chrétien qui n'eût dû contribuer à élever cette merveille de la métropole de l'Europe ; mais l'argent destiné aux ouvrages publics ne s'arrache jamais que par force ou par adresse. Léon X eut recours, s'il est permis de se servir de cette expression, à une des clefs de saint Pierre avec laquelle on avait ouvert quelquefois les coffres des chrétiens pour remplir ceux du pape.

Il prétexta une guerre contre les Turcs, et fit vendre, dans tous les états de la chrétienté, ce qu'on appelle des *indulgences*, c'est-à-dire la délivrance des peines du purgatoire, soit pour soi-même, soit pour ses pa-

---

[1] Voyez, dans les *Mélanges*, année 1767, la seconde des *Lettres à S. A. monseigneur le prince de Brunswick*. B.

rents et amis. Une pareille vente publique fait voir l'esprit du temps : personne n'en fut surpris. Il y eut partout des bureaux d'indulgences : on les affermait comme les droits de la douane. La plupart de ces comptoirs se tenaient dans des cabarets. Le prédicateur, le fermier, le distributeur, chacun y gagnait. Le pape donna à sa sœur une partie de l'argent qui lui en revint, et personne ne murmura encore. Les prédicateurs disaient hautement en chaire que « quand on aurait « violé la sainte Vierge, on serait absous en achetant « des indulgences »; et le peuple écoutait ces paroles avec dévotion. Mais quand on eut donné aux dominicains cette ferme en Allemagne, les augustins, qui en avaient été long-temps en possession, furent jaloux, et ce petit intérêt de moines, dans un coin de la Saxe, produisit plus de cent ans de discordes, de fureurs et d'infortunes chez trente nations.

CHAPITRE CXXVIII.

De Luther. Des indulgences.

Vous n'ignorez pas que cette grande révolution dans l'esprit humain et dans le système politique de l'Europe commença par Martin Luther, moine augustin, que ses supérieurs chargèrent de prêcher contre la marchandise qu'ils n'avaient pu vendre. La querelle fut d'abord entre les augustins et les dominicains.

Vous avez dû voir que toutes les querelles de religion étaient venues jusque-là des prêtres théologiens;

CHAP. CXXVIII. DE LUTHER, ETC.

car Pierre Valdo[1], marchand de Lyon, qui passe pour l'auteur de la secte des Vaudois, n'en était point l'auteur; il ne fit que rassembler ses frères et les encourager. Il suivait les dogmes de Bérenger, de Claude, évêque de Turin, et de plusieurs autres; ce n'est qu'après Luther que les séculiers ont dogmatisé en foule, quand la *Bible*, traduite en tant de langues, et différemment traduite, a fait naître presque autant d'opinions qu'elle a de passages difficiles à expliquer.

Si on avait dit alors à Luther qu'il détruirait la religion romaine dans la moitié de l'Europe, il ne l'aurait pas cru; il alla plus loin qu'il ne pensait, comme il arrive dans toutes les disputes et dans presque toutes les affaires.

(1517) Après avoir décrié les indulgences, il examina le pouvoir de celui qui les donnait aux chrétiens. Un coin du voile fut levé. Les peuples animés voulurent juger ce qu'ils avaient adoré. Les horreurs d'Alexandre VI et de sa famille n'avaient pas fait naître un doute sur la puissance spirituelle du pape. Trois cent mille pèlerins étaient venus dans Rome à son jubilé : mais les temps étaient changés; la mesure était au comble. Les délices de Léon furent punies des crimes d'Alexandre. On commença par demander une réforme, on finit par une séparation entière. On sentait assez que les hommes puissants ne se réforment pas. C'était à leur autorité et à leurs richesses qu'on en voulait : c'était le joug des taxes romaines qu'on voulait briser. Qu'importait, en effet, à Stockholm, à Copenhague, à Londres, à Dresde, que l'on eût du

[1] Voyez chap. cxxviii. B.

plaisir à Rome? Mais il importait qu'on ne payât point de taxes exorbitantes, que l'archevêque d'Upsal ne fût pas le maître d'un royaume. Les revenus de l'archevêché de Magdebourg, ceux de tant de riches abbayes, tentaient les princes séculiers. La séparation, qui se fit comme d'elle-même, et pour des causes très légères, a opéré cependant à la fin, en grande partie, cette réforme tant demandée, et qui n'a servi de rien. Les mœurs de la cour romaine sont devenues plus décentes, le clergé de France plus savant. Il faut avouer qu'en général le clergé a été corrigé par les protestants, comme un rival devient plus circonspect par la jalousie surveillante de son rival : mais on n'en a versé que plus de sang, et les querelles des théologiens sont devenues des guerres de cannibales.

Pour parvenir à cette grande scission, il ne fallait qu'un prince qui animât les peuples. Le vieux Frédéric, électeur de Saxe, surnommé le Sage, celui-là même qui, après la mort de Maximilien, eut le courage de refuser l'empire, protégea Luther ouvertement. Cette révolution dans l'Église commença comme toutes celles qui ont détrôné les souverains : on présente d'abord des requêtes, on expose des griefs; on finit par renverser le trône. Il n'y avait point encore de séparation marquée en se moquant des indulgences, en demandant à communier avec du pain et du vin, en disant des choses très peu intelligibles sur la justification et sur le libre arbitre, en voulant abolir les moines, en offrant de prouver que l'Écriture sainte n'a pas expressément parlé du purgatoire.

(1520) Léon X, qui dans le fond méprisait ces disputes, fut obligé, comme pape, d'anathématiser solennellement par une bulle toutes ces propositions. Il ne savait pas combien Luther était protégé secrètement en Allemagne. Il fallait, disait-on, le faire changer d'opinion par le moyen d'un chapeau rouge. Le mépris qu'on eut pour lui fut fatal à Rome.

Luther ne garda plus de mesures. Il composa son livre *De la Captivité de Babylone*. Il exhorta tous les princes à secouer le joug de la papauté ; il se déchaîna contre les messes privées, et il fut d'autant plus applaudi qu'il se récriait contre la vente publique de ces messes. Les moines mendiants les avaient mises en vogue au treizième siècle ; le peuple les payait comme il les paie encore aujourd'hui quand il en commande. C'est une légère rétribution dont subsistent les pauvres religieux et les prêtres habitués. Ce faible honoraire, qu'on ne pouvait guère envier à ceux qui ne vivent que de l'autel et d'aumônes, était alors en France d'environ deux sous de ce temps-là, et moindre encore en Allemagne. La transsubstantiation fut proscrite comme un mot qui ne se trouve ni dans l'Écriture ni dans les pères. Les partisans de Luther prétendaient que la doctrine qui fait évanouir la substance du pain et du vin, et qui en conserve la forme, n'avait été universellement établie dans l'Église que du temps de Grégoire VII ; et que cette doctrine avait été soutenue et expliquée pour la première fois par le bénédictin Paschase Ratbert au neuvième siècle. Ils fouillaient dans les archives ténébreuses de l'antiquité, pour y trouver de quoi se séparer de l'Église romaine sur des mystères que la faiblesse humaine ne peut approfondir. Luther retenait une partie du mystère, et rejetait l'autre. Il avoue que le corps de Jésus-Christ est dans les espèces consacrées; mais il y est, dit-il, comme le feu est dans le fer enflammé : le fer et le feu subsistent ensemble. C'est cette manière de se confondre avec le pain et le vin qu'Osiander appela *impanation, invination, consubstantiation*. Luther se contentait de dire que le corps et le sang étaient dedans, dessus, et dessous, *in, cum, sub*. Ainsi, tandis que ceux qu'on appelait *papistes* mangeaient Dieu sans pain, les luthériens mangeaient du pain et Dieu. Les calvinistes vinrent bientôt après, qui mangèrent le pain, et qui ne mangèrent point Dieu.

Les luthériens voulurent d'abord de nouvelles versions de la *Bible* en toutes les langues modernes, et des versions purgées de toutes les négligences et infidélités qu'ils imputaient à la *Vulgate*. En effet, lorsque le concile voulut depuis faire réimprimer cette *Vulgate*, les six commissaires chargés de ce soin par le concile trouvèrent dans cette ancienne traduction huit mille fautes; et les savants prétendent qu'il y en a bien davantage : de sorte que le concile se contenta de déclarer la *Vulgate* authentique, sans entreprendre cette correction. Luther traduisit, d'après l'hébreu, la *Bible* germanique; mais on prétend qu'il savait peu d'hébreu, et que sa traduction est plus remplie de fautes que la *Vulgate*.

Les dominicains, avec les nonces du pape qui étaient en Allemagne, firent brûler les premiers écrits de Luther. Le pape donna une nouvelle bulle contre lui. Luther fit brûler la bulle du pape et les décrétales dans la place publique de Vittemberg. On voit par ce trait si c'était un homme hardi; mais aussi on voit qu'il était déjà bien puissant. Dès-lors une partie de l'Allemagne, fatiguée de la grandeur pontificale, était dans les intérêts du réformateur, sans trop examiner les questions de l'école.

Cependant ces questions se multipliaient. La dispute du libre arbitre, cet autre écueil de la raison humaine, mêlait sa source intarissable de querelles absurdes à ce torrent de haines théologiques. Luther nia le libre arbitre, que cependant ses sectateurs ont admis dans la suite. L'université de Louvain, celle de Paris, écrivirent : celle-ci suspendit l'examen de la dispute s'il y a eu trois Magdeleines, ou une seule Magdeleine, pour proscrire les dogmes de Luther.

Il demanda ensuite que les vœux monastiques fussent abolis, parcequ'ils ne sont pas de l'institution primitive; que les prêtres pussent être mariés, parceque plusieurs apôtres l'étaient; que l'on communiât avec du vin, parceque Jésus avait dit, *Buvez-en tous*[1]; qu'on ne vénérât point les images, parceque Jésus n'avait point eu d'image : enfin, il n'était d'accord avec l'Église romaine que sur la trinité, le baptême, l'incarnation, la résurrection : dogmes encore qui ont été autrefois les sujets des plus vives querelles, et dont quelques uns ont été combattus dans les derniers temps : de sorte qu'il n'est aucun point de théologie sur lequel les hommes ne se soient divisés.

Il fallait bien qu'Aristote entrât dans la querelle;

[1] Matth. xxvi, 27.

car il était alors le maître des écoles. Luther ayant affirmé que la doctrine d'Aristote était fort inutile pour l'intelligence de l'Écriture, la sacrée faculté de Paris traita cette assertion d'erronée et d'insensée. Les thèses les plus vaines étaient mêlées avec les plus profondes; et des deux côtés les fausses imputations, les injures atroces, les anathèmes, nourrissaient l'animosité des partis.

On ne peut, sans rire de pitié, lire la manière dont Luther traite tous ses adversaires, et surtout le pape. « Petit pape, petit papelin, vous êtes un âne, un « ânon; allez doucement, il fait glacé, vous vous rom- « priez les jambes; et on dirait, Que diable est ceci ? « Le petit ânon de papelin est estropié. Un âne sait « qu'il est âne, une pierre sait qu'elle est pierre; mais « ces petits ânons de papes ne savent pas qu'ils sont « ânons. » Ces basses grossièretés aujourd'hui si dégoûtantes ne révoltaient point des esprits assez grossiers. Luther, avec ces bassesses d'un style barbare, triomphait dans son pays de toute la politesse romaine.

Si on s'en était tenu à des injures, Luther aurait fait moins de mal à l'Église romaine qu'Érasme; mais plusieurs docteurs hardis, se joignant à lui, élevèrent leurs voix, non pas seulement contre les dogmes des scolastiques, mais contre le droit que les papes s'étaient arrogé depuis Grégoire VII de disposer des royaumes, contre le trafic de tous les objets de la religion, contre des oppressions publiques et particulières : ils étalaient dans les chaires et dans leurs écrits un tableau de cinq cents ans de persécutions : ils représentaient l'Allemagne baignée dans le sang par les querelles de l'empire et du sacerdoce; les peuples traités comme des animaux sauvages; le purgatoire ouvert et fermé à prix d'argent par des incestueux, des assassins, et des empoisonneurs. De quel front un Alexandre VI, l'horreur de toute la terre, avait-il osé se dire le vicaire de Dieu? et comment Léon X, dans le sein des plaisirs et des scandales, pouvait-il prendre ce titre?

Tous ces cris excitaient les peuples; et les docteurs de l'Allemagne allumaient plus de haine contre la nouvelle Rome que Varus n'en avait excité contre l'ancienne dans les mêmes climats.

La bizarre destinée qui se joue de ce monde voulut que le roi d'Angleterre Henri VIII entrât dans la dispute. Son père l'avait fait instruire dans les vaines et absurdes sciences de ce temps-là. L'esprit du jeune Henri, ardent et impétueux, s'était nourri avidement des subtilités de l'école. Il voulut écrire contre Luther; mais auparavant il fit demander à Léon X la permission de lire les livres de cet hérésiarque, dont la lecture était interdite sous peine d'excommunication. Léon X accorda la permission. Le roi écrit; il commente saint Thomas; il défend sept sacrements contre Luther, qui alors en admettait trois, lesquels bientôt se réduisirent à deux. Le livre s'achève à la hâte: on l'envoie à Rome. Le pape ravi compara ce livre, que personne ne lit aujourd'hui, aux écrits des Augustin et des Jérôme. Il donna le titre de *défenseur de la foi* au roi Henri et à ses successeurs: et à qui le donnait-il ? à celui qui devait être quelques années après le plus sanglant ennemi de Rome.

Peu de personnes prirent le parti de Luther en Italie. Ce peuple ingénieux, occupé d'intrigues et de plaisirs, n'eut aucune part à ces troubles. Les Espagnols, tout vifs et tout spirituels qu'ils sont, ne s'en mêlèrent pas. Les Français, quoiqu'ils aient avec l'esprit de ces peuples un goût plus violent pour les nouveautés, furent long-temps sans prendre parti. Le théâtre de cette guerre d'esprit était chez les Allemands, chez les Suisses, qui n'étaient pas réputés alors les hommes de la terre les plus déliés, et qui passent pour circonspects. La cour de Rome, savante et polie, ne s'était pas attendue que ceux qu'elle traitait de barbares pourraient, la *Bible* comme le fer à la main, lui ravir la moitié de l'Europe et ébranler l'autre.

C'est un grand problème si Charles-Quint, alors empereur, devait embrasser la réforme, ou s'y opposer. En secouant le joug de Rome, il vengeait tout d'un coup l'empire de quatre cents ans d'injures que la tiare avait faites à la couronne impériale; mais il courait risque de perdre l'Italie. Il avait à ménager le pape, qui devait se joindre à lui contre François Ier: de plus, ses états héréditaires étaient tous catholiques. On lui reproche même d'avoir vu avec plaisir naître une faction qui lui donnerait lieu de lever des taxes et des troupes dans l'empire, et d'écraser les catholiques, ainsi que les luthériens, sous le poids d'un pouvoir absolu. Enfin sa politique et sa dignité l'engagèrent à se déclarer contre Luther, quoique peut-être il fût, dans le fond, de son avis sur quelques articles, comme les Espagnols l'en soupçonnèrent après sa mort[1]. On peut ajouter qu'au moment où Charles-Quint renonça au gouvernement, les états de la maison d'Autriche en Allemagne, les Pays-Bas, l'Espagne, Naples, étaient remplis de protestants; que les catholiques mêmes de tous ces pays demandaient une réforme; qu'il lui eût été facile, en excluant le pape et ses sujets du concile, d'en obtenir des décisions conformes à l'intérêt général de l'Europe; qu'il en eût été le maître surtout du temps de Paul IV, pontife également sanguinaire et insensé. Il imagina malheureusement qu'avec des bulles, des rescrits, et de l'or, il se rendrait le maître de l'Allemagne et de l'Italie; et après trente ans d'intrigues et de guerres, il se trouva beaucoup moins puissant, lorsqu'il abdiqua l'empire, qu'au moment de son élection.

Il somma Luther de venir rendre compte de sa doctrine en sa présence à la diète impériale de Vorms, c'est-à-dire de venir y déclarer s'il soutenait les dogmes que Rome avait proscrits (1521). Luther comparut avec un sauf-conduit de l'empereur, s'exposant hardiment au sort de Jean Hus; mais cette assemblée étant composée de princes, il se fia à leur honneur. Il parla devant l'empereur et devant la diète, et soutint sa doctrine avec courage. On prétend que Charles-Quint fut sollicité par le nonce Alexandre de faire arrêter Luther, malgré le sauf-conduit, comme Sigismond avait livré Jean Hus, sans égard pour la foi publique; mais que Charles-Quint répondit « qu'il ne « voulait pas avoir à rougir comme Sigismond. »

[1] Voyez la note page 230. K.

Cependant Luther ayant contre lui son empereur, le roi d'Angleterre, le pape, tous les évêques, et tous les religieux, ne s'étonna pas : caché dans une forteresse de Saxe, il brava l'empereur, irrita la moitié de l'Allemagne contre le pape, répondit au roi d'Angleterre comme à son égal, fortifia et étendit son église naissante.

Le vieux Frédéric, électeur de Saxe, souhaitait l'extirpation de l'Église romaine. Luther crut qu'il était temps enfin d'abolir la messe privée. Il s'y prit d'une manière qui dans un temps plus éclairé n'eût pas trouvé beaucoup d'applaudissements. Il feignit que le diable lui étant apparu lui avait reproché de dire la messe et de consacrer. Le diable lui prouva, dit-il, que c'était une idolâtrie. Luther, dans le récit de cette fiction, avoua que le diable avait raison, et qu'il fallait l'en croire. La messe fut abolie dans la ville de Vittemberg, et bientôt après dans le reste de la Saxe. On abattit les images. Les moines et les religieuses sortaient de leurs cloîtres; et peu d'années après, Luther épousa une religieuse nommée Catherine Bore. Les ecclésiastiques de l'ancienne communion lui reprochèrent qu'il ne pouvait se passer de femme : Luther leur répondit qu'ils ne pouvaient se passer de maîtresses. Ces reproches mutuels étaient bien différents : les prêtres catholiques, qu'on accusait d'incontinence, étaient forcés d'avouer qu'ils transgressaient la discipline de l'Église entière : Luther et les siens la changeaient.

La loi de l'histoire oblige de rendre justice à la plupart des moines qui abandonnèrent leurs églises et leurs cloîtres pour se marier. Ils reprirent, il est vrai, la liberté dont ils avaient fait le sacrifice; ils rompirent leurs vœux : mais ils ne furent point libertins, et on ne peut leur reprocher des mœurs scandaleuses. La même impartialité doit reconnaître que Luther et les autres moines, en contractant des mariages utiles à l'état, ne violaient guère plus leurs vœux que ceux qui, ayant fait serment d'être pauvres et humbles, possédaient des richesses fastueuses.

Parmi les voix qui s'élevaient contre Luther, plusieurs fesaient entendre avec ironie que celui qui avait consulté le diable pour détruire la messe, témoignait au diable sa reconnaissance en abolissant les exorcismes, et qu'il voulait renverser tous les remparts élevés pour repousser l'ennemi des hommes. On a remarqué depuis, dans tous les pays où l'on cessa d'exorciser, que le nombre énorme de possessions et de sortiléges diminua beaucoup. On disait, on écrivait que les démons entendaient mal leurs intérêts, de ne se réfugier que chez les catholiques, qui seuls avaient le pouvoir de leur commander; et on n'a pas manqué d'observer que le nombre des sorciers et des possédés a été prodigieux dans l'Église romaine jusqu'à nos derniers temps. Il ne faut point plaisanter sur les sujets tristes. C'était une matière très sérieuse, rendue funeste par le malheur de tant de familles et le supplice de tant d'infortunés; et c'est un grand bonheur pour le genre humain que les tribunaux, dans les pays éclairés, n'admettent plus enfin les obsessions et la magie. Les réformateurs arrachèrent cette pierre de scandale deux cents ans avant les catholiques. On leur reprochait de heurter les fondements de la religion chrétienne; on leur disait que les obsessions et les sortiléges sont admis expressément dans l'Écriture, que Jésus-Christ chassait les démons, et qu'il envoya surtout ses apôtres pour les chasser en son nom. Ils répondaient à cette objection pressante ce que répondent aujourd'hui tous les magistrats sages, que Dieu permettait autrefois des choses qu'il ne permet plus aujourd'hui; que l'Église naissante avait besoin de miracles, dont l'Église affermie n'a plus besoin. En un mot, nous croyons, par le témoignage de l'Écriture, qu'il y avait des possédés et des sorciers, et il est certain qu'il n'y en a pas aujourd'hui; car si dans nos derniers temps les protestants du Nord ont été encore assez imbéciles et assez cruels pour faire brûler deux ou trois misérables accusés de sorcellerie, il est constant qu'enfin cette sotte abomination est entièrement abolie.

CHAPITRE CXXIX.

De Zuingle, et de la cause qui rendit la religion romaine odieuse dans une partie de la Suisse.

La Suisse fut le premier pays hors de l'Allemagne où s'étendit la nouvelle secte qu'on appelait la *primitive église*. Zuingle, curé de Zurich, alla plus loin encore que Luther; chez lui point d'*impanation*, point d'*invination*. Il n'admit point que Dieu entrât dans le pain et dans le vin, moins encore que tout le corps de Jésus-Christ fût tout entier dans chaque parcelle et dans chaque goutte. Ce fut lui qu'en France on appela *sacramentaire*, nom qui fut d'abord donné à tous les réformateurs de sa secte.

(1523) Zuingle s'attira des invectives du clergé de son pays. L'affaire fut portée aux magistrats. Le sénat de Zurich examina le procès, comme s'il s'était agi d'un héritage. On alla aux voix : la pluralité fut pour la réformation. Le peuple attendait en foule la sentence du sénat : lorsque le greffier vint annoncer que Zuingle avait gagné sa cause, tout le peuple fut dans le moment de la religion du sénat. Une bourgade suisse jugea Rome. Heureux peuple, après tout, qui dans sa simplicité s'en remettait à ses magistrats sur ce que ni lui, ni eux, ni Zuingle, ni le pape, ne pouvaient entendre !

Quelques années après, Berne, qui est en Suisse ce qu'Amsterdam est dans les Provinces-Unies, jugea plus solennellement encore ce même procès. Le sénat, ayant entendu pendant deux mois les deux parties, condamna la religion romaine. L'arrêt fut reçu sans difficulté de tout le canton ; et l'on érigea une colonne, sur laquelle on grava en lettres d'or ce jugement solennel, qui est depuis demeuré dans toute sa force.

(1528) Quand on voit ainsi la nation la moins inquiète, la moins remuante, la moins volage de l'Europe, quitter tout d'un coup une religion pour une autre, il y a infailliblement une cause qui doit avoir fait une impression violente sur tous les esprits. Voici cette cause de la révolution des Suisses.

Une animosité ouverte excitait les franciscains contre les dominicains depuis le treizième siècle. Les dominicains perdaient beaucoup de leur crédit chez le peuple, parcequ'ils honoraient moins la Vierge que les cordeliers, et qu'ils lui refusaient avec saint Thomas le privilége d'être née sans péché. Les cordeliers, au contraire, gagnaient beaucoup de crédit et d'argent en prêchant partout la conception immaculée soutenue par saint Bonaventure. La haine entre ces deux ordres était si forte, qu'un cordelier prêchant à Francfort, sur la Vierge (1503), et voyant entrer un dominicain[1], s'écria qu'il remerciait Dieu de n'être pas d'une secte qui déshonorait la mère de Dieu même, et qui empoisonnait les empereurs dans l'hostie. Le dominicain, nommé Vigan, lui cria qu'il en avait menti, et qu'il était hérétique. Le franciscain descendit de sa chaire, excita le peuple; il chassa son ennemi à grands coups de crucifix, et Vigan fut laissé pour mort à la porte. (1504) Les dominicains tinrent à Wimpfen un chapitre, dans lequel ils résolurent de se venger des cordeliers, et de faire tomber leur crédit et leur doctrine, en armant contre eux la Vierge même. Berne fut choisi pour le lieu de la scène. On y répandit, pendant trois ans, plusieurs histoires d'apparitions de la mère de Dieu, qui reprochait aux cordeliers la doctrine de l'immaculée conception, et qui disait que c'était un blasphème, lequel ôtait à son

---

[1] Voltaire a répété cette anecdote dans le paragraphe VIII de son *Avis au public sur les parricides imputés aux Calas*, etc. (voyez *Mélanges*, année 1766), et dans ses *Questions sur l'Encyclopédie* (*Dictionnaire philosophique*), aux mots BLASPHÈME et VISION. B.

fils la gloire de l'avoir lavée du péché originel et sauvée de l'enfer. Les cordeliers opposaient d'autres apparitions. (1507) Enfin les dominicains ayant attiré chez eux un jeune frère lai, nommé Yetser[1], se servirent de lui pour convaincre le peuple. C'était une opinion établie dans les couvents de tous les ordres, que tout novice qui n'avait pas fait profession, et qui avait quitté l'habit, restait en purgatoire jusqu'au jugement dernier, à moins qu'il ne fût racheté par des prières et des aumônes au couvent.

Le prieur dominicain du couvent entra la nuit dans la cellule d'Yetser, vêtu d'une robe où l'on avait peint des diables. Il était chargé de chaînes, accompagné de quatre chiens; et sa bouche, dans laquelle on avait mis une petite boîte ronde pleine d'étoupes, jetait des flammes. Ce prieur dit à Yetser qu'il était un ancien moine mis en purgatoire pour avoir quitté l'habit, et qu'il en serait délivré, si le jeune Yetser voulait bien se faire fouetter en sa faveur par les moines devant le grand autel; Yetser n'y manqua pas. Il délivra l'ame du purgatoire. L'ame lui apparut rayonnante et en habit blanc, pour lui apprendre qu'elle était montée au ciel, et pour lui recommander les intérêts de la Vierge que les cordeliers calomniaient.

Quelques nuits après, sainte Barbe, à qui frère Yetser avait une grande dévotion, lui apparut: c'était un autre moine qui était sainte Barbe: elle lui dit qu'il était saint, et qu'il était chargé par la Vierge de la venger de la mauvaise doctrine des cordeliers.

[1] Voltaire a écrit *Jetser*, soit dans l'article BLASPHÈME du *Dictionnaire philosophique*, soit dans l'*Avis au public* cité dans la note qui précède. B.

Enfin la Vierge descendit elle-même par le plafond avec deux anges; elle lui commanda d'annoncer qu'elle était née dans le péché originel, et que les cordeliers étaient les plus grands ennemis de son fils. Elle lui dit qu'elle voulait l'honorer des cinq plaies dont sainte Lucie et sainte Catherine avaient été favorisées.

La nuit suivante les moines ayant fait boire au frère du vin mêlé d'opium, on lui perça les mains, les pieds, et le côté. Il se réveilla tout en sang. On lui dit que la sainte Vierge lui avait imprimé les stigmates; et en cet état, on l'exposa sur l'autel à la vue du peuple.

Cependant, malgré son imbécillité, le pauvre frère, ayant cru reconnaître dans la sainte Vierge la voix du sous-prieur, commença à soupçonner l'imposture. Les moines n'hésitèrent pas à l'empoisonner : on lui donna, en le communiant, une hostie saupoudrée de sublimé corrosif. L'âcreté qu'il ressentit lui fit rejeter l'hostie : aussitôt les moines le chargèrent de chaînes comme un sacrilége. Il promit, pour sauver sa vie, et jura sur une hostie, qu'il ne révélerait jamais le secret. Au bout de quelque temps, ayant trouvé le moyen de s'évader, il alla tout déposer devant le magistrat. Le procès dura deux années, au bout desquelles quatre dominicains furent brûlés à la porte de Berne, le dernier mai 1509 (ancien style), après la condamnation prononcée par un évêque délégué de Rome.

Cette aventure inspira une horreur pour les moines telle qu'elle devait la produire. On ne manqua pas d'en relever toutes les circonstances affreuses au commencement de la réforme. On oubliait que Rome même avait fait punir ce sacrilége par le plus grand supplice: on ne se souvenait que du sacrilége. Le peuple, qui en avait été témoin, croyait sans peine cette foule de profanations et de prestiges faits à prix d'argent, qu'on reprochait particulièrement aux ordres mendiants, et qu'on imputait à toute l'Église. Si ceux qui tenaient encore pour le culte romain objectaient que le siége de Rome n'était pas responsable des crimes commis par les moines, on leur mettait devant les yeux les attentats dont plusieurs papes s'étaient souillés. Rien n'est plus aisé que de rendre un corps entier odieux, en détaillant les crimes de ses membres.

Le sénat de Berne et celui de Zürich avaient donné une religion au peuple; mais à Bâle ce fut le peuple qui contraignit le sénat à la recevoir. Il y avait déjà alors treize cantons suisses : Lucerne, et quatre des plus petits et des plus pauvres, Zug, Schwitz, Uri, Underwald, étant demeurés attachés à la communion romaine, commencèrent la guerre civile contre les autres. Ce fut la première guerre de religion entre les catholiques et les réformés. Le curé Zuingle se mit à la tête de l'armée protestante. Il fut tué dans le combat (1531), regardé comme un saint martyr par son parti, et comme un hérétique détestable par le parti opposé : les catholiques vainqueurs firent écarteler son corps par le bourreau, et le jetèrent ensuite dans les flammes. Ce sont là les préludes des fureurs auxquelles on s'emporta depuis.

Ce fameux Zuingle, en établissant sa secte, avait paru plus zélé pour la liberté que pour le christianisme. Il croyait qu'il suffisait d'être vertueux pour être heureux dans l'autre vie, et que Caton et saint Paul, Numa et Abraham, jouissaient de la même béatitude. Ce sentiment est devenu celui d'une infinité de savants modérés. Ils ont pensé qu'il était abominable de regarder le père de la nature comme le tyran de presque tout le genre humain, et le bienfaiteur de quelques personnes dans quelques petites contrées. Ces savants se sont trompés sans doute : mais qu'il est humain de se tromper ainsi !

La religion de Zuingle s'appela depuis le *calvinisme*. Calvin lui donna son nom, comme Améric Vespuce donna le sien au Nouveau-Monde, découvert par Colomb. Voilà en peu d'années trois Églises nouvelles ; celle de Luther, celle de Zuingle, celle d'Angleterre, détachées du centre de l'union, et se gouvernant par elles-mêmes. Celle de France, sans jamais rompre avec le chef, était encore regardée à Rome comme un membre séparé sur bien des articles ; comme sur la supériorité des conciles, sur la faillibilité du premier pontife, sur quelques droits de l'épiscopat, sur le pouvoir des légats, sur la nomination aux bénéfices, sur les tributs que Rome exigeait.

La grande société chrétienne ressemblait en un point aux empires profanes qui furent dans leurs commencements des républiques pauvres. Ces républiques devinrent, avec le temps, de riches monarchies ; et ces monarchies perdirent quelques provinces qui redevinrent républiques.

CHAPITRE CXXX.

Progrès du luthéranisme en Suède, en Danemarck, et en Allemagne.

Le Danemarck et toute la Suède embrassaient le luthéranisme, appelé *la religion évangélique*. (1523) Les Suédois, en secouant le joug des évêques de la communion romaine, écoutèrent surtout les motifs de la vengeance. Opprimés long-temps par quelques évêques, et surtout par les archevêques d'Upsal, primats du royaume, ils étaient encore indignés de la barbarie commise (1520), il n'y avait que trois ans, par le dernier archevêque, nommé Troll : cet archevêque, ministre et complice de Christiern II, surnommé *le Néron du Nord*, tyran du Danemarck et de la Suède, était un monstre de cruauté, non moins abominable que Christiern : il avait obtenu une bulle du pape contre le sénat de Stockholm, qui s'était opposé à ses déprédations aussi bien qu'à l'usurpation de Christiern ; mais tout ayant été apaisé, les deux tyrans, Christiern et l'archevêque, ayant juré sur l'hostie d'oublier le passé, le roi invita à souper dans son palais deux évêques, tout le sénat, et quatre-vingt-quatorze seigneurs. Toutes les tables étaient servies : on était dans la sécurité et dans la joie, lorsque Christiern et l'archevêque sortirent de table : ils rentrèrent un moment après, mais suivis de satellites et de bourreaux : l'archevêque, la bulle du pape à la main, fit massacrer tous les convives. On fendit le ventre au grand-prieur de l'ordre de Saint-Jean de Jérusalem, et on lui arracha le cœur.

Cette fête de deux tyrans fut terminée par la boucherie qu'on fit de plus de six cents citoyens, sans distinction d'âge ni de sexe.

Les deux monstres, qui devaient périr par le supplice du grand-prieur de Saint-Jean, moururent à la vérité dans leur lit; mais l'archevêque après avoir été blessé dans un combat, et Christiern après avoir été détrôné. Le fameux Gustave Vasa, comme nous l'avons dit[1] en parlant de la Suède, délivra sa patrie du tyran (1523); et les quatre états du royaume lui ayant décerné la couronne, il ne tarda pas à exterminer une religion dont on avait abusé pour commettre de si exécrables crimes.

Le luthéranisme fut donc bientôt établi sans aucune contradiction dans la Suède et dans le Danemarck, immédiatement après que le tyran eut été chassé de ses deux états.

Luther se voyait l'apôtre du Nord, et jouissait en paix de sa gloire. Dès l'an 1525 les états de Saxe, de Brunswick, de Hesse, les villes de Strasbourg et de Francfort, embrassaient sa doctrine.

Il est certain que l'Église romaine avait besoin de réforme; le pape Adrien, successeur de Léon X, l'avouait lui-même. Il n'est pas moins certain que s'il n'y avait pas eu dans le monde chrétien une autorité qui fixât le sens de l'Écriture et les dogmes de la religion, il y aurait autant de sectes que d'hommes qui

---

[1] Chap. cxix, page 154. B.

sauraient lire : car enfin le divin législateur n'a daigné rien écrire; ses disciples ont dit très peu de choses, et ils les ont dites d'une manière qu'il est quelquefois très difficile d'entendre par soi-même; presque chaque mot peut susciter une querelle : mais aussi une puissance qui aurait le droit de commander toujours aux hommes au nom de Dieu, abuserait bientôt d'un tel pouvoir. Le genre humain s'est trouvé souvent, dans la religion comme dans le gouvernement, entre la tyrannie et l'anarchie, prêt à tomber dans l'un de ces deux gouffres [1].

Les réformateurs d'Allemagne, qui voulaient suivre l'Évangile mot à mot, donnèrent un nouveau spectacle quelques années après : ils dispensèrent d'une loi reconnue, laquelle semblait ne devoir plus recevoir d'atteinte : c'est la loi de n'avoir qu'une femme; loi positive sur laquelle paraît fondé le repos des états:

---

[1] L'anarchie en politique est un grand mal, parcequ'il est important au bonheur commun que la force publique se réunisse pour la protection du droit de chacun; au contraire, l'anarchie dans la religion non seulement est indifférente, mais elle est même presque nécessaire au repos public. Il est difficile que deux sectes rivales subsistent sans causer de troubles, et presque impossible que deux cents sectes en puissent causer jamais. La tolérance absolue, la destruction de toute juridiction ecclésiastique, de toute influence du clergé sur les actes civils, sont les seuls moyens d'assurer la tranquillité.

D'ailleurs, il faut observer que le droit d'examiner ce qu'on doit croire, et de professer ce qu'on croit, est un droit naturel qu'aucune puissance ne peut limiter sans tyrannie, et que personne ne peut attaquer sans violer les premières lois de la conscience.

Tout homme de bonne foi, qui raisonnerait juste, ne pourrait proposer une loi d'intolérance, sans poser pour premier principe que la religion n'est et ne peut jamais être qu'un établissement politique. Aussi compte-t-on, parmi les fauteurs de l'intolérance, plus d'hypocrites encore que de fanatiques. K.

et des familles dans toute la chrétienté; mais loi quelquefois funeste, et qui peut avoir besoin d'exceptions, comme tant d'autres lois. Il est des cas où l'intérêt même des familles, et surtout l'intérêt de l'état, demandent qu'on épouse une seconde femme du vivant de la première, quand cette première ne peut donner un héritier nécessaire. La loi naturelle alors se joint au bien public; et le but du mariage étant d'avoir des enfants, il paraît contradictoire de refuser l'unique moyen qui mène à ce but.

Il ne s'est trouvé qu'un seul pape qui ait écouté cette loi naturelle; c'est Grégoire II, qui, dans sa célèbre décrétale de l'an 726, déclara que « quand un « homme a une épouse infirme, incapable des fonc- « tions conjugales, il peut en prendre une seconde, « pourvu qu'il ait soin de la première. » Luther alla beaucoup plus loin que le pape Grégoire II. Philippe-le-Magnanime, landgrave de Hesse, voulut, du vivant de sa femme Christine de Saxe, qui n'était point infirme, et dont il avait des enfants, épouser une jeune demoiselle, nommée Catherine de Saal, dont il était amoureux. Ce qui est peut-être plus étrange, c'est qu'il paraît, par les pièces originales concernant cette affaire, qu'il entrait de la délicatesse de conscience dans le dessein de ce prince : c'est un des grands exemples de la faiblesse de l'esprit humain. Cet homme, d'ailleurs sage et politique, semblait croire sincèrement qu'avec la permission de Luther et de ses compagnons, il pouvait transgresser une loi qu'il reconnaissait. Il représenta donc à ces chefs de son Église que sa femme, la princesse de Saxe, « était

« laide, sentait mauvais, et s'enivrait souvent. » Ensuite il avoue avec naïveté, dans sa requête, qu'il est tombé très souvent dans la *fornication*, et que son tempérament lui rend le plaisir nécessaire; mais, ce qui n'est pas si naïf, il fait sentir adroitement à ses docteurs que, s'ils ne veulent pas lui donner la dispense dont il a besoin, il pourrait bien la demander au pape.

Luther assembla un petit synode dans Vittemberg, composé de six réformateurs : ils sentaient qu'ils allaient choquer une loi reçue dans leur parti même. La loi naturelle parlait seule en faveur du landgrave; la nature lui avait donné au nombre de trois ce qu'elle ne donne d'ordinaire aux autres qu'au nombre de deux; mais il n'apporte point cette raison physique dans sa requête.

La décrétale de Grégoire II, qui permet deux femmes, n'était point en vigueur, et n'autorise personne. Les exemples que plusieurs rois chrétiens, et surtout les rois goths, avaient donnés autrefois de la polygamie, n'étaient regardés par tous les chrétiens que comme des abus. Si l'empereur Valentinien-l'Ancien épousa Justine du vivant de Severa sa femme, si plusieurs rois francs eurent deux ou trois femmes à-la-fois, le temps en avait presque effacé le souvenir. Le synode de Vittemberg ne regardait pas le mariage comme un sacrement, mais comme un contrat civil : il disait que la discipline de l'Église admet le divorce, quoique l'Évangile le défende; il disait que l'Évangile n'ordonne pas expressément la monogamie : mais enfin il voyait si clairement le scandale, qu'il le déroba autant qu'il put aux yeux du public. La permission de la polygamie fut signée; la concubine fut épousée du consentement même de la légitime épouse : ce que, depuis Grégoire, jamais n'avaient osé les papes, dont Luther attaquait le pouvoir excessif, il le fit n'ayant aucun pouvoir. Sa dispense fut secrète; mais le temps révèle tous les secrets de cette nature. Si cet exemple n'a guère eu d'imitateurs, c'est qu'il est rare qu'un homme puisse conserver chez soi deux femmes dont la rivalité ferait une guerre domestique continuelle, et rendrait trois personnes malheureuses.

Cowper[1], chancelier d'Angleterre du temps de Charles II, épousa secrètement une seconde femme, avec le consentement de la première; il fit un petit livre en faveur de la polygamie, et vécut heureusement avec ses deux épouses; mais ces cas sont très rares.

La loi qui permet la pluralité des femmes aux Orientaux est, de toutes les lois, la moins en vigueur chez les particuliers : on a des concubines; mais il n'y a pas à Constantinople quatre Turcs qui aient plusieurs épouses[a].

Si les nouveautés n'avaient apporté que ces scandales paisibles, le monde eût été trop heureux; mais l'Allemagne fut un théâtre de scènes plus tragiques.

---

[1] Voyez la XXIIe des *Honnêtetés littéraires* (*Mélanges*, année 1767). B.

[a] Voyez le *Dictionnaire philosophique*, article FEMME. — Voltaire toutefois ne dit point qu'il *n'y a pas à Constantinople quatre Turcs qui aient plusieurs épouses;* mais qu'il n'y a que les plus grands seigneurs qui puissent user du privilége d'avoir *quatre* femmes. B.

CHAPITRE CXXXI.

Des anabaptistes.

Deux fanatiques, nommés Stork et Muncer, nés en Saxe, se servirent de quelques passages de l'Écriture qui insinuent qu'on n'est point disciple de Christ sans être inspiré : ils prétendirent l'être.

(1523) Ce sont les premiers enthousiastes dont on ait ouï parler dans ces temps-là : ils voulaient qu'on rebaptisât les enfants, parceque le Christ avait été baptisé étant adulte; c'est ce qui leur procura le nom d'*anabaptistes*. Ils se dirent inspirés, et envoyés pour réformer la communion romaine et la luthérienne, et pour faire périr quiconque s'opposerait à leur évangile, se fondant sur ces paroles : « Je ne suis pas venu « apporter la paix, mais le glaive [1]. »

Luther avait réussi à faire soulever les princes, les seigneurs, les magistrats, contre le pape et les évêques. Muncer souleva les paysans contre tous ceux-ci : lui et ses disciples s'adressèrent aux habitants des campagnes en Souabe, en Misnie, dans la Thuringe, dans la Franconie. Ils développèrent cette vérité dangereuse qui est dans tous les cœurs, c'est que les hommes sont nés égaux, et que si les papes avaient traité les princes en sujets, les seigneurs traitaient les paysans en bêtes. A la vérité, le manifeste de ces sauvages, au nom des hommes qui cultivent la terre,

[1] Matth. X, 34.

aurait été signé par Lycurgue : ils demandaient qu'on ne levât sur eux que les dîmes des grains ; qu'une partie fût employée au soulagement des pauvres ; qu'on leur permît la chasse et la pêche pour se nourrir ; que l'air et l'eau fussent libres ; qu'on modérât leurs corvées ; qu'on leur laissât du bois pour se chauffer : ils réclamaient les droits du genre humain ; mais ils les soutinrent en bêtes féroces.

Les cruautés que nous avons vues exercées par les communes de France, et en Angleterre du temps des rois Charles VI et Henri V, se renouvelèrent en Allemagne, et furent plus violentes par l'esprit de fanatisme. Muncer s'empare de Mulhausen en Thuringe en prêchant l'égalité, et fait porter à ses pieds l'argent des habitants en prêchant le désintéressement. (1525) Les paysans se soulèvent de la Saxe jusqu'en Alsace : ils massacrent les gentilshommes qu'ils rencontrent ; ils égorgent une fille bâtarde de l'empereur Maximilien Ier. Ce qui est très remarquable, c'est qu'à l'exemple des anciens esclaves révoltés, qui, se sentant incapables de gouverner, choisirent pour leur roi le seul de leurs maîtres échappé au carnage, ces paysans mirent à leur tête un gentilhomme.

Ils ravagèrent tous les endroits où ils pénétrèrent depuis la Saxe jusqu'en Lorraine ; mais bientôt ils eurent le sort de tous les attroupements qui n'ont pas un chef habile : après avoir fait des maux affreux, ces troupes furent exterminées par des troupes régulières. Muncer, qui avait voulu s'ériger en Mahomet, périt, à Mulhausen, sur l'échafaud (1525) ; Luther, qui n'avait point eu de part à ces emportements, mais qui en était pourtant malgré lui le premier principe, puisque le premier il avait franchi la barrière de la soumission, ne perdit rien de son crédit, et n'en fut pas moins le prophète de sa patrie.

CHAPITRE CXXXII.

Suite du luthéranisme et de l'anabaptisme.

Il n'était plus possible à l'empereur Charles-Quint ni à son frère Ferdinand d'arrêter le progrès des réformateurs. En vain la diète de Spire fit des articles modérés de pacification (1529); quatorze villes et plusieurs princes protestèrent contre cet édit de Spire: ce fut cette protestation qui fit donner depuis à tous les ennemis de Rome le nom de *Protestants*. Luthériens, zuingliens, œcolampadiens, carlostadiens, calvinistes, presbytériens, puritains, haute Église anglicane, petite Église anglicane, tous sont désignés aujourd'hui sous ce nom. C'est une république immense, composée de factions diverses, qui se réunissent toutes contre Rome, leur ennemie commune.

(1530) Les luthériens présentèrent leur confession de foi dans Augsbourg, et c'est cette confession qui devint leur boussole; le tiers de l'Allemagne y adhérait : les princes de ce parti se liguaient déjà contre l'autorité de Charles-Quint, ainsi que contre Rome; mais le sang ne coulait point encore dans l'empire pour la cause de Luther : il n'y eut que les anabaptistes qui, toujours transportés de leur rage aveugle, et peu intimidés par l'exemple de leur chef Muncer, désolèrent l'Allemagne au nom de Dieu (1534). Le fanatisme n'avait point encore produit dans le monde une fureur pareille; tous ces paysans, qui se croyaient prophètes, et qui ne savaient rien de l'Écriture sinon qu'il faut massacrer sans pitié les ennemis du Seigneur, se rendirent les plus forts en Vestphalie, qui était alors la patrie de la stupidité; ils s'emparèrent de la ville de Munster, dont ils chassèrent l'évêque. Ils voulaient d'abord établir la théocratie des Juifs, et être gouvernés par Dieu seul; mais un nommé Matthieu, leur principal prophète, ayant été tué, un garçon tailleur, nommé Jean de Leyde, né à Leyde en Hollande, assura que Dieu lui était apparu, et l'avait nommé roi : il le dit et le fit croire.

La pompe de son couronnement fut magnifique : on voit encore de la monnaie qu'il fit frapper; ses armoiries étaient deux épées dans la même position que les clefs du pape. Monarque et prophète à-la-fois, il fit partir douze apôtres qui allèrent annoncer son règne dans toute la Basse-Allemagne. Pour lui, à l'exemple des rois d'Israël, il voulut avoir plusieurs femmes, et en épousa jusqu'à dix-à-la-fois. L'une d'elles ayant parlé contre son autorité, il lui trancha la tête en présence des autres, qui, soit par crainte, soit par fanatisme, dansèrent avec lui autour du cadavre sanglant de leur compagne.

Ce roi prophète eut une vertu qui n'est pas rare chez les bandits et chez les tyrans, la valeur : il défendit Munster contre son évêque Valdec avec un courage intrépide pendant une année entière; et dans les extrémités où le réduisait la famine, il refusa tout accommodement. (1536) Enfin il fut pris les armes à la main par une trahison des siens. Sa captivité ne lui ôta rien de son orgueil inébranlable : l'évêque lui ayant demandé comment il avait osé se faire roi, le prisonnier lui demanda à son tour de quel droit l'évêque osait être seigneur temporel : *J'ai été élu par mon chapitre*, dit le prélat; *et moi par Dieu même*, reprit Jean de Leyde. L'évêque, après l'avoir quelque temps montré de ville en ville, comme on fait voir un monstre, le fit tenailler avec des tenailles ardentes. L'enthousiasme anabaptiste ne fut point éteint par le supplice que ce roi et ses complices subirent; leurs frères des Pays-Bas furent sur le point de surprendre Amsterdam : on extermina ce qu'on trouva de conjurés; et dans ces temps-là tout ce qu'on rencontrait d'anabaptistes dans les Provinces-Unies était traité comme les Hollandais l'avaient été par les Espagnols ; on les noyait, on les étranglait, on les brûlait; conjurés ou non, tumultueux ou paisibles, on courut partout sur eux dans toute la Basse-Allemagne, comme sur des monstres dont il fallait purger la terre.

Cependant la secte subsiste assez nombreuse, cimentée du sang des prosélytes, qu'ils appellent *martyrs*, mais entièrement différente de ce qu'elle était dans son origine : les successeurs de ces fanatiques sanguinaires sont les plus paisibles de tous les hommes, occupés de leurs manufactures et de leur négoce, laborieux, charitables. Il n'y a point d'exemple d'un si grand changement; mais comme ils ne font aucune figure dans le monde, on ne daigne pas s'apercevoir s'ils sont changés ou non, s'ils sont méchants ou vertueux.

Ce qui a changé leurs mœurs, c'est qu'ils se sont rangés au parti des unitaires, c'est-à-dire de ceux qui ne reconnaissent qu'un seul Dieu, et qui, en révérant le Christ, vivent sans beaucoup de dogmes et sans aucune dispute; hommes condamnés dans toutes les autres communions, et vivant en paix au milieu d'elles. Ainsi ils ont été le contraire des chrétiens; ceux-ci furent d'abord des frères paisibles, souffrants et cachés, et enfin des scélérats absurdes et barbares. Les anabaptistes commencèrent par la barbarie, et ont fini par la douceur et la sagesse.

CHAPITRE CXXXIII.

De Genève et de Calvin [1].

Autant que les anabaptistes méritaient qu'on sonnât le tocsin sur eux de tous les coins de l'Europe, autant les protestants devinrent recommandables aux yeux des peuples par la manière dont leur réforme

[1] La *Nouvelle Bibliothèque germanique* (juillet, août et septembre 1757), tome XXI, pages 30-46, contient le commencement d'une *Lettre où l'on examine deux chapitres de l'Essai sur l'histoire*, etc. La fin de cette lettre était promise pour le cahier suivant, mais n'a pas paru dans le journal. Les deux chapitres, objet de l'examen, étaient alors les chapitres CXII et CXIII (devenus depuis CXXXIII et CXXXIV). Vernet, auteur de la *Lettre*, après en avoir changé le préambule, la donna tout entière dans ses *Lettres critiques d'un voyageur anglais* (troisième édition, tome II, pages 144-171); il l'y intitule *Observations;* mais ses observations ne portent que sur le chapitre intitulé : *De Genève et de Calvin*. B.

s'établit en plusieurs lieux. Les magistrats de Genève firent soutenir des thèses pendant tout le mois de juin 1535. On invita les catholiques et les protestants de tous les pays à venir y disputer : quatre secrétaires rédigèrent par écrit tout ce qui se dit d'essentiel pour et contre. Ensuite le grand conseil de la ville examina pendant deux mois le résultat des disputes : c'était ainsi à peu près qu'on en avait usé à Zurich et à Berne, mais moins juridiquement et avec moins de maturité et d'appareil. Enfin le conseil proscrivit la religion romaine; et l'on voit encore aujourd'hui dans l'hôtel-de-ville cette inscription gravée sur une plaque d'airain : « En mémoire de la grace que Dieu nous a faite « d'avoir secoué le joug de l'antechrist, aboli la su- « perstition, et recouvré notre liberté. »

Les Génevois recouvrèrent en effet leur vraie liberté. L'évêque qui disputait le droit de souveraineté sur Genève au duc de Savoie et au peuple, à l'exemple de tant de prélats allemands, fut obligé de fuir et d'abandonner le gouvernement aux citoyens. Il y avait depuis long-temps deux partis dans la ville, celui des protestants et celui des romains : les protestants s'appelaient *egnots*, du mot *eidgnossen*, *alliés* par serment. Les egnots, qui triomphèrent, attirèrent à eux une partie de la faction opposée, et chassèrent le reste : de là vint que les réformés de France eurent le nom d'*egnots* ou d'*huguenots*; terme dont la plupart des écrivains français inventèrent depuis de vaines origines.

Cette réforme surtout opposa la sévérité des mœurs aux scandales que donnaient alors les catholiques. Il y avait sous la protection de l'évêque, comme prince de Genève, des lieux publics de débauches établis dans la ville ; les filles légalement prostituées payaient une taxe au prélat ; le magistrat élisait tous les ans la reine du b....., comme on parlait alors, afin que toutes choses se passassent en règle et avec décence. On aurait pu excuser en quelque sorte ces débauches, en disant qu'alors il était plus difficile qu'aujourd'hui de séduire les femmes mariées ou leurs filles : mais il régnait des dissolutions plus révoltantes ; car après qu'on eut aboli les couvents dans Genève, on trouva des chemins secrets qui donnaient entrée aux cordeliers dans des couvents de filles. On découvrit à Lausanne, dans la chapelle de l'évêque, derrière l'autel, une petite porte qui conduisait par un chemin souterrain chez des religieuses du voisinage ; et cette porte existe encore.

La religion de Genève n'était pas absolument celle des Suisses ; mais la différence était peu de chose, et jamais leur communion n'en a été altérée. Le fameux Calvin, que nous regardons comme l'apôtre de Genève, n'eut aucune part à ce changement : il se retira quelque temps après dans cette ville ; mais il en fut d'abord exclu, parceque sa doctrine ne s'accordait pas en tout avec la dominante ; il y retourna ensuite, et s'y érigea en pape des protestants.

Son nom propre était Chauvin : il était né à Noyon, en 1509 : il savait du latin, du grec, et de la mauvaise philosophie de son temps : il écrivait mieux que Luther ; et parlait plus mal : tous deux laborieux et austères, mais durs et emportés ; tous deux brûlant de l'ardeur de se signaler et d'obtenir cette domination sur les esprits qui flatte tant l'amour-propre, et qui d'un théologien fait une espèce de conquérant [1].

Les catholiques peu instruits, qui savent en général que Luther, Zuingle, Calvin, se marièrent, que Luther fut obligé de permettre deux femmes au landgrave de Hesse, pensent que ces fondateurs s'insinuèrent par des séductions flatteuses, et qu'ils ôtèrent aux hommes un joug pesant pour leur en donner un très léger; mais c'est tout le contraire : ils avaient des mœurs farouches; leurs discours respiraient le fiel. S'ils condamnèrent le célibat des prêtres, s'ils ouvrirent les portes des couvents, c'était pour changer en couvents la société humaine. Les jeux, les spectacles, furent défendus chez les réformés; Genève, pendant plus de cent ans, n'a pas souffert chez elle un instrument de musique. Ils proscrivirent la confession auriculaire, mais ils la voulurent publique : dans la Suisse, dans l'Écosse, à Genève, elle l'a été ainsi que la pénitence. On ne réussit guère chez les hommes, du moins jusqu'aujourd'hui, en ne leur proposant que le facile et le simple; le maître le plus dur est le plus suivi : ils ôtaient aux hommes le libre arbitre, et l'on courait à eux. Ni Luther, ni Calvin, ni les autres, ne s'entendirent sur l'eucharistie : l'un, ainsi

---

[1] Luther eut plutôt un caractère violent qu'un caractère dur. Il fut emporté dans sa conduite, dans ses écrits, dans ses discours; mais on ne lui reproche aucune action cruelle. On assure que, malgré la fureur théologique qui règne dans ses ouvrages, il était un bon-homme dans son intérieur, d'un caractère franc, d'une société paisible : sa haine pour les sacramentaires se bornait à les chasser des universités et du ministère, et c'est bien peu de chose pour le siècle où il a vécu. K.

que je l'ai déjà dit [1], voyait Dieu dans le pain et dans le vin comme du feu dans un fer ardent ; l'autre, comme le pigeon dans lequel était le Saint-Esprit. Calvin se brouilla d'abord avec ceux de Genève qui communiaient avec du pain levé ; il voulait du pain azyme. Il se réfugia à Strasbourg ; car il ne pouvait retourner en France, où les bûchers étaient alors allumés, et où François Ier laissait brûler les protestants, tandis qu'il fesait alliance avec ceux d'Allemagne. S'étant marié à Strasbourg avec la veuve d'un anabaptiste, il retourna enfin à Genève ; et communiant avec du pain levé comme les autres, il y acquit autant de crédit que Luther en avait en Saxe.

Il régla les dogmes et la discipline que suivent tous ceux que nous appelons *calvinistes*, en Hollande, en Suisse, en Angleterre, et qui ont si long-temps partagé la France. Ce fut lui qui établit les synodes, les consistoires, les diacres ; qui régla la forme des prières et des prêches : il institua même une juridiction consistoriale avec droit d'excommunication.

Sa religion est conforme à l'esprit républicain, et cependant Calvin avait l'esprit tyrannique.

On en peut juger par la persécution qu'il suscita contre Castalion, homme plus savant que lui, que sa jalousie fit chasser de Genève ; et par la mort cruelle dont il fit périr long-temps après le malheureux Michel Servet.

[1] Chap. cxxviii. B.

CHAPITRE CXXXIV.

De Calvin et de Servet.

Michel Servet, de Villanueva en Aragon, très savant médecin, méritait de jouir d'une gloire paisible, pour avoir, long-temps avant Harvey, découvert la circulation du sang ; mais il négligea un art utile pour des sciences dangereuses : il traita de la préfiguration du Christ dans le verbe, de la vision de Dieu, de la substance des anges, de la manducation supérieure : il adoptait en partie les anciens dogmes soutenus par Sabellius, par Eusèbe, par Arius, qui dominèrent dans l'Orient, et qui furent embrassés au seizième siècle par Lelio Socini, reçus ensuite en Pologne, en Angleterre, en Hollande.

Pour se faire une idée des sentiments très peu connus de cet homme que sa mort barbare a seule rendu célèbre, il suffira peut-être de rapporter ce passage de son quatrième livre de la Trinité : « Comme le « germe de la génération était en Dieu, avant que le « fils de Dieu fût fait réellement, ainsi le Créateur a « voulu que cet ordre fût observé dans toutes les gé- « nérations. La semence substantielle du Christ et « toutes les causes séminales et formes archétypes « étant véritablement en Dieu, etc. » En lisant ces paroles, on croit lire *Origène*, et, au mot de *Christ* près, on croit lire Platon, que les premiers théologiens chrétiens regardèrent comme leur maître.

Servet était de si bonne foi dans sa métaphysique obscure, que de Vienne en Dauphiné, où il séjourna quelque temps, il écrivit à Calvin sur la Trinité. Ils disputèrent par lettres. De la dispute Calvin passa aux injures, et des injures à cette haine théologique, la plus implacable de toutes les haines. Calvin eut par trahison les feuilles d'un ouvrage que Servet fesait imprimer secrètement. Il les envoya à Lyon avec les lettres qu'il avait reçues de lui : action qui suffirait pour le déshonorer à jamais dans la société ; car ce qu'on appelle l'esprit de la société est plus honnête et plus sévère que tous les synodes. Calvin fit accuser Servet par un émissaire : quel rôle pour un apôtre ! Servet, qui savait qu'en France on brûlait sans miséricorde tout novateur, s'enfuit tandis qu'on lui fesait son procès. Il passe malheureusement par Genève : Calvin le sait, le dénonce, le fait arrêter à l'enseigne de *la Rose*, lorsqu'il était prêt d'en partir. On le dépouilla de quatre-vingt-dix-sept pièces d'or, d'une chaîne d'or et de six bagues. Il était sans doute contre le droit des gens d'emprisonner un étranger qui n'avait commis aucun délit dans la ville : mais aussi Genève avait une loi qu'on devrait imiter. Cette loi ordonne que le délateur se mette en prison avec l'accusé. Calvin fit la dénonciation par un de ses disciples, qui lui servait de domestique.

Ce même Jean Calvin avait avant ce temps-là prêché la tolérance ; on voit ces propres mots dans une de ses lettres imprimées : « En cas que quelqu'un soit « hétérodoxe, et qu'il fasse scrupule de se servir des « mots *trinité* et *personne*, etc., nous ne croyons pas

« que ce soit une raison pour rejeter cet homme;
« nous devons le supporter, sans le chasser de l'É-
« glise, et sans l'exposer à aucune censure comme un
« hérétique. »

Mais Jean Calvin changea d'avis dès qu'il se livra
à la fureur de sa haine théologique : il demandait la
tolérance dont il avait besoin pour lui en France, et
il s'armait de l'intolérance à Genève. Calvin, après le
supplice de Servet, publia un livre dans lequel il prétendit prouver qu'il fallait punir les hérétiques.

Quand son ennemi fut aux fers, il lui prodigua les
injures et les mauvais traitements que font les lâches
quand ils sont maîtres. Enfin, à force de presser les
juges, d'employer le crédit de ceux qu'il dirigeait, de
crier et de faire crier que Dieu demandait l'exécution
de Michel Servet, il le fit brûler vif, et jouit de son
supplice, lui qui, s'il eût mis le pied en France, eût
été brûlé lui-même; lui qui avait élevé si fortement
sa voix contre les persécutions.

Cette barbarie d'ailleurs, qui s'autorisait du nom
de justice, pouvait être regardée comme une insulte
aux droits des nations : un Espagnol qui passait par
une ville étrangère était-il justiciable de cette ville
pour avoir publié ses sentiments, sans avoir dogmatisé ni dans cette ville ni dans aucun lieu de sa dépendance?

Ce qui augmente encore l'indignation et la pitié,
c'est que Servet, dans ses ouvrages publiés, reconnaît
nettement la divinité éternelle de Jésus-Christ; il déclara dans le cours de son procès qu'il était fortement
persuadé que Jésus-Christ était le fils de Dieu, en-

gendré de toute éternité du Père, et conçu par le Saint-Esprit dans le sein de la vierge Marie. Calvin, pour le perdre, produisit quelques lettres secrètes de cet infortuné, écrites long-temps auparavant à ses amis en termes hasardés.

Cette catastrophe déplorable n'arriva qu'en 1553, dix-huit ans après que Genève eut rendu son arrêt contre la religion romaine; mais je la place ici pour mieux faire connaître le caractère de Calvin[1], qui devint l'apôtre de Genève et des réformés de France. Il semble aujourd'hui qu'on fasse amende honorable aux cendres de Servet: de savants pasteurs des Églises protestantes, et même les plus grands philosophes, ont embrassé ses sentiments et ceux de Socin. Ils ont encore été plus loin qu'eux: leur religion est l'adoration d'un Dieu par la médiation du Christ. Nous ne fesons ici que rapporter les faits et les opinions, sans entrer dans aucune controverse, sans disputer contre personne, respectant ce que nous devons respecter, et uniquement attachés à la fidélité de l'histoire.

Le dernier trait au portrait de Calvin peut se tirer d'une lettre de sa main, qui se conserve encore au château de la Bastie-Roland, près de Montéli-

---

[1] D'après la lettre de Voltaire à Thieriot, du 26 mars 1757, on pourrait croire que Voltaire a traité ici Calvin d'*Ame atroce*. Ces expressions n'ont jamais existé dans ce chapitre. Je ne les ai trouvées dans aucun des nombreux exemplaires que j'ai vus de l'édition de 1756; et, ce qui est plus positif, dans une *Réponse* faite au nom d'une *société de gens de lettres de Genève*, à la lettre du 26 mars, on lit que « les mots d'*Ame atroce* ne se « trouvent point dans ce qu'on a imprimé ici (à Genève). » Voyez dans les *Poésies* de Voltaire, les stances intitulées: *Les torts*, année 1757. B.

mart : elle est adressée au marquis de Poët, grand-chambellan du roi de Navarre, et datée du 30 septembre 1561.

« Honneur, gloire et richesses seront la récompense « de vos peines; surtout ne faites faute de défaire le « pays de ces zélés faquins qui excitent les peuples à « se bander contre nous. Pareils monstres doivent « être étouffés, comme j'ai fait de Michel Servet, Es-« pagnol. »

Jean Calvin avait usurpé un tel empire dans la ville de Genève, où il fut d'abord reçu avec tant de difficulté, qu'un jour, ayant su que la femme du capitaine-général (qui fut ensuite premier syndic) avait dansé après souper avec sa famille et quelques amis, il la força de paraître en personne devant le consistoire, pour y reconnaître sa faute; et que Pierre Ameaux, conseiller d'état, accusé d'avoir mal parlé de Calvin, d'avoir dit qu'il était un très méchant homme, qu'il n'était qu'un Picard, et qu'il prêchait une fausse doctrine, fut condamné (quoiqu'il demandât grace) à faire amende honorable, en chemise, la tête nue, la torche au poing, par toute la ville.

Les vices des hommes tiennent souvent à des vertus. Cette dureté de Calvin était jointe au plus grand désintéressement : il ne laissa pour tout bien, en mourant, que la valeur de cent vingt écus d'or. Son travail infatigable abrégea ses jours, mais lui donna un nom célèbre et un grand crédit.

Il y a des lettres de Luther qui ne respirent pas un esprit plus pacifique et plus charitable que celles de Calvin. Les catholiques ne peuvent comprendre que les protestants reconnaissent de tels apôtres : les protestants répondent qu'ils n'invoquent point ceux qui ont servi à établir leur réforme, qu'ils ne sont ni luthériens, ni zuingliens, ni calvinistes; qu'ils croient suivre les dogmes de la primitive Église; qu'ils ne canonisent point les passions de Luther et de Calvin; et que la dureté de leur caractère ne doit pas plus décrier leurs opinions dans l'esprit des réformés, que les mœurs d'Alexandre VI et de Léon X, et les barbaries des persécutions, ne font tort à la religion romaine dans l'esprit des catholiques.

Cette réponse est sage, et la modération semble aujourd'hui prendre dans les deux partis opposés la place des anciennes fureurs. Si le même esprit sanguinaire avait toujours présidé à la religion, l'Europe serait un vaste cimetière. L'esprit de philosophie a enfin émoussé les glaives. Faut-il qu'on ait éprouvé plus de deux cents ans de frénésie pour arriver à des jours de repos !

Ces secousses, qui par les événements des guerres remirent tant de biens d'église entre les mains des séculiers, n'enrichirent pas les théologiens promoteurs de ces guerres. Ils eurent le sort de ceux qui sonnent la charge et qui ne partagent point les dépouilles. Les pasteurs des églises protestantes avaient si hautement élevé leurs voix contre les richesses du clergé, qu'ils s'imposèrent à eux-mêmes la bienséance de ne pas recueillir ce qu'ils condamnaient; et presque tous les souverains les astreignirent à cette bienséance. Ils voulurent dominer en France, et ils y eurent en effet un très grand crédit; mais ils y ont fini enfin par en être chassés, avec défense d'y reparaître, sous peine d'être pendus. Partout où leur religion s'est établie, leur pouvoir a été restreint à la longue dans des bornes étroites par les princes, ou par les magistrats des républiques.

Les pasteurs calvinistes et luthériens ont eu partout des appointements qui ne leur ont pas permis de luxe. Les revenus des monastères ont été mis presque partout entre les mains de l'état, et appliqués à des hôpitaux. Il n'est resté de riches évêques protestants en Allemagne que ceux de Lubeck et d'Osnabruck, dont les revenus n'ont pas été distraits. Vous verrez, en continuant de jeter les yeux sur les suites de cette révolution, l'accord bizarre, mais pacifique, par lequel le traité de Vestphalie a rendu cet évêché d'Osnabruck alternativement catholique et luthérien. La réforme en Angleterre a été plus favorable au clergé anglican, qu'elle ne l'a été en Allemagne, en Suisse, et dans les Pays-Bas, aux luthériens et aux calvinistes. Tous les évêchés sont considérables dans la Grande-Bretagne; tous les bénéfices y donnent de quoi vivre honnêtement. Les curés de la campagne y sont plus à leur aise qu'en France : l'état et les séculiers n'y ont profité que de l'abolissement des monastères. Il y a des quartiers entiers à Londres qui ne formaient autrefois qu'un seul couvent, et qui sont peuplés aujourd'hui d'un très grand nombre de familles. En général, toute nation qui a converti les couvents à l'usage public y a beaucoup gagné, sans que personne y ait perdu : car en effet on n'ôte rien à une société qui n'existe plus. On ne fit tort qu'aux possesseurs passagers que l'on dépouillait, et ils n'ont point laissé de descendants qui puissent se plaindre ; et si ce fut une injustice d'un jour, elle a produit un bien pour des siècles.

Il est arrivé enfin, par différentes révolutions, que l'Église latine a perdu plus de la moitié de l'Europe chrétienne, qu'elle avait eue presque tout entière en divers temps : car outre le pays immense qui s'étend de Constantinople jusqu'à Corfou, et jusqu'à la mer de Naples, elle n'a plus ni la Suède, ni la Norvége, ni le Danemarck ; la moitié de l'Allemagne, l'Angleterre, l'Écosse, l'Irlande, la Hollande, les trois quarts de la Suisse, se sont séparés d'elle. Le pouvoir du siége de Rome a bien plus perdu encore : il ne s'est véritablement conservé que dans les pays immédiatement soumis au pape.

Cependant, avant qu'on pût poser tant de limites, et qu'on parvînt même à mettre quelque ordre dans la confusion, les deux partis catholique et luthérien mettaient alors l'Allemagne en feu. Déjà la religion qu'on nomme *évangélique* était établie vers l'an 1555 dans vingt-quatre villes impériales, et dans dix-huit petites provinces de l'empire. Les luthériens voulaient abaisser la puissance de Charles-Quint, et il prétendait les détruire. On fesait des ligues ; on donnait des batailles. Mais il faut suivre ici ces révolutions de l'esprit humain en fait de religion, et voir comment s'établit l'Église anglicane, et comment fut déchirée l'Église de France.

CHAPITRE CXXXV.

Du roi Henri VIII. De la révolution de la religion en Angleterre.

On sait que l'Angleterre se sépara du pape parce-que le roi Henri VIII fut amoureux. Ce que n'avaient pu ni le denier de saint Pierre, ni les réserves, ni les provisions, ni les annates, ni les collectes et les ventes des indulgences, ni cinq cents années d'exactions toujours combattues par les lois des parlements et par les murmures des peuples, un amour passager l'exécuta, ou du moins en fut la cause. La première pierre qu'on jeta suffit pour renverser ce grand monument dès long-temps ébranlé par la haine publique.

Henri VIII, homme voluptueux, fougueux, et opiniâtre dans tous ses desirs, eut parmi beaucoup de maîtresses Anne de Boulen, fille d'un gentilhomme de son royaume. Cette fille, d'un enjouement et d'une liberté qui promettaient tout, eut pourtant l'adresse de ne se pas abandonner entièrement, et d'irriter la passion du roi, qui résolut d'en faire sa femme.

Il était marié depuis dix-huit ans à Catherine d'Espagne[1], fille de Ferdinand et d'Isabelle, et tante de Charles-Quint, de laquelle il avait eu trois enfants, et dont il lui restait encore la princesse Marie, qui fut depuis reine d'Angleterre. Comment faire un divorce? comment casser son mariage avec une femme

[1] Connue sous le nom de Catherine d'Aragon. B.

telle que Catherine d'Espagne, à laquelle on ne pouvait reprocher ni stérilité, ni mauvaise conduite, ni même cette humeur qui accompagne si souvent la vertu des femmes ? Ayant d'abord épousé le prince Artur, frère aîné de Henri VIII, et l'ayant perdu au bout de quelques mois, Henri VII l'avait fiancée à son second fils Henri, avec la dispense du pape Jules II; et ce Henri VIII, après la mort de son père, l'avait solennellement épousée. Il eut long-temps après un bâtard d'une maîtresse nommée Blunt. Il ne sentait alors que des dégoûts de son mariage, et point de scrupules ; mais quand il aima éperdument Anne de Boulen, et qu'il ne put venir à bout de jouir d'elle sans l'épouser, alors il eut des remords de conscience, et trembla d'avoir offensé Dieu dix-huit ans avec sa femme. Ce prince, soumis encore aux papes, sollicita Clément VII de casser la bulle de Jules II, et de déclarer son mariage avec la tante de Charles-Quint contraire aux lois divines et humaines.

Clément VII, bâtard de Julien de Médicis, venait de voir Rome saccagée par l'armée de Charles-Quint. Ayant ensuite fait à peine la paix avec l'empereur, il craignait toujours que ce prince ne le fît déposer pour sa bâtardise. Il craignait encore plus qu'on ne le déclarât simoniaque, et qu'on ne produisît le fatal billet qu'il avait fait au cardinal Colonne; billet par lequel il lui promettait des biens et des honneurs, s'il parvenait au pontificat par la faveur de sa voix et de ses bons offices.

Il ne pouvait déclarer la tante de l'empereur concubine, et mettre les enfants de cette femme si long-temps légitime au rang des bâtards. D'ailleurs un pape ne pouvait guère avouer que son prédécesseur n'avait pas été en droit de donner une dispense : il aurait sapé lui-même les fondements de la grandeur pontificale en avouant qu'il y avait des lois que les papes ne pouvaient enfreindre.

Louis XII avait fait, il est vrai, dissoudre son mariage : mais le cas était bien différent. Il n'avait point eu d'enfants de sa femme; et le pape Alexandre VI, qui ordonna ce divorce, était lié d'intérêt avec Louis XII.

François Ier, roi de France, devenu par son second mariage neveu de Catherine d'Espagne, soutint à Rome le parti de Henri VIII, comme son allié, et surtout comme ennemi de Charles-Quint, devenu si redoutable. Le pape pressé entre l'empereur et ces deux rois, et qui écrivait qu'*il était entre l'enclume et le marteau*, négocia, temporisa, promit, se rétracta, espéra que l'amour de Henri VIII durerait moins qu'une négociation italienne : il se trompa. Le monarque anglais, qui était malheureusement théologien, fit servir la théologie à son amour. Lui et tous les docteurs de son parti avaient recours au *Lévitique* [1], qui défend de « révéler la turpitude de la femme de son frère, et « d'épouser la sœur de sa femme. » Les états chrétiens ont long-temps manqué, et manquent encore de bonnes lois positives. Leur jurisprudence, encore gothique en plusieurs points, composée des anciennes coutumes de cinq cents petits tyrans, a recours souvent aux lois romaines et à celles des Hébreux, comme

[1] XVIII, 16 et 18. B.

un homme égaré qui demande sa route : ils vont chercher dans le code du peuple juif les règles de leurs tribunaux.

Mais si on voulait suivre les lois matrimoniales des Hébreux, il faudrait donc les suivre en tout; il faudrait condamner à la mort celui qui approche de sa femme quand elle a ses règles, et se soumettre à beaucoup de commandements qui ne sont faits ni pour nos climats, ni pour nos mœurs, ni pour la loi nouvelle.

Ce n'est là que la moindre partie de l'abus où l'on se jetait en jugeant le mariage de Henri par le *Lévitique*. On se dissimulait que dans ces mêmes livres où Dieu semble, selon nos faibles lumières, commander quelquefois les contraires pour exercer l'obéissance humaine, il était non seulement permis par le *Deutéronome*[1], mais ordonné d'épouser la veuve de son frère quand elle n'avait point d'enfants; que la veuve était en droit de sommer son beau-frère d'exécuter cette loi; et que sur son refus elle devait lui jeter un soulier à la tête.

On oubliait encore que si les lois juives défendaient à un frère d'épouser sa propre sœur, cette défense même n'était pas absolue; témoin Thamar, fille de David, qui, avant d'être violée par son frère Amnon, lui dit en propres mots : « Mon frère[2], ne me faites
« pas de sottises, vous passeriez pour un fou : deman-
« dez-moi en mariage à mon père, il ne vous refusera
« pas. » C'est ainsi que les lois sont presque toujours

[1] xxv, 5. B.
[2] II Rois, xiii, 12-13. B.

contradictoires. Mais il était plus étrange encore de vouloir gouverner l'île d'Angleterre par les coutumes de la Judée.

C'était un spectacle curieux et rare de voir d'un côté le roi d'Angleterre solliciter les universités de l'Europe d'être favorables à son amour, de l'autre l'empereur presser leurs décisions en faveur de sa tante, et le roi de France au milieu d'eux soutenir la loi du *Lévitique* contre celle du *Deutéronome*, pour rendre Charles-Quint et Henri VIII irréconciliables. L'empereur donnait des bénéfices aux docteurs italiens qui écrivaient sur la validité du mariage de Catherine : Henri VIII payait partout les avis des docteurs qui se déclaraient pour lui. Le temps a découvert ces mystères : on a vu dans les comptes d'un agent secret de ce roi, nommé Crouk : « A un religieux servite, « un écu; à deux de l'Observance, deux écus; au prieur « de Saint-Jean, quinze écus; au prédicateur Jean Ma- « rino, vingt écus. » On voit que le prix était différent selon le crédit du suffrage. Cet acheteur de décisions théologiques s'excusait en protestant qu'il n'avait jamais marchandé, et que jamais il n'avait donné l'argent qu'après la signature. (1530, 2 juillet) Enfin les universités de France, et surtout la Sorbonne, décidèrent que le mariage de Henri avec Catherine d'Espagne n'était point légitime, et que le pape n'avait pas le droit de dispenser de la loi du *Lévitique*.

Les agents de Henri VIII allèrent jusqu'à se munir des suffrages des rabbins : ceux-ci avouèrent qu'à la vérité le *Deutéronome* ordonnait qu'on épousât la veuve de son frère; mais ils dirent que cette loi n'était que pour la Palestine, et que le *Lévitique* devait être observé en Angleterre. Les universités et les rabbins des pays autrichiens pensaient tout autrement; mais Henri ne les consulta pas : jamais les théologiens ne firent voir tant de démence et tant de bassesse.

Muni des approbations qui ne lui avaient pas coûté cher, pressé par sa maîtresse, lassé des subterfuges du pape, soutenu de son clergé, autorisé par les universités et maître de son parlement, encouragé encore par François Ier, Henri fait casser son mariage (1533) par une sentence de Cranmer, archevêque de Cantorbéry. La reine ayant soutenu ses droits avec fermeté, mais avec modestie, et ayant décliné cette juridiction sans donner des armes contre elle par des plaintes trop amères, retirée à la campagne, laissa son lit et son trône à sa rivale. Cette maîtresse, déjà grosse de deux mois, quand elle fut déclarée femme et reine, fit son entrée dans Londres avec une pompe autant au-dessus de la magnificence ordinaire, que sa fortune passée était au-dessous de sa dignité présente.

Le pape Clément VII ne put alors se dispenser d'accorder à Charles-Quint outragé, et aux prérogatives du saint-siége, une bulle contre Henri VIII. Mais le pape, par cette bulle, perdit le royaume d'Angleterre. (1534) Henri presque au même temps se fait déclarer, par son clergé, chef suprême de l'Église anglaise. Son parlement lui confirme ce titre, et abolit toute l'autorité du pape, ses annates, son denier de saint Pierre, les provisions des bénéfices. Les peuples prêtèrent avec allégresse un nouveau serment au roi, qu'on appela *le serment de suprématie*. Tout le crédit du pape, si puissant pendant tant de siècles, tomba en un instant sans contradiction, malgré le désespoir des ordres religieux.

Ceux qui prétendaient que dans un grand royaume on ne pouvait rompre avec le pape sans danger, virent qu'un seul coup pouvait renverser ce colosse vénérable, dont la tête était d'or, et dont les pieds étaient d'argile. En effet, les droits par lesquels la cour de Rome avait vexé long-temps les Anglais n'étaient fondés que sur ce qu'on voulait bien être rançonné; et dès qu'on ne voulut plus l'être, on sentit qu'un pouvoir qui n'est pas fondé sur la force n'est rien par lui-même.

Le roi se fit donner par son parlement les annates que prenaient les papes. Il créa six évêchés nouveaux; il fit faire en son nom la visite des couvents. On voit encore les procès-verbaux de quelques débauches scandaleuses, qu'on eut soin d'exagérer, de quelques faux miracles, dont on grossit le nombre, de reliques supposées, dont on se servait dans plus d'un couvent pour exciter la piété et pour attirer les offrandes. (1535) On brûla dans le marché de Londres plusieurs statues de bois que des moines fesaient mouvoir par des ressorts.

Mais parmi ces instruments de fraude, le peuple ne vit qu'avec une horreur douloureuse brûler les restes de saint Thomas de Cantorbéry, que l'Angleterre révérait. Le roi s'en appropria la châsse enrichie de pierreries. S'il reprochait aux moines leurs extorsions, il les mettait bien en droit de l'accuser de rapine. Tous les couvents furent supprimés. On assigna des retraites aux vieux religieux qui ne pouvaient retourner dans le monde, une pension aux autres. Leurs rentes furent mises dans la main du roi. Il y avait, au calcul de Burnet, pour cent soixante mille livres sterling de revenu. Le mobilier, l'argent comptant, étaient considérables. De ces dépouilles, Henri fonda ses six nouveaux évêchés et un collége (1536), récompensa quelques serviteurs, et convertit le reste à son usage.

Ce même roi, qui avait soutenu de sa plume l'autorité du pape contre Luther, devenait ainsi un ennemi irréconciliable de Rome. Mais ce zèle, qu'il avait si hautement montré contre les opinions de cet hérésiarque réformateur, fut une des raisons qui le retinrent sur le dogme, quand il eut changé la discipline.

Il voulut bien être le rival du pape, mais non *luthérien* ou *sacramentaire*. L'invocation des saints ne fut point abolie, mais restreinte. Il fit lire l'Écriture en langue vulgaire; mais il ne voulut pas qu'on allât plus avant. Ce fut un crime capital de croire au pape; c'en fut un d'être protestant. Il fit brûler dans la même place ceux qui parlaient pour le pontife, et ceux qui se déclaraient de la réforme d'Allemagne.

Le célèbre Morus, qui avait été grand-chancelier, et un évêque nommé Fisher, qui refusèrent de prêter le serment de suprématie, c'est-à-dire de reconnaître Henri VIII pour le pape d'Angleterre, furent condamnés, par le parlement, à perdre la tête, selon la rigueur de la loi nouvellement portée; car c'était toujours avec le glaive de la loi que Henri VIII fesait périr quiconque résistait.

Presque tous les historiens, et surtout ceux de la communion romaine, se sont accordés à regarder ce Thomas More ou Morus comme un homme vertueux, comme une victime des lois, comme un sage rempli de clémence et de bonté ainsi que de doctrine; mais la vérité est que c'était un superstitieux et un barbare persécuteur. Il avait, un an avant son supplice, fait venir chez lui un avocat nommé Bainham, accusé de favoriser les opinions des luthériens; et l'ayant fait battre de verges en sa présence, l'ayant ensuite fait conduire à la tour, où il fut témoin des tortures qu'il lui fit subir, il l'avait enfin fait brûler vif dans la place de Smithfield. Plusieurs autres malheureux avaient péri dans les flammes par des arrêts principalement émanés de ce chancelier qu'on nous peint comme un homme si doux et si tolérant. C'était pour de telles cruautés qu'il méritait le dernier supplice, et non pas pour avoir nié la nouvelle suprématie de Henri VIII. Il mourut en plaisantant : il eût mieux valu avoir un caractère plus sérieux et moins barbare.

Le pape Paul III, successeur de Clément VII, crut sauver la vie à l'évêque Fisher, pendant qu'on instruisait son procès, en lui envoyant le chapeau de cardinal : il ne fit que donner au roi le plaisir de faire périr un cardinal sur l'échafaud. La tête du cardinal Polus, ou de La Pole, qui était à Rome, fut mise à prix. Le roi fit périr par la main du bourreau la mère de ce cardinal, sans respecter ni la vieillesse ni le sang royal dont elle était; et tout cela parcequ'on lui contestait sa qualité de pape anglais.

Un jour le roi, sachant qu'il y avait à Londres un *sacramentaire* assez habile, nommé Lambert, voulut se donner la gloire de disputer contre lui dans une grande assemblée convoquée à Westminster. La fin de la dispute fut que le roi lui donna le choix d'être de son avis, ou d'être pendu : Lambert eut le courage de choisir le dernier parti; et le roi eut la lâche cruauté de le faire exécuter. Les évêques d'Angleterre étaient encore catholiques, en renonçant à la juridiction du pape; et ils étaient si animés contre les hérétiques, que, lorsqu'ils les avaient condamnés au feu, ils accordaient quarante jours d'indulgence à quiconque apportait du bois au bûcher.

Tous ces meurtres se fesaient par l'autorité du parlement. Ce masque de justice, plus odieux peut-être que l'oppression qui brave les lois, fut pourtant ce qui prévint les guerres civiles. Il n'y eut que quelques séditions dans les provinces. Londres, tremblante, fut tranquille; tant Henri VIII, adroit et terrible, avait su se rendre absolu!

Sa volonté fesait toutes les lois; et ces lois, par lesquelles on jugeait les hommes, étaient si imparfaites, qu'on pouvait alors condamner à mort un accusé sans avoir deux témoins contre lui. Ce ne fut que sous le règne d'Édouard VI que les Anglais décernèrent[1], à

---

[1] Il semble qu'il faudrait lire ici *décrétèrent;* mais on lit *décernèrent* dans toutes les éditions, 1756, 1761, 1769, 1775, etc. Voltaire avait déjà employé cette expression au chapitre LXXVIII. B.

l'exemple des autres nations, qu'il faut deux témoins pour faire condamner un coupable.

Anne de Boulen jouissait de son triomphe à l'ombre de l'autorité du roi. On prétend que les partisans secrets de Rome conjurèrent sa perte, dans l'espérance que, si le roi se séparait d'elle, la fille de Catherine d'Espagne hériterait du royaume, et rétablirait la religion abolie pour sa rivale. Le complot réussit au-delà de ce qu'on espérait : le roi, amoureux de Jeanne de Seymour, fille d'honneur de la reine, reçut avidement ce qu'on lui dit contre sa femme. Toutes ses passions étaient extrêmes : il ne craignit point la honte d'accuser son épouse d'adultère dans la chambre des pairs. Ce parlement, qui ne fut jamais que l'instrument des passions du roi, condamna la reine au supplice sur des indices si légers, qu'un citoyen qui se brouillerait avec sa femme pour si peu de chose passerait pour un homme injuste. On fit trancher la tête à son frère, qu'on supposait avoir commis un inceste avec elle, sans qu'on en eût la moindre preuve. On fit mourir deux hommes qui lui avaient dit un jour de ces choses flatteuses qu'on dit à toutes les femmes, et qu'une reine vertueuse peut entendre, quand l'enjouement de son esprit permet quelque liberté à ses courtisans. On pendit un musicien qu'on avait engagé à déposer qu'il avait eu ses faveurs, et qui ne lui fut jamais confronté. La lettre que cette malheureuse reine écrivit à son mari avant d'aller à l'échafaud paraît un grand témoignage de son innocence et de son courage. « Vous m'avez toujours éle-
« vée, dit-elle : de simple demoiselle vous me fîtes

« marquise; de marquise, reine; et de reine vous
« voulez aujourd'hui me faire sainte. » Enfin Anne de Boulen passa du trône à l'échafaud par la jalousie d'un mari qui ne l'aimait plus (19 mai 1536). Ce ne fut pas la vingtième tête couronnée qui périt tragiquement en Angleterre, mais ce fut la première qui mourut par la main du bourreau. Le tyran (on ne peut lui donner un autre nom) fit encore un divorce avec sa femme avant de la faire mourir, et par-là déclara bâtarde sa fille Élisabeth, comme il avait déclaré bâtarde sa première fille Marie.

Dès le lendemain même de l'exécution de la reine, il épousa Jeanne de Seymour, qui mourut l'année suivante, après lui avoir donné un fils.

(1539) Henri passe bientôt à de nouvelles noces avec Anne de Clèves, séduit par un portrait que le fameux peintre Holbein avait fait de cette princesse. Mais quand il la vit, il la trouva si différente de ce portrait, qu'au bout de six mois il se résolut à un troisième divorce. Il dit à son clergé qu'en épousant Anne de Clèves il n'avait pas donné un consentement intérieur à son mariage. On ne peut avoir l'audace d'alléguer une telle raison que quand on est sûr que ceux à qui on la donne auront la lâcheté de la trouver bonne. Les bornes de la justice et de la honte étaient passées depuis long-temps. Le clergé et le parlement donnèrent la sentence de divorce. Il épousa une cinquième femme: c'est Catherine Howard, l'une de ses sujettes. Tout autre se fût lassé d'exposer sans cesse au public la honte vraie ou fausse de sa maison. Mais Henri, ayant appris que la reine, avant son mariage, avait eu des amants, fit encore trancher la tête à cette reine (13 février 1542) pour une faute passée qu'il devait ignorer, et qui ne méritait aucune peine lorsqu'elle fut commise.

Souillé de trois divorces et du sang de deux épouses, il fit porter une loi dont la honte, la cruauté, le ridicule, l'impossibilité dans l'exécution, sont égales ; c'est que tout homme qui sera instruit d'une galanterie de la reine doit l'accuser, sous peine de haute trahison ; et que toute fille qui épouse un roi d'Angleterre, et n'est pas vierge, doit le déclarer sous la même peine.

La plaisanterie (si on pouvait plaisanter dans une telle cour) disait qu'il fallait que le roi épousât une veuve : aussi en épousa-t-il une dans la personne de Catherine Parr, sa sixième femme (1543). Elle fut prête de subir le sort d'Anne de Boulen et de Catherine Howard, non pour ses galanteries, mais parce qu'elle fut quelquefois d'un autre avis que le roi sur les matières de théologie.

Quelques souverains qui ont changé la religion de leurs états ont été des tyrans, parceque la contradiction et la révolte font naître la cruauté. Henri VIII était cruel par son caractère ; tyran dans le gouvernement, dans la religion, dans sa famille. Il mourut dans son lit (1545); et Henri VI, le plus doux des princes, avait été détrôné, emprisonné, assassiné !

On vit dans sa dernière maladie un effet singulier du pouvoir qu'ont les lois en Angleterre jusqu'à ce qu'elles soient abrogées, et combien on s'est tenu dans tous les temps à la lettre plutôt qu'à l'esprit de ces lois. Personne n'osait avertir Henri de sa fin prochaine, parcequ'il avait fait statuer quelques années auparavant, par le parlement, que c'était un crime de haute trahison de prédire la mort du souverain. Cette loi, aussi cruelle qu'inepte, ne pouvait être fondée sur les troubles que la succession entraînerait, puisque cette succession était réglée en faveur du prince Édouard : elle n'était que le fruit de la tyrannie de Henri VIII, de sa crainte de la mort, et de l'opinion où les peuples étaient encore qu'il y a un art de connaître l'avenir.

CHAPITRE CXXXVI.

Suite de la religion d'Angleterre.

Sous le barbare et capricieux Henri VIII, les Anglais ne savaient encore de quelle religion ils devaient être. Le luthéranisme, le puritanisme, l'ancienne religion romaine, partageaient et troublaient les esprits que la raison n'éclairait pas encore. Ce conflit d'opinions et de cultes bouleversait les têtes, s'il ne subvertissait pas l'état. Chacun examinait, chacun raisonnait, et ce furent les premières semences de cette philosophie hardie qui se déploya long-temps après sous Charles II et sous ses successeurs.

Déjà même, quoique le scepticisme eût peu de partisans en Angleterre, et qu'on ne disputât que pour savoir sous quel maître on devait s'égarer, il y eut dans le grand parlement convoqué par Henri des esprits mâles qui déclarèrent hautement qu'il ne fallait croire ni à l'Église de Rome ni aux sectes de Luther et de Zuingle. Le célèbre lord Herbert nous a conservé le discours plus hardi d'un membre du parlement (1529), lequel déclara que la prodigieuse multitude d'opinions théologiques qui s'étaient combattues dans tous les temps mettait les hommes dans la nécessité de n'en croire aucune, et que la seule religion nécessaire était de croire un Dieu et d'être juste. On l'écouta, on ne murmura pas, et, on resta dans l'incertitude.

Sous le règne du jeune Édouard VI, fils de Henri VIII et de Jeanne Seymour, les Anglais furent protestants, parceque le prince et son conseil le furent, et que l'esprit de réforme avait jeté partout des racines. Cette Église était alors un mélange de *sacramentaires* et de *luthériens*; mais personne ne fut persécuté pour sa foi, hors deux pauvres femmes anabaptistes, que l'archevêque de Cantorbéry, Cranmer, qui était luthérien, s'obstina à faire brûler, ne prévoyant pas qu'un jour il périrait par le même supplice. Le jeune roi ne voulait pas consentir à l'arrêt porté contre une de ces infortunées : il résista long-temps ; il signa en pleurant. Ce n'était pas assez de verser des larmes, il fallait ne pas signer ; mais il n'était âgé que de quatorze ans, et ne pouvait avoir de volonté ferme ni dans le mal ni dans le bien.

Ceux que l'on appelait alors anabaptistes en Angleterre sont les pères de ces quakers pacifiques, dont la religion a été tant tournée en ridicule, et dont on a été forcé de respecter les mœurs. Ils ressemblaient très peu par les dogmes, et encore moins par leur conduite, à ces anabaptistes d'Allemagne, ramas d'hommes rustiques et féroces que nous avons vus pousser les fureurs d'un fanatisme sauvage aussi loin que peut aller la nature humaine abandonnée à elle-même. Les anabaptistes anglais n'avaient point encore de corps de doctrine arrêté; aucune secte établie populairement n'en peut jamais avoir qu'à la longue; mais ce qui est très extraordinaire, c'est que, se croyant chrétiens, et ne se piquant nullement de philosophie, ils n'étaient réellement que des déistes; car ils ne reconnaissaient Jésus-Christ que comme un homme à qui Dieu avait daigné donner des lumières plus pures qu'à ses contemporains. Les plus savants d'entre eux prétendaient que le terme de *fils de Dieu* ne signifie chez les Hébreux qu'*homme de bien*, comme *fils de Satan* ou de *Bélial* ne veut dire que *méchant homme*. La plupart des dogmes, disaient-ils, qu'on a tirés de l'Écriture, sont des subtilités de philosophie dont on a enveloppé des vérités simples et naturelles. Ils ne reconnaissaient ni l'histoire de la chute de l'homme, ni le mystère de la sainte Trinité, ni par conséquent celui de l'Incarnation. Le baptême des enfants était absolument rejeté chez eux; ils en conféraient un nouveau aux adultes : plusieurs même ne regardaient le baptême que comme une ancienne ablution orientale adoptée par les Juifs, renouvelée par saint Jean-Baptiste, et que le Christ ne mit jamais en usage avec aucun de ses disciples. C'est en cela surtout qu'ils ressemblèrent le plus aux quakers qui sont venus après eux, et c'est principalement leur aversion pour le baptême des enfants qui leur fit donner par le peuple le nom d'*anabaptistes*. Ils pensaient suivre l'Évangile à la lettre; et en mourant pour leur secte, ils croyaient mourir pour le christianisme: bien différents en cela des théistes ou des déicoles, qui établirent plus que jamais leurs opinions secrètes au milieu de tant de sectes publiques.

Ceux-ci, plus attachés à Platon qu'à Jésus-Christ, plus philosophes que chrétiens, fatigués de tant de disputes malheureuses, rejetèrent témérairement la révélation divine dont les hommes avaient trop abusé, et l'autorité ecclésiastique dont on avait abusé encore davantage. Ils étaient répandus dans toute l'Europe, et se sont multipliés depuis à un excès prodigieux, mais sans jamais établir ni secte ni société, sans s'élever contre aucune puissance. C'est la seule religion sur la terre qui n'ait jamais eu d'assemblée, celle dans laquelle on a le moins écrit, celle qui a été la plus paisible; elle s'est étendue partout sans aucune communication. Composée originairement de philosophes, qui, en suivant trop leurs lumières naturelles, et sans s'instruire mutuellement, se sont tous égarés d'une manière uniforme; passant ensuite dans l'ordre mitoyen de ceux qui vivent dans le loisir attaché à une fortune bornée, elle est montée depuis chez les grands de tous les pays, et elle a rarement descendu chez le peuple. L'Angleterre a été de tous les pays du monde celui où cette religion, ou plutôt cette philosophie, a jeté avec le temps les racines les plus profondes et les plus étendues. Elle y a pénétré même chez quelques artisans et jusque dans les campagnes.

Le peuple de cette île est le seul qui ait commencé à penser par lui-même; mais le nombre de ces philosophes agrestes est très petit, et le sera toujours : le travail des mains ne s'accorde point avec le raisonnement, et le commun peuple en général n'use ni n'abuse guère de son esprit.

Un athéisme funeste, qui est le contraire du théisme, naquit encore dans presque toute l'Europe de ces divisions théologiques. On prétend qu'alors il y avait plus d'athées en Italie qu'ailleurs. Ce ne furent pas les querelles de doctrine qui conduisirent les philosophes italiens à cet excès, ce furent les désordres dans lesquels presque toutes les cours et celle de Rome étaient tombées. Si on lit avec attention plusieurs écrits italiens de ces temps-là, on verra que leurs auteurs, trop frappés du débordement des crimes dont ils parlaient, ne reconnaissaient point l'Être suprême dont la providence permet ces crimes, et pensaient comme Lucrèce pensait dans des temps non moins malheureux. Cette opinion pernicieuse s'établit chez les grands en Angleterre et en France; elle eut peu de cours dans l'Allemagne et dans le Nord, et il n'est pas à craindre qu'elle fasse jamais de grands progrès. La vraie philosophie, la morale, l'intérêt de la société, l'ont presque anéantie ; mais alors elle s'établissait par les guerres de religion ; et des chefs de parti devenus athées conduisaient une multitude d'enthousiastes [1].

---

[1] Si l'on entend par athée un homme qui, rejetant toute religion particulière, ne connaît pas la religion naturelle, il y en a eu un grand nombre dans tous les temps. Ils ont été communs parmi les hommes puissants de tous les pays, et surtout parmi les prêtres de toutes les religions. Le monde

(1553) Édouard VI mourut dans ces temps funestes, n'ayant encore pu donner que des espérances. Il avait déclaré, en mourant, héritière du royaume sa cousine Jeanne Grey, descendante de Henri VII, au préjudice de Marie, sa sœur, fille de Henri VIII et de Catherine d'Espagne. Jeanne Grey fut proclamée à Londres; mais le parti et le droit de Marie l'emportèrent. A peine y eut-il une guerre. Marie enferma sa rivale dans la tour avec la princesse Élisabeth, qui régna depuis avec tant de gloire.

Beaucoup plus de sang fut répandu par les bourreaux que par les soldats. Le père, le beau-père, l'époux de Jeanne Grey, elle-même enfin, furent condamnés à perdre la tête. Voilà la troisième reine expirant en Angleterre par le dernier supplice. Elle

---

a été sans interruption la proie de scélérats imbéciles qui croyaient tout, dirigés par des scélérats hypocrites qui ne croyaient rien. Cette espèce d'athéisme osa se montrer presque ouvertement en Italie, vers le seizième siècle : c'est alors qu'on imagina d'ériger l'hypocrisie et le mensonge en système de morale, et d'établir que la croyance des fables religieuses est un frein salutaire pour la méchanceté humaine; et, à la honte de la raison, ce système a encore des partisans.

Quant aux philosophes qui nient l'existence d'un Être suprême, ou n'admettent qu'un dieu indifférent aux actions des hommes, et ne punissant le crime que par ses suites naturelles, la crainte et les remords, et aux sceptiques qui, laissant à l'écart ces questions insolubles et dès-lors indifférentes, se sont bornés à enseigner une morale naturelle, ils ont été très communs dans la Grèce, dans Rome; et ils commencent à le devenir parmi nous. Mais ces philosophes ne sont pas dangereux. Le fanatisme est une bête féroce que la religion enchaîne ou excite à son gré; la raison seule peut l'étouffer dès sa naissance.

Observons cependant avec quel soin M. de Voltaire saisit toutes les occasions d'annoncer aux hommes un Dieu vengeur des crimes, et apprenons à connaître la bonne foi des feseurs de libelles, qui l'ont accusé de détruire les fondements de la morale, et qui l'ont fait croire à force de le répéter. K.

n'avait que dix-sept ans; on l'avait forcée à recevoir la couronne; tout parlait en sa faveur, et Marie devait craindre l'exemple trop fréquent de passer du trône à l'échafaud. Mais rien ne la retint; elle était aussi cruelle que Henri VIII. Sombre et tranquille dans ses barbaries, autant que Henri son père était emporté, elle eut un autre genre de tyrannie.

Attachée à la communion romaine, toujours irritée du divorce de sa mère, elle commença par convoquer, à force d'adresse et d'argent, une chambre des communes toute catholique. Les pairs, qui, pour la plupart, n'avaient de religion que celle du prince, ne furent pas difficiles à gagner. Il arriva en matière de religion ce qu'on avait vu en politique dans les guerres de la *rose blanche* et de la *rose rouge*. Le parlement avait condamné tour-à-tour les Yorks et les Lancastres. Il poursuivit sous Henri VIII les protestants; il les encouragea sous Édouard VI; il les brûla sous Marie. On a demandé souvent pourquoi ce supplice horrible du feu est chez les chrétiens le châtiment de ceux qui ne pensent pas comme l'Église dominante, tandis que les plus grands crimes sont punis d'une mort plus douce. L'évêque Burnet en donne pour raison que, comme on croyait les hérétiques condamnés à être brûlés éternellement dans l'enfer, quoique leur corps n'y fût point avant la résurrection, on pensait imiter la justice divine en brûlant leur corps sur la terre.

(1553) L'archevêque de Cantorbéry, Cranmer, qui avait beaucoup servi Henri VIII dans son divorce, ne fut pas condamné pour ce dangereux service, mais pour être protestant. Il eut la faiblesse d'abjurer; et Marie eut la satisfaction de le faire brûler, après l'avoir déshonoré. Ce primat du royaume reprit son courage sur le bûcher. Il déclara qu'il mourait protestant, fit réellement ce qu'on a écrit et probablement ce qu'on a feint de Mutius Scévola; il plongea d'abord dans les flammes la main qui avait signé l'abjuration, et n'élança son corps dans le bûcher que quand sa main fut tombée; action aussi intrépide et plus louable que celle qu'on attribue à Mutius. L'Anglais se punissait d'avoir succombé à ce qui lui paraissait une faiblesse, et le Romain d'avoir manqué un assassinat.

On compte environ huit cents personnes livrées aux flammes sous Marie. Une femme grosse accoucha dans le bûcher même. Quelques citoyens, touchés de pitié, arrachèrent l'enfant du feu. Le juge catholique l'y fit rejeter. En lisant ces actions abominables, croit-on être né parmi des hommes, ou parmi ces êtres qui nous sont représentés dans un gouffre de supplices, acharnés à y plonger le genre humain?

De tous ceux que Marie fit exécuter vifs dans les flammes, il n'y en eut aucun qui fût accusé de révolte : la religion fesait tout. On laisse aux Juifs l'exercice de leur loi; on leur donne des priviléges; et les chrétiens livrent à la plus horrible mort d'autres chrétiens qui diffèrent d'eux sur quelques articles!

(1558) Marie mourut paisible, mais méprisée de son mari Philippe II et de ses sujets, qui lui reprochent encore la perte de Calais, laissant enfin une mémoire odieuse dans l'esprit de quiconque n'a pas l'ame d'un persécuteur.

A Marie catholique succéda Élisabeth protestante. Le parlement fut protestant ; la nation entière le devint, et l'est encore. Alors la religion fut fixée. La liturgie qu'on avait ébauchée sous Édouard VI fut établie telle qu'elle est aujourd'hui ; la hiérarchie romaine conservée avec bien moins de cérémonies que chez les catholiques, et un peu plus que chez les luthériens ; la confession permise et non ordonnée ; la créance que Dieu est dans l'eucharistie sans transsubstantiation : c'est en général ce qui constitue la religion anglicane. La politique exigeait que la suprématie restât à la couronne : une femme fut donc chef de l'Église.

Cette femme avait plus d'esprit, et un meilleur esprit que Henri VIII son père, et que Marie sa sœur. Elle évita la persécution autant qu'ils l'avaient excitée. Comme elle vit à son avénement que les prédicateurs des deux partis étaient en chaire les trompettes de la discorde, elle ordonna qu'on ne prêchât de six mois, sans une permission expresse signée d'elle, afin de préparer les esprits à la paix. Cette précaution nouvelle contint ceux qui croyaient avoir le droit, et qui pouvaient avoir le talent d'émouvoir le peuple. Personne ne fut persécuté, ni même recherché pour sa croyance [1] ; mais on poursuivit sévèrement selon la loi ceux qui violaient la loi et qui troublaient l'état. Ce grand principe si long-temps méconnu s'établit

---

[1] Il faut en excepter les anti-trinitaires. On en condamna plusieurs aux flammes sous son règne. Cette manière de les traiter était le seul point de discipline ecclésiastique sur lequel on fût alors d'accord en Europe : dans un siècle on ne le sera plus que sur la tolérance. K.

alors en Angleterre dans les esprits, que c'est à Dieu seul à juger les cœurs qui peuvent lui déplaire, que c'est aux hommes à réprimer ceux qui s'élèvent contre le gouvernement établi par les hommes. Vous examinerez dans la suite ce que vous devez penser d'Élisabeth, et surtout ce que fut sa nation.

CHAPITRE CXXXVII.

De la religion en Écosse.

La religion n'éprouva de troubles en Écosse que comme un reflux de ceux d'Angleterre. Vers l'an 1559, quelques calvinistes s'étaient d'abord insinués dans le peuple, qu'il faut presque toujours gagner le premier. Il est de bonne foi ; il se met lui-même la bride qu'on lui présente, jusqu'à ce qu'il vienne quelque homme puissant qui la tienne, et qui s'en serve à son avantage.

Les évêques catholiques ne manquèrent pas d'abord de faire condamner au feu quelques hérétiques : c'était une chose aussi en usage en Europe que de faire périr un voleur par la corde.

Il arriva en Écosse ce qui doit arriver dans tous les pays où il reste de la liberté. Le supplice d'un vieux prêtre, que l'archevêque de Saint-André avait condamné au bûcher (1559), ayant fait beaucoup de prosélytes, on se servit de cette liberté pour répandre plus hardiment les nouveaux dogmes, et pour s'élever contre la cruauté de l'archevêque. Plusieurs seigneurs firent en Écosse, dans la minorité de la fameuse reine Marie Stuart, ce que firent depuis ceux de France dans la minorité de Charles IX. Leur ambition attisa le feu que les disputes de religion allumaient; il y eut beaucoup de sang répandu comme ailleurs. Les Écossais, qui étaient alors un des peuples les plus pauvres et les moins industrieux de l'Europe, auraient bien mieux fait de s'appliquer à fertiliser par leur travail leur terre ingrate et stérile, et à se procurer au moins par la pêche une subsistance qui leur manquait, que d'ensanglanter leur malheureux pays pour des opinions étrangères et pour l'intérêt de quelques ambitieux. Ils ajoutèrent ce nouveau malheur à celui de l'indigence où ils étaient alors.

(1559) La reine régente, mère de Marie Stuart, crut étouffer la réforme en fesant venir des troupes de France; mais elle établit par cela même le changement qu'elle voulait empêcher. Le parlement d'Écosse, indigné de voir le pays rempli de soldats étrangers, obligea la régente de les renvoyer; il abolit la religion romaine, et établit la confession de foi de Genève.

Marie Stuart, veuve du roi de France François II, princesse faible, née seulement pour l'amour, forcée par Catherine de Médicis, qui craignait sa beauté, de quitter la France et de retourner en Écosse, ne retrouva qu'une contrée malheureuse, divisée par le fanatisme. Vous verrez comme elle augmenta par ses faiblesses les malheurs de son pays.

Le calvinisme enfin l'a emporté en Écosse, malgré

les évêques catholiques, et ensuite malgré les évêques anglicans. Il est aujourd'hui presque aboli en France, du moins il n'y est plus toléré. Tout a été révolution depuis le seizième siècle, en Écosse, en Angleterre, en Allemagne, en Suède, en Danemarck, en Hollande, en Suisse, et en France.

CHAPITRE CXXXVIII.

De la religion en France, sous François Ier et ses successeurs.

Les Français depuis Charles VII étaient regardés à Rome comme des schismatiques, à cause de la pragmatique sanction faite à Bourges, conformément aux décrets du concile de Bâle, ennemi de la papauté. Le plus grand objet de cette pragmatique était l'usage des élections parmi les ecclésiastiques, usage encourageant à la vertu et à la doctrine en de meilleurs temps, mais source de factions. Il était cher aux peuples par ces deux endroits; il l'était aux esprits rigides comme un reste de la primitive Église, aux universités comme récompense de leurs travaux. Les papes cependant, malgré cette pragmatique qui abolissait les annates et les autres exactions, les recevaient presque toujours. Fromenteau nous dit que dans les dix-sept années du règne de Louis XII, ils tirèrent du diocèse de Paris la somme exorbitante de trois millions trois cent mille livres numéraires de ce temps-là.

Lorsque François Ier alla faire, en 1515, ses expéditions d'Italie, brillantes au commencement comme celles de Charles VIII et de Louis XII, et ensuite plus malheureuses encore, Léon X, qui s'était d'abord opposé à lui, en eut besoin et lui fut nécessaire.

(1515 et 1516) Le chancelier Duprat, qui fut depuis cardinal, fit avec les ministres de Léon X ce fameux *concordat* par lequel on disait que le roi et le pape se donnèrent ce qui ne leur appartenait pas. Le roi obtint la nomination des bénéfices; et le pape eut, par un article secret, le revenu de la première année, en renonçant aux mandats, aux réserves, aux expectatives, à la prévention, droits que Rome avait long-temps prétendus. Le pape, immédiatement après la signature du concordat, se réserva les annates par une bulle. L'université de Paris, qui perdait un de ses droits, s'en attribua un qu'à peine un parlement d'Angleterre pourrait prétendre : elle fit afficher une défense d'imprimer le *concordat* du roi, et de lui obéir. Cependant les universités ne sont pas si maltraitées par cet accord du roi et du pape, puisque la troisième partie des bénéfices leur est réservée, et qu'elles peuvent les impétrer pendant quatre mois de l'année, janvier, avril, juillet, et octobre, qu'on nomme les mois des *gradués*.

Le clergé, et surtout les chapitres, à qui on ôtait le droit de nommer leurs évêques, en murmurèrent; l'espérance d'obtenir des bénéfices de la cour les apaisa. Le parlement, qui n'attendait pas de graces de la cour, fut inébranlable dans sa fermeté à soutenir les anciens usages, et les libertés de l'Église gallicane dont il était le conservateur; il résista respectueusement à plusieurs lettres de jussion; et enfin, forcé d'enregistrer le *concordat*, il protesta que c'était par le commandement du roi, réitéré plusieurs fois[a].

Cependant le parlement dans ses remontrances, l'université dans ses plaintes, semblaient oublier un service essentiel que François Ier rendait à la nation en accordant les *annates* : elles avaient été payées avant lui sur un pied exorbitant, ainsi qu'en Angleterre: il les modéra; elles ne montent pas aujourd'hui à quatre cent mille francs, année commune. Mais enfin les vœux de toute la nation étaient qu'on ne payât point du tout d'*annates* à Rome.

On souhaitait au moins un concordat semblable au concordat germanique. Les Allemands, toujours jaloux de leurs droits, avaient stipulé avec Nicolas V que l'élection canonique serait en vigueur dans toute l'Allemagne; qu'on ne paierait point d'annates à Rome; que seulement le pape pourrait nommer à certains canonicats pendant six mois de l'année, et que les pourvus paieraient au pape une somme dont on convint. Ces riches canonicats allemands étaient encore un grand abus aux yeux des jurisconsultes, et cette redevance à Rome une simonie. C'était, selon eux, un marché onéreux et scandaleux, de payer en Italie pour obtenir un revenu dans la Germanie et dans la Gaule. Ce trafic paraissait la honte de la religion; et les calculateurs politiques fesaient voir que c'était une faute capitale en France d'envoyer tous les ans à Rome environ quatre cent mille livres, dans un temps où l'on ne regagnait point par le commerce

[a] Voyez l'*Histoire du Parlement*, chap. xv.

ce que l'on perdait par ce contrat pernicieux. Si le pape exigeait cet argent comme un tribut, il était odieux; comme une aumône, elle était trop forte. Mais enfin, aucun accord ne s'est jamais fait que pour de l'argent; reliques, indulgences, dispenses, bénéfices, tout a été vendu.

S'il fallait mettre ainsi la religion à l'encan, il valait mieux, sans doute, faire servir cette simonie au bien de l'état qu'au profit d'un évêque étranger, qui, par le droit de la nature et des gens, n'était pas plus autorisé à recevoir la première année du revenu d'un bénéfice en France que la première année du revenu de la Chine et des Indes.

Cet accord alors si révoltant se fit dans le temps qui précéda la rupture du Nord entier, de l'Angleterre, et de la moitié de l'Allemagne, avec le siége de Rome. Ce siége en devint bientôt plus odieux à la France; et la religion pouvait souffrir de la haine que Rome inspirait.

Tel fut long-temps le cri de tous les magistrats, de tous les chapitres, de toutes les universités. Ces plaintes s'aggravèrent encore, quand on vit la bulle dans laquelle le voluptueux Léon X appelle la pragmatique-sanction *la dépravation du royaume de France*.

Cette insulte faite à toute une nation, dans une bulle où l'on citait saint Paul, et où l'on demandait de l'argent, excite encore aujourd'hui l'indignation publique.

Les premières années qui suivirent le *concordat* furent des temps de troubles dans plusieurs diocèses.

Le roi nommait un évêque, les chanoines un autre; le parlement, en vertu des appels comme d'abus, jugeait en faveur du clergé. Ces disputes eussent fait naître des guerres civiles du temps du gouvernement féodal. Enfin François Ier ôta au parlement la connaissance de ce qui concerne les évêchés et les abbayes, et l'attribua au grand-conseil. Avec le temps tout fut tranquille : on s'accoutuma au *concordat*, comme s'il avait toujours existé; (1538) et les plaintes du parlement cessèrent entièrement, lorsque le roi obtint du pape Paul III l'indult du chancelier et des membres du parlement; indult par lequel ils peuvent eux-mêmes faire en petit ce que le roi fait en grand, conférer un bénéfice dans leur vie : les maîtres des requêtes eurent le même privilége.

Dans toute cette affaire, qui fit tant de peine à François Ier, il était nécessaire qu'il fût obéi, s'il voulait que Léon X remplît avec lui ses engagements politiques, et l'aidât à recouvrer le duché de Milan.

On voit que l'étroite liaison qui les unit quelque temps ne permettait pas au roi de laisser se former en France une religion contraire à la papauté. Le conseil croyait d'ailleurs que toute nouveauté en religion traîne après elle des nouveautés dans l'état. Les politiques peuvent se tromper en ne jugeant que par un exemple qui les frappe. Le conseil avait raison, en considérant les troubles d'Allemagne qu'il fomentait lui-même; peut-être avait-il tort s'il songeait à la facilité avec laquelle les rois de Suède et de Danemarck établissaient alors le luthéranisme. Il pouvait encore regarder en arrière, et voir de plus grands exemples.

La religion chrétienne s'était partout introduite sans guerre civile : dans l'empire romain, sur un édit de Constantin; en France, par la volonté de Clovis; en Angleterre, par l'exemple du petit roi de Kent, nommé Éthelbert; en Pologne, en Hongrie, par les mêmes causes. Il n'y avait guère plus d'un siècle que le premier des Jagellons qui régna en Pologne s'était fait chrétien, et avait rendu toute la Lithuanie et la Samogitie chrétiennes, sans que ces anciens Gépides eussent murmuré. Si les Saxons avaient été baptisés dans des ruisseaux de sang par Charlemagne, c'est qu'il s'agissait de les asservir, et non de les éclairer. Si on voulait jeter les yeux sur l'Asie entière, on verrait les états musulmans remplis de chrétiens et d'idolâtres également paisibles, plusieurs religions établies dans l'Inde, à la Chine, et ailleurs, sans avoir jamais pris les armes. Si on remontait à tous les siècles anciens, on y verrait les mêmes exemples. Ce n'est pas une religion nouvelle qui par elle-même est dangereuse et sanglante, c'est l'ambition des grands, laquelle se sert de cette religion pour attaquer l'autorité établie. Ainsi les princes luthériens s'armèrent contre l'empereur qui voulait les détruire; mais François Ier, Henri II, n'avaient chez eux ni princes ni seigneurs à craindre.

La cour, divisée depuis sous des minorités malheureuses, était alors réunie dans une obéissance parfaite à François Ier : aussi ce prince laissa-t-il plutôt persécuter les hérétiques qu'il ne les poursuivit. Les évêques, les parlements, allumèrent des bûchers : il ne les éteignit pas. Il les aurait éteints si son cœur n'avait pas été endurci sur les malheurs des autres autant qu'amolli par les plaisirs; il aurait du moins mitigé la peine de Jean Le Clerc, qui fut tenaillé vif, et à qui on coupa les bras, les mamelles, et le nez, pour avoir parlé contre les images et contre les reliques. Il souffrit qu'on brûlât à petit feu vingt misérables, accusés d'avoir dit tout haut ce que lui-même pensait sans doute tout bas, si l'on en juge par toutes les actions de sa vie. Le nombre des suppliciés pour n'avoir pas cru au pape, et l'horreur de leurs supplices, font frémir: il n'en était point ému; la religion ne l'embarrassait guère. Il se liguait avec les protestants d'Allemagne, et même avec les mahométans, contre Charles-Quint; et quand les princes luthériens d'Allemagne ses alliés lui reprochèrent d'avoir fait mourir leurs frères qui n'excitaient aucun trouble en France, il rejetait tout sur les juges ordinaires.

Nous avons vu [1] les juges d'Angleterre, sous Henri VIII et sous Marie, exercer des cruautés qui font horreur: les Français, qui passent pour un peuple plus doux, surpassèrent beaucoup ces barbaries faites au nom de la religion et de la justice.

Il faut savoir qu'au douzième siècle, Pierre Valdo [2], riche marchand de Lyon, dont la piété et les erreurs donnèrent, dit-on, naissance à la secte des Vaudois, s'étant retiré avec plusieurs pauvres qu'il nourrissait dans des vallées incultes et désertes entre la Provence et le Dauphiné, il leur servit de pontife comme de

[1] Chap. cxxxv et cxxxvi. B.
[2] Voyez chap. cxxviii. B.

père; il les instruisait dans sa secte, qui ressemblait à celle des Albigeois, de Wiclef, de Jean Hus, de Luther, de Zuingle, sur plusieurs points principaux. Ces hommes, long-temps ignorés, défrichèrent ces terres stériles, et par des travaux incroyables les rendirent propres au grain et au pâturage; ce qui prouve combien il faut accuser notre négligence, s'il reste en France des terres incultes. Ils prirent à cens les héritages des environs; leurs peines servirent à les faire vivre et enrichir leurs seigneurs, qui jamais ne se plaignirent d'eux. Leur nombre en deux cent cinquante ans se multiplia jusqu'à près de dix-huit mille. Ils habitèrent trente bourgs, sans compter les hameaux. Tout cela était l'ouvrage de leurs mains. Point de prêtres parmi eux, point de querelles sur leur culte, point de procès; ils décidaient entre eux leurs différents. Ceux qui allaient dans les villes voisines étaient les seuls qui sussent qu'il y avait une messe et des évêques. Ils priaient Dieu dans leur jargon, et un travail assidu rendait leur vie innocente. Ils jouirent pendant plus de deux siècles de cette paix, qu'il faut attribuer à la lassitude des guerres contre les Albigeois. Quand l'esprit humain s'est emporté long-temps aux dernières fureurs, il mollit vers la patience et l'indifférence : on le voit dans chaque particulier et dans les nations entières. Ces Vaudois jouissaient de ce calme, quand les réformateurs d'Allemagne et de Genève apprirent qu'ils avaient des frères (1540). Aussitôt ils leur envoyèrent des ministres; on appelait de ce nom les desservants des églises protestantes. Alors ces Vaudois furent trop connus. Les édits nouveaux contre les hérétiques les condamnaient au feu. Le parlement de Provence décerna cette peine contre dix-neuf des principaux habitants du bourg de Mérindol, et ordonna que leurs bois seraient coupés, et leurs maisons démolies. Les Vaudois, effrayés, députèrent vers le cardinal Sadolet, évêque de Carpentras, qui était alors dans son évêché. Cet illustre savant, vrai philosophe, puisqu'il était humain, les reçut avec bonté, et intercéda pour eux. Langeai, commandant en Piémont, fit surseoir l'exécution (1541); François I*er* leur pardonna, à condition qu'ils abjureraient. On n'abjure guère une religion sucée avec le lait. Leur opiniâtreté irrita le parlement provençal, composé d'esprits ardents. Jean Meynier d'Oppède, alors premier président, le plus emporté de tous, continua la procédure.

Les Vaudois enfin s'attroupèrent. D'Oppède, irrité, aggrava leurs fautes auprès du roi, et obtint permission d'exécuter l'arrêt suspendu cinq années entières. Il fallait des troupes pour cette expédition : d'Oppède et l'avocat-général Guérin en prirent. Il paraît évident que ces habitants trop opiniâtres, appelés par le déclamateur Maimbourg *une canaille révoltée*, n'étaient point du tout disposés à la révolte, puisqu'ils ne se défendirent pas; ils s'enfuirent de tous côtés, en demandant miséricorde. Le soldat égorgea les femmes; les enfants, les vieillards, qui ne purent fuir assez tôt.

D'Oppède et Guérin courent de village en village. On tue tout ce qu'on rencontre : on brûle les maisons et les granges, les moissons et les arbres : on poursuit les fugitifs à la lueur de l'embrasement. Il ne restait dans le bourg fermé de Cabrières que soixante hommes et trente femmes : ils se rendent, sous la promesse qu'on épargnera leur vie; mais à peine rendus, on les massacre. Quelques femmes réfugiées dans une église voisine en sont tirées par l'ordre d'Oppède; il les enferme dans une grange, à laquelle il fait mettre le feu. On compta vingt-deux bourgs mis en cendres; et lorsque les flammes furent éteintes, la contrée, auparavant florissante et peuplée, fut un désert où l'on ne voyait que des corps morts. Le peu qui échappa se sauva vers le Piémont. François Ier en eut horreur : l'arrêt dont il avait permis l'exécution portait seulement la mort de dix-neuf hérétiques : d'Oppède et Guérin firent massacrer des milliers d'habitants. Le roi recommanda, en mourant, à son fils de faire justice de cette barbarie, qui n'avait point d'exemple chez des juges de paix.

En effet Henri II permit aux seigneurs ruinés de ces villages détruits et de ces peuples égorgés de porter leurs plaintes au parlement de Paris. L'affaire fut plaidée. D'Oppède eut le crédit de paraître innocent; tout retomba sur l'avocat-général Guérin; il n'y eut que cette tête qui paya le sang de cette multitude malheureuse.

Ces exécutions n'empêchaient pas le progrès du calvinisme. On brûlait d'un côté, et on chantait de l'autre en riant les psaumes de Marot, selon le génie toujours léger et quelquefois très cruel de la nation française. Toute la cour de Marguerite, reine de Navarre et sœur de François Ier, était calviniste;

la moitié de celle du roi l'était. Ce qui avait commencé par le peuple avait passé aux grands, comme il arrive toujours. On fesait secrètement des prêches : on disputait partout hautement. Ces querelles, dont personne ne se soucie aujourd'hui, ni dans Paris, ni à la cour, parcequ'elles sont anciennes, aiguillonnaient dans leur nouveauté tous les esprits. Il y avait dans le parlement de Paris plus d'un membre attaché à ce qu'on appelait *la réforme*. Ce corps était toujours occupé à combattre les prétentions de l'Église de Rome, que l'hérésie détruisait. La liberté rigide et républicaine de quelques conseillers se plaisait encore à favoriser une secte sévère qui condamnait les débauches de la cour. Henri II, mécontent de plusieurs membres de ce corps, entre un jour inopinément dans la grand'-chambre, tandis qu'on délibérait sur l'adoucissement de la persécution contre les huguenots. Il fait arrêter cinq conseillers (1554) : l'un d'eux, Anne du Bourg, qui avait parlé avec le plus de force, signa dans la Bastille sa confession de foi, qui se trouva conforme en beaucoup d'articles à celle des calvinistes et des luthériens.

Il y avait alors un inquisiteur en France, quoique le tribunal de l'inquisition, qui est en horreur à tous les Français, n'y fût pas établi. L'évêque de Paris, cet inquisiteur, nommé Mouchi, et des commissaires du parlement, jugèrent et condamnèrent du Bourg, malgré l'ancienne loi suivant laquelle il ne devait être jugé que par les chambres du parlement assemblées; loi toujours subsistante, toujours réclamée, et presque toujours inutile : car rien n'est si commun dans l'histoire de France que des membres du parlement jugés ailleurs que dans le parlement. Anne du Bourg ne fut exécuté que sous le règne de François II. Le cardinal de Lorraine, homme qui gouvernait l'état avec violence, voulait sa mort (1559) : on pendit et on brûla dans la Grève ce prêtre magistrat, esprit trop inflexible, mais juge intègre et d'une vertu reconnue [a].

Les martyrs font des prosélytes : le supplice d'un tel homme fit plus de réformés que les livres de Calvin. La sixième partie de la France était calviniste sous François II, comme le tiers de l'Allemagne, au moins, fut luthérien sous Charles-Quint.

Il ne restait qu'un parti à prendre : c'était d'imiter Charles-Quint, qui finit, après bien des guerres, par laisser la liberté de conscience, et la reine Élisabeth, qui, en protégeant la religion dominante, laissa chacun adorer Dieu suivant ses principes, pourvu qu'on fût soumis aux lois de l'état.

C'est ainsi qu'on en use aujourd'hui dans tous les pays désolés autrefois par les guerres de religion, après que trop d'expériences funestes ont fait connaître combien ce parti est salutaire.

Mais pour le prendre, il faut que les lois soient affermies, et que la fureur des factions commence à se calmer. Il n'y eut en France que des factions sanglantes depuis François II jusqu'aux belles années du grand Henri. Dans ce temps de troubles les lois furent inconnues; et le fanatisme, survivant encore à la guerre, assassina ce monarque au milieu de la paix

---

[a] Voyez l'*Histoire du Parlement*, chap. xxi.

par la main d'un furieux et d'un imbécile échappé du cloître.

M'étant fait ainsi une idée de l'état de la religion en Europe au seizième siècle, il me reste à parler des ordres religieux qui combattaient les opinions nouvelles, et de l'inquisition, qui s'efforçait d'exterminer les protestants.

CHAPITRE CXXXIX.

Des ordres religieux.

La vie monastique, qui a fait tant de bien et tant de mal, qui a été une des colonnes de la papauté, et qui a produit celui par qui la papauté fut exterminée dans la moitié de l'Europe, mérite une attention particulière.

Beaucoup de protestants et de gens du monde s'imaginent que les papes ont inventé toutes ces milices différentes en habit, en chaussure, en nourriture, en occupations, en règles, pour être dans tous les états de la chrétienté les armées du saint-siége. Il est vrai que les papes les ont mises en usage, mais ils ne les ont point inventées.

Il y eut chez les peuples de l'Orient, dans la plus haute antiquité, des hommes qui se retiraient de la foule pour vivre ensemble dans la retraite. Les Perses, les Égyptiens, les Indiens surtout, eurent des communautés de cénobites, indépendamment de ceux qui étaient destinés au culte des autels. C'est des Indiens que nous viennent ces prodigieuses austérités, ces sacrifices et ces tourments volontaires auxquels les hommes se condamnent, dans la persuasion que la Divinité se plaît aux souffrances des hommes. L'Europe en cela ne fut que l'imitatrice de l'Inde. L'imagination ardente et sombre des Orientaux s'est portée beaucoup plus loin que la nôtre. On ne voit point de moines chez les Grecs et chez les Romains; tous les colléges de prêtres desservaient leurs temples auxquels ils étaient attachés. La vie monastique était inconnue à ces peuples. Les Juifs eurent leurs esséniens et leurs thérapeutes : les chrétiens les imitèrent.

Saint Basile, au commencement du quatrième siècle, dans une province barbare vers la mer Noire, établit sa règle suivie de tous les moines de l'Orient: il imagina les trois vœux, auxquels les solitaires se soumirent tous. Saint Benedict, ou Benoît, donna la sienne au sixième siècle, et fut le patriarche des cénobites de l'Occident.

Ce fut long-temps une consolation pour le genre humain qu'il y eût de ces asiles ouverts à tous ceux qui voulaient fuir les oppressions du gouvernement goth et vandale. Presque tout ce qui n'était pas seigneur de château était esclave : on échappait, dans la douceur des cloîtres, à la tyrannie et à la guerre. Les lois féodales de l'Occident ne permettaient pas, à la vérité, qu'un esclave fût reçu moine sans le consentement du seigneur; mais les couvents savaient éluder la loi. Le peu de connaissances qui restait chez les Barbares fut perpétué dans les cloîtres. Les bénédictins transcrivirent quelques livres. Peu-à-peu il sortit des cloîtres plusieurs inventions utiles. D'ailleurs ces religieux cultivaient la terre, chantaient les louanges de Dieu, vivaient sobrement, étaient hospitaliers; et leurs exemples pouvaient servir à mitiger la férocité de ces temps de barbarie. On se plaignit que bientôt après les richesses corrompirent ce que la vertu et la nécessité avaient institué : il fallut des réformes. Chaque siècle produisit en tous pays des hommes animés par l'exemple de saint Benoît, qui tous voulurent être fondateurs de congrégations nouvelles.

L'esprit d'ambition est presque toujours joint à celui d'enthousiasme, et se mêle, sans qu'on s'en aperçoive, à la piété la plus austère. Entrer dans l'ordre ancien de saint Benoît ou de saint Basile, c'était se faire sujet ; créer un nouvel institut, c'était se faire un empire. De là cette multitude de clercs, de chanoines réguliers, de religieux, et de religieuses. Quiconque a voulu fonder un ordre a été bien reçu des papes, parcequ'ils ont été tous immédiatement soumis au saint-siége, et soustraits, autant qu'on l'a pu, à la domination de leurs évêques. La plupart de leurs généraux résident à Rome comme dans le centre de la chrétienté, et de cette capitale ils envoient au bout du monde les ordres que le pontife leur donne.

Mais ce qu'on n'a pas assez remarqué, c'est qu'il s'en est fallu peu que le pontificat romain n'ait été pour jamais entre les mains des moines. Ce dernier avilissement qui manquait à Rome ne fut pas à craindre lorsque Grégoire Ier fut élu pape par le clergé et par le peuple (590). Il est vrai qu'auparavant il avait été bénédictin, mais il y avait long-temps qu'il était sorti du cloître. Les Romains depuis s'accoutumèrent à voir des moines sur la chaire papale; elle fut remplie par des dominicains et par des franciscains aux treizième et quatorzième siècles, et il y en eut beaucoup au quinzième. Les cardinaux, dans ces temps de trouble, d'ignorance, de fausse science, et de barbarie, avaient ravi au clergé et au peuple romain le droit d'élire leur évêque. Si ces moines papes avaient osé seulement mettre dans le collége des cardinaux les deux tiers de moines, le pontificat restait pour jamais entre leurs mains; les moines alors auraient gouverné despotiquement toute la chrétienté catholique; tous les rois auraient été exposés à l'excès de l'opprobre. Les cardinaux n'ont paru sentir ce danger que vers la fin du seizième siècle, sous le pontificat du cordelier Sixte-Quint. Ce n'est que dans ce temps qu'ils ont pris la résolution de ne donner le chapeau de cardinal qu'à très peu de moines, et de n'en élire aucun pour pape[a].

Tous les états chrétiens étaient inondés, au commencement du seizième siècle, de citoyens devenus étrangers dans leur patrie, et sujets du pape. Un autre abus, c'est que ces familles immenses se perpétuent aux dépens de la race humaine. On peut assurer qu'avant que la moitié de l'Europe eût aboli les cloîtres,

---

[a] Malgré cette résolution inspirée par la politique, il y a eu dans ce siècle deux papes tirés des ordres religieux, Orsini (Benoît XIII), dominicain; Ganganelli (Clément XIV), franciscain : tant les choses changent! — Pie VII (Grégoire-Louis-Barnabé Chiaramonte), né le 14 août 1740, élu pape le 14 mars 1800, mort le 20 août 1823, était bénédictin. B.

ils renfermaient plus de cinq cent mille personnes. Il y a des campagnes dépeuplées; les colonies du Nouveau-Monde manquent d'habitants; le fléau de la guerre emporte tous les jours trop de citoyens. Si le but de tout législateur est la multiplication des sujets, c'est aller sans doute contre ce grand principe que de trop encourager cette multitude d'hommes et de femmes que perd chaque état, et qui s'engagent par serment, autant qu'il est en eux, à la destruction de l'espèce humaine. Il serait à souhaiter qu'il y eût des retraites douces pour la vieillesse; mais ce seul institut nécessaire est le seul qui ait été oublié. C'est l'extrême jeunesse qui peuple les cloîtres: c'est dans un âge où il n'est permis nulle part de jouir de ses biens, qu'il est permis de disposer de sa liberté pour jamais.

On ne peut nier qu'il n'y ait eu dans le cloître de très grandes vertus : il n'est guère encore de monastère qui ne renferme des ames admirables, qui font honneur à la nature humaine. Trop d'écrivains se sont fait un plaisir de rechercher les désordres et les vices dont furent souillés quelquefois ces asiles de la piété. Il est certain que la vie séculière a toujours été plus vicieuse, et que les plus grands crimes n'ont pas été commis dans les monastères; mais ils ont été plus remarqués par leur contraste avec la règle. Nul état n'a toujours été pur. Il faut n'envisager ici que le bien général de la société : il faut plaindre mille talents ensevelis, et des vertus stériles qui eussent été utiles au monde. Le petit nombre des cloîtres fit d'abord beaucoup de bien. Ce petit nombre proportionné à l'étendue de chaque état eût été respectable. Le grand nombre les avilit, ainsi que les prêtres, qui, autrefois presque égaux aux évêques, sont maintenant à leur égard ce qu'est le peuple en comparaison des princes.

Il est vrai qu'entre les anciens moines noirs et les nouveaux moines blancs il régnait une inimitié scandaleuse. Cette jalousie ressemblait à celle des factions vertes et bleues dans l'empire romain; mais elle ne causa pas les mêmes séditions.

Dans cette foule d'ordres religieux, les bénédictins tenaient toujours le premier rang. Occupés de leur puissance et de leurs richesses, ils n'entrèrent guère au seizième siècle dans les disputes scolastiques; ils regardaient les autres moines comme l'ancienne noblesse voit la nouvelle. Ceux de Cîteaux, de Clervaux, et beaucoup d'autres, étaient des rejetons de la souche de saint Benoît, et n'étaient, du temps de Luther, connus que par leur opulence. Les riches abbayes d'Allemagne, tranquilles dans leurs états, ne se mêlaient pas de controverse, et les bénédictins de Paris n'avaient pas encore employé leur loisir à ces savantes recherches qui leur ont donné tant de réputation.

Les carmes, transplantés de la Palestine en Europe, au treizième siècle, étaient contents, pourvu qu'on crût qu'Élie était leur fondateur.

L'ordre des chartreux, établi près de Grenoble à la fin du onzième siècle, seul ordre ancien qui n'ait jamais eu besoin de réforme, était en petit nombre; trop riche, à la vérité, pour des hommes séparés du

CHAP. CXXXIX. DES ORDRES RELIGIEUX. 327

siècle, mais, malgré ces richesses, consacrés sans relâchement au jeûne, au silence, à la prière, à la solitude; tranquilles sur la terre, au milieu de tant d'agitations dont le bruit venait à peine jusqu'à eux, et ne connaissant les souverains que par les prières où leurs noms sont insérés. Heureux si des vertus si pures et si persévérantes avaient pu être utiles au monde!

Les prémontrés, que saint Norbert fonda (1120), ne fesaient pas beaucoup de bruit, et n'en valaient que mieux.

Les franciscains étaient les plus nombreux et les plus agissants. François d'Assise, qui les fonda vers l'an 1210, était l'homme de la plus grande simplicité et du plus prodigieux enthousiasme : c'était l'esprit du temps; c'était en partie celui de la populace des croisés; c'était celui des Vaudois et des Albigeois. Il trouva beaucoup d'hommes de sa trempe, et se les associa. Les guerres des croisades nous ont déjà fait voir [1] un grand exemple de son zèle et de celui de ses compagnons, quand il alla proposer au soudan d'Égypte de se faire chrétien, et que frère Gille prêcha si obstinément dans Maroc.

Jamais les égarements de l'esprit n'ont été poussés plus loin que dans le livre *des Conformités de François avec le Christ*, écrit de son temps, augmenté depuis, recueilli et imprimé enfin, au commencement du seizième siècle, par un cordelier nommé Barthélemi Albizzi. On regarde, dans ce livre, le Christ comme précurseur de François. C'est là qu'on

---

[1] Voyez chap. LVII, tome II, page 196. B.

trouve l'histoire de la femme de neige que François
fit de ses mains; celle d'un loup enragé qu'il guérit
miraculeusement, et auquel il fit promettre de ne plus
manger de moutons; celle d'un cordelier devenu
évêque, qui, déposé par le pape, et étant mort après
sa déposition, sortit de sa bière pour aller porter une
lettre de reproche au pape; celle d'un médecin qu'il
fit mourir par ses prières dans Nocera, pour avoir
le plaisir de le ressusciter par de nouvelles prières.
On attribuait à François une multitude prodigieuse
de miracles. C'en était un grand, en effet, qu'avait
opéré ce fondateur d'un si grand ordre, de l'avoir
multiplié au point que de son vivant, à un chapitre
général qui se tint près d'Assise (1219), il se trouva
cinq mille de ses moines. Aujourd'hui, quoique les
protestants leur aient enlevé un nombre prodigieux
de leurs monastères, ils ont encore sept mille maisons d'hommes sous des noms différents, et plus de
neuf cents couvents de filles. On a compté, par leurs
derniers chapitres, cent quinze mille hommes, et environ vingt-neuf mille filles : abus intolérable dans
des pays où l'on a vu l'espèce humaine manquer sensiblement.

Ceux-là étaient ardents à tout; prédicateurs, théologiens, missionnaires, quêteurs, émissaires, courant d'un bout du monde à l'autre, et en tous lieux
ennemis des dominicains. Leur querelle théologique
roulait sur la naissance de la mère de Jésus-Christ.
Les dominicains assuraient qu'elle était née livrée au
démon comme les autres : les cordeliers prétendaient
qu'elle avait été exempte du péché originel. Les do-

CHAP. CXXXIX. DES ORDRES RELIGIEUX.

...icains croyaient être fondés sur l'opinion de saint ...mas; les franciscains sur celle de Jean Duns, ...ssais, nommé improprement Scot, et connu en ... temps par le titre de *Docteur subtil*.

...a querelle politique de ces deux ordres était la ...e du prodigieux crédit des dominicains.

...eux-ci, fondés un peu après les franciscains, n'é-...nt pas si nombreux; mais ils étaient plus puis-...ts, par la charge de maître du sacré palais de ...ne, qui, depuis saint Dominique, est affectée à ... ordre, et par les tribunaux de l'inquisition aux-...ls ces religieux président. Leurs généraux même ...mèrent long-temps les inquisiteurs dans la chré-...té. Le pape, qui les nomme actuellement, laisse ...ours subsister la congrégation de cet office dans ...ouvent de la Minerve des dominicains; et ces ...nes sont encore inquisiteurs dans trente-deux tri-...aux de l'Italie, sans compter ceux du Portugal et ... l'Espagne.

...our les Augustins, c'était originairement une con-...gation d'ermites, auxquels le pape Alexandre IV ...na une règle (1254). Quoique le sacristain du pape ... toujours tiré de leur corps, et qu'ils fussent en ...session de prêcher et de vendre les indulgences, ... n'étaient ni si répandus que les cordeliers, ni si ...ssants que les dominicains; et ils ne sont guère ...nus du monde séculier que pour avoir eu Luther ...s leur ordre.

...es minimes ne fesaient ni bien ni mal. Ils furent ...dés par un homme sans jugement, par ce Fran-...o Martorillo, que Louis XI priait de lui prolonger la vie. Ce Martorillo ayant réglé en Calabre que ses moines mangeraient tout à l'huile, parceque l'huile y est presque pour rien, ordonna la même chose à ses moines établis par lui-même dans les climats septentrionaux de France où les oliviers ne croissent point, et où l'huile est quelquefois si chère, que cette nourriture, ordonnée par la frugalité, est un luxe.

J'omets un grand nombre de congrégations différentes; car, dans ce plan général, je ne fais point passer en revue tous les régiments d'une armée. Mais l'ordre des jésuites, établi du temps de Luther, demande une attention distinguée. Le monde chrétien s'est épuisé à en dire du bien et du mal. Cette société s'est étendue partout, et partout elle a eu des ennemis. Un très grand nombre de personnes pense que sa fondation était l'effort de la politique, et que l'institut d'Inigo, que nous nommons Ignace, était un dessein formé d'asservir les consciences des rois à son ordre, de le faire dominer sur les esprits des peuples, et de lui acquérir une espèce de monarchie universelle.

Ignace de Loyola était bien éloigné d'une pareille vue, et ne fut jamais en état de former de telles prétentions : c'était un gentilhomme biscayen, sans lettres, né avec un esprit romanesque, entêté de livres de chevalerie, et disposé à l'enthousiasme. Il servait dans les troupes d'Espagne tandis que les Français, qui voulaient en vain retirer la Navarre des mains de ses usurpateurs, assiégeaient le château de Pampelune (1521). Ignace, qui alors avait près de trente ans, était renfermé dans le château. Il y fut blessé.

CHAP. CXXXIX. DES ORDRES RELIGIEUX. 331

La Légende dorée, qu'on lui donna à lire pendant sa convalescence, et une vision qu'il crut avoir, le déterminèrent à faire le pélerinage de Jérusalem. Il se dévoua à la mortification. On assure même qu'il passa sept jours et sept nuits sans manger ni boire, chose presque incroyable, qui marque une imagination un peu faible et un corps extrêmement robuste. Tout ignorant qu'il était, il prêcha de village en village. On sait le reste de ses aventures; comment il se fit chevalier de la Vierge après avoir fait la veille des armes pour elle; comment il voulut combattre un Maure qui avait parlé peu respectueusement de celle dont il était chevalier, et comme il abandonna la chose à la décision de son cheval, qui prit un autre chemin que celui du Maure. Il prétendit aller prêcher les Turcs : il alla jusqu'à Venise; mais fesant réflexion qu'il ne savait pas le latin, langue pourtant assez inutile en Turquie, il retourna, à l'âge de trente-trois ans, commencer ses études à Salamanque.

L'inquisition l'ayant fait mettre en prison parcequ'il dirigeait des dévotes, et en fesait des pélerines, et n'ayant pu apprendre dans Alcala ni dans Salamanque les premiers rudiments de la grammaire, il alla se mettre en sixième dans Paris, au collége de Montaigu, se soumettant au fouet comme les petits garçons de sa classe [1]. Incapable d'apprendre le latin, pauvre, errant dans Paris, et méprisé, il trouva des

---

[1] Le P. Bouhours, dans sa *Vie de saint Ignace*, dit que son héros fit ses humanités au collége de Montaigu, et sa philosophie au collége de Sainte-Barbe; voyez le *Petit avis à un jésuite* (*Mélanges*, année 1762), et dans le *Dictionnaire philosophique*, l'article IGNACE DE LOYOLA. B.

Espagnols dans le même état; il se les associa : quelques Français se joignirent à eux. Ils allèrent tous à Rome, vers l'an 1537, se présenter au pape Paul III, en qualité de pélerins qui voulaient aller à Jérusalem, et y former une congrégation particulière. Ignace et ses compagnons avaient de la vertu; ils étaient désintéressés, mortifiés, pleins de zèle. On doit avouer aussi qu'Ignace brûlait de l'ambition d'être chef d'un institut. Cette espèce de vanité, dans laquelle entre l'ambition de commander, s'affermit dans un cœur par le sacrifice des autres passions, et agit d'autant plus puissamment qu'elle se joint à des vertus. Si Ignace n'avait pas eu cette passion, il serait entré avec les siens dans l'ordre des Théatins, que le cardinal Cajetan avait établi. En vain ce cardinal le sollicitait d'entrer dans cette communauté, l'envie d'être fondateur l'empêcha d'être religieux sous un autre.

Les chemins de Jérusalem n'étaient pas sûrs; il fallut rester en Europe. Ignace, qui avait appris un peu de grammaire, se consacra à enseigner les enfants. Ses disciples remplirent cette vue avec un très grand succès; mais ce succès même fut une source de troubles. Les jésuites eurent à combattre des rivaux dans les universités où ils furent reçus; et les villes où ils enseignèrent en concurrence avec l'université furent un théâtre de divisions.

Si le desir d'enseigner, que la charité inspira à ce fondateur, a produit des événements funestes, l'humilité par laquelle il renonça lui et les siens aux dignités ecclésiastiques est précisément ce qui a fait la grandeur de son ordre. La plupart des souverains

CHAP. CXXXIX. DES ORDRES RELIGIEUX. 333

prirent des jésuites pour confesseurs, afin de n'avoir pas un évêché à donner pour une absolution; et la place de confesseur est devenue souvent bien plus importante qu'un siége épiscopal. C'est un ministère secret qui devient puissant à proportion de la faiblesse du prince.

Enfin Ignace et ses compagnons, pour arracher du pape une bulle d'établissement, fort difficile à obtenir, furent conseillés de faire, outre les vœux ordinaires, un quatrième vœu particulier d'obéissance au pape; et c'est ce quatrième vœu, qui, dans la suite, a produit des missionnaires portant la religion et la gloire du souverain pontife aux extrémités de la terre. Voilà comme l'esprit du monde le moins politique donna naissance au plus politique de tous les ordres monastiques. En matière de religion, l'enthousiasme commence toujours le bâtiment; mais l'habileté l'achève.

(1540) Paul III promulgua leur bulle d'institution, avec la clause expresse que leur nombre ne passerait jamais soixante. Cependant Ignace, avant de mourir, eut plus de mille jésuites sous ses ordres. La prudence gouverna enfin son enthousiasme : son livre des *Exercices spirituels*, qui devait diriger ses disciples, était à la vérité romanesque; il y représente Dieu comme un général d'armée, dont les jésuites sont les capitaines : mais on peut faire un très mauvais livre, et bien gouverner. Il fut assisté surtout par un Lainez et un Salmeron qui, étant devenus habiles, composèrent avec lui les lois de son ordre. François de Borgia, duc de Gandie, petit-fils du pape Alexandre VI, et neveu de

César Borgia, aussi dévot et aussi simple que son oncle et son grand-père avaient été méchants et fourbes, entra dans l'ordre des jésuites, et lui procura des richesses et du crédit. François Xavier, par ses missions dans l'Inde et au Japon, rendit l'ordre célèbre. Cette ardeur, cette opiniâtreté, ce mélange d'enthousiasme et de souplesse, qui fait le caractère de tout nouvel institut, fit recevoir les jésuites dans presque tous les royaumes, malgré les oppositions qu'ils essuyèrent. (1561) Ils ne furent admis en France qu'à condition qu'ils ne prendraient jamais le nom de jésuites, et qu'ils seraient soumis aux évêques. Ce nom de jésuite paraissait trop fastueux : on leur reprochait de vouloir s'attribuer à eux seuls un titre commun à tous les chrétiens ; et les vœux qu'ils faisaient au pape donnaient de la jalousie.

On les a vus depuis gouverner plusieurs cours de l'Europe, se faire un grand nom par l'éducation qu'ils ont donnée à la jeunesse, aller réformer les sciences à la Chine, rendre pour un temps le Japon chrétien, et donner des lois aux peuples du Paraguai[a]. A l'époque de leur expulsion du Portugal, premier signal de leur destruction, ils étaient environ dix-huit mille dans le monde, tous soumis à un général perpétuel et absolu, liés tous ensemble uniquement par l'obéissance qu'ils vouent à un seul. Leur gouvernement était devenu le modèle d'un gouvernement monarchique. Ils avaient des maisons pauvres, ils en avaient de très riches. L'évêque du Mexique, dom Jean de Palafox, écrivait au pape Innocent X, environ cent ans

---

[a] Voyez le chapitre CLIV, *Du Paraguai*.

après leur institution : « J'ai trouvé entre les mains
« des jésuites presque toutes les richesses de ces pro-
« vinces. Deux de leurs colléges possèdent trois cent
« mille moutons, six grandes sucreries dont quelques
« unes valent près d'un million d'écus ; ils ont des
« mines d'argent très riches ; leurs mines sont si con-
« sidérables qu'elles suffiraient à un prince qui ne
« reconnaîtrait aucun souverain au-dessus de lui. »
Ces plaintes paraissent un peu exagérées ; mais elles
étaient fondées.

Cet ordre eut beaucoup de peine à s'établir en
France ; et cela devait être. Il naquit, il s'éleva sous
la maison d'Autriche, alors ennemie de la France, et
fut protégé par elle. Les jésuites, du temps de la
Ligue, étaient les pensionnaires de Philippe II. Les
autres religieux, qui entrèrent tous dans cette faction, excepté les bénédictins et les chartreux, n'atti-
saient le feu qu'en France ; les jésuites le soufflaient
de Rome, de Madrid, de Bruxelles, au milieu de Paris.
Des temps plus heureux ont éteint ces flammes.

Rien ne semble plus contradictoire que cette haine
publique dont ils ont été chargés, et cette confiance
qu'ils se sont attirée ; cet esprit qui les exila de plusieurs pays, et qui les y remit en crédit ; ce prodigieux
nombre d'ennemis, et cette faveur populaire : mais on
avait vu des exemples de ces contrastes dans les ordres
mendiants. Il y a toujours dans une société nombreuse,
occupée des sciences et de la religion, des esprits ardents et inquiets qui se font des ennemis, des savants
qui se font de la réputation, des caractères insinuants

qui se font des partisans, et des politiques qui tirent parti du travail et du caractère de tous les autres.

Il ne faut pas sans doute attribuer à leur institut, à un dessein formé, général, et toujours suivi, les crimes auxquels des temps funestes ont entraîné plusieurs jésuites. Ce n'est pas certainement la faute d'Ignace, si les pères Matthieu, Guignard, Guéret, et d'autres, cabalèrent et écrivirent contre Henri IV avec tant de fureur, et s'ils ont été enfin chassés de la France, de l'Espagne et du Portugal, et détruits par un pape cordelier, malgré le quatrième vœu qu'ils fesaient au saint-siége; de même que ce n'est pas la faute du fondateur des dominicains, si un de leurs frères empoisonna l'empereur Henri VII en le communiant, et si un autre assassina le roi de France Henri III. On ne doit pas imputer davantage à saint Benoît l'empoisonnement du duc de Guienne, frère de Louis XI, par un bénédictin. Nul ordre religieux ne fut fondé dans des vues criminelles, ni même politiques.

Les pères de l'Oratoire de France, d'une institution plus nouvelle, sont différents de tous les ordres. Leur congrégation est la seule où les vœux soient inconnus, et où n'habite point le repentir. C'est une retraite toujours volontaire. Les riches y vivent à leurs dépens, les pauvres aux dépens de la maison. On y jouit de la liberté qui convient à des hommes. La superstition et les petitesses n'y déshonorent guère la vertu.

Il a régné entre tous ces ordres une émulation qui est souvent devenue une jalousie éclatante. La haine entre les moines noirs et les moines blancs subsista violemment pendant quelques siècles : les dominicains et les franciscains furent nécessairement divisés, comme on l'a remarqué [1] : chaque ordre semblait se rallier sous un étendard différent. Ce qu'on appelle esprit de corps anime toutes les sociétés.

Les instituts consacrés au soulagement des pauvres et au service des malades n'ont pas été les moins respectables. Peut-être n'est-il rien de plus grand sur la terre que le sacrifice que fait un sexe délicat de la beauté et de la jeunesse, souvent de la haute naissance, pour soulager dans les hôpitaux ce ramas de toutes les misères humaines dont la vue est si humiliante pour l'orgueil humain, et si révoltante pour notre délicatesse. Les peuples séparés de la communion romaine n'ont imité qu'imparfaitement une charité si généreuse; mais aussi cette congrégation si utile est la moins nombreuse.

Il est une autre congrégation plus héroïque; car ce nom convient aux trinitaires de la rédemption des captifs, établis vers l'an 1120 par un gentilhomme nommé Jean de Matha. Ces religieux se consacrent depuis six cents ans à briser les chaînes des chrétiens chez les Maures : ils emploient à payer les rançons des esclaves leurs revenus et les aumônes qu'ils recueillent, et qu'ils portent eux-mêmes en Afrique.

On ne peut se plaindre de tels instituts; mais on se plaint en général que la vie monastique a dérobé trop de sujets à la société civile. Les religieuses surtout sont mortes pour la patrie : les tombeaux où elles

---

[1] Chap. cxxix. B.

vivent sont presque tous très pauvres : une fille qui travaille de ses mains aux ouvrages de son sexe gagne beaucoup plus que ne coûte l'entretien d'une religieuse. Leur sort peut faire pitié, si celui de tant de couvents d'hommes trop riches peut faire envie. Il est bien évident que leur trop grand nombre dépeuplerait un état. Les Juifs, pour cette raison, n'eurent ni esséniennes ni filles thérapeutes : il n'y eut aucun asile consacré à la virginité en Asie ; les Chinois et les Japonais seuls ont quelques bonzesses ; mais elles ne sont pas absolument inutiles : il n'y eut jamais dans l'ancienne Rome que six vestales ; encore pouvaient-elles sortir de leur retraite au bout d'un certain temps pour se marier : les temples eurent très peu de prêtresses consacrées à la virginité. Le pape saint Léon, dont la mémoire est si respectée, ordonna (458), avec d'autres évêques, qu'on ne donnerait jamais le voile aux filles avant l'âge de quarante ans ; et l'empereur Majorien fit une loi de l'état de cette sage loi de l'Église : un zèle imprudent abolit avec le temps ce que la sagesse avait établi.

Un des plus horribles abus de l'état monastique, mais qui ne tombe que sur ceux qui, ayant eu l'imprudence de se faire moines, ont le malheur de s'en repentir, c'est la licence que les supérieurs des couvents se donnent d'exercer la justice et d'être chez eux lieutenants-criminels : ils enferment pour toujours dans des cachots souterrains ceux dont ils sont mécontents, ou dont ils se défient. Il y en a mille exemples en Italie, en Espagne ; il y en a eu en France : c'est ce que dans le jargon des moines ils appellent

CHAP. CXXXIX. DES ORDRES RELIGIEUX.

être in pace, *à l'eau d'angoisse et au pain de tribulation.*

Vous trouverez dans l'*Histoire du droit public ecclésiastique*[a], auquel travailla M. d'Argenson [1], le ministre des affaires étrangères, homme beaucoup plus instruit et plus philosophe qu'on ne croyait ; vous trouverez, dis-je, que l'intendant de Tours délivra un de ces prisonniers, qu'il découvrit difficilement après les plus exactes recherches. Vous verrez que M. de Coislin, évêque d'Orléans, délivra un de ces malheureux moines enfermé dans une citerne bouchée d'une grosse pierre. Mais ce que vous ne lirez pas, c'est qu'on ait puni l'insolence barbare de ces supérieurs monastiques, qui s'attribuaient le droit de la puissance royale, et qui l'exerçaient avec tant de tyrannie[b].

La politique semble exiger qu'il n'y ait pour le service des autels, et pour les autres secours, que le nombre de ministres nécessaire : l'Angleterre, l'Écosse, et l'Irlande, n'en ont pas vingt mille. La Hollande, qui contient deux millions d'habitants, n'a pas mille ecclésiastiques : encore ces hommes consacrés

---

[a] Tome I, page 399.

[1] L'*Histoire du Droit public ecclésiastique français*, par M. D. B. (Du Boullay, avocat), parut en 1737, 2 volumes in-8° ; une nouvelle édition augmentée fut publiée en 1750, 2 volumes in-4° ou 3 volumes in-12. (Voyez le n° 8023 de la seconde édition du *Dictionnaire des ouvrages anonymes*, par A. A. Barbier.) Dans son *Dictionnaire philosophique*, article Esclaves, 4ᵉ section, Voltaire dit que d'Argenson a eu *la meilleure part* au *Droit public ecclésiastique*. B.

[b] Le parlement de Paris punit en 1763 les moines de Clervaux d'une vexation semblable : il leur en coûta quarante mille écus.

à l'église, étant presque tous mariés, fournissent des sujets à la patrie, et des sujets élevés avec sagesse.

On comptait en France, vers l'an 1700, plus de deux cent cinquante mille ecclésiastiques, tant séculiers que réguliers; et c'est beaucoup plus que le nombre ordinaire de ses soldats. Le clergé de l'état du pape composait environ trente-deux mille hommes, et le nombre des religieux et des filles cloîtrées allait à huit mille : c'est de tous les états catholiques celui où le nombre des clercs séculiers excède le plus celui des religieux; mais avoir quarante mille ecclésiastiques, et ne pouvoir entretenir dix mille soldats, c'est le sûr moyen d'être toujours faible.

La France a plus de couvents que toute l'Italie ensemble. Le nombre des hommes et des femmes que renferment les cloîtres montait en ce royaume à plus de quatre-vingt-dix mille au commencement du siècle courant : l'Espagne n'en a environ que cinquante mille, si on s'en rapporte au dénombrement fait par Gonzalès d'Avila (1620); mais ce pays n'est pas à beaucoup près la moitié aussi peuplé que la France; et après l'émigration des Maures et des Juifs, après la transplantation de tant de familles espagnoles en Amérique, il faut convenir que les cloîtres en Espagne tiennent lieu d'une mortalité qui détruit insensiblement la nation.

Il y a dans le Portugal un peu plus de dix mille religieux de l'un et de l'autre sexe : c'est un pays à peu près d'une population égale à celle de l'état du pape, et cependant les cloîtres y sont plus peuplés.

Il n'est point de royaume où l'on n'ait souvent proposé de rendre à l'état une partie des citoyens que les monastères lui enlèvent ; mais ceux qui gouvernent sont rarement touchés d'une utilité éloignée, toute sensible qu'elle est, surtout quand cet avantage futur est balancé par les difficultés présentes.

Les ordres religieux s'opposent tous à cette réforme ; chaque supérieur qui se voit à la tête d'un petit état voudrait accroître la multitude de ses sujets ; et souvent un moine, que le repentir dessèche dans son cloître, est encore attaché à l'idée du bien de son ordre, qu'il préfère au bien réel de la patrie [1].

[1] Joseph II vient d'entreprendre cette réforme que, dans tous les états catholiques, les hommes éclairés, les bons citoyens, desiraient en vain depuis long-temps.

Il a supprimé successivement un grand nombre de couvents des deux sexes, et quelques ordres entiers, en commençant par les plus inutiles. Il assure aux individus qui vivaient dans ces couvents une subsistance suffisante, en permettant à ceux qui voudraient se réunir librement, de mener la vie commune sous l'inspection de l'évêque. Ce qui reste des biens de ces couvents est consacré à l'éducation publique, à des établissements utiles pour l'instruction et pour le soulagement du peuple.

En même temps il a soustrait les moines, qu'il n'a pas cru devoir supprimer encore, à l'obéissance du pape, et à celle de tout supérieur étranger. Il a rétabli les évêques dans leurs anciens droits ; et en respectant la primauté du siége de Rome, regardée comme un dogme par l'Église catholique, il en a décliné la juridiction, que l'histoire prouve n'être qu'un établissement purement humain, qu'une suite de la faiblesse des princes et de la superstition des peuples.

Il a rendu à tous ses sujets le droit de suivre le culte que leur prescrit leur conscience, en les assujettissant seulement à quelques sacrifices que l'amour de la paix rend nécessaires : mais ces sacrifices ne sont une atteinte ni à la liberté de la conscience, ni à aucun autre droit des hommes.

L'esclavage de la glèbe a été adouci, ou plutôt supprimé dans des pays immenses où, joint à l'intolérance, il avait empêché si long-temps les progrès de la population et de l'industrie. Ces changements heureux ont été l'ouvrage de la première année du règne de Joseph II ; et jamais aucun prince ni ancien ni moderne n'a montré au monde un plus courageux et plus éclairé restaurateur des droits de l'humanité et des lois de la justice. K.

CHAPITRE CXL.

De l'inquisition.

Si une milice de cinq ou six cent mille religieux, combattant par la parole sous l'étendard de Rome, ne put empêcher la moitié de l'Europe de se soustraire au joug de cette cour, l'inquisition n'a réellement servi qu'à faire perdre au pape encore quelques provinces, comme les sept Provinces-Unies, et à brûler ailleurs inutilement des malheureux.

On se souvient[1] que, dans les guerres contre les Albigeois, le pape Innocent III établit, vers l'an 1200, ce tribunal qui juge les pensées des hommes, et qu'au mépris des évêques, arbitres naturels dans les procès de doctrine, il fut confié à des dominicains et à des cordeliers.

Ces premiers inquisiteurs avaient le droit de citer tout hérétique, de l'excommunier, d'accorder des indulgences à tout prince qui exterminerait les condamnés, de réconcilier à l'Église, de taxer les pénitents, et de recevoir d'eux en argent une caution de leur repentir.

La bizarrerie des événements, qui met tant de contradictions dans la politique humaine, fit que le plus violent ennemi des papes fut le protecteur le plus sévère de ce tribunal.

L'empereur Frédéric II, accusé par le pape, tantôt

---

[1] Voyez chap. LXII. B.

d'être mahométan, tantôt d'être athée, crut se laver du reproche en prenant sous sa protection les inquisiteurs; il donna même quatre édits à Pavie (1244), par lesquels il ordonnait aux juges séculiers de livrer aux flammes ceux que les inquisiteurs condamneraient comme hérétiques obstinés, et de laisser dans une prison perpétuelle ceux que l'inquisition déclarerait repentants.

Frédéric II, malgré cette politique, n'en fut pas moins persécuté; et les papes se servirent depuis, contre les droits de l'empire, des armes qu'il leur avait données.

En 1255 le pape Alexandre III établit l'inquisition en France, sous le roi saint Louis. Le gardien des cordeliers de Paris et le provincial des dominicains étaient les grands inquisiteurs. Ils devaient, par la bulle d'Alexandre, consulter les évêques; mais ils n'en dépendaient pas : cette étrange juridiction, donnée à des hommes qui font vœu de renoncer au monde, indigna le clergé et les laïques. Un cordelier inquisiteur assista au jugement des templiers; mais bientôt le soulèvement de tous les esprits ne laissa à ces moines qu'un titre inutile.

En Italie les papes avaient plus de crédit, parceque, tout désobéis qu'ils étaient dans Rome, tout éloignés qu'ils en furent long-temps, ils étaient toujours à la tête de la faction guelfe contre celle des gibelins : ils se servirent de cette inquisition contre les partisans de l'empire (1302); car le pape Jean XXII fit procéder par des moines inquisiteurs contre Matthieu Visconti, seigneur de Milan, dont le crime était d'être attaché à l'empereur Louis de Bavière. Le dévouement du vassal à son suzerain fut déclaré hérésie : la maison d'Est, celle de Malatesta, furent traitées de même pour la même cause; et si le supplice ne suivit pas la sentence, c'est qu'il était alors plus aisé aux papes d'avoir des inquisiteurs que des armées.

Plus ce tribunal s'établit, et plus les évêques, qui se voyaient enlever un droit qui semblait leur appartenir, le réclamèrent vivement : les papes les associèrent aux moines inquisiteurs qui exerçaient pleinement leur autorité dans presque tous les états d'Italie, et dont les évêques ne furent que les assesseurs.

(1289) Sur la fin du treizième siècle, Venise avait déjà reçu l'inquisition : mais si ailleurs elle était toute dépendante du pape, elle fut dans l'état vénitien soumise au sénat : la plus sage précaution qu'il prit fut que les amendes et les confiscations n'appartinssent pas aux inquisiteurs. On croyait modérer leur zèle, en leur ôtant la tentation de s'enrichir par leurs jugements; mais, comme l'envie de faire valoir les droits de son ministère est chez les hommes une passion aussi forte que l'avarice, les entreprises des inquisiteurs obligèrent le sénat long-temps après, au seizième siècle, d'ordonner que l'inquisition ne pourrait jamais faire de procédure sans l'assistance de trois sénateurs. Par ce réglement, et par plusieurs autres aussi politiques, l'autorité de ce tribunal fut anéantie à Venise à force d'être éludée.

Un royaume où il semblait que l'inquisition dût s'établir avec le plus de facilité et de pouvoir, est précisément celui où elle n'a jamais eu d'entrée; c'est le royaume de Naples. Les souverains de cet état et ceux de Sicile se croyaient en droit, par les concessions des papes, d'y exercer la juridiction ecclésiastique : le pontife romain et le roi disputant toujours à qui nommerait les inquisiteurs, on n'en nomma point, et les peuples profitèrent, pour la première fois, des querelles de leurs maîtres : il y eut pourtant dans Naples et Sicile moins d'hérétiques qu'ailleurs. Cette paix de l'Église dans ces royaumes prouva bien que l'inquisition était moins un rempart de la foi qu'un fléau inventé pour troubler les hommes.

(1478) Elle fut enfin autorisée en Sicile, après l'avoir été en Espagne par Ferdinand et Isabelle ; mais elle fut en Sicile, plus encore qu'en Castille, un privilége de la couronne, et non un tribunal romain ; car en Sicile c'est le roi qui est pape.

Il y avait déjà long-temps qu'elle était reçue dans l'Aragon : elle y languissait ainsi qu'en France, sans fonctions, sans ordre, et presque oubliée.

Mais ce ne fut qu'après la conquête de Grenade qu'elle déploya dans toute l'Espagne cette force et cette rigueur que jamais n'avaient eues les tribunaux ordinaires. Il faut que le génie des Espagnols eût alors quelque chose de plus austère et de plus impitoyable que celui des autres nations. On le voit par les cruautés réfléchies dont ils inondèrent bientôt après le Nouveau-Monde. On le voit surtout ici par l'excès d'atrocité qu'ils mirent dans l'exercice d'une juridiction où les Italiens ses inventeurs mettaient beaucoup plus de douceur. Les papes avaient érigé ces tribunaux par politique; et les inquisiteurs espagnols y ajoutèrent la barbarie.

Lorsque Mahomet II eut subjugué Constantinople et la Grèce, lui et ses successeurs laissèrent les vaincus vivre en paix dans leur religion; et les Arabes, maîtres de l'Espagne, n'avaient jamais forcé les chrétiens régnicoles à recevoir le mahométisme. Mais après la prise de Grenade, le cardinal Ximénès voulut que tous les Maures fussent chrétiens, soit qu'il y fût porté par zèle, soit qu'il écoutât l'ambition de compter un nouveau peuple soumis à sa primatie. C'était une entreprise directement contraire au traité par lequel les Maures s'étaient soumis, et il fallait du temps pour la faire réussir. Mais Ximénès voulut convertir les Maures aussi vite qu'on avait pris Grenade. On les prêcha, on les persécuta : ils se soulevèrent; on les soumit, et on les força de recevoir le baptême (1499). Ximénès fit donner à cinquante mille d'entre eux ce signe d'une religion à laquelle ils ne croyaient pas.

Les Juifs, compris dans le traité fait avec les rois de Grenade, n'éprouvèrent pas plus d'indulgence que les Maures. Il y en avait beaucoup en Espagne. Ils étaient ce qu'ils sont partout ailleurs, les courtiers du commerce. Cette profession, loin d'être turbulente, ne peut subsister que par un esprit pacifique. On compte plus de vingt mille Juifs autorisés par le pape en Italie : il y a près de deux cent quatre-vingts synagogues en Pologne. La seule province de Hollande possède environ douze mille Hébreux, quoiqu'elle puisse assurément faire sans eux le commerce. Les Juifs ne paraissaient pas plus dangereux en Espagne; et les taxes qu'on pouvait leur imposer étaient des ressources assurées pour le gouvernement : il est donc bien difficile de pouvoir attribuer à une sage politique la persécution qu'ils essuyèrent.

L'inquisition procéda contre eux et contre les musulmans. Nous avons déjà observé [1] combien de familles mahométanes et juives aimèrent mieux quitter l'Espagne que de soutenir la rigueur de ce tribunal, et combien Ferdinand et Isabelle perdirent de sujets. C'étaient certainement ceux de leur secte les moins à craindre, puisqu'ils préféraient la fuite à la révolte. Ce qui restait feignit d'être chrétien. Mais le grand-inquisiteur Torquemada fit regarder à la reine Isabelle tous ces chrétiens déguisés comme des hommes dont il fallait confisquer les biens et proscrire la vie.

Ce Torquemada, dominicain, devenu cardinal, donna au tribunal de l'inquisition espagnole cette forme juridique opposée à toutes les lois humaines, laquelle s'est toujours conservée. Il fit en quatorze ans le procès à près de quatre-vingt mille hommes, et en fit brûler six mille avec l'appareil et la pompe des plus augustes fêtes. Tout ce qu'on nous raconte des peuples qui ont sacrifié des hommes à la Divinité n'approche pas de ces exécutions accompagnées de cérémonies religieuses. Les Espagnols n'en conçurent pas d'abord assez d'horreur, parceque c'étaient leurs anciens ennemis et des Juifs qu'on immolait. Mais

---

[1] Chap. cii. B.

bientôt eux-mêmes devinrent victimes; car lorsque les dogmes de Luther éclatèrent, le peu de citoyens qui fut soupçonné de les admettre fut immolé. La forme des procédures devint un moyen infaillible de perdre qui on voulait. On ne confronte point les accusés aux délateurs, et il n'y a point de délateur qui ne soit écouté. Un criminel public et flétri par la justice, un enfant, une courtisane, sont des accusateurs graves : le fils même peut déposer contre son père, la femme contre son époux : enfin l'accusé est obligé d'être lui-même son propre délateur, de deviner et d'avouer le délit qu'on lui suppose, et que souvent il ignore. Cette procédure inouïe jusqu'alors fit trembler l'Espagne. La défiance s'empara de tous les esprits; il n'y eut plus d'amis, plus de société : le frère craignit son frère, le père son fils. C'est de là que le silence est devenu le caractère d'une nation née avec toute la vivacité que donne un climat chaud et fertile. Les plus adroits s'empressèrent d'être les archers de l'inquisition sous le nom de ses familiers, aimant mieux être satellites que suppliciés.

Il faut encore attribuer à ce tribunal cette profonde ignorance de la saine philosophie où les écoles d'Espagne demeurent plongées, tandis que l'Allemagne, l'Angleterre, la France, l'Italie même, ont découvert tant de vérités, et ont élargi la sphère de nos connaissances. Jamais la nature humaine n'est si avilie que quand l'ignorance superstitieuse est armée du pouvoir.

Mais ces tristes effets de l'inquisition sont peu de chose en comparaison de ces sacrifices publics qu'on nomme *auto-da-fé*, acte de foi, et des horreurs qui les précèdent.

C'est un prêtre en surplis, c'est un moine voué à l'humilité et à la douceur, qui fait dans de vastes cachots appliquer des hommes aux tortures les plus cruelles. C'est ensuite un théâtre dressé dans une place publique, où l'on conduit au bûcher tous les condamnés, à la suite d'une procession de moines et de confréries. On chante, on dit la messe, et on tue des hommes. Un Asiatique qui arriverait à Madrid le jour d'une telle exécution, ne saurait si c'est une réjouissance, une fête religieuse, un sacrifice, ou une boucherie; et c'est tout cela ensemble. Les rois, dont ailleurs la seule présence suffit pour donner grace à un criminel, assistent nu-tête à ce spectacle, sur un siége moins élevé que celui de l'inquisiteur, et voient expirer leurs sujets dans les flammes. On reprochait à Montezuma d'immoler des captifs à ses dieux : qu'aurait-il dit s'il avait vu un *auto-da-fé*?

Ces exécutions sont aujourd'hui plus rares qu'autrefois; mais la raison, qui perce avec tant de peine quand le fanatisme est établi, n'a pu les abolir encore [a].

L'inquisition ne fut introduite dans le Portugal que vers l'an 1557, quand ce pays n'était point soumis aux Espagnols. Elle essuya d'abord toutes les contradictions que son seul nom devait produire : mais enfin elle s'établit, et sa jurisprudence fut la même à Lis-

---

[a] Le célèbre comte d'Aranda a détruit en 1771 une partie de ces abus abominables, et ils ont reparu depuis. K.—Voyez le *Dictionnaire philosophique,* au mot ARANDA. B.

bonne qu'à Madrid. Le grand-inquisiteur est nommé par le roi et confirmé par le pape. Les tribunaux particuliers de cet office, qu'on nomme *Saint*, sont soumis, en Espagne et en Portugal, au tribunal de la capitale. L'inquisition eut dans ces deux états la même sévérité et la même attention à signaler son pouvoir.

En Espagne, après la mort de Charles-Quint, elle osa faire le procès au confesseur de cet empereur, Constantin Ponce, qui mourut dans un cachot, et dont l'effigie fut brûlée après sa mort dans un *auto-da-fé*.

En Portugal, Jean de Bragance, ayant arraché son pays à la domination espagnole, voulut aussi le délivrer de l'inquisition; mais il ne put réussir qu'à priver les inquisiteurs des confiscations. Ils le déclarèrent excommunié après sa mort. Il fallut que la reine sa veuve les engageât à donner au cadavre une absolution aussi ridicule que honteuse. Par cette absolution, on le déclarait coupable.

Quand les Espagnols s'établirent en Amérique, ils portèrent l'inquisition avec eux. Les Portugais l'introduisirent aux Indes occidentales, immédiatement après qu'elle fut autorisée à Lisbonne.

On connaît l'inquisition de Goa. Si cette juridiction opprime ailleurs le droit naturel, elle est dans Goa contraire à la politique. Les Portugais ne sont dans l'Inde que pour y négocier : le commerce et l'inquisition paraissent incompatibles. Si elle était reçue dans Londres et dans Amsterdam, ces villes ne seraient ni si peuplées ni si opulentes. En effet, quand

Philippe II la voulut introduire dans les provinces de Flandre, l'interruption du commerce fut une des principales causes de la révolution. La France et l'Allemagne ont été heureusement préservées de ce fléau. Elles ont essuyé des guerres horribles de religion; mais enfin les guerres finissent, et l'inquisition une fois établie est éternelle.

Il n'est pas étonnant qu'on ait imputé à un tribunal si détesté des excès d'horreur et d'insolence qu'il n'a pas commis. On trouve dans beaucoup de livres que ce Constantin Ponce, confesseur de Charles-Quint, condamné par l'inquisition, avait été accusé au saint-office d'avoir dicté le testament de l'empereur, dans lequel il n'y avait pas assez de legs pieux, et que le confesseur et le testament furent condamnés l'un et l'autre à être brûlés; qu'enfin tout ce que put Philippe II fut d'obtenir que la sentence ne s'exécutât pas sur le testament de l'empereur son père. Tout cela est manifestement faux : Constantin Ponce n'était plus depuis long-temps confesseur de Charles-Quint quand il fut emprisonné; et le testament de ce prince fut respecté par Philippe II, qui était trop habile et trop puissant pour souffrir qu'on déshonorât le commencement de son règne et la gloire de son père.

On lit encore dans plusieurs ouvrages écrits contre l'inquisition, que le roi d'Espagne Philippe III, assistant à un *auto-da-fé*, et voyant brûler plusieurs hommes, juifs, mahométans, hérétiques, ou soupçonnés de l'être, s'écria : « Voilà des hommes bien malheu-
« reux de mourir parcequ'ils n'ont pu changer d'opi-
« nion! » Il est très vraisemblable qu'un roi ait pensé

ainsi, et que ces paroles lui aient échappé; il est seulement bien cruel qu'il ne sauvât pas ceux qu'il plaignait. Mais on ajoute que le grand-inquisiteur, ayant recueilli ces paroles, en fit un crime au roi même; qu'il eut l'impudence atroce d'en demander une réparation; que le roi eut la bassesse d'en faire une; et que cette réparation à l'honneur du saint-office consista à se faire tirer du sang, que le grand-inquisiteur fit brûler par la main du bourreau. Philippe III fut un prince borné, mais non d'une imbécillité si humiliante. Une telle aventure n'est croyable d'aucun prince; elle n'est rapportée que dans des livres sans aveu, dans le tableau des papes, et dans ces faux mémoires imprimés en Hollande sous tant de faux noms. Il faut être d'ailleurs bien maladroit pour calomnier l'inquisition, et pour chercher dans le mensonge de quoi la rendre odieuse.

Ce tribunal, inventé pour extirper les hérésies, est précisément ce qui éloigne le plus les protestants de l'Église romaine : il est pour eux un objet d'horreur; ils aimeraient mieux mourir que s'y soumettre, et les chemises ensoufrées du saint-office sont l'étendard contre lequel ils sont à jamais réunis.

L'inquisition a été moins cruelle à Rome et en Italie, où les Juifs ont de grands priviléges, et où les citoyens sont tous plus empressés à faire leur fortune et celle de leurs parents dans l'Église qu'à disputer sur des mystères. Le pape Paul IV, qui donna trop d'étendue au tribunal de l'inquisition romaine, fut détesté des Romains; le peuple troubla ses funérailles, jeta sa statue dans le Tibre, démolit les prisons de l'inquisition, et jeta des pierres aux ministres de cette uridiction : cependant l'inquisition romaine, sous Paul IV, n'avait fait mourir personne. Pie IV fut plus barbare [1]; il fit brûler trois malheureux savants, acusés de ne pas penser comme les autres; mais jamais inquisition italienne n'a égalé les horreurs de celle l'Espagne. Le plus grand mal qu'elle ait fait à la longue en Italie, a été de tenir autant qu'elle l'a pu dans l'ignorance une nation spirituelle. Il faut que eux qui écrivent demandent à un jacobin permission e penser, et les autres, permission de lire. Les hommes éclairés, qui sont en grand nombre, gémissent out bas en Italie; le reste vit dans les plaisirs et l'ignoance; le bas peuple, dans la superstition. Plus les Italiens ont d'esprit, plus on a voulu le restreindre; et et esprit ne leur sert qu'à être dominés par des moines ont il faut baiser la main dans plusieurs provinces; e même qu'il ne leur a servi qu'à baiser les fers des roths, des Lombards, des Francs, et des Teutons [2].

[1] « Aucun pontife, dit l'auteur de l'*Essai historique sur la puissance temporelle des papes*, n'a fait brûler à Rome plus d'hérétiques ou de personnes spectes d'hérésie. On remarque parmi les victimes de son zèle plusieurs vants, et surtout Paléarius qui avait comparé l'inquisition à un poignard rigé sur les gens de lettres, *sicam districtam in jugula litteratorum*. B.

[2] Depuis que M. de Voltaire a écrit ce chapitre, l'inquisition a été déuite à Milan, sous le règne de l'impératrice Marie-Thérèse, d'après les nseils du comte de Firmian, à qui l'Italie doit la renaissance des lumières e, depuis le temps de Fra-Paolo, la superstition se flattait d'avoir pour mais étouffées.

Ce tribunal vient d'être détruit en Sicile par M. de Caraccioli, vice-roi cette île, l'un des hommes d'état de l'Europe les plus savants et les plus lairés, et que nous avons vu long-temps à Paris un des hommes les plus mables de la société. La liberté du commerce des grains, celle de fabrier et de vendre du pain vient d'être accordée par lui à ce pays, où de si

Ayant ainsi parcouru tout ce qui est attaché à la religion, et réservant pour un autre lieu l'histoire plus détaillée des malheurs dont elle fut en France et en Allemagne la cause ou le prétexte, je viens au prodige des découvertes qui firent en ce temps la gloire et la richesse du Portugal et de l'Espagne, qui embrassèrent l'univers entier, et qui rendirent Philippe II le plus puissant monarque de l'Europe.

CHAPITRE CXLI.

Des découvertes des Portugais.

Jusqu'ici nous n'avons guère vu que des hommes dont l'ambition se disputait ou troublait la terre connue. Une ambition qui semblait plus utile au monde, mais qui ensuite ne fut pas moins funeste, excita enfin l'industrie humaine à chercher de nouvelles terres et de nouvelles mers.

On sait que la direction de l'aimant vers le nord, si long-temps inconnue aux peuples les plus savants, fut trouvée dans le temps de l'ignorance, vers la fin

---

mauvaises lois avaient si long-temps rendu inutiles et la fertilité du sol, et les avantages de la situation la plus heureuse, et le génie des compatriotes de Théocrite et d'Archimède.

Cependant l'inquisition a repris de nouvelles forces en Espagne : elle oblige plusieurs jeunes Espagnols qui annonçaient des talents pour les sciences de renoncer à leur patrie. Elle a poursuivi Olavidès, qui avait créé dans un désert une province peuplée d'hommes laborieux et pleins d'industrie, mais qui avait commis le plus grand des crimes aux yeux des prêtres, celui d'avoir bien connu toute l'étendue du mal qu'ils ont fait aux hommes. K.

CHAP. CXLI. DES DÉCOUV. DES PORTUGAIS. 355

treizième siècle. Flavio Goia [1], citoyen d'Amalfi au
yaume de Naples, inventa bientôt après la bous-
le; il marqua l'aiguille aimantée d'une fleur de lis,
rceque cet ornement entrait dans les armoiries des
is de Naples, qui étaient de la maison de France.

Cette invention resta long-temps sans usage; et les
rs que Fauchet rapporte pour prouver qu'on s'en
rvait avant l'an 1300, sont probablement du qua-
rzième siècle.

On avait déjà retrouvé les îles Canaries sans le seurs de la boussole, vers le commencement du qua-
rzième siècle. Ces îles, qui, du temps de Ptolémée
de Pline, étaient nommées les *îles Fortunées*, furent
équentées des Romains, maîtres de l'Afrique Tingi-
ne, dont elles ne sont pas éloignées; mais la déca-
nce de l'empire romain ayant rompu toute commu-
cation entre les nations d'Occident, qui devinrent
utes étrangères l'une à l'autre, ces îles furent per-
ies pour nous. Vers l'an 1300, des Biscayens les re-
ouvèrent. Le prince d'Espagne, Louis de La Cerda,
s de celui qui perdit le trône, ne pouvant être roi
Espagne, demanda, l'an 1306, au pape Clément V,
titre de roi des îles Fortunées; et comme les papes
ulaient donner alors les royaumes réels et imagi-
ires, Clément V le couronna roi de ces îles dans
vignon. La Cerda aima mieux rester dans la France,
n asile, que d'aller dans les îles Fortunées.

Le premier usage bien avéré de la boussole fut fait
r des Anglais, sous le règne du roi Édouard III.

Le peu de science qui s'était conservé chez les

Le vrai nom est Gioia. B.

hommes était renfermé dans les cloîtres. Un moine d'Oxford, nommé Linna, habile astronome pour son temps, pénétra jusqu'à l'Islande, et dressa des cartes des mers septentrionales, dont on se servit depuis sous le règne de Henri VI.

Mais ce ne fut qu'au commencement du quinzième siècle que se firent les grandes et utiles découvertes. Le prince Henri de Portugal, fils du roi Jean Ier, qui les commença, rendit son nom plus glorieux que celui de tous ses contemporains. Il était philosophe, et il mit la philosophie à faire du bien au monde : *Talent de bien faire* était sa devise.

A cinq degrés en-deçà de notre tropique est un promontoire qui s'avance dans la mer Atlantique, et qui avait été jusque-là le terme des navigations connues : on l'appelait le *Cap Non*[1] : ce monosyllabe marquait qu'on ne pouvait le passer.

Le prince Henri trouva des pilotes assez hardis pour doubler ce cap, et pour aller jusqu'à celui de Boyador, qui n'est qu'à deux degrés du tropique; mais ce nouveau promontoire s'avançant l'espace de six-vingts milles dans l'Océan, bordé de tous côtés de rochers, de bancs de sable, et d'une mer orageuse, découragea les pilotes. Le prince, que rien ne décourageait, en envoya d'autres. Ceux-ci ne purent passer; mais en s'en retournant par la grande mer (1419), ils retrouvèrent l'île de Madère, que sans doute les Carthaginois avaient connue, et que l'exagération

---

[1] Voltaire écrit comme on prononce, et comme il le fallait pour l'explication qui termine sa phrase, explication qui peut se contester comme tan d'autres; mais on écrit *Cap Nun*. B.

avait fait prendre pour une île immense, laquelle, par une autre exagération, a passé dans l'esprit de quelques modernes pour l'Amérique même. On lui donna le nom de Madère, parcequ'elle était couverte de bois, et que *Madera* signifie *bois*, d'où nous est venu le mot de *madrier*. Le prince Henri y fit planter des vignes de Grèce, et des cannes de sucre, qu'il tira de Sicile et de Chypre, où les Arabes les avaient apportées des Indes ; et ce sont ces cannes de sucre qu'on a transplantées depuis dans les îles de l'Amérique qui en fournissent aujourd'hui l'Europe.

Le prince don Henri conserva Madère ; mais il fut obligé de céder aux Espagnols les Canaries, dont il s'était emparé. Les Espagnols firent valoir le droit de Louis de La Cerda, et la bulle de Clément V.

Le cap Boyador avait jeté une telle épouvante dans l'esprit de tous les pilotes, que pendant treize années aucun n'osa tenter le passage. Enfin la fermeté du prince Henri inspira du courage. On passa le tropique (1446) ; on alla à près de quatre cents lieues par-delà jusqu'au Cap-Vert. C'est par ses soins que furent trouvées les îles du Cap-Vert et les Açores (1460). S'il est vrai qu'on vit (1461) sur un rocher des Açores une statue représentant un homme à cheval, tenant la main gauche sur le cou du cheval, et montrant l'Occident de la main droite, on peut croire que ce monument était des anciens Carthaginois : l'inscription, dont on ne put connaître les caractères, semble favorable à cette opinion.

Presque toutes les côtes d'Afrique qu'on avait découvertes étaient sous la dépendance des empereurs de Maroc, qui, du détroit de Gibraltar jusqu'au fleuve du Sénégal, étendaient leur domination et leur secte à travers les déserts; mais le pays était peu peuplé, et les habitants n'étaient guère au-dessus des brutes. Lorsqu'on eut pénétré au-delà du Sénégal, on fut surpris de voir que les hommes étaient entièrement noirs au midi de ce fleuve, tandis qu'ils étaient de couleur cendrée au septentrion. La race des nègres est une espèce d'hommes différente de la nôtre, comme la race des épagneuls l'est des lévriers. La membrane muqueuse, ce réseau que la nature a étendu entre les muscles et la peau, est blanche chez nous, chez eux noire, bronzée ailleurs. Le célèbre Ruysch fut le premier de nos jours qui, en disséquant un nègre à Amsterdam, fut assez adroit pour enlever tout ce réseau muqueux. Le czar Pierre l'acheta, mais Ruysch en conserva une petite partie que j'ai vue [1], et qui ressemblait à de la gaze noire. Si un nègre se fait une brûlure, sa peau devient brune, quand le réseau a été offensé; sinon, la peau renaît noire. La forme de leurs yeux n'est point la nôtre. Leur laine noire ne ressemble point à nos cheveux; et on peut dire que si leur intelligence n'est pas d'une autre espèce que notre entendement, elle est fort inférieure. Ils ne sont pas capables d'une grande attention; ils combinent peu, et ne paraissent faits ni pour les avantages ni pour les abus de notre philosophie. Ils sont originaires de cette partie de l'Afrique, comme les éléphants et les singes; guerriers, hardis et cruels dans l'empire de Maroc, souvent même supérieurs aux troupes basa-

---

[1] Voyez *Introduction*, paragraphe 11, tome XV, page 7. B.

nées qu'on appelle *blanches* : ils se croient nés en Guinée pour être vendus aux blancs et pour les servir.

Il y a plusieurs espèces de nègres; ceux de Guinée, ceux d'Éthiopie, ceux de Madagascar, ceux des Indes, ne sont pas les mêmes. Les noirs de Guinée, de Congo, ont de la laine, les autres de longs crins. Les peuplades noires qui avaient le moins de commerce avec les autres nations ne connaissaient aucun culte. Le premier degré de stupidité est de ne penser qu'au présent et aux besoins du corps. Tel était l'état de plusieurs nations, et surtout des insulaires. Le second degré est de prévoir à demi, de ne former aucune société stable, de regarder les astres avec admiration, et de célébrer quelques fêtes, quelques réjouissances au retour de certaines saisons, à l'apparition de certaines étoiles, sans aller plus loin, et sans avoir aucune notion distincte. C'est entre ces deux degrés d'imbécillité et de raison commencée que plus d'une nation a vécu pendant des siècles.

Les découvertes des Portugais étaient jusqu'alors plus curieuses qu'utiles. Il fallait peupler les îles, et le commerce des côtes occidentales d'Afrique ne produisait pas de grands avantages. On trouva enfin de l'or sur les côtes de Guinée, mais en petite quantité, sous le roi Jean II. C'est de là qu'on donna depuis le nom de *guinées* aux monnaies que les Anglais firent frapper avec l'or qu'ils trouvèrent dans le même pays.

Les Portugais, qui seuls avaient la gloire de reculer pour nous les bornes de la terre, passèrent l'équateur, et découvrirent le royaume de Congo : alors on aperçut un nouveau ciel et de nouvelles étoiles.

Les Européans virent, pour la première fois, le pôle austral et les quatre étoiles qui en sont les plus voisines. C'était une singularité bien surprenante, que le fameux Dante eût parlé plus de cent ans auparavant de ces quatre étoiles. « Je me tournai à main droite, « dit-il dans le premier chant de son Purgatoire, et « je considérai l'autre pôle : j'y vis quatre étoiles qui « n'avaient jamais été connues que dans le premier « âge du monde. » Cette prédiction semblait bien plus positive que celle de Sénèque le tragique, qui dit, dans sa Médée[1], « qu'un jour l'Océan ne séparera plus « les nations, qu'un nouveau Typhis découvrira un « nouveau monde, et que Thulé ne sera plus la borne « de la terre. »

Cette idée vague de Sénèque n'est qu'une espérance probable, fondée sur les progrès qu'on pouvait faire dans la navigation ; et la prophétie du Dante n'a réellement aucun rapport aux découvertes des Portugais et des Espagnols. Plus cette prophétie est claire, et moins elle est vraie. Ce n'est que par un hasard assez bizarre, que le pôle austral et ces quatre étoiles se trouvent annoncés dans le Dante. Il ne parlait que dans un sens figuré : son poëme n'est qu'une allégorie perpétuelle. Ce pôle chez lui est le paradis terrestre ; ces quatre étoiles, qui n'étaient connues que des premiers hommes, sont les quatre vertus cardinales, qui ont disparu avec les temps d'innocence. Si on approfondissait ainsi la plupart des prédictions, dont tant de livres sont pleins, on trouverait qu'on

---

[1] Acte II, scène III : le texte est rapporté par Voltaire au mot Cyrus, dans le *Dictionnaire philosophique*. B.

n'a jamais rien prédit, et que la connaissance de l'avenir n'appartient qu'à Dieu. Mais si on avait eu besoin de cette prédiction du Dante pour établir quelque droit ou quelque opinion, comme on aurait fait valoir cette prophétie! comme elle eût paru claire! avec quel zèle on aurait opprimé ceux qui l'auraient expliquée raisonnablement!

On ne savait auparavant si l'aiguille aimantée serait dirigée vers le pôle antarctique en approchant de ce pôle. La direction fut constante vers le nord (1486). On poussa jusqu'à la pointe de l'Afrique, où *le cap des Tempêtes* causa plus d'effroi que celui de Boyador; mais il donna l'espérance de trouver au-delà de ce cap un chemin pour embrasser par la navigation le tour de l'Afrique, et de trafiquer aux Indes : dès-lors il fut nommé *le cap de Bonne-Espérance*, nom qui ne fut point trompeur. Bientôt le roi Emmanuel, héritier des nobles desseins de ses pères, envoya, malgré les remontrances de tout le Portugal, une petite flotte de quatre vaisseaux, sous la conduite de Vasco de Gama, dont le nom est devenu immortel par cette expédition.

Les Portugais ne firent alors aucun établissement à ce fameux cap, que les Hollandais ont rendu depuis une des plus délicieuses habitations de la terre, et où ils cultivent avec succès les productions des quatre parties du monde. Les naturels de ce pays ne ressemblent ni aux blancs, ni aux nègres; tous de couleur d'olive foncée, tous ayant des crins. Les organes de la voix sont différents des nôtres; ils forment un bégaiement et un gloussement qu'il est impossible aux autres hommes d'imiter. Ces peuples n'étaient point anthropophages; au contraire, leurs mœurs étaient douces et innocentes. Il est indubitable qu'ils n'avaient point poussé l'usage de la raison jusqu'à reconnaître un Être suprême. Ils étaient dans ce degré de stupidité qui admet une société informe, fondée sur les besoins communs. Le maître ès-arts Pierre Kolb, qui a si long-temps voyagé parmi eux, est sûr que ces peuples descendent de Céthura, l'une des femmes d'Abraham, et qu'ils adorent un petit cerf-volant. On est fort peu instruit de leur théologie; et quant à leur arbre généalogique, je ne sais si Pierre Kolb a eu de bons mémoires.

Si la circoncision a dû étonner les premiers philosophes qui voyagèrent en Égypte et à Colchos, l'opération des Hottentots dut étonner bien davantage: on coupe un testicule à tous les mâles, de temps immémorial, sans que ces peuples sachent pourquoi et comment cette coutume s'est introduite parmi eux. Quelques uns d'eux ont dit aux Hollandais que ce retranchement les rendait plus légers à la course; d'autres, que les herbes aromatiques dont on remplace le testicule coupé, les rendent plus vigoureux. Il est certain qu'ils n'en peuvent rendre qu'une mauvaise raison; et c'est l'origine de bien des usages dans le reste de la terre.

(1497) Gama ayant doublé la pointe de l'Afrique, et remontant par ces mers inconnues vers l'équateur, n'avait pas encore repassé le capricorne, qu'il trouva, vers Sofala, des peuples policés qui parlaient arabe. De la hauteur des Canaries jusqu'à Sofala, les hommes, les animaux, les plantes, tout avait paru d'une espèce nouvelle. La surprise fut extrême de retrouver des hommes qui ressemblaient à ceux du continent connu. Le mahométisme commençait à pénétrer parmi eux; les musulmans, en allant à l'orient de l'Afrique, et les chrétiens, en remontant par l'occident, se rencontraient à une extrémité de la terre.

(1498) Ayant enfin trouvé des pilotes mahométans à quatorze degrés de latitude méridionale, il aborda dans les grandes Indes au royaume de Calicut, après avoir reconnu plus de quinze cents lieues de côtes.

Ce voyage de Gama fut ce qui changea le commerce de l'ancien monde. Alexandre, que des déclamateurs [1] n'ont regardé que comme un destructeur, et qui cependant fonda plus de villes qu'il n'en détruisit, homme sans doute digne du nom de *grand*, malgré ses vices, avait destiné sa ville d'Alexandrie à être le centre du commerce et le lien des nations : elle l'avait été en effet et sous les Ptolémées, et sous les Romains, et sous les Arabes. Elle était l'entrepôt de l'Égypte, de l'Europe, et des Indes. Venise, au quinzième siècle, tirait presque seule d'Alexandrie les denrées de l'Orient et du Midi, et s'enrichissait, aux dépens du reste de l'Europe, par cette industrie et par l'ignorance des autres chrétiens. Sans le voyage de Vasco de Gama, cette république devenait bientôt la puissance prépondérante de l'Europe; mais le passage du cap de Bonne-Espérance détourna la source de ses richesses.

Les princes avaient jusque-là fait la guerre pour

---

[1] Cette expression désigne peut-être Boileau : voyez dans le *Dictionnaire philosophique* l'article ALEXANDRE. B.

ravir des terres; on la fit alors pour établir des comptoirs. Dès l'an 1500, on ne put avoir du poivre à Calicut qu'en répandant du sang.

Alfonse d'Albuquerque et d'autres fameux capitaines portugais, en petit nombre, combattirent successivement les rois de Calicut, d'Ormus, de Siam, et défirent la flotte du soudan d'Égypte. Les Vénitiens, aussi intéressés que l'Égypte à traverser les progrès du Portugal, avaient proposé à ce soudan de couper l'isthme de Suez à leurs dépens, et de creuser un canal qui eût joint le Nil à la mer Rouge. Ils eussent, par cette entreprise, conservé l'empire du commerce des Indes; mais les difficultés firent évanouir ce grand projet; tandis que d'Albuquerque prenait la ville de Goa (1510) au-deçà du Gange, Malaca (1511) dans la Chersonèse d'or, Aden (1513) à l'entrée de la mer Rouge, sur les côtes de l'Arabie Heureuse, et qu'enfin il s'emparait d'Ormus dans le golfe de Perse.

(1514) Bientôt les Portugais s'établirent sur toutes les côtes de l'île de Ceylan, qui produit la cannelle la plus précieuse et les plus beaux rubis de l'Orient. Ils eurent des comptoirs au Bengale; ils trafiquèrent jusqu'à Siam, et fondèrent la ville de Macao sur la frontière de la Chine. L'Éthiopie orientale, les côtes de la mer Rouge, furent fréquentées par leurs vaisseaux. Les îles Moluques, seul endroit de la terre où la nature a placé le girofle, furent découvertes et conquises par eux. Les négociations et les combats contribuèrent à ces nouveaux établissements : il y fallut faire ce commerce nouveau à main armée.

Les Portugais, en moins de cinquante ans, ayant

découvert cinq mille lieues de côtes, furent les maîtres du commerce par l'océan Éthiopique et par la mer Atlantique. Ils eurent, vers l'an 1540, des établissements considérables depuis les Moluques jusqu'au golfe Persique, dans une étendue de soixante degrés de longitude. Tout ce que la nature produit d'utile, de rare, d'agréable, fut porté par eux en Europe, à bien moins de frais que Venise ne pouvait le donner. La route du Tage au Gange devenait fréquentée. Siam et le Portugal étaient alliés.

CHAPITRE CXLII.

Du Japon.

Les Portugais, établis en riches marchands et en rois sur les côtes de l'Inde et dans la presqu'île du Gange, passèrent enfin dans les îles du Japon (1538). De tous les pays de l'Inde, le Japon n'est pas celui qui mérite le moins l'attention d'un philosophe. Nous aurions dû connaître ce pays dès le treizième siècle par la relation du célèbre Marc Paul. Ce Vénitien avait voyagé par terre à la Chine; et, ayant servi long-temps sous un des enfants de Gengis-kan, il y eut les premières notions de ces îles que nous nommons Japon, et qu'il appelle Zipangri; mais ses contemporains, qui adoptaient les fables les plus grossières, ne crurent point les vérités que Marc Paul annonçait. Son manuscrit resta long-temps ignoré; il tomba enfin entre les mains de Christophe Colomb, et ne servit pas peu à le confirmer dans son espérance de trouver un monde nouveau qui pouvait rejoindre l'Orient et l'Occident. Colomb ne se trompa que dans l'opinion que le Japon touchait à l'hémisphère qu'il découvrit.

Ce royaume borne notre continent, comme nous le terminons du côté opposé. Je ne sais pourquoi on a appelé les Japonais *nos antipodes en morale;* il n'y a point de pareils antipodes parmi les peuples qui cultivent leur raison. La religion la plus autorisée au Japon admet des récompenses et des peines après la mort. Leurs principaux commandements, qu'ils appellent *divins,* sont précisément les nôtres. Le mensonge, l'incontinence, le larcin, le meurtre, sont également défendus; c'est la loi naturelle réduite en préceptes positifs. Ils y ajoutent le précepte de la tempérance, qui défend jusqu'aux liqueurs fortes de quelque nature qu'elles soient; et ils étendent la défense du meurtre jusqu'aux animaux. Saka, qui leur donna cette loi, vivait environ mille ans avant notre ère vulgaire. Ils ne diffèrent donc de nous, en morale, que dans leur précepte d'épargner les bêtes. S'ils ont beaucoup de fables, c'est en cela qu'ils ressemblent à tous les peuples, et à nous qui n'avons connu que des fables grossières avant le christianisme, et qui n'en avons que trop mêlé à notre religion. Si leurs usages sont différents des nôtres, tous ceux des nations orientales le sont aussi, depuis les Dardanelles jusqu'au fond de la Corée.

Comme le fondement de la morale est le même chez toutes les nations, il y a aussi des usages de la vie civile qu'on trouve établis dans toute la terre. On se visite, par exemple, au Japon, le premier jour de l'année, on se fait des présents comme dans notre Europe. Les parents et les amis se rassemblent dans les jours de fête.

Ce qui est plus singulier, c'est que leur gouvernement a été pendant deux mille quatre cents ans entièrement semblable à celui du calife des musulmans et de Rome moderne. Les chefs de la religion ont été chez les Japonais les chefs de l'empire plus long-temps qu'en aucune nation du monde; la succession de leurs pontifes-rois remonte incontestablement six cent soixante ans avant notre ère. Mais les séculiers, ayant peu-à-peu partagé le gouvernement, s'en emparèrent entièrement vers la fin du seizième siècle, sans oser pourtant détruire la race et le nom des pontifes dont ils ont envahi tout le pouvoir. L'empereur ecclésiastique, nommé *dairi*, est une idole toujours révérée; et le général de la couronne, qui est le véritable empereur, tient avec respect le dairi dans une prison honorable. Ce que les Turcs ont fait à Bagdad, ce que les empereurs allemands ont voulu faire à Rome, les Taicosamas l'ont fait au Japon.

La nature humaine, dont le fond est partout le même, a établi d'autres ressemblances entre ces peuples et nous. Ils ont la superstition des sortiléges, que nous avons eue si long-temps. On retrouve chez eux les pélerinages, les épreuves même du feu, qui fesaient autrefois une partie de notre jurisprudence : enfin, ils placent leurs grands hommes dans le ciel, comme les Grecs et les Romains. Leur pontife a seul, comme celui de Rome moderne, le droit de faire des apothéoses, et de consacrer des temples aux hommes qu'il en juge dignes. Les ecclésiastiques sont en tout distingués des séculiers; il y a entre ces deux ordres un mépris et une haine réciproques, comme partout ailleurs. Ils ont depuis très long-temps des religieux, des ermites, des instituts même, qui ne sont pas fort éloignés de nos ordres guerriers; car il y avait une ancienne société de solitaires qui fesaient vœu de combattre pour la religion.

Cependant, malgré cet établissement, qui semble annoncer des guerres civiles, comme l'ordre teutonique de Prusse en a causé en Europe, la liberté de conscience était établie dans ces pays aussi bien que dans tout le reste de l'Orient. Le Japon était partagé en plusieurs sectes, quoique sous un roi pontife; mais toutes les sectes se réunissaient dans les mêmes principes de morale. Ceux qui croyaient la métempsycose, et ceux qui n'y croyaient pas, s'abstenaient et s'abstiennent encore aujourd'hui de manger la chair des animaux qui rendent service à l'homme. Toute la nation se nourrit de riz et de légumes, de poisson et de fruits; sobriété qui semble en eux une vertu plus qu'une superstition.

La doctrine de Confucius a fait beaucoup de progrès dans cet empire. Comme elle se réduit toute à la simple morale, elle a charmé tous les esprits de ceux qui ne sont pas attachés aux bonzes; et c'est toujours la saine partie de la nation. On croit que le progrès de cette philosophie n'a pas peu contribué à ruiner la puissance du dairi. (1700). L'empereur qui régnait n'avait pas d'autre religion.

Il semble qu'on abuse plus au Japon qu'à la Chine de cette doctrine de Confucius. Les philosophes japonais regardent l'homicide de soi-même comme une action vertueuse quand elle ne blesse pas la société. Le naturel fier et violent de ces insulaires met souvent cette théorie en pratique, et rend le suicide beaucoup plus commun encore au Japon qu'en Angleterre.

La liberté de conscience, comme le remarque Kempfer, ce véridique et savant voyageur, avait toujours été accordée dans le Japon, ainsi que dans presque tout le reste de l'Asie. Plusieurs religions étrangères s'étaient paisiblement introduites au Japon. Dieu permettait ainsi que la voie fût ouverte à l'Évangile dans toutes ces vastes contrées. Personne n'ignore qu'il fit des progrès prodigieux sur la fin du seizième siècle dans la moitié de cet empire. Le premier qui répandit ce germe fut le célèbre François Xavier, jésuite portugais, homme d'un zèle courageux et infatigable; il alla avec les marchands dans plusieurs îles du Japon, tantôt en pèlerin, tantôt dans l'appareil pompeux d'un vicaire apostolique député par le pape. Il est vrai qu'obligé de se servir d'un truchement, il ne fit pas d'abord de grands progrès. « Je n'entends point ce « peuple, dit-il dans ses lettres, et il ne m'entend « point; nous épelons comme des enfants. » Il ne fallait pas qu'après cet aveu les historiens de sa vie lui attribuassent le don des langues : ils devaient aussi ne pas mépriser leurs lecteurs jusqu'au point d'assurer que Xavier ayant perdu son crucifix, il lui fut rapporté par un cancre; qu'il se trouva en deux endroits au même instant, et qu'il ressuscita neuf morts[a]. On devait s'en tenir à louer son zèle et ses tentatives. Il apprit enfin assez de japonais pour se faire un peu entendre. Les princes de plusieurs îles de cet empire, mécontents pour la plupart de leurs bonzes, ne furent pas fâchés que des prédicateurs étrangers vinssent contredire ceux qui abusaient de leur ministère. Peu-à-peu la religion chrétienne s'établit.

La célèbre ambassade de trois princes chrétiens japonais au pape Grégoire XIII est peut-être l'hommage le plus flatteur que le saint-siége ait jamais reçu. Tout ce grand pays où il faut aujourd'hui abjurer l'Évangile, et où les seuls Hollandais sont reçus à condition de n'y faire aucun acte de religion, a été sur le point d'être un royaume chrétien, et peut-être un royaume portugais. Nos prêtres y étaient honorés plus que parmi nous ; aujourd'hui leur tête y est à prix, et ce prix même est considérable ; il est environ de douze mille livres. L'indiscrétion d'un prêtre portugais, qui ne voulut pas céder le pas à un des premiers officiers du roi, fut la première cause de cette révolution ; la seconde fut l'obstination de quelques jésuites qui soutinrent trop un droit odieux, en ne voulant pas rendre une maison qu'un seigneur japonais leur avait donnée, et que le fils de ce seigneur redemandait ; la troisième fut la crainte d'être subjugué par les chrétiens ; et c'est ce qui causa une guerre civile. Nous verrons comment le christianisme, qui commença par des missions, finit par des batailles.

Tenons-nous-en à présent à ce que le Japon était

---

[a] Voyez l'article FRANÇOIS XAVIER, dans le *Dictionnaire philosophique*.

alors, à cette antiquité dont ces peuples se vantent comme les Chinois, à cette suite de rois pontifes qui remonte à plus de six siècles avant notre ère : remarquons surtout que c'est le seul peuple de l'Asie qui n'ait jamais été vaincu. On compare les Japonais aux Anglais, par cette fierté insulaire qui leur est commune, par le suicide qu'on croit si fréquent dans ces deux extrémités de notre hémisphère. Mais les îles du Japon n'ont jamais été subjuguées; celles de la Grande-Bretagne l'ont été plus d'une fois. Les Japonais ne paraissent pas être un mélange de différents peuples, comme les Anglais et presque toutes nos nations : ils semblent être aborigènes. Leurs lois, leur culte, leurs mœurs, leur langage, ne tiennent rien de la Chine; et la Chine, de son côté, semble originairement exister par elle-même, et n'avoir que fort tard reçu quelque chose des autres peuples. C'est cette grande antiquité des peuples de l'Asie qui vous frappe. Ces peuples, excepté les Tartares, ne se sont jamais répandus loin de leurs limites; et vous voyez une nation faible, resserrée, peu nombreuse, à peine comptée auparavant dans l'histoire du monde, venir en très petit nombre du port de Lisbonne découvrir tous ces pays immenses, et s'y établir avec splendeur.

Jamais commerce ne fut plus avantageux aux Portugais que celui du Japon. Ils en rapportaient, à ce que disent les Hollandais, trois cents tonnes d'or chaque année; et on sait que cent mille florins font ce que les Hollandais appellent une *tonne*. C'est beaucoup exagérer : mais il paraît, par le soin qu'ont ces républicains industrieux et infatigables de se conserver le commerce du Japon à l'exclusion des autres nations, qu'il produisait, surtout dans les commencements, des avantages immenses. Ils y achetaient le meilleur thé de l'Asie, les plus belles porcelaines, de l'ambre gris, du cuivre d'une espèce supérieure au nôtre; enfin, l'argent et l'or, objet principal de toutes ces entreprises. Ce pays possède, comme la Chine, presque tout ce que nous avons, et presque tout ce qui nous manque. Il est aussi peuplé que la Chine à proportion : la nation est plus fière et plus guerrière. Tous ces peuples étaient autrefois bien supérieurs à nos peuples occidentaux dans tous les arts de l'esprit et de la main. Mais que nous avons regagné le temps perdu! Les pays où le Bramante et Michel-Ange ont bâti Saint-Pierre de Rome, où Raphaël a peint, où Newton a calculé l'infini, où Cinna et Athalie ont été écrits, sont devenus les premiers pays de la terre. Les autres peuples ne sont dans les beaux-arts que des barbares ou des enfants, malgré leur antiquité, et malgré tout ce que la nature a fait pour eux.

CHAPITRE CXLIII.

De l'Inde en-deçà et delà le Gange. Des espèces d'hommes différentes; et de leurs coutumes.

Je ne vous parlerai pas ici du royaume de Siam, qui n'a été bien connu qu'au temps où Louis XIV en reçut une ambassade, et y envoya des missionnaires et des troupes également inutiles. Je vous épargne les peuples du Tunquin, de Laos, de la Cochinchine, chez qui on ne pénétra que rarement, et long-temps après l'époque des entreprises portugaises, et où notre commerce ne s'est jamais bien étendu.

Les potentats de l'Europe, et les négociants qui les enrichissent, n'ont eu pour objet, dans toutes ces découvertes, que de nouveaux trésors. Les philosophes y ont découvert un nouvel univers en morale et en physique. La route facile et ouverte de tous les ports de l'Europe jusqu'aux extrémités des Indes mit notre curiosité à portée de voir par ses propres yeux tout ce qu'elle ignorait ou qu'elle ne connaissait qu'imparfaitement par d'anciennes relations infidèles. Quels objets pour des hommes qui réfléchissent, de voir au-delà du fleuve Zayre, bordé d'une multitude innombrable de nègres, les vastes côtes de la Cafrerie, où les hommes sont de couleur d'olive, et où ils se coupent un testicule à l'honneur de la Divinité, tandis que les Éthiopiens et tant d'autres peuples de l'Afrique se contentent d'offrir une partie de leur prépuce! Ensuite, si vous remontez à Sofala, à Quiloa, à Montbasa, à Mélinde, vous trouvez des noirs d'une espèce différente de ceux de la Nigritie, des blancs et des bronzés, qui tous commercent ensemble. Tous ces pays sont couverts d'animaux et de végétaux inconnus dans nos climats.

Au milieu des terres de l'Afrique est une race peu nombreuse de petits hommes blancs comme de la neige, dont le visage a la forme du visage des nègres, et dont les yeux ronds ressemblent parfaitement à ceux des perdrix : les Portugais les nommèrent *Albinos*. Ils sont petits, faibles, louches. La laine qui couvre leur tête et qui forme leurs sourcils est comme un coton blanc et fin : ils sont au-dessous des nègres pour la force du corps et de l'entendement, et la nature les a peut-être placés après les nègres et les Hottentots, au-dessus des singes, comme un des degrés qui descendent de l'homme à l'animal [1]. Peut-être aussi y a-t-il eu des espèces mitoyennes inférieures, que leur faiblesse a fait périr. Nous avons eu deux de ces Albinos en France; j'en ai vu un à Paris, à l'hôtel de Bretagne, qu'un marchand de nègres avait amené.

[1] Tout ce qu'on appelle homme doit être regardé comme de la même espèce, parceque toutes ces variétés produisent ensemble des métis qui généralement sont féconds : tous apprennent à parler, et marchent naturellement sur deux pieds.

La différence entre l'homme et le singe est plus grande que celle du cheval à l'âne, mais plus petite que celle du cheval au taureau. Il pourrait donc exister des métis sortis du mélange de l'homme et du singe ; et comme les mulets, quoique inféconds en général, produisent cependant quelquefois, le hasard aurait pu faire naître et conserver une de ces espèces mitoyennes. Mais dans l'état sauvage les mélanges d'espèces sont si rares, et dans l'état civilisé ceux de ce genre seraient si odieux, et on serait obligé d'en cacher les suites avec tant de soins, que l'existence d'une de ces espèces nouvelles restera probablement toujours au rang des possibles.

On ne peut révoquer en doute qu'il n'existe des hommes très blancs ayant la forme du visage, les cheveux des nègres : mais on ne sait pas avec certitude si c'est une monstruosité dans l'espèce des nègres, ou dans celle des mulâtres ; si c'est au contraire une race particulière, si les qualités qui les distinguent des autres hommes se perpétueraient dans leurs enfants, etc. Ces questions, et beaucoup d'autres de ce genre, resteront indécises tant que les voyageurs conserveront l'habitude d'écrire des contes, et les philosophes celle de faire des systèmes.

Quant à la question si la nature n'a formé qu'une paire de chiens, ancêtres communs des barbets et des lévriers, ou bien un seul homme et une seule femme d'où descendent les Lapons, les Caraïbes, les Nègres et les Français, ou même une paire de chaque genre dont les dégénérations auraient produit toutes les autres espèces, on sent qu'elle est insoluble pour nous, qu'elle le sera long-temps encore, mais qu'elle n'est pas cependant hors de la portée de l'esprit humain. K.

On trouve quelques uns de ces animaux ressemblants à l'homme dans l'Asie orientale : mais l'espèce est rare ; elle demanderait des soins compatissants des autres espèces humaines, qui n'en ont point pour tout ce qui leur est inutile.

La vaste presqu'île de l'Inde, qui s'avance des embouchures de l'Indus et du Gange jusqu'au milieu des îles Maldives, est peuplée de vingt nations différentes, dont les mœurs et les religions ne se ressemblent pas. Les naturels du pays sont d'une couleur de cuivre rouge. Dampierre trouva depuis dans l'île de Timor des hommes dont la couleur est de cuivre jaune : tant la nature se varie! La première chose que vit Pelsart, en 1630, vers la partie des terres australes, séparées de notre hémisphère, à laquelle on a donné le nom de Nouvelle-Hollande, ce fut une troupe de nègres qui venaient à lui en marchant sur les mains comme sur les pieds. Il est à croire que, quand on aura pénétré dans ce monde austral, on connaîtra encore plus la variété de la nature : tout agrandira la sphère de nos idées, et diminuera celle de nos préjugés.

Mais, pour revenir aux côtes de l'Inde, dans la presqu'île deçà le Gange habitent des multitudes de Banians, descendants des anciens brachmanes attachés à l'ancien dogme de la métempsycose, et à celui des deux principes, répandu dans toutes les provinces des Indes, ne mangeant rien de ce qui respire, aussi obstinés que les Juifs à ne s'allier avec aucune nation, aussi anciens que ce peuple, et aussi occupés que lui du commerce.

C'est surtout dans ce pays que s'est conservée la

coutume immémoriale qui encourage les femmes à se brûler sur le corps de leurs maris, dans l'espérance de renaître, ainsi que vous l'avez vu précédemment.

Vers Surate, vers Cambaye, et sur les frontières de la Perse, étaient répandus les Guèbres, restes des anciens Persans, qui suivent la religion de Zoroastre, et qui ne se mêlent pas plus avec les autres peuples que les Banians et les Hébreux. On vit dans l'Inde d'anciennes familles juives qu'on y crut établies depuis leur première dispersion. On trouva sur les côtes de Malabar des chrétiens nestoriens, qu'on appelle mal à propos *les chrétiens de saint Thomas;* ils ne savaient pas qu'il y eût une Église de Rome. Gouvernés autrefois par un patriarche de Syrie, ils reconnaissaient encore ce fantôme de patriarche, qui résidait, ou plutôt qui se cachait dans Mosul, qu'on prétend être l'ancienne Ninive. Cette faible Église syriaque était comme ensevelie sous ses ruines par le pouvoir mahométan, ainsi que celles d'Antioche, de Jérusalem, d'Alexandrie. Les Portugais apportaient la religion catholique romaine dans ces climats; ils fondaient un archevêché dans Goa, devenue métropole en même temps que capitale. On voulut soumettre les chrétiens du Malabar au saint-siége; on ne put jamais y réussir. Ce qu'on a fait si aisément chez les sauvages de l'Amérique, on l'a toujours tenté vainement dans toutes les églises séparées de la communion de Rome.

Lorsque d'Ormus on alla vers l'Arabie, on rencontra des disciples de saint Jean, qui n'avaient jamais connu l'Évangile : ce sont ceux qu'on nomme les *Sabéens.*

Quand on a pénétré ensuite par la mer orientale de l'Inde à la Chine, au Japon, et quand on a vécu dans l'intérieur du pays, les mœurs, la religion, les usages des Chinois, des Japonais, des Siamois, ont été mieux connus de nous que ne l'étaient auparavant ceux de nos contrées limitrophes dans nos siècles de barbarie.

C'est un objet digne de l'attention d'un philosophe que cette différence entre les usages de l'Orient et les nôtres, aussi grande qu'entre nos langages. Les peuples les plus policés de ces vastes contrées n'ont rien de notre police; leurs arts ne sont point les nôtres. Nourriture, vêtements, maisons, jardins, lois, culte, bienséances, tout diffère. Y a-t-il rien de plus opposé à nos coutumes que la manière dont les banians trafiquent dans l'Indoustan ? Les marchés les plus considérables se concluent sans parler, sans écrire; tout se fait par signes. Comment tant d'usages orientaux ne différeraient-ils pas des nôtres ? La nature, dont le fond est partout le même, a de prodigieuses différences dans leur climat et dans le nôtre. On est nubile à sept ou huit ans dans l'Inde méridionale. Les mariages contractés à cet âge y sont communs. Ces enfants, qui deviennent pères, jouissent de la mesure de raison que la nature leur accorde dans un âge où la nôtre est à peine développée.

Tous ces peuples ne nous ressemblent que par les passions, et par la raison universelle qui contre-balance les passions, et qui imprime cette loi dans tous les cœurs : « Ne fais pas ce que tu ne voudrais pas « qu'on te fît. » Ce sont là les deux caractères que la nature empreint dans tant de races d'hommes différentes, et les deux liens éternels dont elle les unit, malgré tout ce qui les divise. Tout le reste est le fruit du sol de la terre, et de la coutume.

Là c'était la ville de Pégu, gardée par des crocodiles qui nagent dans des fossés pleins d'eau. Ici c'était Java, où des femmes montaient la garde au palais du roi. A Siam, la possession d'un éléphant blanc fait la gloire du royaume. Point de blé au Malabar. Le pain, le vin, sont ignorés dans toutes les îles. On voit dans une des Philippines un arbre dont le fruit peut remplacer le pain. Dans les îles Mariannes l'usage du feu était inconnu.

Il est vrai qu'il faut lire avec un esprit de doute presque toutes les relations qui nous viennent de ces pays éloignés. On est plus occupé à nous envoyer des côtes de Coromandel et de Malabar des marchandises que des vérités. Un cas particulier est souvent pris pour un usage général. On nous dit qu'à Cochin, ce n'est point le fils du roi qui est son héritier; mais le fils de sa sœur. Un tel réglement contredit trop la nature; il n'y a point d'homme qui veuille exclure son fils de son héritage: et si ce roi de Cochin n'a point de sœur, à qui appartiendra le trône? Il est vraisemblable qu'un neveu habile l'aura emporté sur un fils mal conseillé et mal secouru, ou qu'un prince, n'ayant laissé que des fils en bas âge, aura eu son neveu pour successeur, et qu'un voyageur aura pris cet accident pour une loi fondamentale. Cent écrivains auront copié ce voyageur, et l'erreur se sera accréditée.

Des auteurs qui ont vécu dans l'Inde prétendent que personne ne possède de bien en propre dans les états du grand-mogol : ce qui serait encore plus contre la nature. Les mêmes écrivains nous assurent qu'ils ont négocié avec des Indiens riches de plusieurs millions. Ces deux assertions semblent un peu se contredire. Il faut toujours se souvenir que les conquérants du Nord ont établi l'usage des fiefs depuis la Lombardie jusqu'à l'Inde. Un banian qui aurait voyagé en Italie du temps d'Astolphe et d'Albouin, aurait-il eu raison d'affirmer que les Italiens ne possédaient rien en propre? On ne peut trop combattre cette idée humiliante pour le genre humain, qu'il y a des pays où des millions d'hommes travaillent sans cesse pour un seul qui dévore tout.

Nous ne devons pas moins nous défier de ceux qui nous parlent de temples consacrés à la débauche. Mettons-nous à la place d'un Indien qui serait témoin dans nos climats de quelques scènes scandaleuses de nos moines; il ne devrait pas assurer que c'est là leur institut et leur règle.

Ce qui attirera surtout votre attention, c'est de voir presque tous ces peuples imbus de l'opinion que leurs dieux sont venus souvent sur la terre. Visnou s'y métamorphosa neuf fois dans la presqu'île du Gange; Sammonocodom, le dieu des Siamois, y prit cinq cent cinquante fois la forme humaine. Cette idée leur est commune avec les anciens Égyptiens, les Grecs, les Romains. Une erreur si téméraire, si ridicule et si universelle, vient pourtant d'un sentiment raisonnable qui est au fond de tous les cœurs : on sent naturellement sa dépendance d'un Être suprême; et l'erreur, se joignant toujours à la vérité, a fait regarder les dieux, dans presque toute la terre, comme des seigneurs qui venaient quelquefois visiter et réformer leurs domaines. La religion a été chez tant de peuples comme l'astronomie : l'une et l'autre ont précédé les temps historiques ; l'une et l'autre ont été un mélange de vérité et d'imposture. Les premiers observateurs du cours véritable des astres leur attribuèrent de fausses influences : les fondateurs des religions, en reconnaissant la Divinité, souillèrent le culte par les superstitions.

De tant de religions différentes, il n'en est aucune qui n'ait pour but principal les expiations. L'homme a toujours senti qu'il avait besoin de clémence. C'est l'origine de ces pénitences effrayantes auxquelles les bonzes, les bramins, les faquirs, se dévouent ; et ces tourments volontaires, qui semblent crier miséricorde pour le genre humain, sont devenus un métier pour gagner sa vie.

Je n'entrerai point dans le détail immense de leurs coutumes ; mais il y en a une si étrange pour nos mœurs, qu'on ne peut s'empêcher d'en faire mention : c'est celle des bramins, qui portent en procession le Phallum des Égyptiens, le Priape des Romains. Nos idées de bienséance nous portent à croire qu'une cérémonie qui nous paraît si infâme n'a été inventée que par la débauche ; mais il n'est guère croyable que la dépravation des mœurs ait jamais chez aucun peuple établi des cérémonies religieuses. Il est probable, au contraire, que cette coutume fut d'abord introduite dans des temps de simplicité, et qu'on ne pensa d'abord qu'à honorer la Divinité dans le symbole de la vie qu'elle nous a donnée. Une telle cérémonie a dû inspirer la licence à la jeunesse, et paraître ridicule aux esprits sages, dans des temps plus raffinés, plus corrompus, et plus éclairés. Mais l'ancien usage a subsisté malgré les abus; et il n'y a guère de peuple qui n'ait conservé quelque cérémonie qu'on ne peut ni approuver ni abolir.

Parmi tant d'opinions extravagantes et de superstitions bizarres, croirions-nous que tous ces païens des Indes reconnaissent comme nous un Être infiniment parfait? qu'ils l'appellent « l'Être des êtres, l'Être sou« verain, invisible, incompréhensible, sans figure, « créateur et conservateur, juste et miséricordieux, « qui se plaît à se communiquer aux hommes pour les « conduire au bonheur éternel? » Ces idées sont contenues dans le *Veidam*, ce livre des anciens brachmanes, et encore mieux dans le *Shasta*, plus ancien que le *Veidam*. Elles sont répandues dans les écrits modernes des bramins.

Un savant danois, missionnaire sur la côte de Tranquebar, cité plusieurs passages, plusieurs formules de prières, qui semblent partir de la raison la plus droite, et de la sainteté la plus épurée. En voici une tirée d'un livre intitulé *Varabadu* : « O souverain de « tous les êtres, Seigneur du ciel et de la terre, je ne « vous contiens pas dans mon cœur! Devant qui dé« plorerai-je ma misère, si vous m'abandonnez, vous « à qui je dois mon soutien et ma conservation? sans « vous je ne saurais vivre. Appelez-moi, Seigneur, afin « que j'aille vers vous. »

Il fallait être aussi ignorant et aussi téméraire que

nos moines du moyen âge, pour nous bercer continuellement de la fausse idée que tout ce qui habite au-delà de notre petite Europe, et nos anciens maîtres et législateurs les Romains, et les Grecs précepteurs des Romains, et les anciens Égyptiens précepteurs des Grecs, et enfin tout ce qui n'est pas nous, ont toujours été des idolâtres odieux et ridicules.

Cependant, malgré une doctrine si sage et si sublime, les plus basses et les plus folles superstitions prévalent. Cette contradiction n'est que trop dans la nature de l'homme. Les Grecs et les Romains avaient la même idée d'un Être suprême, et ils avaient joint tant de divinités subalternes, le peuple avait honoré ces divinités par tant de superstitions, et avait étouffé la vérité par tant de fables, qu'on ne pouvait plus distinguer à la fin ce qui était digne de respect, et ce qui méritait le mépris.

Vous ne perdrez point un temps précieux à rechercher toutes les sectes qui partagent l'Inde. Les erreurs se subdivisent en trop de manières. Il est d'ailleurs vraisemblable que nos voyageurs ont pris quelquefois des rites différents pour des sectes opposées; il est aisé de s'y méprendre. Chaque collége de prêtres, dans l'ancienne Grèce et dans l'ancienne Rome, avait ses cérémonies et ses sacrifices. On ne vénérait point Hercule comme Apollon, ni Junon comme Vénus : tous ces différents cultes appartenaient pourtant à la même religion.

Nos peuples occidentaux ont fait éclater dans toutes ces découvertes une grande supériorité d'esprit et de courage sur les nations orientales. Nous nous sommes établis chez elles, et très souvent malgré leur résistance. Nous avons appris leurs langues, nous leur avons enseigné quelques uns de nos arts. Mais la nature leur avait donné sur nous un avantage qui balance tous les nôtres : c'est qu'elles n'avaient nul besoin de nous, et que nous avions besoin d'elles.

CHAPITRE CXLIV.

De l'Éthiopie, ou Abyssinie.

Avant ce temps, nos nations occidentales ne connaissaient de l'Éthiopie que le seul nom. Ce fut sous le fameux Jean II, roi de Portugal, que don Francisco Alvarès pénétra dans ces vastes contrées qui sont entre le tropique et la ligne équinoxiale, et où il est si difficile d'aborder par mer. On y trouva la religion chrétienne établie, mais telle qu'elle était pratiquée par les premiers Juifs qui l'embrassèrent avant que les deux rites fussent entièrement séparés. Ce mélange de judaïsme et de christianisme s'est toujours maintenu jusqu'à nos jours en Éthiopie. La circoncision et le baptême y sont également pratiqués, le sabbat et le dimanche également observés : le mariage est permis aux prêtres, le divorce à tout le monde, et la polygamie y est en usage ainsi que chez tous les Juifs de l'Orient.

Ces Abyssins, moitié juifs, moitié chrétiens, reconnaissent pour leur patriarche l'archevêque qui réside dans les ruines d'Alexandrie, ou au Caire en

Égypte; et cependant ce patriarche n'a pas la même religion qu'eux; il est de l'ancien rite grec, et ce rite diffère encore de la religion des Grecs : le gouvernement turc, maître de l'Égypte, y laisse en paix ce petit troupeau. On ne trouve point mauvais que ces chrétiens plongent leurs enfants dans des cuves d'eau, et portent l'eucharistie aux femmes dans leurs maisons, sous la forme d'un morceau de pain trempé dans du vin. Ils ne seraient pas tolérés à Rome, et ils le sont chez les mahométans.

Don Francisco Alvarès fut le premier qui apprit la position des sources du Nil, et la cause des inondations régulières de ce fleuve : deux choses inconnues à toute l'antiquité, et même aux Égyptiens.

La relation de cet Alvarès fut très long-temps au nombre des vérités peu connues; et depuis lui jusqu'à nos jours on a vu trop d'auteurs, échos des erreurs accréditées de l'antiquité, répéter qu'il n'est pas donné aux hommes de connaître les sources du Nil. On donna alors le nom de Prêtre-Jean au Négus ou roi d'Éthiopie, sans autre raison de l'appeler ainsi que parcequ'il se disait issu de la race de Salomon par la reine de Saba, et parceque depuis les croisades on assurait qu'on devait trouver dans le monde un roi chrétien nommé le Prêtre-Jean : le négus n'était pourtant ni chrétien ni prêtre.

Tout le fruit des voyages en Éthiopie se réduisit à obtenir une ambassade du roi de ce pays au pape Clément VII. Le pays était pauvre, avec des mines d'argent qu'on dit abondantes. Les habitants, moins industrieux que les Américains, ne savaient ni mettre en œuvre ces trésors, ni tirer parti des trésors véritables que la terre fournit pour les besoins réels des hommes.

En effet on voit une lettre d'un David, négus d'Éthiopie, qui demande au gouverneur portugais dans les Indes des ouvriers de toute espèce : c'était bien là être véritablement pauvre. Les trois quarts de l'Afrique et l'Asie septentrionale étaient dans la même indigence. Nous pensons, dans l'opulente oisiveté de nos villes, que tout l'univers nous ressemble; et nous ne songeons pas que les hommes ont vécu long-temps comme le reste des animaux, ayant souvent à peine le couvert et la pâture au milieu même des mines d'or et de diamant.

Ce royaume d'Éthiopie, tant vanté, était si faible, qu'un petit roi mahométan, qui possédait un canton voisin, le conquit presque tout entier au commencement du seizième siècle. Nous avons la fameuse lettre de Jean Bermudes au roi de Portugal don Sébastien, par laquelle nous pouvons nous convaincre que les Éthiopiens ne sont pas ce peuple indomptable dont parle Hérodote, ou qu'ils ont bien dégénéré. Ce patriarche latin, envoyé avec quelques soldats portugais, protégeait le jeune négus de l'Abyssinie contre ce roi maure qui avait envahi ses états; et malheureusement, quand le grand négus fut rétabli, le patriarche voulut toujours le protéger. Il était son parrain, et se croyait son maître en qualité de père spirituel et de patriarche. Il lui ordonna de rendre obéissance au pape, et lui dénonça qu'il l'excommuniait en cas de refus. Alfonse d'Albuquerque n'agissait pas avec plus de hauteur avec les petits princes de la presqu'île du Gange. Mais enfin le filleul rétabli sur son trône d'or respecta peu son parrain, le chassa de ses états, et ne reconnut point le pape.

Ce Bermudes prétend que sur les frontières du pays de Damut, entre l'Abyssinie et les pays voisins de la source du Nil, il y a une petite contrée où les deux tiers de la terre sont d'or. C'est là ce que les Portugais cherchaient, et ce qu'ils n'ont point trouvé; c'est là le principe de tous ces voyages; les patriarches, les missions, les conversions, n'ont été que le prétexte. Les Européans n'ont fait prêcher leur religion depuis le Chili jusqu'au Japon que pour faire servir les hommes, comme des bêtes de somme, à leur insatiable avarice. Il est à croire que le sein de l'Afrique renferme beaucoup de ce métal qui a mis en mouvement l'univers; le sable d'or qui roule dans ses rivières indique la mine dans les montagnes. Mais jusqu'à présent cette mine a été inaccessible aux recherches de la cupidité; et à force de faire des efforts en Amérique et en Asie, on s'est moins trouvé en état de faire des tentatives dans le milieu de l'Afrique.

CHAPITRE CXLV.

De Colombo et de l'Amérique.

C'est à ces découvertes des Portugais dans l'ancien monde que nous devons le nouveau, si pourtant c'est une obligation que cette conquête de l'Amérique, si funeste pour ses habitants, et quelquefois pour les conquérants mêmes.

C'est ici le plus grand événement sans doute de notre globe, dont une moitié avait toujours été ignorée de l'autre. Tout ce qui a paru grand jusqu'ici semble disparaître devant cette espèce de création nouvelle. Nous prononçons encore avec une admiration respectueuse les noms des Argonautes, qui firent cent fois moins que les matelots de Gama et d'Albuquerque. Que d'autels on eût érigés dans l'antiquité à un Grec qui eût découvert l'Amérique! Christophe Colombo et Barthélemi son frère ne furent pas traités ainsi.

Colombo, frappé des entreprises des Portugais, conçut qu'on pouvait faire quelque chose de plus grand, et, par la seule inspection d'une carte de notre univers, jugea qu'il devait y en avoir un autre, et qu'on le trouverait en voguant toujours vers l'occident. Son courage fut égal à la force de son esprit, et d'autant plus grand qu'il eut à combattre les préjugés de tous ses contemporains, et à soutenir les refus de tous les princes. Gênes sa patrie, qui le traita de visionnaire, perdit la seule occasion de s'agrandir qui pouvait s'offrir pour elle. Henri VII, roi d'Angleterre, plus avide d'argent que capable d'en hasarder dans une si noble entreprise, n'écouta pas le frère de Colombo : lui-même fut refusé en Portugal par Jean II, dont les vues étaient entièrement tournées du côté de l'Afrique. Il ne pouvait s'adresser à la France, où la marine était toujours négligée, et les affaires autant que jamais en confusion sous la minorité de Charles VIII. L'empereur Maximilien n'avait ni ports pour une flotte, ni argent pour l'équiper, ni grandeur de courage pour un tel projet. Venise eût pu s'en charger ; mais, soit que l'aversion des Génois pour les Vénitiens ne permît pas à Colombo de s'adresser à la rivale de sa patrie, soit que Venise ne conçût de grandeur que dans son commerce d'Alexandrie et du Levant, Colombo n'espéra qu'en la cour d'Espagne.

Ferdinand, roi d'Aragon, et Isabelle, reine de Castille, réunissaient par leur mariage toute l'Espagne, si vous en exceptez le royaume de Grenade, que les mahométans conservaient encore, mais que Ferdinand leur enleva bientôt après. L'union d'Isabelle et de Ferdinand prépara la grandeur de l'Espagne ; Colombo la commença ; mais ce ne fut qu'après huit ans de sollicitations que la cour d'Isabelle consentit au bien que le citoyen de Gênes voulait lui faire. Ce qui fait échouer les plus grands projets, c'est presque toujours le défaut d'argent. La cour d'Espagne était pauvre. Il fallut que le prieur Pérez, et deux négociants, nommés Pinzone, avançassent dix-sept mille ducats pour les frais de l'armement. (1492, 23 août) Colombo eut de la cour une patente, et partit enfin du port de Palos en Andalousie avec trois petits vaisseaux, et un vain titre d'amiral.

Des îles Canaries où il mouilla, il ne mit que trente-trois jours pour découvrir la première île de l'Amérique ; et pendant ce court trajet il eut à soutenir plus de murmures de son équipage qu'il n'avait essuyé de refus des princes de l'Europe. Cette île, située environ à mille lieues des Canaries, fut nommée San Salvador. Aussitôt après il découvrit les autres îles Lucayes, Cuba, et Hispaniola, nommée aujourd'hui Saint-Domingue. Ferdinand et Isabelle furent dans une singulière surprise de le voir revenir au bout de sept mois (1493, 15 mars) avec des Américains d'Hispaniola, des raretés du pays, et surtout de l'or qu'il leur présenta. Le roi et la reine le firent asseoir et couvrir comme un grand d'Espagne, le nommèrent grand-amiral et vice-roi du Nouveau-Monde. Il était regardé partout comme un homme unique envoyé du ciel. C'était alors à qui s'intéresserait dans ses entreprises, à qui s'embarquerait sous ses ordres. Il repart avec une flotte de dix-sept vaisseaux. (1493) Il trouve encore de nouvelles îles, les Antilles et la Jamaïque. Le doute s'était changé en admiration pour lui à son premier voyage; mais l'admiration se tourna en envie au second.

Il était amiral, vice-roi, et pouvait ajouter à ces titres celui de bienfaiteur de Ferdinand et d'Isabelle. Cependant des juges, envoyés sur ses vaisseaux mêmes pour veiller sur sa conduite, le ramenèrent en Espagne. Le peuple, qui entendit que Colombo arrivait, courut au-devant de lui, comme du génie tutélaire de l'Espagne. On tira Colombo du vaisseau; il parut, mais avec les fers aux pieds et aux mains.

Ce traitement lui avait été fait par l'ordre de Fonseca, évêque de Burgos, intendant des armements. L'ingratitude était aussi grande que les services. Isabelle en fut honteuse : elle répara cet affront autant qu'elle le put ; mais on retint Colombo quatre années, soit qu'on craignît qu'il ne prît pour lui ce qu'il avait découvert, soit qu'on voulût seulement avoir le temps de s'informer de sa conduite. Enfin on le renvoya encore dans son Nouveau-Monde. (1498) Ce fut à ce troisième voyage qu'il aperçut le continent à dix degrés de l'équateur, et qu'il vit la côte où l'on a bâti Carthagène.

Lorsque Colombo avait promis un nouvel hémisphère, on lui avait soutenu que cet hémisphère ne pouvait exister ; et quand il l'eut découvert, on prétendit qu'il avait été connu depuis long-temps. Je ne parle pas ici d'un Martin Behem de Nuremberg, qui, dit-on, alla de Nuremberg au détroit de Magellan en 1460, avec une patente d'une duchesse de Bourgogne, qui, ne régnant pas alors, ne pouvait donner de patentes. Je ne parle pas des prétendues cartes qu'on montre de ce Martin Behem, et des contradictions qui décréditent cette fable : mais enfin ce Martin Behem n'avait pas peuplé l'Amérique. On en fesait honneur aux Carthaginois, et on citait un livre d'Aristote qu'il n'a pas composé. Quelques uns ont cru trouver de la conformité entre des paroles caraïbes et des mots hébreux, et n'ont pas manqué de suivre une si belle ouverture. D'autres ont su que les enfants de Noé, s'étant établis en Sibérie, passèrent de là en Canada sur la glace, et qu'ensuite leurs enfants nés au Canada allèrent peupler le Pérou. Les Chinois et les Japonais, selon d'autres, envoyèrent des colonies en Amérique, et y firent passer des jaguars [1] pour leur divertissement, quoique ni le Japon ni la Chine n'aient de jaguars. C'est ainsi que souvent les savants ont raisonné sur ce que les hommes de génie ont inventé. On demande qui a mis des hommes en Amérique : ne pourrait-on pas répondre que c'est celui qui y fait croître des arbres et de l'herbe ?

La réponse de Colombo à ces envieux est célèbre. Ils disaient que rien n'était plus facile que ses découvertes. Il leur proposa de faire tenir un œuf debout; et aucun n'ayant pu le faire, il cassa le bout de l'œuf, et le fit tenir. Cela était bien aisé, dirent les assistants. Que ne vous en avisiez-vous donc? répondit Colombo. Ce conte est rapporté du Brunelleschi, grand artiste, qui réforma l'architecture à Florence long-temps avant que Colombo existât. La plupart des bons mots sont des redites.

La cendre de Colombo ne s'intéresse plus à la gloire qu'il eut pendant sa vie d'avoir doublé pour nous les œuvres de la création; mais les hommes aiment à rendre justice aux morts, soit qu'ils se flattent de l'espérance vaine qu'on la rendra mieux aux vivants, soit qu'ils aiment naturellement la vérité. Americo Vespucci, que nous nommons Améric Vespuce, négociant florentin, jouit de la gloire de donner son nom à la nouvelle moitié du globe, dans laquelle il ne possédait pas un pouce de terre : il prétendit avoir le premier découvert le continent. Quand il serait vrai qu'il

---

[1] C'est le plus grand des animaux féroces du Nouveau-Monde. Il est le lion ou le tigre de l'Amérique; mais il n'approche des lions et des tigres de l'ancien monde ni pour la grandeur, ni pour la force, ni pour le courage. K.

eût fait cette découverte, la gloire n'en serait pas à lui; elle appartient incontestablement à celui qui eut le génie et le courage d'entreprendre le premier voyage. La gloire, comme dit Newton dans sa dispute avec Leibnitz, n'est due qu'à l'inventeur : ceux qui viennent après ne sont que des disciples. Colombo avait déjà fait trois voyages en qualité d'amiral et de vice-roi, cinq ans avant qu'Améric Vespuce en eût fait un en qualité de géographe, sous le commandement de l'amiral Ojeda : mais ayant écrit à ses amis de Florence qu'il avait découvert le Nouveau-Monde, on le crut sur sa parole; et les citoyens de Florence ordonnèrent que, tous les ans aux fêtes de la Toussaint, on fît pendant trois jours devant sa maison une illumination solennelle. Cet homme ne méritait certainement aucuns honneurs pour s'être trouvé, en 1498, dans une escadre qui rangea les côtes du Brésil, lorsque Colombo, cinq ans auparavant, avait montré le chemin au reste du monde.

Il a paru depuis peu à Florence une vie de cet Améric Vespuce, dans laquelle il ne paraît pas qu'on ait respecté la vérité, ni qu'on ait raisonné conséquemment. On s'y plaint de plusieurs auteurs français qui ont rendu justice à Colombo. Ce n'était pas aux Français qu'il fallait s'en prendre, mais aux Espagnols, qui les premiers ont rendu cette justice. L'auteur de la vie de Vespuce dit qu'il veut «con- « fondre la vanité de la nation française, qui a tou- « jours combattu avec impunité la gloire et la fortune « de l'Italie. » Quelle vanité y a-t-il à dire que ce fut un Génois qui découvrit l'Amérique? quelle injure fait-on à la gloire de l'Italie en avouant que c'est un Italien né à Gênes à qui l'on doit le Nouveau-Monde? Je remarque exprès ce défaut d'équité, de politesse, et de bon sens, dont il n'y a que trop d'exemples; et je dois dire que les bons écrivains français sont en général ceux qui sont le moins tombés dans ce défaut intolérable. Une des raisons qui les font lire dans toute l'Europe, c'est qu'ils rendent justice à toutes les nations.

Les habitants des îles et de ce continent étaient une espèce d'hommes nouvelle; aucun n'avait de barbe. Ils furent aussi étonnés du visage des Espagnols que des vaisseaux et de l'artillerie; ils regardèrent d'abord ces nouveaux hôtes comme des monstres, ou des dieux qui venaient du ciel ou de l'Océan. Nous apprenions alors, par les voyages des Portugais et des Espagnols, le peu qu'est notre Europe, et quelle variété règne sur la terre. On avait vu qu'il y avait dans l'Indoustan des races d'hommes jaunes. Les noirs, distingués encore en plusieurs espèces, se trouvaient en Afrique et en Asie assez loin de l'équateur; et quand on eut depuis percé en Amérique jusque sous la ligne, on vit que la race y est assez blanche. Les naturels du Brésil sont de couleur de bronze. Les Chinois paraissaient encore une espèce entièrement différente par la conformation de leur nez, de leurs yeux, et de leurs oreilles, par leur couleur, et peut-être encore même par leur génie; mais ce qui est plus à remarquer, c'est que, dans quelques régions que ces races soient transplantées, elles ne changent point quand elles ne se mêlent pas aux naturels du pays. La membrane muqueuse des nègres, reconnue noire, et qui est la cause de leur couleur, est une preuve manifeste qu'il y a dans chaque espèce d'hommes, comme dans les plantes, un principe qui les différencie.

La nature a subordonné à ce principe ces différents degrés de génie et ces caractères des nations qu'on voit si rarement changer. C'est par là que les nègres sont les esclaves des autres hommes. On les achète sur les côtes d'Afrique comme des bêtes; et les multitudes de ces noirs, transplantés dans nos colonies d'Amérique, servent un très petit nombre d'Européans. L'expérience a encore appris quelle supériorité ces Européens ont sur les Américains, qui, aisément vaincus partout, n'ont jamais osé tenter une révolution, quoiqu'ils fussent plus de mille contre un.

Cette partie de l'Amérique était encore remarquable par des animaux et des végétaux que les trois autres parties du monde n'ont pas, et par le besoin de ce que nous avons. Les chevaux, le blé de toute espèce, le fer, étaient les principales productions qui manquaient dans le Mexique et dans le Pérou. Parmi les denrées ignorées dans l'ancien monde, la cochenille fut une des premières et des plus précieuses qui nous furent apportées : elle fit oublier la graine d'*écarlate*, qui servait de temps immémorial aux belles teintures rouges.

Au transport de la cochenille on joignit bientôt celui de l'indigo, du cacao, de la vanille, des bois qui servent à l'ornement, ou qui entrent dans la médecine : enfin du quinquina, seul spécifique contre les fièvres intermittentes, placé par la nature dans les montagnes du Pérou, tandis qu'elle a mis la fièvre dans le reste du monde. Ce nouveau continent possède aussi des perles, des pierres de couleur, des diamants.

Il est certain que l'Amérique procure aujourd'hui aux moindres citoyens de l'Europe des commodités et des plaisirs. Les mines d'or et d'argent n'ont été utiles d'abord qu'aux rois d'Espagne et aux négociants. Le reste du monde en fut appauvri; car le grand nombre, qui ne fait point le négoce, s'est trouvé d'abord en possession de peu d'espèces en comparaison des sommes immenses qui entraient dans les trésors de ceux qui profitèrent des premières découvertes. Mais peu-à-peu cette affluence d'argent et d'or dont l'Amérique a inondé l'Europe, a passé dans plus de mains, et s'est plus également distribuée. Le prix des denrées a haussé dans toute l'Europe à peu près dans la même proportion.

Pour comprendre, par exemple, comment les trésors de l'Amérique ont passé des mains espagnoles dans celles des autres nations, il suffira de considérer ici deux choses : l'usage que Charles-Quint et Philippe II firent de leur argent, et la manière dont les autres peuples entrent en partage des mines du Pérou.

Charles-Quint, empereur d'Allemagne, toujours en voyage et toujours en guerre, fit nécessairement passer beaucoup d'espèces en Allemagne et en Italie, qu'il reçut du Mexique et du Pérou. Lorsqu'il envoya son fils Philippe II à Londres épouser la reine Marie et prendre le titre de roi d'Angleterre, ce prince remit à la tour vingt-sept grandes caisses d'argent en barre, et la charge de cent chevaux en argent et en or monnayé. Les troubles de Flandre et les intrigues de la ligue en France coûtèrent à ce même Philippe II, de son propre aveu, plus de trois mille millions de livres de notre monnaie d'aujourd'hui.

Quant à la manière dont l'or et l'argent du Pérou parviennent à tous les peuples de l'Europe, et de là vont en partie aux grandes Indes, c'est une chose connue, mais étonnante. Une loi sévère établie par Ferdinand et Isabelle, confirmée par Charles-Quint et par tous les rois d'Espagne, défend aux autres nations non seulement l'entrée des ports de l'Amérique espagnole, mais la part la plus indirecte dans ce commerce. Il semblait que cette loi dût donner à l'Espagne de quoi subjuguer l'Europe; cependant l'Espagne ne subsiste que de la violation perpétuelle de cette loi même. Elle peut à peine fournir quatre millions en denrées qu'on transporte en Amérique; et le reste de l'Europe fournit quelquefois pour cinquante millions de marchandises. Ce prodigieux commerce de nations amies ou ennemies de l'Espagne se fait sous le nom des Espagnols mêmes, toujours fidèles aux particuliers, et toujours trompant le roi, qui a un besoin extrême de l'être. Nulle reconnaissance n'est donnée par les marchands espagnols aux marchands étrangers. La bonne foi, sans laquelle il n'y aurait jamais eu de commerce, fait la seule sûreté.

La manière dont on donna long-temps aux étrangers l'or et l'argent que les galions ont rapportés d'Amérique fut encore plus singulière. L'Espagnol, qui est à Cadix facteur de l'étranger, confiait les lingots reçus à des braves qu'on appelait *Météores*. Ceux-ci, armés de pistolets de ceinture et d'épées, allaient porter les lingots numérotés au rempart, et les jetaient à d'autres *Météores*, qui les portaient aux chaloupes auxquelles ils étaient destinés. Les chaloupes les remettaient aux vaisseaux en rade. Ces *Météores*, ces facteurs, les commis, les gardes, qui ne les troublaient jamais, tous avaient leur droit, et le négociant étranger n'était jamais trompé. Le roi, ayant reçu son indult sur ces trésors à l'arrivée des galions, y gagnait lui-même. Il n'y avait proprement que la loi de trompée, loi qui n'est utile qu'autant qu'on y contrevient, et qui n'est pourtant pas encore abrogée, parceque les anciens préjugés sont toujours ce qu'il y a de plus fort chez les hommes.

Le plus grand exemple de la violation de cette loi et de la fidélité des Espagnols, s'est fait voir en 1684. La guerre était déclarée entre la France et l'Espagne. Le roi catholique voulut se saisir des effets des Français. On employa en vain les édits et les monitoires, les recherches et les excommunications; aucun commissaire espagnol ne trahit son correspondant français. Cette fidélité, si honorable à la nation espagnole, prouva bien que les hommes n'obéissent de bon gré qu'aux lois qu'ils se sont faites pour le bien de la société; et que les lois qui ne sont que la volonté du souverain trouvent toujours tous les cœurs rebelles.

Si la découverte de l'Amérique fit d'abord beaucoup de bien aux Espagnols, elle fit aussi de très grands maux. L'un a été de dépeupler l'Espagne par le nombre nécessaire de ses colonies; l'autre, d'infecter l'univers d'une maladie qui n'était connue que dans quelques parties de cet autre monde, et surtout dans l'île Hispaniola. Plusieurs compagnons de Christophe Colombo en revinrent attaqués, et portèrent dans l'Europe cette contagion. Il est certain que ce venin qui empoisonne les sources de la vie était propre de l'Amérique, comme la peste et la petite vérole sont des maladies originaires de l'Arabie méridionale. Il ne faut pas croire même que la chair humaine, dont quelques sauvages américains se nourrissaient, ait été la source de cette corruption. Il n'y avait point d'anthropophages dans l'île Hispaniola, où ce mal était invétéré. Il n'est pas non plus la suite de l'excès dans les plaisirs : ces excès n'avaient jamais été punis ainsi par la nature dans l'ancien monde; et aujourd'hui, après un moment passé et oublié depuis des années, la plus chaste union peut être suivie du plus cruel et du plus honteux des fléaux dont le genre humain soit affligé.

Pour voir maintenant comment cette moitié du globe devint la proie des princes chrétiens, il faut suivre d'abord les Espagnols dans leurs découvertes et dans leurs conquêtes.

Le grand Colombo, après avoir bâti quelques habitations dans les îles, et reconnu le continent, avait repassé en Espagne, où il jouissait d'une gloire qui n'était point souillée de rapines et de cruautés : il mourut en 1506 à Valladolid. Mais les gouverneurs de Cuba, d'Hispaniola, qui lui succédèrent, persuadés que ces provinces fournissaient de l'or, en voulurent avoir au prix du sang des habitants. Enfin, soit qu'ils crussent la haine de ces insulaires implacable, soit qu'ils craignissent leur grand nombre, soit que la fureur du carnage, ayant une fois commencé, ne connût plus de bornes, ils dépeuplèrent en peu d'années Hispaniola, qui contenait trois millions d'habitants, et Cuba qui en avait plus de six cent mille. Barthélemi de Las Casas, évêque de Chiapa, témoin de ces destructions, rapporte qu'on allait à la chasse des hommes avec des chiens. Ces malheureux sauvages, presque nus et sans armes, étaient poursuivis comme des daims dans le fond des forêts, dévorés par des dogues, et tués à coups de fusil, ou surpris et brûlés dans leurs habitations.

Ce témoin oculaire dépose à la postérité que souvent on fesait sommer, par un dominicain et par un cordelier, ces malheureux de se soumettre à la religion chrétienne et au roi d'Espagne; et, après cette formalité, qui n'était qu'une injustice de plus, on les égorgeait sans remords. Je crois le récit de Las Casas exagéré en plus d'un endroit; mais, supposé qu'il en dise dix fois trop, il reste de quoi être saisi d'horreur.

On est encore surpris que cette extinction totale d'une race d'hommes dans Hispaniola, soit arrivée sous les yeux et sous le gouvernement de plusieurs religieux de saint Jérôme : car le cardinal Ximénès, maître de la Castille avant Charles-Quint, avait envoyé quatre de ces moines en qualité de présidents du conseil royal de l'île. Ils ne purent sans doute résister au torrent; et la haine des naturels du pays, devenue avec raison implacable, rendit leur perte malheureusement nécessaire.

CHAPITRE CXLVI.

Vaines disputes. Comment l'Amérique a été peuplée. Différences spécifiques entre l'Amérique et l'ancien monde. Religion. Anthropophages. Raisons pourquoi le Nouveau-Monde est moins peuplé que l'ancien.

Si ce fut un effort de philosophie qui fit découvrir l'Amérique, ce n'en est pas un de demander tous les jours comment il se peut qu'on ait trouvé des hommes dans ce continent, et qui les y a menés. Si on ne s'étonne pas qu'il y ait des mouches en Amérique, c'est une stupidité de s'étonner qu'il y ait des hommes.

Le sauvage qui se croit une production de son climat, comme son orignal et sa racine de manioc, n'est pas plus ignorant que nous en ce point, et raisonne mieux. En effet, puisque le nègre d'Afrique ne tire point son origine de nos peuples blancs, pourquoi les rouges, les olivâtres, les cendrés de l'Amérique, viendraient-ils de nos contrées? et d'ailleurs, quelle serait la contrée primitive?

La nature, qui couvre la terre de fleurs, de fruits, d'arbres, d'animaux, n'en a-t-elle d'abord placé que dans un seul terrain, pour qu'ils se répandissent de là dans le reste du monde? ou serait-ce ce terrain qui aurait eu d'abord toute l'herbe et toutes les fourmis, et qui les aurait envoyées au reste de la terre? comment la mousse et les sapins de Norvége auraient-ils passé aux terres australes? Quelque terrain qu'on imagine, il est presque tout dégarni de ce que les autres produisent. Il faudra supposer qu'originairement il avait tout, et qu'il ne lui reste presque plus rien. Chaque climat a ses productions différentes, et le plus abondant est très pauvre en comparaison de tous les autres ensemble. Le maître de la nature a peuplé et varié tout le globe. Les sapins de la Norvége ne sont point assurément les pères des girofliers des Moluques; et ils ne tirent pas plus leur origine des sapins d'un autre pays que l'herbe des champs d'Archangel n'est produite par l'herbe des bords du Gange. On ne s'avise point de penser que les chenilles et les limaçons d'une partie du monde soient originaires d'une autre partie: pourquoi s'étonner qu'il y ait en Amérique quelques espèces d'animaux, quelques races d'hommes, semblables aux nôtres?

L'Amérique, ainsi que l'Afrique et l'Asie, produit des végétaux, des animaux qui ressemblent à ceux de l'Europe; et tout de même encore que l'Afrique et l'Asie, elle en produit beaucoup qui n'ont aucune analogie à ceux de l'ancien monde.

Les terres du Mexique, du Pérou, du Canada, n'avaient jamais porté ni le froment qui fait notre nourriture, ni le raisin qui fait notre boisson ordinaire, ni les olives dont nous tirons tant de secours, ni la plupart de nos fruits. Toutes nos bêtes de somme et de charrue, chevaux, chameaux, ânes, bœufs, étaient absolument inconnus. Il y avait des espèces de bœufs et de moutons, mais toutes différentes des nôtres. Les moutons du Pérou étaient plus grands, plus forts que ceux d'Europe, et servaient à porter des fardeaux. Leurs bœufs tenaient à-la-fois de nos buffles et de nos chameaux. On trouva dans le Mexique des troupeaux de porcs qui ont sur le dos une glande remplie d'une matière onctueuse et fétide : point de chiens, point de chats. Le Mexique, le Pérou, avaient une espèce de lions, mais petits et privés de crinière; et, ce qui est plus singulier, le lion de ces climats était un animal poltron.

On peut réduire, si l'on veut, sous une seule espèce tous les hommes, parcequ'ils ont tous les mêmes organes de la vie, des sens et du mouvement. Mais cette espèce parut évidemment divisée en plusieurs autres dans le physique et dans le moral.

Quant au physique, on crut voir dans les Esquimaux qui habitent vers le soixantième degré du nord, une figure, une taille semblable à celle des Lapons. Des peuples voisins avaient la face toute velue. Les Iroquois, les Hurons, et tous les peuples jusqu'à la Floride, parurent olivâtres et sans aucun poil sur le corps, excepté la tête. Le capitaine Rogers, qui navigua vers les côtes de la Californie, y découvrit des peuplades de nègres qu'on ne soupçonnait pas dans l'Amérique. On vit dans l'isthme de Panama une race qu'on appelle les Dariens[a], qui a beaucoup de rapport aux Albinos d'Afrique. Leur taille est tout au plus de quatre pieds; ils sont blancs comme les Albinos : et c'est la seule race de l'Amérique qui soit blanche. Leurs yeux rouges sont bordés de paupières

---

[a] On ne voit presque plus aujourd'hui de ces Dariens.

façonnées en demi-cercles. Ils ne voient et ne sortent de leurs trous que la nuit; ils sont parmi les hommes ce que les hiboux sont parmi les oiseaux. Les Mexicains, les Péruviens, parurent d'une couleur bronzée, les Brasiliens d'un rouge plus foncé, les peuples du Chili plus cendrés. On a exagéré la grandeur des Patagons qui habitent vers le détroit de Magellan; mais on croit que c'est la nation de la plus haute taille qui soit sur la terre.

Parmi tant de nations si différentes de nous, et si différentes entre elles, on n'a jamais trouvé d'hommes isolés, solitaires, errants à l'aventure à la manière des animaux, s'accouplant comme eux au hasard, et quittant leurs femelles pour chercher seuls leur pâture. Il faut que la nature humaine ne comporte pas cet état, et que partout l'instinct de l'espèce l'entraîne à la société comme à la liberté; c'est ce qui fait que la prison sans aucun commerce avec les hommes est un supplice inventé par les tyrans, supplice qu'un sauvage pourrait moins supporter encore que l'homme civilisé.

Du détroit de Magellan jusqu'à la baie d'Hudson, on a vu des familles rassemblées et des huttes qui composaient des villages; point de peuples errants qui changeassent de demeures selon les saisons, comme les Arabes-Bédouins et les Tartares : en effet, ces peuples, n'ayant point de bêtes de somme, n'auraient pu transporter aisément leurs cabanes. Partout on a trouvé des idiomes formés, par lesquels les plus sauvages exprimaient le petit nombre de leurs idées : c'est encore un instinct des hommes de marquer leurs besoins par des articulations. De là se sont formées nécessairement tant de langues différentes, plus ou moins abondantes, selon qu'on a eu plus ou moins de connaissances. Ainsi la langue des Mexicains était plus formée que celle des Iroquois, comme la nôtre est plus régulière et plus abondante que celle des Samoïèdes.

De tous les peuples de l'Amérique, un seul avait une religion qui semble, au premier coup d'œil, ne pas offenser notre raison. Les Péruviens adoraient le soleil comme un astre bienfesant, semblables en ce point aux anciens Persans et aux Sabéens; mais si vous en exceptez les grandes et nombreuses nations de l'Amérique, les autres étaient plongées pour la plupart dans une stupidité barbare. Leurs assemblées n'avaient rien d'un culte réglé; leur créance ne constituait point une religion. Il est constant que les Brasiliens, les Caraïbes, les Mosquites, les peuplades de la Guiane, celles du Nord, n'avaient pas plus de notion distincte d'un Dieu suprême que les Cafres de l'Afrique. Cette connaissance demande une raison cultivée, et leur raison ne l'était pas. La nature seule peut inspirer l'idée confuse de quelque chose de puissant, de terrible, à un sauvage qui verra tomber la foudre, ou un fleuve se déborder. Mais ce n'est là que le faible commencement de la connaissance d'un Dieu créateur : cette connaissance raisonnée manquait même absolument à toute l'Amérique.

Les autres Américains qui s'étaient fait une religion l'avaient faite abominable. Les Mexicains n'étaient pas les seuls qui sacrifiassent des hommes à je ne sais quel être malfesant : on a prétendu même que les Péruviens souillaient aussi le culte du soleil par de pareils holocaustes; mais ce reproche paraît avoir été imaginé par les vainqueurs pour excuser leur barbarie. Les anciens peuples de notre hémisphère, et les plus policés de l'autre, se sont ressemblés par cette religion barbare.

Herrera nous assure que les Mexicains mangeaient les victimes humaines immolées. La plupart des premiers voyageurs et des missionnaires disent tous que les Brasiliens, les Caraïbes, les Iroquois, les Hurons, et quelques autres peuplades, mangeaient les captifs faits à la guerre; et ils ne regardent pas ce fait comme un usage de quelques particuliers, mais comme un usage de nation. Tant d'auteurs anciens et modernes ont parlé d'anthropophages, qu'il est difficile de les nier. Je vis en 1725 quatre sauvages amenés du Mississipi à Fontainebleau. Il y avait parmi eux une femme de couleur cendrée comme ses compagnons; je lui demandai, par l'interprète qui les conduisait, si elle avait mangé quelquefois de la chair humaine; elle me répondit que oui, très froidement, et comme à une question ordinaire. Cette atrocité, si révoltante pour notre nature, est pourtant bien moins cruelle que le meurtre. La véritable barbarie est de donner la mort, et non de disputer un mort aux corbeaux ou aux vers. Des peuples chasseurs, tels qu'étaient les Brasiliens et les Canadiens, des insulaires comme les Caraïbes, n'ayant pas toujours une subsistance assurée, ont pu devenir quelquefois anthropophages. La famine et la vengeance les ont accoutumés à cette nourriture: et quand nous voyons, dans les siècles les plus civilisés, le peuple de Paris dévorer les restes sanglants du maréchal d'Ancre, et le peuple de La Haye manger le cœur du grand-pensionnaire de Wit, nous ne devons pas être surpris qu'une horreur chez nous passagère ait duré chez les sauvages.

Les plus anciens livres que nous ayons ne nous permettent pas de douter que la faim n'ait poussé les hommes à cet excès. Moïse même menace les Hébreux, dans cinq versets du *Deutéronome* [1], qu'ils mangeront leurs enfants s'ils transgressent sa loi. Le prophète Ézéchiel répète la même menace [2], et ensuite, selon plusieurs commentateurs, il promet aux Hébreux, de la part de Dieu, que s'ils se défendent bien contre le roi de Perse, ils auront à manger de la chair de cheval [3] et de la chair de cavalier [4]. Marco Paolo, ou Marc Paul, dit que, de son temps, dans une partie de la Tartarie, les magiciens ou les prê-

---

[1] Chap. xxviii, 53-57. B.

[2] Chap. v, 10. B.

[3] Chap. xxxix, 20. B.

[4] En examinant ce passage, on voit que Dieu ordonne d'abord aux Israélites d'annoncer aux oiseaux de proie et aux bêtes féroces qu'il leur donnera à dévorer la chair des princes et des guerriers; ensuite, sans que la construction grammaticale puisse déterminer à qui il s'adresse, il parle de manger sur sa table la chair des chevaux et des cavaliers. Supposera-t-on que Dieu répète deux fois de suite la même invitation aux oiseaux de proie, de peur qu'ils ne l'entendent pas bien du premier coup? leur propose-t-il de se mettre à sa table? sa table est-elle la terre sur laquelle il sert de la chair humaine? ou enfin en promet-il aux Juifs pour leur récompense? C'est aux théologiens à juger laquelle de ces deux interprétations est la plus conforme à l'idée qu'ils se font de l'Être suprême. K.

tres (c'était la même chose) avaient le droit de manger la chair des criminels condamnés à la mort. Tout, cela soulève le cœur; mais le tableau du genre humain doit souvent produire cet effet.

Comment des peuples toujours séparés les uns des autres ont-ils pu se réunir dans une si horrible coutume? faut-il croire qu'elle n'est pas absolument aussi opposée à la nature humaine qu'elle le paraît? il est sûr qu'elle est rare, mais il est sûr qu'elle existe.

On ne voit pas que ni les Tartares, ni les Juifs, aient mangé souvent leurs semblables. La faim et le désespoir contraignirent, aux siéges de Sancerre et de Paris, pendant nos guerres de religion, des mères à se nourrir de la chair de leurs enfants. Le charitable Las Casas, évêque de Chiapa, dit que cette horreur n'a été commise en Amérique que par quelques peuples chez lesquels il n'a pas voyagé. Dampierre assure qu'il n'a jamais rencontré d'anthropophages, et il n'y a peut-être pas aujourd'hui deux peuplades où cette horrible coutume soit en usage.

Il est un autre vice tout différent, qui semble plus opposé au but de la nature, que cependant les Grecs ont vanté, que les Romains ont permis, qui s'est perpétué dans les nations les plus polies, et qui est beaucoup plus commun dans nos climats chauds et tempérés de l'Europe et de l'Asie, que dans les glaces du Septentrion : on a vu en Amérique ce même effet des caprices de la nature humaine ; les Brasiliens pratiquaient cet usage monstrueux et commun ; les Canadiens l'ignoraient. Comment se peut-il encore qu'une passion qui renverse les lois de la propagation humaine se soit emparée dans les deux hémisphères des organes de la propagation même[a] ?

Une autre observation importante, c'est qu'on a trouvé le milieu de l'Amérique assez peuplé, et les deux extrémités vers les pôles peu habitées : en général, le Nouveau-Monde ne contenait pas le nombre d'hommes qu'il devait contenir. Il y en a certainement des causes naturelles : premièrement, le froid excessif, qui est aussi perçant en Amérique, dans la latitude de Paris et de Vienne, qu'il l'est à notre continent au cercle polaire.

En second lieu, les fleuves sont pour la plupart, en Amérique, vingt, trente fois plus larges au moins que les nôtres. Les inondations fréquentes ont dû porter la stérilité, et par conséquent la mortalité, dans des pays immenses. Les montagnes, beaucoup plus hautes, sont aussi plus inhabitables que les nôtres ; des poisons violents et durables, dont la terre d'Amérique est couverte, rendent mortelle la plus légère atteinte d'une flèche trempée dans ces poisons ; enfin, la stupidité de l'espèce humaine, dans une partie de cet hémisphère, a dû influer beaucoup sur la dépopulation. On a connu, en général, que l'entendement humain n'est pas si formé dans le Nouveau-Monde que dans l'ancien : l'homme est dans tous les deux un animal très faible ; les enfants périssent partout faute d'un soin convenable ; et il ne faut pas croire que, quand les habitants des bords du Rhin, de l'Elbe, et de la Vistule, plongeaient dans ces fleuves les enfants

---

[a] Voyez dans le *Dictionnaire philosophique* l'art. AMOUR SOCRATIQUE.

nouveau-nés dans la rigueur de l'hiver, les femmes allemandes et sarmates élevassent alors autant d'enfants qu'elles en élèvent aujourd'hui, surtout quand ces pays étaient couverts de forêts qui rendaient le climat plus malsain et plus rude qu'il ne l'est dans nos derniers temps. Mille peuplades de l'Amérique manquaient d'une bonne nourriture : on ne pouvait ni fournir aux enfants un bon lait, ni leur donner ensuite une subsistance saine, ni même suffisante. Plusieurs espèces d'animaux carnassiers sont réduites, par ce défaut de subsistance, à une très petite quantité; et il faut s'étonner si on a trouvé dans l'Amérique plus d'hommes que de singes.

CHAPITRE CXLVII.

De Fernand Cortès.

Ce fut de l'île de Cuba que partit Fernand Cortès pour de nouvelles expéditions dans le continent (1519). Ce simple lieutenant du gouverneur d'une île nouvellement découverte, suivi de moins de six cents hommes, n'ayant que dix-huit chevaux et quelques pièces de campagne, va subjuguer le plus puissant état de l'Amérique. D'abord il est assez heureux pour trouver un Espagnol qui, ayant été neuf ans prisonnier à Jucatan, sur le chemin du Mexique, lui sert d'interprète. Une Américaine, qu'il nomme dona Marina, devient à-la-fois sa maîtresse et son conseil, et apprend bientôt assez d'espagnol pour être aussi une interprète utile. Ainsi l'amour, la religion, l'avarice, la valeur, et la cruauté, ont conduit les Espagnols dans ce nouvel hémisphère. Pour comble de bonheur, on trouve un volcan plein de soufre, on découvre du salpêtre qui sert à renouveler dans le besoin la poudre consommée dans les combats. Cortès avance le long du golfe du Mexique, tantôt caressant les naturels du pays, tantôt fesant la guerre : il trouve des villes policées où les arts sont en honneur. La puissante république de Tlascala, qui florissait sous un gouvernement aristocratique, s'oppose à son passage; mais la vue des chevaux et le bruit seul du canon mettaient en fuite ces multitudes mal armées. Il fait une paix aussi avantageuse qu'il le veut; six mille de ses nouveaux alliés de Tlascala l'accompagnent dans son voyage du Mexique. Il entre dans cet empire sans résistance, malgré les défenses du souverain. Ce souverain commandait cependant, à ce qu'on dit, à trente vassaux, dont chacun pouvait paraître à la tête de cent mille hommes armés de flèches et de ces pierres tranchantes qui leur tenaient lieu de fer. S'attendait-on à trouver le gouvernement féodal établi au Mexique ?

La ville de Mexico, bâtie au milieu d'un grand lac, était le plus beau monument de l'industrie américaine : des chaussées immenses traversaient le lac tout couvert de petites barques faites de troncs d'arbres. On voyait dans la ville des maisons spacieuses et commodes, construites de pierre, des marchés, des boutiques qui brillaient d'ouvrages d'or et d'argent ciselés et sculptés, de vaisselle de terre vernissée, d'étoffes de coton, et de tissus de plumes qui formaient des dessins éclatants par les plus vives nuances. Auprès du grand marché était un palais où l'on rendait sommairement la justice aux marchands, comme dans la juridiction des consuls de Paris, qui n'a été établie que sous le roi Charles IX, après la destruction de l'empire du Mexique. Plusieurs palais de l'empereur Montezuma augmentaient la somptuosité de la ville. Un d'eux s'élevait sur des colonnes de jaspe, et était destiné à renfermer des curiosités qui ne servaient qu'au plaisir. Un autre était rempli d'armes offensives et défensives, garnies d'or et de pierreries : un autre était entouré de grands jardins où l'on ne cultivait que des plantes médicinales ; des intendants les distribuaient gratuitement aux malades : on rendait compte au roi du succès de leurs usages, et les médecins en tenaient registre à leur manière, sans avoir l'usage de l'écriture. Les autres espèces de magnificence ne marquent que les progrès des arts ; celle-là marque le progrès de la morale.

S'il n'était pas de la nature humaine de réunir le meilleur et le pire, on ne comprendrait pas comment cette morale s'accordait avec les sacrifices humains dont le sang regorgeait à Mexico devant l'idole de *Visiliputsli*, regardé comme le dieu des armées. Les ambassadeurs de Montezuma dirent à Cortès, à ce qu'on prétend, que leur maître avait sacrifié dans ses guerres près de vingt mille ennemis, chaque année, dans le grand temple de Mexico. C'est une très grande exagération : on sent qu'on a voulu colorer par là les injustices du vainqueur de Montezuma ; mais enfin, quand les Espagnols entrèrent dans ce temple, ils trouvèrent, parmi ses ornements, des crânes d'hommes suspendus comme des trophées. C'est ainsi que l'antiquité nous peint le temple de Diane dans la Chersonèse Taurique.

Il n'y a guère de peuples dont la religion n'ait été inhumaine et sanglante : vous savez que les Gaulois, les Carthaginois, les Syriens, les anciens Grecs, immolèrent des hommes. La loi des Juifs semblait permettre ces sacrifices; il est dit dans le *Lévitique* : « Si « une ame vivante a été promise à Dieu, on ne pourra « la racheter; il faut qu'elle meure [1]. » Les livres des Juifs rapportent que, quand ils envahirent le petit pays des Cananéens, ils massacrèrent, dans plusieurs villages, les hommes, les femmes, les enfants, et les animaux domestiques, parcequ'ils avaient été dévoués. C'est sur cette loi que furent fondés les serments de Jephté, qui sacrifia sa fille, et de Saül, qui, sans les cris de l'armée, eût immolé son fils : c'est elle encore qui autorisait Samuel à égorger le roi Agag, prisonnier de Saül, et à le couper en morceaux; exécution aussi horrible et aussi dégoûtante que tout ce qu'on peut voir de plus affreux chez les sauvages. D'ailleurs il paraît que chez les Mexicains on n'immolait que les ennemis; ils n'étaient point anthropophages comme un très petit nombre de peuplades américaines.

Leur police en tout le reste était humaine et sage.

---

[1] On lit dans le *Lévitique*, XXVII, 28-29 : *Omne quod Domino consecratur, sive homo fuerit, sive animal, sive ager, non vendetur, nec redimi poterit.... Et omnis consecratio quæ offertur ab homine non redimetur, sed morte morietur.* B.

L'éducation de la jeunesse formait un des plus grands objets du gouvernement : il y avait des écoles publiques établies pour l'un et l'autre sexe. Nous admirons encore les anciens Égyptiens d'avoir connu que l'année est d'environ trois cent soixante-cinq jours : les Mexicains avaient poussé jusque-là leur astronomie.

La guerre était chez eux réduite en art ; c'est ce qui leur avait donné tant de supériorité sur leurs voisins. Un grand ordre dans les finances maintenait la grandeur de cet empire, regardé par ses voisins avec crainte et avec envie.

Mais ces animaux guerriers sur qui les principaux Espagnols étaient montés, ce tonnerre artificiel qui se formait dans leurs mains, ces châteaux de bois qui les avaient apportés sur l'Océan, ce fer dont ils étaient couverts, leurs marches comptées par des victoires, tant de sujets d'admiration joints à cette faiblesse qui porte les peuples à admirer ; tout cela fit que, quand Cortès arriva dans la ville de Mexico, il fut reçu par Montezuma comme son maître, et par les habitants comme leur dieu. On se mettait à genoux dans les rues quand un valet espagnol passait. On raconte qu'un cacique, sur les terres duquel passait un capitaine espagnol, lui présenta des esclaves et du gibier. « Si « tu es dieu, lui dit-il, voilà des hommes, mange-les ; « si tu es homme, voilà des vivres que ces esclaves « t'apprêteront. »

Ceux qui ont fait les relations de ces étranges événements les ont voulu relever par des miracles, qui ne servent en effet qu'à les rabaisser. Le vrai miracle fut la conduite de Cortès. Peu-à-peu la cour de

Montezuma s'apprivoisant avec leurs hôtes, osa les traiter comme des hommes. Une partie des Espagnols était à la Vera-Cruz, sur le chemin du Mexique : un général de l'empereur, qui avait des ordres secrets, les attaqua; et, quoique ses troupes fussent vaincues, il y eut trois ou quatre Espagnols de tués : la tête d'un d'eux fut même portée à Montezuma. Alors Cortès fit ce qui s'est jamais fait de plus hardi en politique : il va au palais, suivi de cinquante Espagnols, et accompagné de la dona Marina, qui lui sert toujours d'interprète; alors mettant en usage la persuasion et la menace, il emmène l'empereur prisonnier au quartier espagnol, le force à lui livrer ceux qui ont attaqué les siens à la Vera-Cruz, et fait mettre les fers aux pieds et aux mains de l'empereur même, comme un général qui punit un simple soldat; ensuite il l'engage à se reconnaître publiquement vassal de Charles-Quint.

Montezuma et les principaux de l'empire donnent pour tribut attaché à leur hommage six cent mille marcs d'or pur, avec une incroyable quantité de pierreries, d'ouvrages d'or, et de tout ce que l'industrie de plusieurs siècles avait fabriqué de plus rare : Cortès en mit à part le cinquième pour son maître, prit un cinquième pour lui, et distribua le reste à ses soldats.

On peut compter parmi les plus grands prodiges que les conquérants de ce nouveau monde se déchirant eux-mêmes, les conquêtes n'en souffrirent pas. Jamais le vrai ne fut moins vraisemblable : tandis que Cortès était près de subjuguer l'empire du Mexique avec

CHAP. CXLVII. DE FERNAND CORTÈS. 415

cinq cents hommes qui lui restaient, le gouverneur de Cuba, Velasquez, plus offensé de la gloire de Cortès, son lieutenant, que de son peu de soumission, envoie presque toutes ses troupes, qui consistaient en huit cents fantassins, quatre-vingts cavaliers bien montés, et deux petites pièces de canon, pour réduire Cortès, le prendre prisonnier, et poursuivre le cours de ses victoires. Cortès, ayant d'un côté mille Espagnols à combattre, et le continent à retenir dans la soumission, laissa quatre-vingts hommes pour lui répondre de tout le Mexique, et marcha, suivi du reste, contre ses compatriotes; il en défait une partie, il gagne l'autre. Enfin, cette armée, qui venait pour le détruire, se range sous ses drapeaux, et il retourne au Mexique avec elle.

L'empereur était toujours en prison dans sa capitale, gardé par quatre-vingts soldats. Celui qui les commandait, nommé Alvaredo, sur un bruit vrai ou faux que les Mexicains conspiraient pour délivrer leur maître, avait pris le temps d'une fête où deux mille des premiers seigneurs étaient plongés dans l'ivresse de leurs liqueurs fortes : il fond sur eux avec cinquante soldats, les égorge eux et leur suite sans résistance, et les dépouille de tous les ornements d'or et de pierreries dont ils s'étaient parés pour cette fête. Cette énormité, que tout le peuple attribuait avec raison à la rage de l'avarice, souleva ces hommes trop patients : et quand Cortès arriva, il trouva deux cent mille Américains en armes contre quatre-vingts Espagnols occupés à se défendre et à garder l'empereur. Ils assiégèrent Cortès pour délivrer leur roi; ils se précipitèrent en foule contre les canons et les mousquets. Antonio de Solis appelle cette action une révolte, et cette valeur une brutalité : tant l'injustice des vainqueurs a passé jusqu'aux écrivains !

L'empereur Montezuma mourut dans un de ces combats, blessé malheureusement de la main de ses sujets. Cortès osa proposer à ce roi, dont il causait la mort, de mourir dans le christianisme ; sa concubine dona Marina était la catéchiste. Le roi mourut en implorant inutilement la vengeance du ciel contre les usurpateurs. Il laissa des enfants plus faibles encore que lui, auxquels les rois d'Espagne n'ont pas craint de laisser des terres dans le Mexique même ; et aujourd'hui les descendants en droite ligne de ce puissant empereur vivent à Mexico même. On les appelle les comtes de Montezuma ; ils sont de simples gentilshommes chrétiens, et confondus dans la foule. C'est ainsi que les sultans turcs ont laissé subsister à Constantinople une famille des Paléologues. Les Mexicains créèrent un nouvel empereur, animé comme eux du desir de la vengeance. C'est ce fameux Gatimozin, dont la destinée fut encore plus funeste que celle de Montezuma. Il arma tout le Mexique contre les Espagnols.

Le désespoir, l'opiniâtreté de la vengeance et de la haine, précipitaient toujours ces multitudes contre ces mêmes hommes qu'ils n'osaient regarder auparavant qu'à genoux. Les Espagnols étaient fatigués de tuer, et les Américains se succédaient en foule sans se décourager. Cortès fut obligé de quitter la ville, où il eût été affamé ; mais les Mexicains avaient rompu toutes les chaussées. Les Espagnols firent des ponts avec les corps des ennemis; mais dans leur retraite sanglante ils perdirent tous les trésors qu'ils avaient ravis pour Charles-Quint et pour eux. Chaque jour de marche était une bataille : on perdait toujours quelque Espagnol, dont le sang était payé par la mort de plusieurs milliers de ces malheureux qui combattaient presque nus.

Cortès n'avait plus de flotte. Il fit faire par ses soldats, et par les Tlascaliens qu'il avait avec lui, neuf bateaux, pour rentrer dans Mexico par le lac même qui semblait lui en défendre l'entrée.

Les Mexicains ne craignirent point de donner un combat naval. Quatre à cinq mille canots, chargés chacun de deux hommes, couvrirent le lac, et vinrent attaquer les neuf bateaux de Cortès, sur lesquels il y avait environ trois cents hommes. Ces neuf brigantins qui avaient du canon renversèrent bientôt la flotte ennemie. Cortès avec le reste de ses troupes combattait sur les chaussées. Vingt Espagnols tués dans ce combat, et sept ou huit prisonniers, fesaient un événement plus important dans cette partie du monde que les multitudes de nos morts dans nos batailles. Les prisonniers furent sacrifiés dans le temple du Mexique. Mais enfin, après de nouveaux combats, on prit Gatimozin et l'impératrice sa femme. C'est ce Gatimozin, si fameux par les paroles qu'il prononça lorsqu'un receveur des trésors du roi d'Espagne le fit mettre sur des charbons ardents, pour savoir en quel endroit du lac il avait fait jeter ses richesses : son grand-prêtre, condamné au même supplice, jetait des cris; Gatimozin lui dit : *Et moi, suis-je sur un lit de roses?*

Cortès fut maître absolu de la ville de Mexico, (1521) avec laquelle tout le reste de l'empire tomba sous la domination espagnole, ainsi que la Castille d'or, le Darien, et toutes les contrées voisines.

Quel fut le prix des services inouïs de Cortès? celui qu'eut Colombo : il fut persécuté; et le même évêque Fonseca, qui avait contribué à faire renvoyer le *découvreur* de l'Amérique chargé de fers, voulut faire traiter de même le vainqueur. Enfin, malgré les titres dont Cortès fut décoré dans sa patrie, il y fut peu considéré. A peine put-il obtenir audience de Charles-Quint : un jour il fendit la presse qui entourait le coche de l'empereur, et monta sur l'étrier de la portière. Charles demanda quel était cet homme : « C'est, ré-
« pondit Cortès, celui qui vous a donné plus d'états
« que vos pères ne vous ont laissé de villes. »

CHAPITRE CXLVIII.

De la conquête du Pérou.

Cortès ayant soumis à Charles-Quint plus de deux cents lieues de nouvelles terres en longueur, et plus de cent cinquante en largeur, croyait avoir peu fait. L'isthme qui resserre entre deux mers le continent de l'Amérique n'est pas de vingt-cinq lieues communes : on voit du haut d'une montagne, près de Nombre de Dios, d'un côté la mer qui s'étend de l'Amérique jusqu'à nos côtes, et de l'autre celle qui se prolonge jusqu'aux grandes Indes. La première a été nommée *mer du Nord*, parceque nous sommes au nord; la seconde, *mer du Sud*, parceque c'est au sud que les grandes Indes sont situées. On tenta donc, dès l'an 1513, de chercher par cette mer du Sud de nouveaux pays à soumettre.

Vers l'an 1527, deux simples aventuriers, Diego d'Almagro et Francisco Pizarro, qui même ne connaissaient pas leur père, et dont l'éducation avait été si abandonnée qu'ils ne savaient ni lire ni écrire, furent ceux par qui Charles-Quint acquit de nouvelles terres plus vastes et plus riches que le Mexique. D'abord ils reconnaissent trois cents lieues de côtes américaines en cinglant droit au midi; bientôt ils entendent dire que vers la ligne équinoxiale et sous l'autre tropique il y a une contrée immense, où l'or, l'argent, et les pierreries, sont plus communs que le bois, et que le pays est gouverné par un roi aussi despotique que Montezuma; car dans tout l'univers le despotisme est le fruit de la richesse.

Du pays de Cusco et des environs du tropique du Capricorne jusqu'à la hauteur de l'île des Perles, qui est au sixième degré de latitude septentrionale, un seul roi étendait sa domination absolue dans l'espace de près de trente degrés. Il était d'une race de conquérants qu'on appelait *Incas*. Le premier de ces incas qui avait subjugué le pays, et qui lui imposa des lois, passait pour le fils du Soleil. Ainsi les peuples les plus policés de l'ancien monde et du nouveau se ressemblaient dans l'usage de déifier les hommes extraordinaires, soit conquérants, soit législateurs.

Garcilasso de La Vega, issu de ces incas, transporté à Madrid, écrivit leur histoire vers l'an 1608. Il était alors avancé en âge, et son père pouvait aisément avoir vu la révolution arrivée vers l'an 1530. Il ne pouvait, à la vérité, savoir avec certitude l'histoire détaillée de ses ancêtres. Aucun peuple de l'Amérique n'avait connu l'art de l'écriture ; semblables en ce point aux anciennes nations tartares, aux habitants de l'Afrique méridionale, à nos ancêtres les Celtes, aux peuples du Septentrion, aucune de ces nations n'eut rien qui tînt lieu de l'histoire. Les Péruviens transmettaient les principaux faits à la postérité par des nœuds qu'ils fesaient à des cordes : mais en général les lois fondamentales, les points les plus essentiels de la religion, les grands exploits dégagés de détails, passent assez fidèlement de bouche en bouche. Ainsi Garcilasso pouvait être instruit de quelques principaux événements. C'est sur ces objets seuls qu'on peut l'en croire. Il assure que dans tout le Pérou on adorait le soleil, culte plus raisonnable qu'aucun autre dans un monde où la raison humaine n'était point perfectionnée. Pline, chez les Romains, dans les temps les plus éclairés, n'admet point d'autre dieu. Platon, plus éclairé que Pline, avait appelé le soleil le fils de Dieu, la splendeur du Père ; et cet astre long-temps auparavant fut révéré par les mages et par les anciens Égyptiens. La même vraisemblance et la même erreur régnèrent également dans les deux hémisphères.

CHAP. CXLVIII. CONQUÊTE DU PÉROU.

Les Péruviens avaient des obélisques, des gnomons réguliers, pour marquer les points des équinoxes et des solstices. Leur année était de trois cent soixante et cinq jours ; peut-être la science de l'antique Égypte ne s'étendit pas au-delà. Ils avaient élevé des prodiges d'architecture et taillé des statues avec un art surprenant. C'était la nation la plus policée et la plus industrieuse du Nouveau-Monde.

L'inca Huescar, père d'Atabalipa, dernier inca, sous qui ce vaste empire fut détruit, l'avait beaucoup augmenté et embelli. Cet inca, qui conquit tout le pays de Quito, aujourd'hui la capitale du Pérou, avait fait, par les mains de ses soldats et des peuples vaincus, un grand chemin de cinq cents lieues de Cusco jusqu'à Quito, à travers des précipices comblés et des montagnes aplanies. Ce monument de l'obéissance et de l'industrie humaine n'a pas été depuis entretenu par les Espagnols. Des relais d'hommes établis de demi-lieue en demi-lieue portaient les ordres du monarque dans tout son empire. Telle était la police ; et si on veut juger de la magnificence, il suffit de savoir que le roi était porté dans ses voyages sur un trône d'or, qu'on trouva peser vingt-cinq mille ducats, et que la litière de lames d'or sur laquelle était le trône, était soutenue par les premiers de l'état.

Dans les cérémonies pacifiques et religieuses à l'honneur du soleil, on formait des danses : rien n'est plus naturel ; c'est un des plus anciens usages de notre hémisphère. Huescar, pour rendre les danses plus graves, fit porter par les danseurs une chaîne d'or longue de sept cents de nos pas géométriques, et grosse comme le poignet; chacun en soulevait un chaînon. Il faut conclure de ce fait que l'or était plus commun au Pérou que ne l'est parmi nous le cuivre.

François Pizarro attaqua cet empire avec deux cent cinquante fantassins, soixante cavaliers, et une douzaine de petits canons que traînaient souvent les esclaves des pays déjà domptés. Il arrive par la mer du Sud à la hauteur de Quito par-delà l'équateur. Atabalipa, fils d'Huescar, régnait alors; il était vers Quito avec environ quarante mille soldats armés de flèches et de piques d'or et d'argent. Pizarro commença, comme Cortès, par une ambassade, et offrit à l'inca l'amitié de Charles-Quint. L'inca répond qu'il ne recevra pour amis les déprédateurs de son empire, que quand ils auront rendu tout ce qu'ils ont ravi sur leur route; et après cette réponse il marche aux Espagnols. Quand l'armée de l'inca et la petite troupe castillane furent en présence, les Espagnols voulurent encore mettre de leur côté jusqu'aux apparences de la religion. Un moine nommé Valverda, fait évêque de ce pays même qui ne leur appartenait pas encore, s'avance avec un interprète vers l'inca, une *Bible* à la main, et lui dit qu'il faut croire tout ce qui est dans ce livre. Il lui fait un long sermon de tous les mystères du christianisme. Les historiens ne s'accordent pas sur la manière dont le sermon fut reçu; mais ils conviennent tous que la prédication finit par le combat.

Les canons, les chevaux, et les armes de fer, firent sur les Péruviens le même effet que sur les Mexicains;

on n'eut guère que la peine de tuer ; et Atabalipa, arraché de son trône d'or par les vainqueurs, fut chargé de fers.

Cet empereur, pour se procurer une liberté prompte, promit une trop grosse rançon ; il s'obligea, selon Herrera et Zarata, de donner autant d'or qu'une des salles de ses palais pouvait en contenir jusqu'à la hauteur de sa main, qu'il éleva en l'air au-dessus de sa tête. Aussitôt ses courriers partent de tous côtés pour assembler cette rançon immense ; l'or et l'argent arrivent tous les jours au quartier des Espagnols : mais soit que les Péruviens se lassassent de dépouiller l'empire pour un captif, soit qu'Atabalipa ne les pressât pas, on ne remplit point toute l'étendue de ses promesses. Les esprits des vainqueurs s'aigrirent, leur avarice trompée monta à cet excès de rage, qu'ils condamnèrent l'empereur à être brûlé vif ; toute la grace qu'ils lui promirent, c'est qu'en cas qu'il voulût mourir chrétien, on l'étranglerait avant de le brûler. Ce même évêque Valverda lui parla de christianisme par un interprète ; il le baisa, et immédiatement après on le pendit, et on le jeta dans les flammes. Le malheureux Garcilasso, inca devenu espagnol, dit qu'Atabalipa avait été très cruel envers sa famille, et qu'il méritait la mort ; mais il n'ose pas dire que ce n'était point aux Espagnols à le punir. Quelques écrivains témoins oculaires, comme Zarata, prétendent que François Pizarro était déjà parti pour aller porter à Charles-Quint une partie des trésors d'Atabalipa, et que d'Almagro seul fut coupable de cette barbarie. Cet évêque de Chiapa, que j'ai déjà cité, ajoute qu'on fit souffrir le même supplice à plusieurs capitaines péruviens qui, par une générosité aussi grande que la cruauté des vainqueurs, aimèrent mieux recevoir la mort que de découvrir les trésors de leurs maîtres.

Cependant, de la rançon déjà payée par Atabalipa, chaque cavalier espagnol eut deux cent cinquante marcs en or pur; chaque fantassin en eut cent soixante : on partagea dix fois environ autant d'argent dans la même proportion; ainsi le cavalier eut un tiers de plus que le fantassin. Les officiers eurent des richesses immenses, et on envoya à Charles-Quint trente mille marcs d'argent, trois mille d'or non travaillé, et vingt mille marcs pesant d'argent avec deux mille d'or en ouvrages du pays. L'Amérique lui aurait servi à tenir sous le joug une partie de l'Europe, et surtout les papes, qui lui avaient adjugé ce Nouveau-Monde, s'il avait reçu souvent de pareils tributs.

On ne sait si on doit plus admirer le courage opiniâtre de ceux qui découvrirent et conquirent tant de terres, ou plus détester leur férocité : la même source, qui est l'avarice, produisit tant de bien et tant de mal. Diego d'Almagro marche à Cusco à travers des multitudes qu'il faut écarter; il pénètre jusqu'au Chili par-delà le tropique du Capricorne. Partout on prend possession au nom de Charles-Quint. Bientôt après, la discorde se met entre les vainqueurs du Pérou, comme elle avait divisé Velasquez et Fernand Cortès dans l'Amérique septentrionale.

Diego d'Almagro et Francisco Pizarro font la guerre civil dans Cusco même, la capitale des incas. Toutes les recrues qu'ils avaient reçues d'Europe se partagent, et combattent pour le chef qu'elles choisissent. Ils donnent un combat sanglant sous les murs de Cusco, sans que les Péruviens osent profiter de l'affaiblissement de leur ennemi commun; au contraire il y avait des Péruviens dans chaque armée : ils se battaient pour leurs tyrans; et les multitudes de Péruviens dispersés attendaient stupidement à quel parti de leurs destructeurs ils seraient soumis, et chaque parti n'était que d'environ trois cents hommes : tant la nature a donné en tout la supériorité aux Européans sur les habitants du Nouveau-Monde! Enfin, d'Almagro fut fait prisonnier, et son rival Pizarro lui fit trancher la tête; mais bientôt après il fut assassiné lui-même par les amis d'Almagro.

Déjà se formait dans tout le Nouveau-Monde le gouvernement espagnol. Les grandes provinces avaient leurs gouverneurs. Des audiences, qui sont à peu près ce que sont nos parlements, étaient établies; des archevêques, des évêques, des tribunaux d'inquisition, toute la hiérarchie ecclésiastique exerçait ses fonctions comme à Madrid, lorsque les capitaines qui avaient conquis le Pérou pour l'empereur Charles-Quint voulurent le prendre pour eux-mêmes. Un fils d'Almagro se fit reconnaître roi du Pérou; mais d'autres Espagnols, aimant mieux obéir à leur maître qui demeurait en Europe qu'à leur compagnon qui devenait leur souverain, le prirent, et le firent périr par la main du bourreau. Un frère de François Pizarro eut la même ambition et le même sort. Il n'y eut contre Charles-Quint de révoltes que celles des Espagnols mêmes, et pas une des peuples soumis.

Au milieu de ces combats que les vainqueurs livraient entre eux, ils découvrirent les mines du Potosi, que les Péruviens même avaient ignorées. Ce n'est point exagérer de dire que la terre de ce canton était toute d'argent : elle est encore aujourd'hui très loin d'être épuisée. Les Péruviens travaillèrent à ces mines pour les Espagnols comme pour les vrais propriétaires. Bientôt après on joignit à ces esclaves des nègres qu'on achetait en Afrique, et qu'on transportait au Pérou comme des animaux destinés au service des hommes.

On ne traitait en effet ni ces nègres, ni les habitants du Nouveau-Monde, comme une espèce humaine. Ce Las Casas, religieux dominicain, évêque de Chiapa, duquel nous avons parlé, touché des cruautés de ses compatriotes et des misères de tant de peuples, eut le courage de s'en plaindre à Charles-Quint et à son fils Philippe II, par des mémoires que nous avons encore. Il y représente presque tous les Américains comme des hommes doux et timides, d'un tempérament faible qui les rend naturellement esclaves. Il dit que les Espagnols ne regardèrent dans cette faiblesse que la facilité qu'elle donnait aux vainqueurs de les détruire; que dans Cuba, dans la Jamaïque, dans les îles voisines, ils firent périr plus de douze cent mille hommes, comme des chasseurs qui dépeuplent une terre de bêtes fauves. « Je les ai vus,
« dit-il, dans l'île Saint-Domingue et dans la Ja-
« maïque, remplir les campagnes de fourches patibu-
« laires, auxquelles ils pendaient ces malheureux
« treize à treize, en l'honneur, disaient-ils, des treize

« apôtres. Je les ai vus donner des enfants à dévorer
« à leurs chiens de chasse. »

Un cacique de l'île de Cuba, nommé Hatucu, condamné par eux à périr par le feu, pour n'avoir pas donné assez d'or, fut remis, avant qu'on allumât le bûcher, entre les mains d'un franciscain qui l'exhortait à mourir chrétien, et qui lui promettait le ciel. Quoi! les Espagnols iront donc au ciel? demandait le cacique. Oui, sans doute, disait le moine. Ah! s'il est ainsi, que je n'aille point au ciel, répliqua ce prince. Un cacique de la Nouvelle-Grenade, qui est entre le Pérou et le Mexique, fut brûlé publiquement pour avoir promis en vain de remplir d'or la chambre d'un capitaine.

Des milliers d'Américains servaient aux Espagnols de bêtes de somme, et on les tuait quand leur lassitude les empêchait de marcher. Enfin, ce témoin oculaire affirme que dans les îles et sur la terre ferme ce petit nombre d'Européans a fait périr plus de douze millions d'Américains. « Pour vous justifier, ajoute-
« t-il, vous dites que ces malheureux s'étaient rendus
« coupables de sacrifices humains; que, par exemple,
« dans le temple du Mexique on avait sacrifié vingt
« mille hommes : je prends à témoin le ciel et la terre
« que les Mexicains, usant du droit barbare de la
« guerre, n'avaient pas fait souffrir la mort dans leurs
« temples à cent cinquante prisonniers. »

De tout ce que je viens de citer, il résulte que probablement les Espagnols avaient beaucoup exagéré les dépravations des Mexicains, et que l'évêque de Chiapa outrait aussi quelquefois ses reproches contre ses compatriotes. Observons ici que, si on reproche aux Mexicains d'avoir quelquefois sacrifié des ennemis vaincus au dieu de la guerre, jamais les Péruviens ne firent de tels sacrifices au soleil, qu'ils regardaient comme le dieu bienfesant de la nature. La nation du Pérou était peut-être la plus douce de toute la terre.

Enfin les plaintes réitérées de Las Casas ne furent pas inutiles. Les lois envoyées d'Europe ont un peu adouci le sort des Américains. Ils sont aujourd'hui sujets soumis et non esclaves.

CHAPITRE CXLIX.
Du premier voyage autour du monde.

Ce mélange de grandeur et de cruauté étonne et indigne. Trop d'horreurs déshonorent les grandes actions des vainqueurs de l'Amérique; mais la gloire de Colombo est pure. Telle est celle de Magalhaens, que nous nommons Magellan, qui entreprit de faire par mer le tour du globe, et de Sébastien Cano, qui acheva le premier ce prodigieux voyage, qui n'est plus un prodige aujourd'hui.

Ce fut en 1519, dans le commencement des conquêtes espagnoles en Amérique, et au milieu des grands succès des Portugais en Asie et en Afrique, que Magellan découvrit pour l'Espagne le détroit qui porte son nom, qu'il entra le premier dans la mer du Sud, et qu'en voguant de l'occident à l'orient, il trouva les îles qu'on nomma depuis Mariannes.

Ces îles Mariannes, situées près de la ligne, méritent une attention particulière. Les habitants ne connaissaient point le feu, et il leur était absolument inutile. Ils se nourrissaient des fruits que leurs terres produisent en abondance, surtout du coco, du sagou, moelle d'une espèce de palmier qui est fort au-dessus du riz, et du rima, fruit d'un grand arbre qu'on a nommé *l'arbre à pain*, parceque ses fruits peuvent en tenir lieu. On prétend que la durée ordinaire de leur vie est de cent vingt ans : on en dit autant des Brasiliens. Ces insulaires n'étaient ni sauvages ni cruels ; aucune des commodités qu'ils pouvaient desirer ne leur manquait. Leurs maisons bâties de planches de cocotiers, industrieusement façonnées, étaient propres et régulières. Ils cultivaient des jardins plantés avec art ; et peut-être étaient-ils les moins malheureux et les moins méchants de tous les hommes. Cependant les Portugais appelèrent leur pays *les îles des Larrons*, parceque ces peuples, ignorant le *tien* et le *mien*, mangèrent quelques provisions du vaisseau. Il n'y avait pas plus de religion chez eux que chez les Hottentots, ni chez beaucoup de nations africaines et américaines. Mais au-delà de ces îles, en tirant vers les Moluques, il y en a d'autres où la religion mahométane avait été portée du temps des califes. Les mahométans y avaient abordé par la mer de l'Inde, et les chrétiens y venaient par la mer du Sud. Si les mahométans arabes avaient connu la boussole, c'était à eux à découvrir l'Amérique ; ils étaient dans le chemin ; mais ils n'ont jamais navigué plus loin qu'à l'île de Mindanao, à l'ouest des Manilles. Ce vaste archipel était peuplé d'hommes d'espèces différentes, les uns blancs, les autres noirs, les autres olivâtres ou rouges. On a toujours trouvé la nature plus variée dans les climats chauds que dans ceux du Septentrion.

Au reste, ce Magellan était un Portugais auquel on avait refusé une augmentation de paie de six écus. Ce refus le détermina à servir l'Espagne, et à chercher par l'Amérique un passage pour aller partager les possessions des Portugais en Asie. En effet, ses compagnons après sa mort s'établirent à Tidor, la principale des îles Moluques, où croissent les plus précieuses épiceries.

Les Portugais furent étonnés d'y trouver les Espagnols, et ne purent comprendre comment ils y avaient abordé par la mer orientale, lorsque tous les vaisseaux du Portugal ne pouvaient venir que de l'occident. Ils ne soupçonnaient pas que les Espagnols eussent fait une partie du tour du globe. Il fallut une nouvelle géographie pour terminer le différent des Espagnols et des Portugais, et pour réformer l'arrêt que la cour de Rome avait porté sur leurs prétentions et sur les limites de leurs découvertes.

Il faut savoir que, quand le célèbre prince don Henri commençait à reculer pour nous les bornes de l'univers, les Portugais demandèrent aux papes la possession de tout ce qu'ils découvriraient. La coutume subsistait de demander des royaumes au saint-siége, depuis que Grégoire VII s'était mis en possession de les donner; on croyait par là s'assurer contre une usurpation étrangère, et intéresser la religion à ces nouveaux établissements. Plusieurs pontifes confirmèrent donc au Portugal les droits qu'il avait acquis, et qu'ils ne pouvaient lui ôter.

Lorsque les Espagnols commençaient à s'établir dans l'Amérique, le pape Alexandre VI divisa les deux Nouveaux-Mondes, l'américain et l'asiatique, en deux parties : tout ce qui était à l'orient des îles Açores devait appartenir au Portugal; tout ce qui était à l'occident fut donné à l'Espagne : on traça une ligne sur le globe, qui marqua les limites de ces droits réciproques, et qu'on appelle *la ligne de marcation*. Le voyage de Magellan dérangea la ligne du pape. Les îles Mariannes, les Philippines, les Moluques, se trouvaient à l'orient des découvertes portugaises. Il fallut donc tracer une autre ligne, qu'on appela *de démarcation*. Qu'y a-t-il de plus étonnant, ou qu'on ait découvert tant de pays, ou que des évêques de Rome les aient donnés tous?

Toutes ces lignes furent encore dérangées lorsque les Portugais abordèrent au Brésil; elles ne furent pas respectées par les Français et par les Anglais, qui s'établirent ensuite dans l'Amérique septentrionale. Il est vrai que ces nations n'ont fait que glaner après les riches moissons des Espagnols; mais enfin ils y ont eu des établissements considérables.

Le funeste effet de toutes ces découvertes et de ces transplantations a été que nos nations commerçantes se sont fait la guerre en Amérique et en Asie, toutes les fois qu'elles se la sont déclarée en Europe. Elles ont réciproquement détruit leurs colonies naissantes. Les premiers voyages ont eu pour objet d'unir toutes les nations : les derniers ont été entrepris pour nous détruire au bout du monde.

C'est un grand problème de savoir si l'Europe a gagné en se portant en Amérique. Il est certain que les Espagnols en retirèrent d'abord des richesses immenses : mais l'Espagne a été dépeuplée, et ces trésors partagés à la fin par tant d'autres nations ont remis l'égalité qu'ils avaient d'abord ôtée. Le prix des denrées a augmenté partout. Ainsi personne n'a réellement gagné. Il reste à savoir si la cochenille et le quinquina sont d'un assez grand prix pour compenser la perte de tant d'hommes.

CHAPITRE CL.

Du Brésil.

Quand les Espagnols envahissaient la plus riche partie du Nouveau-Monde, les Portugais, surchargés des trésors de l'ancien, négligeaient le Brésil, qu'ils découvrirent en 1500, mais qu'ils ne cherchaient pas.

Leur amiral Cabral, après avoir passé les îles du Cap-Vert, pour aller par la mer australe d'Afrique aux côtes du Malabar, prit tellement le large à l'occident qu'il vit cette terre du Brésil, qui de tout le continent américain est le plus voisin de l'Afrique; il n'y a que trente degrés en longitude de cette terre au mont Atlas : c'était celle qu'on devait découvrir la première. On la trouva fertile; il y règne un printemps perpétuel. Tous les habitants, grands, bien faits, vigoureux, d'une couleur rougeâtre, marchaient nus, à la réserve d'une large ceinture qui leur servait de poche.

C'étaient des peuples chasseurs, par conséquent n'ayant pas toujours une subsistance assurée; de là nécessairement féroces, se fesant la guerre avec leurs flèches et leurs massues pour quelques pièces de gibier, comme les barbares policés de l'ancien continent se la font pour quelques villages. La colère, le ressentiment d'une injure les armait souvent, comme on le raconte des premiers Grecs et des Asiatiques. Ils ne sacrifiaient point d'hommes, parceque n'ayant aucun culte religieux, ils n'avaient point de sacrifices à faire, ainsi que les Mexicains; mais ils mangeaient leurs prisonniers de guerre; et Améric Vespuce rapporte dans une de ses lettres qu'ils furent fort étonnés quand il leur fit entendre que les Européans ne mangeaient pas leurs prisonniers.

Au reste, nulles lois chez les Brasiliens que celles qui s'établissaient au hasard pour le moment présent par la peuplade assemblée; l'instinct seul les gouvernait. Cet instinct les portait à chasser quand ils avaient faim, à se joindre à des femmes quand le besoin le demandait, et à satisfaire ce besoin passager avec des jeunes gens.

Ces peuples sont une preuve assez forte que l'Amérique n'avait jamais été connue de l'ancien monde: on aurait porté quelque religion dans cette terre peu éloignée de l'Afrique. Il est bien difficile qu'il n'y fût resté quelque trace de cette religion quelle qu'elle fût; on n'y en trouva aucune. Quelques charlatans, portant des plumes sur la tête, excitaient les peuples au combat, leur fesaient remarquer la nouvelle lune, leur donnaient des herbes qui ne guérissaient pas leurs maladies : mais qu'on ait vu chez eux des prêtres, des autels, un culte, c'est ce qu'aucun voyageur n'a dit, malgré la pente à le dire.

Les Mexicains, les Péruviens, peuples policés, avaient un culte établi. La religion chez eux maintenait l'état, parcequ'elle était entièrement subordonnée au prince ; mais il n'y avait point d'état chez des sauvages sans besoins et sans police.

Le Portugal laissa pendant près de cinquante ans languir les colonies que des marchands avaient envoyées au Brésil. Enfin, en 1559, on y fit des établissements solides, et les rois de Portugal eurent à-la-fois les tributs des deux mondes. Le Brésil augmenta les richesses des Espagnols, quand leur roi Philippe II s'empara du Portugal en 1581. Les Hollandais le prirent presque tout entier sur les Espagnols depuis 1625 jusqu'à 1630.

Ces mêmes Hollandais enlevaient à l'Espagne tout ce que le Portugal avait établi dans l'ancien monde et dans le nouveau. Enfin, lorsque le Portugal eut secoué le joug des Espagnols, il se remit en possession des côtes du Brésil. Ce pays a produit à ces nouveaux maîtres ce que le Mexique, le Pérou, et les îles, donnaient aux Espagnols, de l'or, de l'argent, des denrées précieuses. Dans nos derniers temps même, on y a découvert des mines de diamants, aussi abondantes que celles de Golconde. Mais qu'est-il arrivé? tant de richesses ont appauvri les Portugais. Les colonies d'Asie, du Brésil, avaient enlevé beaucoup d'habitants : les autres, comptant sur l'or et les diamants, ont cessé de cultiver les véritables mines, qui sont l'agriculture et les manufactures. Leurs diamants et leur or ont payé à peine les choses nécessaires que les Anglais leur ont fournies; c'est pour l'Angleterre, en effet, que les Portugais ont travaillé en Amérique. Enfin, en 1756, quand Lisbonne a été renversée par un tremblement de terre, il a fallu que Londres envoyât jusqu'à de l'argent monnayé au Portugal, qui manquait de tout. Dans ce pays, le roi est riche, et le peuple est pauvre.

CHAPITRE CLI.

Des possessions des Français en Amérique.

Les Espagnols tiraient déjà du Mexique et du Pérou des trésors immenses, qui pourtant à la fin ne les ont pas beaucoup enrichis, quand les autres nations, jalouses et excitées par leur exemple, n'avaient pas encore dans les autres parties de l'Amérique une colonie qui leur fût avantageuse.

L'amiral Coligni, qui avait en tout de grandes idées, imagina, en 1557, sous Henri II, d'établir les Français et sa secte dans le Brésil : un chevalier de Villegagnon, alors calviniste, y fut envoyé; Calvin s'intéressa à l'entreprise. Les Génevois n'étaient pas alors d'aussi bons commerçants qu'aujourd'hui. Calvin envoya plus de prédicants que de cultivateurs : ces ministres, qui voulaient dominer, eurent avec le commandant de violentes querelles; ils excitèrent une sédition. La colonie fut divisée; les Portugais la détruisirent. Villegagnon renonça à Calvin et à ses ministres; il les traita de perturbateurs, ceux-ci le traitèrent d'athée, et le Brésil fut perdu pour la France, qui n'a jamais su faire de grands établissements au-dehors.

On disait que la famille des incas s'était retirée dans ce vaste pays dont les limites touchent à celles du Pérou; que c'était là que la plupart des Péruviens avaient échappé à l'avarice et à la cruauté des chrétiens d'Europe; qu'ils habitaient au milieu des terres, près d'un certain lac Parima dont le sable était d'or; qu'il y avait une ville dont les toits étaient couverts de ce métal : les Espagnols appelaient cette ville *Eldorado*; ils la cherchèrent long-temps.

Ce nom d'Eldorado éveilla toutes les puissances. La reine Élisabeth envoya en 1596 une flotte sous le commandement du savant et malheureux Raleig, pour disputer aux Espagnols ces nouvelles dépouilles. Raleig, en effet, pénétra dans le pays habité par des peuples rouges. Il prétend qu'il y a une nation dont les épaules sont aussi hautes que la tête. Il ne doute point qu'il n'y ait des mines: il rapporta une centaine de grandes plaques d'or, et quelques morceaux d'or ouvragés; mais enfin, on ne trouva ni de ville Dorado, ni de lac Parima. Les Français, après plusieurs tentatives, s'établirent en 1664 à la pointe de cette grande terre dans l'île de Cayenne, qui n'a qu'environ quinze lieues communes de tour. C'est là ce qu'on nomma *la France équinoxiale*. Cette France se réduisit à un bourg composé d'environ cent cinquante maisons de terre et de bois ; et l'île de Cayenne n'a valu quelque chose que sous Louis XIV, qui, le premier des rois de France, encouragea véritablement le commerce maritime ; encore cette île fut-elle enlevée aux Français par les Hollandais dans la guerre de 1672 : mais une flotte de Louis XIV la reprit. Elle fournit aujourd'hui un peu d'indigo, de mauvais café, et on commence à y cultiver les épiceries avec succès. La Guiana était, dit-on, le plus beau pays de l'Amérique où les Français pussent s'établir, et c'est celui qu'ils négligèrent.

On leur parla de la Floride entre l'ancien et le nouveau Mexique. Les Espagnols étaient déjà en possession d'une partie de la Floride, à laquelle même ils avaient donné ce nom : mais comme un armateur français prétendait y avoir abordé à peu près dans le même temps qu'eux, c'était un droit à disputer ; les terres des Américains devant appartenir, par notre droit des gens ou de ravisseurs, non seulement à celui qui les envahissait le premier, mais à celui qui disait le premier les avoir vues.

L'amiral Coligni y avait envoyé, sous Charles IX, vers l'an 1564, une colonie huguenote, voulant toujours établir sa religion en Amérique, comme les Espagnols y avaient porté la leur. Les Espagnols ruinèrent cet établissement (1565), et pendirent aux arbres tous les Français, avec un grand écriteau au dos : « Pendus, non comme Français, mais comme « hérétiques. »

Quelque temps après, un Gascon, nommé le chevalier de Gourgues, se mit à la tête de quelques corsaires pour essayer de reprendre la Floride. Il s'empara d'un petit fort espagnol, et fit pendre à son tour les prisonniers, sans oublier de leur mettre un écriteau : « Pendus, non comme Espagnols, mais comme « voleurs et maranes. » Déjà les peuples de l'Amérique voyaient leurs déprédateurs européans les venger en s'exterminant les uns les autres; ils ont eu souvent cette consolation.

Après avoir pendu des Espagnols, il fallut, pour ne le pas être, évacuer la Floride, à laquelle les Français renoncèrent. C'était un pays meilleur encore que la Guiane : mais les guerres affreuses de religion qui ruinaient alors les habitants de la France, ne leur permettaient pas d'aller égorger et convertir des sauvages, ni de disputer de beaux pays aux Espagnols.

Déjà les Anglais se mettaient en possession des meilleures terres et des plus avantageusement situées qu'on puisse posséder dans l'Amérique septentrionale au-delà de la Floride, quand deux ou trois marchands de Normandie, sur la légère espérance d'un petit commerce de pelleterie, équipèrent quelques vaisseaux, et établirent une colonie dans le Canada, pays couvert de neiges et de glaces huit mois de l'année, habité par des barbares, des ours, et des castors. Cette terre, découverte auparavant, dès l'an 1535, avait été abandonnée; mais enfin, après plusieurs tentatives, mal appuyées par un gouvernement qui n'avait point de marine, une petite compagnie de marchands de Dieppe et de Saint-Malo fonda Québec, en 1608, c'est-à-dire bâtit quelques cabanes; et ces cabanes ne sont devenues une ville que sous Louis XIV.

Cet établissement, celui de Louisbourg, et tous les autres dans cette nouvelle France, ont été toujours très pauvres; tandis qu'il y a quinze mille carrosses dans la ville de Mexico, et davantage dans celle de Lima. Ces mauvais pays n'en ont pas moins été un sujet de guerre presque continuel, soit avec les naturels, soit avec les Anglais, qui, possesseurs des meilleurs territoires, ont voulu ravir celui des Français, pour être les seuls maîtres du commerce de cette partie boréale du monde.

Les peuples qu'on trouva dans le Canada n'étaient pas de la nature de ceux du Mexique, du Pérou, et du Brésil. Ils leur ressemblaient en ce qu'ils sont privés de poil comme eux, et qu'ils n'en ont qu'aux sourcils et à la tête[1]. Ils en diffèrent par la couleur, qui approche de la nôtre; ils en diffèrent encore plus par la fierté et le courage. Ils ne connurent jamais le gouvernement monarchique; l'esprit républicain a été le partage de tous les peuples du Nord dans l'ancien monde et dans le nouveau. Tous les habitants de l'Amérique septentrionale, des montagnes des Apalaches

[1] Il est très vraisemblable, comme nous l'avons déjà observé, que si ces peuples sont privés de poil, c'est qu'ils l'arrachent dès qu'il commence à paraître. K.— Cette note a paru pour la première fois dans les éditions de Kehl, où l'on l'attribue à Voltaire, et long-temps je l'ai crue de lui. Si je la donne aux éditeurs de Kehl, c'est parceque ce sont eux qui ont fait l'observation qu'ils rappellent. (Voyez leur note sur le paragraphe VIII de l'*Introduction*, page 39 du tome XV.) Voltaire s'est d'ailleurs moqué de cette idée dans le chapitre XXXVI de son écrit *Des Singularités de la nature*. (Voyez *Mélanges*, année 1768), et dans ses *Questions sur l'Encyclopédie* (fondues dans le *Dictionnaire philosophique*), au mot BARBE. B.

au détroit de Davis, sont des paysans et des chasseurs divisés en bourgades, institution naturelle de l'espèce humaine. Nous leur avons rarement donné le nom d'Indiens, dont nous avions très mal à propos désigné les peuples du Pérou et du Brésil. On n'appela ce pays *les Indes*, que parcequ'il en venait autant de trésors que de l'Inde véritable. On se contenta de nommer les Américains du Nord *Sauvages*; ils l'étaient moins à quelques égards que les paysans de nos côtes européanes, qui ont si long-temps pillé de droit les vaisseaux naufragés, et tué les navigateurs. La guerre, ce crime et ce fléau de tous les temps et de tous les hommes, n'avait pas chez eux, comme chez nous, l'intérêt pour motif; c'était d'ordinaire l'insulte et la vengeance qui en étaient le sujet, comme chez les Brasiliens et chez tous les sauvages.

Ce qu'il y avait de plus horrible chez les Canadiens, est qu'ils fesaient mourir dans les supplices leurs ennemis captifs, et qu'ils les mangeaient. Cette horreur leur était commune avec les Brasiliens, éloignés d'eux de cinquante degrés. Les uns et les autres mangeaient un ennemi comme le gibier de leur chasse. C'est un usage qui n'est pas de tous les jours; mais il a été commun à plus d'un peuple, et nous en avons traité à part[1].

C'était dans ces terres stériles et glacées du Canada que les hommes étaient souvent anthropophages : ils ne l'étaient point dans l'Acadie, pays meilleur où l'on ne manque pas de nourriture; ils ne l'étaient point

---

[1] Dans le *Dictionnaire philosophique*, au mot ANTHROPOPHAGES. B.

ns le reste du continent, excepté dans quelques par-
es du Brésil, et chez les cannibales des îles Caraïbes.
Quelques jésuites et quelques huguenots, rassem-
és par une fatalité singulière, cultivèrent la colonie
issante du Canada; elle s'allia ensuite avec les Huns qui fesaient la guerre aux Iroquois. Ceux-ci nui-
ent beaucoup à la colonie, prirent quelques jésuites
isonniers, et, dit-on, les mangèrent. Les Anglais
 furent pas moins funestes à l'établissement de Qué-
c. A peine cette ville commençait à être bâtie et
rtifiée (1629) qu'ils l'attaquèrent. Ils prirent toute
cadie; cela ne veut dire autre chose sinon qu'ils
truisirent des cabanes de pêcheurs.

Les Français n'avaient donc dans ces temps-là au-
n établissement hors de France, et pas plus en Amé-
que qu'en Asie.

La compagnie de marchands qui s'était ruinée dans
s entreprises, espérant réparer ses pertes, pressa le
rdinal de Richelieu de la comprendre dans le traité
 Saint-Germain fait avec les Anglais. Ces peuples
ndirent le peu qu'ils avaient envahi, dont ils ne fe-
ient alors aucun cas; et ce peu devint ensuite la
ouvelle-France. Cette Nouvelle-France resta long-
mps dans un état misérable; la pêche de la morue
pporta quelques légers profits qui soutinrent la
mpagnie. Les Anglais, informés de ces petits pro-
s, prirent encore l'Acadie.

Ils la rendirent encore au traité de Breda (1654).
nfin, ils la prirent cinq fois, et s'en sont conservé la
opriété par la paix d'Utrecht (1713), paix alors
ureuse, qui est devenue depuis funeste à l'Europe:

car nous verrons que les ministres qui firent ce traité n'ayant pas déterminé les limites de l'Acadie, l'Angleterre voulant les étendre, et la France les resserrer, ce coin de terre a été le sujet d'une guerre violente en 1755 entre ces deux nations rivales; et cette guerre a produit celle de l'Allemagne, qui n'y avait aucun rapport. La complication des intérêts politiques est venue au point qu'un coup de canon tiré en Amérique peut être le signal de l'embrasement de l'Europe.

La petite île du cap Breton, où est Louisbourg, la rivière de Saint-Laurent, Québec, le Canada, demeurèrent donc à la France en 1713. Ces établissements servirent plus à entretenir la navigation et à former des matelots, qu'ils ne rapportèrent de profits. Québec contenait environ sept mille habitants : les dépenses de la guerre pour conserver ces pays coûtaient plus qu'ils ne vaudront jamais ; et cependant elles paraissaient nécessaires.

On a compris dans la Nouvelle-France un pays immense qui touche d'un côté au Canada, de l'autre au Nouveau-Mexique, et dont les bornes vers le nord-ouest sont inconnues : on l'a nommé *Mississipi*, du nom du fleuve qui descend dans le golfe du Mexique; et *Louisiane*, du nom de Louis XIV.

Cette étendue de terre était à la bienséance des Espagnols, qui, n'ayant que trop de domaines en Amérique, ont négligé cette possession, d'autant plus qu'ils n'y ont pas trouvé d'or. Quelques Français du Canada s'y transportèrent, en descendant par le pays et par la rivière des Illinois, et en essuyant toutes les fatigues et tous les dangers d'un tel voyage. C'est comme si on voulait aller en Égypte par le cap de Bonne-Espérance, au lieu de prendre la route de Damiette. Cette grande partie de la Nouvelle-France fut, jusqu'en 1708, composée d'une douzaine de familles errantes dans des déserts et dans des bois[1].

Louis XIV, accablé alors de malheurs, voyait dépérir l'ancienne France, et ne pouvait penser à la nouvelle. L'état était épuisé d'hommes et d'argent. Il est bon de savoir que, dans cette misère publique, deux hommes avaient gagné chacun environ quarante millions : l'un par un grand commerce dans l'Inde ancienne, tandis que la compagnie des Indes, établie par Colbert, était détruite ; l'autre par des affaires avec un ministère malheureux, obéré, et ignorant. Le grand négociant, qui se nommait Crozat, étant assez riche et assez hardi pour risquer une partie de ses trésors, se fit concéder la Louisiane par le roi, à condition que chaque vaisseau que lui et ses associés enverraient, y porterait six garçons et six filles pour peupler. Le commerce et la population y languirent également.

[1] Les Français, dans la guerre de 1756, ont perdu cette Louisiane. Elle leur a été rendue à la paix ; mais ils l'ont cédée aux Espagnols, et tout le Canada. Ainsi, à l'exception de quelques îles et de quelques établissements très peu considérables des Hollandais et des Français sur la côte de l'Amérique méridionale, l'Amérique a été partagée entre les Espagnols, les Anglais, et les Portugais. — La Louisiane a été rétrocédée à la France par le traité du 1er octobre 1800, et par le traité du 30 avril 1803 vendue aux États-Unis moyennant soixante millions de francs. La Louisiane forme déjà plusieurs des états de la grande union américaine du Nord. M. Barbé Marbois a publié à la fin de 1828 une *Histoire de la Louisiane et de la cession de cette colonie par la France aux États-Unis.* B.

Après la mort de Louis XIV, l'Écossais Law ou Lass, homme extraordinaire, dont plusieurs idées ont été utiles, et d'autres pernicieuses, fit accroire à la nation que la Louisiane produisait autant d'or que le Pérou, et allait fournir autant de soie que la Chine. Ce fut la première époque du fameux système de Lass. On envoya des colonies au Mississipi (1717 et 1718); on grava le plan d'une ville magnifique et régulière, nommée la Nouvelle-Orléans. Les colons périrent la plupart de misère, et la ville se réduisit à quelques méchantes maisons. Peut-être un jour, s'il y a des millions d'habitants de trop en France, sera-t-il avantageux de peupler la Louisiane; mais il est plus vraisemblable qu'il faudra l'abandonner [a].

CHAPITRE CLII.

Des îles françaises, et des flibustiers.

Les possessions les plus importantes que les Français ont acquises avec le temps sont la moitié de l'île Saint-Domingue, la Martinique, la Guadeloupe, et quelques petites îles Antilles : ce n'est pas la deux-centième partie des conquêtes espagnoles; mais on en a tiré enfin de grands avantages.

Saint-Domingue est cette même île Hispaniola, que les habitants nommaient Haïti, découverte par Colombo, et dépeuplée par les Espagnols. Les Français n'ont pas trouvé, dans la partie qu'ils habitent, l'or

---

[a] L'événement a justifié cette prédiction.

et l'argent qu'on y trouvait autrefois, soit que les métaux demandent une longue suite de siècles pour se former, soit plutôt qu'il n'y en ait qu'une quantité déterminée dans la terre, et que la mine ne renaisse plus; l'or et l'argent en effet n'étant point des mixtes, il est difficile de concevoir ce qui les reproduirait. Il y a encore des mines de ces métaux dans le terrain qui reste aux Espagnols; mais les frais n'étant pas compensés par le profit, on a cessé d'y travailler.

La France n'est entrée en partage de cette île avec l'Espagne que par la hardiesse désespérée d'un peuple nouveau que le hasard composa d'Anglais, de Bretons, et surtout de Normands. On les a nommés *boucaniers, flibustiers* : leur union et leur origine furent à peu près celles des anciens Romains; leur courage fut plus impétueux et plus terrible. Imaginez des tigres qui auraient un peu de raison; voilà ce qu'étaient les flibustiers : voici leur histoire.

Il arriva, vers l'an 1625, que des aventuriers français et anglais abordèrent en même temps dans une île des Caraïbes, nommée Saint-Christophe par les Espagnols, qui donnaient presque toujours le nom d'un saint aux pays dont ils s'emparaient, et qui égorgeaient les naturels au nom d'un saint. Il fallut que ces nouveaux venus, malgré l'antipathie naturelle des deux nations, se réunissent contre les Espagnols. Ceux-ci, maîtres de toutes les îles voisines comme du continent, vinrent avec des forces supérieures. Le commandant français échappa, et retourna en France. Le commandant anglais capitula; les plus déterminés des Français et des Anglais gagnèrent dans des barques l'île de Saint-Domingue, et s'établirent dans un endroit inabordable de la côte, au milieu des rochers. Ils fabriquèrent de petits canots à la manière des Américains, et s'emparèrent de l'île de la Tortue. Plusieurs Normands allèrent grossir leur nombre, comme au douzième siècle ils allaient à la conquête de la Pouille, et dans le dixième à la conquête de l'Angleterre. Ils eurent toutes les aventures heureuses et malheureuses que pouvait attendre un ramas d'hommes sans lois, venus de Normandie et d'Angleterre dans le golfe du Mexique.

Cromwell, en 1655, envoya une flotte qui enleva la Jamaïque aux Espagnols: on n'en serait point venu à bout sans ces flibustiers. Ils pirataient partout; et, plus occupés de piller que de conserver, ils laissèrent, pendant une de leurs courses, reprendre par les Espagnols la Tortue. Ils la reprirent ensuite; le ministère de France fut obligé de nommer pour commandant de la Tortue celui qu'ils avaient choisi : ils infestèrent la mer du Mexique, et se firent des retraites dans plusieurs îles. Le nom qu'ils prirent alors fut celui de *frères de la Côte*. Ils s'entassaient dans un misérable canot qu'un coup de canon ou de vent aurait brisé, et allaient à l'abordage des plus gros vaisseaux espagnols, dont quelquefois ils se rendaient maîtres. Point d'autres lois parmi eux que celle du partage égal des dépouilles; point d'autre religion que la naturelle, de laquelle encore ils s'écartaient monstrueusement.

Ils ne furent pas à portée de ravir des épouses, comme on l'a conté des compagnons de Romulus; (1665) ils obtinrent qu'on leur envoyât cent filles de

France : ce n'était pas assez pour perpétuer une association devenue nombreuse. Deux flibustiers tiraient aux dés une fille ; le gagnant l'épousait, et le perdant n'avait droit de coucher avec elle que quand l'autre était occupé ailleurs.

Ces hommes étaient d'ailleurs plus faits pour la destruction que pour fonder un état. Leurs exploits étaient inouïs, leurs cruautés aussi. Un d'eux (nommé l'Olonais, parcequ'il était des Sables d'Olonne) prend, avec un seul canot, une frégate armée jusque dans le port de la Havane. Il interroge un des prisonniers, qui lui avoue que cette frégate était destinée à lui donner la chasse ; qu'on devait se saisir de lui et le pendre. Il avoue encore que lui qui parlait était le bourreau. L'Olonais sur-le-champ le fait pendre, coupe lui-même la tête à tous les captifs, et suce leur sang.

Cet Olonais et un autre, nommé le Basque, vont jusqu'au fond du petit golfe de Venezuela (1667) dans celui de Honduras avec cinq cents hommes ; ils mettent à feu et à sang deux villes considérables ; ils reviennent chargés de butin ; ils montent les vaisseaux que les canots ont pris. Les voilà bientôt une puissance maritime, et sur le point d'être de grands conquérants.

Morgan, Anglais, qui a laissé un nom fameux, se mit à la tête de mille flibustiers, les uns de sa nation, les autres Normands, Bretons, Saintongeois, Basques : il entreprend de s'emparer de Porto-Bello, l'entrepôt des richesses espagnoles, ville très forte, munie de canons et d'une garnison considérable. Il arrive sans artillerie, monte à l'escalade de la citadelle sous le feu du canon ennemi ; et, malgré une résistance opiniâtre, il prend la forteresse : cette témérité heureuse oblige la ville à se racheter pour environ un million de piastres. Quelque temps après (1670) il ose s'enfoncer dans l'isthme de Panama, au milieu des troupes espagnoles; il pénètre à l'ancienne ville de Panama, enlève tous les trésors, réduit la ville en cendres, et revient à la Jamaïque victorieux et enrichi. C'était le fils d'un paysan d'Angleterre : il eût pu se faire un royaume dans l'Amérique; mais enfin il mourut en prison à Londres.

Les flibustiers français, dont le repaire était tantôt dans les rochers de Saint-Domingue, tantôt à la Tortue, arment dix bateaux, et vont, au nombre d'environ douze cents hommes, attaquer la Vera-Cruz (1683) : cela est aussi téméraire que si douze cents Biscayens venaient assiéger Bordeaux avec dix barques. Ils prennent la Vera-Cruz d'assaut; ils en rapportent cinq millions, et font quinze cents esclaves. Enfin, après plusieurs succès de cette espèce, les flibustiers anglais et français se déterminent à entrer dans la mer du Sud, et à piller le Pérou. Aucun Français n'avait vu encore cette mer : pour y entrer, il fallait ou traverser les montagnes de l'isthme de Panama, ou entreprendre de côtoyer par mer toute l'Amérique méridionale, et passer le détroit de Magellan qu'ils ne connaissaient pas. Ils se divisent en deux troupes (1687), et prennent à-la-fois ces deux routes.

Ceux qui franchissent l'isthme renversent et pillent tout ce qui est sur leur passage, arrivent à la mer du Sud, s'emparent dans les ports de quelques barques qu'ils y trouvent, et attendent avec ces petits vaisseaux ceux de leurs camarades qui ont dû passer le détroit de Magellan. Ceux-ci, qui étaient presque tous Français, essuyèrent des aventures aussi romanesques que leur entreprise : ils ne purent passer au Pérou par le détroit, ils furent repoussés par des tempêtes; mais ils allèrent piller les rivages de l'Afrique.

Cependant les flibustiers qui se trouvent au-delà de l'isthme, dans la mer du Sud, n'ayant que des barques pour naviguer, sont poursuivis par la flotte espagnole du Pérou; il faut lui échapper. Un de leurs compagnons, qui commande une espèce de canot chargé de cinquante homme, se retire jusqu'à la mer Vermeille et dans la Californie; il y reste quatre années, revient par la mer du Sud, prend dans sa route un vaisseau chargé de cinq cent mille piastres, passe le détroit de Magellan, et arrive à la Jamaïque avec son butin. Les autres cependant rentrent dans l'isthme chargés d'or et de pierreries. Les troupes espagnoles rassemblées les attendent et les poursuivent partout : il faut que les flibustiers traversent l'isthme dans sa plus grande largeur, et qu'ils marchent par des détours l'espace de trois cents lieues, quoiqu'il n'y en ait que quatre-vingts en droite ligne de la côte où ils étaient à l'endroit où ils voulaient arriver. Ils trouvent des rivières qui se précipitent par des cataractes, et sont réduits à s'y embarquer dans des espèces de tonneaux. Ils combattent la faim, les éléments, et les Espagnols. Cependant ils se rendent à la mer du Nord avec l'or et les pierreries qu'ils ont pu conserver. Ils n'étaient pas alors au nombre de cinq cents. La retraite des dix mille Grecs sera toujours plus célèbre, mais elle n'est pas comparable.

Si ces aventuriers avaient pu se réunir sous un chef, ils auraient fondé une puissance considérable en Amérique. Ce n'était, à la vérité, qu'une troupe de voleurs : mais qu'ont été tous les conquérants? Les flibustiers ne réussirent qu'à faire aux Espagnols presque autant de mal que les Espagnols en avaient fait aux Américains. Les uns allèrent jouir dans leur patrie de leurs richesses; les autres moururent des excès où ces richesses les entraînèrent; beaucoup furent réduits à leur première indigence. Les gouvernements de France et d'Angleterre cessèrent de les protéger quand on n'eut plus besoin d'eux; enfin, il ne reste de ces héros du brigandage que leur nom et le souvenir de leur valeur et de leurs cruautés.

C'est à eux que la France doit la moitié de l'île de Saint-Domingue; c'est par leurs armes qu'on s'y établit dans tout le temps de leurs courses.

On comptait, en 1757, dans la Saint-Domingue française, environ trente mille personnes, et cent mille esclaves nègres ou mulâtres, qui travaillaient aux sucreries, aux plantations d'indigo, de cacao, et qui abrègent leur vie pour flatter nos appétits nouveaux, en remplissant nos nouveaux besoins, que nos pères ne connaissaient pas. Nous allons acheter ces nègres à la côte de Guinée, à la côte d'Or, à celle d'Ivoire. Il y a trente ans qu'on avait un beau nègre pour cinquante livres; c'est à peu près cinq fois moins qu'un bœuf gras. Cette marchandise humaine coûte aujourd'hui, en 1772, environ quinze cents livres. Nous leur disons qu'ils sont hommes comme nous, qu'ils sont rachetés du sang d'un Dieu mort pour eux, et ensuite on les fait travailler comme des bêtes de somme; on les nourrit plus mal : s'ils veulent s'enfuir, on leur coupe une jambe, et on leur fait tourner à bras l'arbre des moulins à sucre, lorsqu'on leur a donné une jambe de bois. Après cela nous osons parler du droit des gens! La petite île de la Martinique, la Guadeloupe, que les Français cultivèrent en 1735, fournirent les mêmes denrées que Saint-Domingue. Ce sont des points sur la carte, et des événements qui se perdent dans l'histoire de l'univers; mais enfin ces pays, qu'on peut à peine apercevoir dans une mappemonde, produisirent en France une circulation annuelle d'environ soixante millions de marchandises. Ce commerce n'enrichit point un pays; bien au contraire, il fait périr des hommes, il cause des naufrages: il n'est pas sans doute un vrai bien; mais les hommes s'étant fait des nécessités nouvelles, il empêche que la France n'achète chèrement de l'étranger un superflu devenu nécessaire.

CHAPITRE CLIII.

Des possessions des Anglais et des Hollandais en Amérique.

Les Anglais étant nécessairement plus adonnés que les Français à la marine, puisqu'ils habitent une île, ont eu dans l'Amérique septentrionale de bien meilleurs établissements que les Français. Ils possèdent six cents lieues communes de côtes, depuis la Caroline jusqu'à cette baie d'Hudson, par laquelle on a cru en vain trouver un passage qui pût conduire jusqu'aux mers du Sud et du Japon. Leurs colonies n'approchent pas des riches contrées de l'Amérique espagnole. Les terres de l'Amérique anglaise ne produisent, du moins. jusqu'à présent, ni argent, ni or, ni indigo, ni cochenille, ni pierres précieuses, ni bois de teinture; cependant elles ont procuré d'assez grands avantages. Les possessions anglaises en terre ferme commencent à dix degrés de notre tropique, dans un des plus heureux climats. C'est dans ce pays nommé *Caroline*, que les Français ne purent s'établir; et les Anglais n'en ont pris possession qu'après s'être assurés des côtes plus septentrionales.

Vous avez vu les Espagnols et les Portugais maîtres de presque tout le Nouveau-Monde, depuis le détroit de Magellan jusqu'à la Floride. Après la Floride est cette Caroline, à laquelle les Anglais ont ajouté depuis peu la partie du sud appelée *la Géorgie*, du nom du roi George Ier : ils n'ont eu la Caroline que depuis 1664. Le plus grand lustre de cette colonie est d'avoir reçu ses lois du philosophe Locke. La liberté entière de conscience, la tolérance de toutes les religions fut le fondement de ces lois. Les épiscopaux y vivent fraternellement avec les puritains; ils y permettent le culte des catholiques leurs ennemis, et celui des Indiens nommés *idolâtres* : mais, pour établir légalement une religion dans le pays, il faut être sept pères de famille. Locke a considéré que sept familles avec leurs esclaves pourraient composer cinq à six cents personnes, et qu'il ne serait pas juste d'empêcher ce nombre d'hommes de servir Dieu suivant leur conscience, parcequ'étant gênés ils abandonneraient la colonie.

Les mariages ne se contractent, dans la moitié du pays, qu'en présence du magistrat; mais ceux qui veulent joindre à ce contrat civil la bénédiction d'un prêtre, peuvent se donner cette satisfaction.

Ces lois semblèrent admirables, après les torrents de sang que l'esprit d'intolérance avait répandus dans l'Europe: mais on n'aurait pas seulement songé à faire de telles lois chez les Grecs et chez les Romains, qui ne soupçonnèrent jamais qu'il pût arriver un temps où les hommes voudraient forcer, le fer à la main, d'autres hommes à croire. Il est ordonné par ce code humain de traiter les nègres avec la même humanité qu'on a pour ses domestiques. La Caroline possédait en 1757 quarante mille nègres et vingt mille blancs.

Au-delà de la Caroline est la Virginie, nommée ainsi en l'honneur de la reine Élisabeth, peuplée d'abord par les soins du fameux Raleig, si cruellement récompensé depuis par Jacques Ier. Cet établissement ne s'était pas fait sans de grandes peines. Les sauvages, plus aguerris que les Mexicains et aussi injustement attaqués, détruisirent presque toute la colonie.

On prétend que depuis la révocation de l'édit de Nantes, qui a valu des peuplades aux deux mondes, le nombre des habitants de la Virginie se monte à cent quarante mille, sans compter les nègres. On a surtout cultivé le tabac dans cette province et dans le

Maryland; c'est un commerce immense, et un nouveau besoin artificiel qui n'a commencé que fort tard, et qui s'est accru par l'exemple : il n'était pas permis de mettre de cette poussière âcre et malpropre dans son nez à la cour de Louis XIV; cela passait pour une grossièreté. La première ferme du tabac fut en France de trois cent mille livres par an; elle est aujourd'hui de seize millions[1]. Les Français en achètent pour près de quatre millions par année des colonies anglaises, eux qui pourraient en planter dans la Louisiane. Je ne puis m'empêcher de remarquer que la France et l'Angleterre consument aujourd'hui en denrées inconnues à nos pères plus que leurs couronnes n'avaient autrefois de revenus.

De la Virginie, en allant toujours au nord, vous entrez dans le Maryland qui possède quarante mille blancs et plus de soixante mille nègres[2]. Au-delà est la célèbre Pensylvanie, pays unique sur la terre par la singularité de ses nouveaux colons. Guillaume Penn, chef de la religion qu'on nomme très improprement Quakerisme, donna son nom et ses lois à cette contrée vers l'an 1680. Ce n'est pas ici une usurpation comme toutes ces invasions que nous avons vues dans l'ancien monde et dans le nouveau. Penn acheta le

---

[1] Vers 1750. Elle a beaucoup augmenté depuis. — En 1789 elle était de trente millions; aujourd'hui le produit de la régie dépasse quarante millions; il a été en 1826 de 44,994,870 fr. B.

[2] Les calculs de la population de chacune des colonies anglaises sont tirés d'anciens états publiés en Angleterre; et d'après les observations de M. Franklin, cette population doublait tous les vingt ans. On trouvera dans l'ouvrage de M. l'abbé Raynal la population de ces mêmes colonies, pour les années qui ont précédé immédiatement la guerre. K.

...rain des indigènes, et devint le propriétaire le plus [lég]itime. Le christianisme qu'il apporta ne ressemble [pa]s plus à celui du reste de l'Europe que sa colonie ne [res]semble aux autres. Ses compagnons professaient la [sim]plicité et l'égalité des premiers disciples de Christ. [Po]int d'autres dogmes que ceux qui sortirent de sa [bo]uche; ainsi presque tout se bornait à aimer Dieu et [les] hommes : point de baptême, parceque Jésus ne [ba]ptisa personne; point de prêtres, parceque les pre[mi]ers disciples étaient également conduits par le [Ch]rist lui-même. Je ne fais ici que le devoir d'un his[to]rien fidèle, et j'ajouterai que si Penn et ses compa[gn]ons errèrent dans la théologie, cette source inta[ris]sable de querelles et de malheurs, ils s'élevèrent [au-]dessus de tous les peuples par la morale. Placés [en]tre douze petites nations que nous appelons *sauvages*, ils n'eurent de différents avec aucune; elles [re]gardaient Penn comme leur arbitre et leur père. [Lu]i et ses primitifs qu'on appelle *Quakers*[1], et qui ne [do]ivent être appelés que du nom de *Justes*, avaient [po]ur maxime de ne jamais faire la guerre aux étran[ge]rs, et de n'avoir point entre eux de procès. On ne [vo]yait point de juges parmi eux, mais des arbitres [qu]i, sans aucuns frais, accommodaient toutes les af[fa]ires litigieuses. Point de médecins chez ce peuple [so]bre qui n'en avait pas besoin.

La Pensylvanie fut long-temps sans soldats, et ce [n']est que depuis peu que l'Angleterre en a envoyé [po]ur les défendre, quand on a été en guerre avec la

---

[1] Sur les Quakers, voyez les quatre premières des *Lettres philosophiques*, [da]ns les *Mélanges*, année 1734. B.

France. Otez ce nom de *Quaker*, cette habitude révoltante et barbare de trembler en parlant dans leurs assemblées religieuses, et quelques coutumes ridicules, il faudra convenir que ces primitifs sont les plus respectables de tous les hommes : leur colonie est aussi florissante que leurs mœurs ont été pures. Philadelphie, ou la ville des Frères, leur capitale, est une des plus belles villes de l'univers; et on a compté cent quatre-vingt mille hommes dans la Pensylvanie en 1740. Ces nouveaux citoyens ne sont pas tous du nombre des primitifs ou quakers; la moitié est composée d'Allemands, de Suédois, et d'autres peuples qui forment dix-sept religions. Les primitifs qui gouvernent regardent tous ces étrangers comme leurs frères [a].

Au-delà de cette contrée unique sur la terre, où s'est réfugiée la paix bannie partout ailleurs, vous rencontrez la Nouvelle-Angleterre, dont Boston, la ville la plus riche de toute cette côte, est la capitale.

Elle fut habitée d'abord et gouvernée par des puritains persécutés en Angleterre par ce Laud, archevêque de Cantorbéry, qui depuis paya de sa tête ses persécutions; et dont l'échafaud servit à élever celui du roi Charles Ier. Ces puritains, espèce de calvinistes, se réfugièrent vers l'an 1620 dans ce pays, nommé depuis *la Nouvelle-Angleterre*. Si les épiscopaux les avaient poursuivis dans leur ancienne patrie, c'étaient des tigres qui avaient fait la guerre à des ours. Ils por-

---

[a] Cette respectable colonie a été forcée de connaître enfin la guerre, et menacée d'être détruite par les armes de l'Angleterre, la mère patrie, en 1776 et 1777.

tèrent en Amérique leur humeur sombre et féroce, et vexèrent en toute manière les pacifiques Pensylvaniens, dès que ces nouveaux venus commencèrent à s'établir. Mais en 1692, ces puritains se punirent eux-mêmes par la plus étrange maladie épidémique de l'esprit qui ait jamais attaqué l'espèce humaine.

Tandis que l'Europe commençait à sortir de l'abîme de superstitions horribles où l'ignorance l'avait plongée depuis tant de siècles, et que les sortiléges et les possessions n'étaient plus regardés en Angleterre et chez les nations policées que comme d'anciennes folies dont on rougissait, les puritains les firent revivre en Amérique. Une fille eut des convulsions en 1692 ; un prédicant accusa une vieille servante de l'avoir ensorcelée ; on força la vieille d'avouer qu'elle était magicienne : la moitié des habitants crut être possédée, l'autre moitié fut accusée de sortilége ; et le peuple en fureur menaçait tous les juges de les pendre, s'ils ne fesaient pas pendre les accusés. On ne vit pendant deux ans que des sorciers, des possédés, et des gibets ; et c'étaient des compatriotes de Locke et de Newton qui se livraient à cette abominable démence. Enfin la maladie cessa ; les citoyens de la Nouvelle-Angleterre reprirent leur raison, et s'étonnèrent de leur fureur. Ils se livrèrent au commerce et à la culture des terres. La colonie devint bientôt la plus florissante de toutes. On y comptait, en 1750, environ trois cent cinquante mille habitants ; c'est dix fois plus qu'on n'en comptait dans les établissements français.

De la Nouvelle-Angleterre vous passez à la Nouvelle-York, à l'Acadie, qui est devenue un si grand sujet de discorde; à Terre-Neuve, où se fait la grande pêche de la morue; et enfin, après avoir navigué vers l'ouest, vous arrivez à la baie d'Hudson, par laquelle on a cru si long-temps trouver un passage à la Chine et à ces mers inconnues qui font partie de la vaste mer du Sud; de sorte qu'on croyait trouver à-la-fois le chemin le plus court pour naviguer aux extrémités de l'Orient et de l'Occident.

Les îles que les Anglais possèdent en Amérique leur ont presque autant valu que leur continent; la Jamaïque, la Barbade, et quelques autres où ils cultivent le sucre, leur ont été très profitables, tant par leurs fabriques que par leur commerce avec la Nouvelle-Espagne, d'autant plus avantageux qu'il est prohibé.

Les Hollandais, si puissants aux Indes Orientales, sont à peine connus en Amérique; le petit terrain de Surinam, près du Brésil, est ce qu'ils ont conservé de plus considérable. Ils y ont porté le génie de leur pays, qui est de couper les terres en canaux. Ils ont fait une nouvelle Amsterdam à Surinam, comme à Batavia; et l'île de Curaçao leur produit des avantages assez considérables. Les Danois enfin ont eu trois petites îles, et ont commencé un commerce très utile par les encouragements que leur roi leur a donnés.

Voilà jusqu'à présent ce que les Européans ont fait de plus important dans la quatrième partie du monde.

Il en reste une cinquième, qui est celle des terres australes, dont on n'a découvert encore que quelques côtes et quelques îles. Si on comprend sous le nom de ce nouveau monde austral les terres des Papous, et la Nouvelle-Guinée, qui commence sous l'équateur même, il est clair que cette partie du globe est la plus vaste de toutes.

Magellan vit le premier, en 1520, la terre antarctique, à cinquante et un degrés vers le pôle austral : mais ces climats glacés ne pouvaient pas tenter les possesseurs du Pérou. Depuis ce temps on fit la découverte de plusieurs pays immenses au midi des Indes, comme la Nouvelle-Hollande, qui s'étend depuis le dixième degré jusque par-delà le trentième. Quelques personnes prétendent que la compagnie de Batavia y possède des établissements utiles. Il est pourtant difficile d'avoir secrètement des provinces et un commerce. Il est vraisemblable qu'on pourrait encore envahir cette cinquième partie du monde, que la nature n'a point négligé ces climats, et qu'on y verrait des marques de sa variété et de sa profusion.

Mais jusqu'ici, que connaissons-nous de cette immense partie de la terre? quelques côtes incultes, où Pelsart et ses compagnons ont trouvé, en 1630, des hommes noirs, qui marchent sur les mains comme sur les pieds; une baie où Tasman, en 1642, fut attaqué par des hommes jaunes, armés de flèches et de massues; une autre, où Dampierre, en 1699, a combattu des nègres, qui tous avaient la mâchoire supérieure dégarnie de dents par-devant. On n'a point encore pénétré dans ce segment du globe, et il faut avouer qu'il vaut mieux cultiver son pays que d'aller chercher les glaces et les animaux noirs et bigarrés du pôle austral.

Nous apprenons la découverte de la Nouvelle-Zélande. C'est un pays immense, inculte, affreux, peuplé de quelques anthropophages; qui, à cette coutume près de manger des hommes, ne sont pas plus méchants que nous [1].

[1] Les découvertes du célèbre Cook ont prouvé qu'il n'existe point proprement de continent dans cette partie du globe, mais plusieurs archipels et quelques grandes îles dont une seule, la Nouvelle-Hollande, est aussi grande que l'Europe. Les glaces s'étendent plus loin dans l'hémisphère austral que dans le nôtre. Elles couvrent ou rendent inabordable tout ce qui s'étend au-delà de l'endroit où les voyageurs anglais ont pénétré.

Parmi les peuples qui habitent les îles, plusieurs sont anthropophages et mangent leurs prisonniers. Ils n'ont cependant commis de violence envers les Européans, ni tramé de trahison contre eux, qu'après en avoir été eux-mêmes maltraités ou trahis. Partout on a trouvé l'homme sauvage bon, mais implacable dans sa vengeance. Les mêmes insulaires qui mangèrent le capitaine Marion, après l'avoir attiré dans le piége par de longues démonstrations d'amitié, avaient pris le plus grand soin de quelques malades du vaisseau de M. de Surville; mais cet officier, sous prétexte de punir l'enlèvement de son bateau, amène sur sa flotte le même chef qui avait généreusement reçu dans sa case nos matelots malades, et mit en partant le feu à plusieurs villages. Ces peuples s'en vengèrent sur le premier Européan qui aborda chez eux. Comme ils ne distinguent point encore les différentes nations de l'Europe, les Anglais ont quelquefois été punis des violences des Espagnols ou des Français, et réciproquement; mais les sauvages n'attaquent les Européans que comme les sangliers attaquent les chasseurs, quand ils ont été blessés.

Dans d'autres îles où la civilisation a fait plus de progrès, l'usage de manger de la chair humaine s'est aboli. Cet usage a même plusieurs degrés chez les peuplades les plus grossières : les uns mangent la chair des hommes comme une autre nourriture; ils n'assassinent point, mais ils font la guerre pour s'en procurer. D'autres peuplades n'en mangent qu'en cérémonie et après la victoire.

Dans les îles où l'anthropophagie est détruite, la société s'est perfectionnée; les hommes vivent de la pêche, de la chasse, des poules et des cochons qu'ils ont réduits à l'état de domesticité, des fruits et des racines que

CHAPITRE CLIV.

Du Paraguai. De la domination des jésuites dans cette partie de l'Amérique; de leurs querelles avec les Espagnols et les Portugais.

Les conquêtes du Mexique et du Pérou sont des prodiges d'audace; les cruautés qu'on y a exercées, l'extermination entière des habitants de Saint-Domingue et de quelques autres îles, sont des excès

la terre leur donne, ou qu'une culture grossière peut leur procurer; quoiqu'ils ne connaissent ni l'or ni les métaux, ils ont porté assez loin l'adresse et l'intelligence dans tous les arts nécessaires. Ils aiment la danse, ont des instruments de musique, et même des pièces dramatiques; ce sont des espèces de comédies où l'on joue les aventures scandaleuses arrivées dans le pays, comme dans ce qu'on appelle l'ancienne comédie grecque.

Ces hommes sont gais, doux, et paisibles; ils ont la même morale que nous, à cela près qu'ils ne partagent pas le préjugé qui nous fait regarder comme criminel ou comme déshonorant le commerce des deux sexes entre deux personnes libres.

Ils n'ont aucune espèce de culte, aucune opinion religieuse, mais seulement quelques pratiques superstitieuses relatives aux morts. On peut mettre aussi dans le rang des superstitions le respect de quelques uns de ces peuples pour une association de guerriers nommés *Arréoi*, qui vivent sans rien faire aux dépens d'autrui. Ces hommes n'ont pas de femmes, mais des maîtresses libres qui, lorsqu'elles deviennent grosses, se font un devoir de se faire avorter; et elles n'en partagent pas moins le respect que l'on a pour leurs amants. Ces superstitions semblent marquer le passage entre l'état de nature, et celui où l'homme se soumet à une religion. Le crime de ces maîtresses des Arréoi ne contredit pas ce que nous avons dit de la morale de ces peuples : les Phéniciens, les Carthaginois, les Juifs, ont immolé des hommes à la Divinité, et n'en regardaient pas moins l'assassinat comme un crime.

Il y a dans ces îles quelques traces d'un gouvernement féodal, comme un amiral indépendant du chef suprême, des chefs particuliers que ce premier chef ne nomme pas, et qui, dans les affaires où la nation entière est inté-

d'horreur : mais l'établissement dans le Paraguai par les seuls jésuites espagnols paraît à quelques égards le triomphe de l'humanité; il semble expier les cruautés des premiers conquérants. Les quakers dans l'Amérique septentrionale, et les jésuites dans la méridionale, ont donné un nouveau spectacle au monde. Les primitifs ou quakers ont adouci les mœurs des sauvages voisins de la Pensylvanie; ils les ont instruits seulement par l'exemple, sans attenter à leur liberté, et ils leur ont procuré de nouvelles douceurs de la vie par le commerce. Les jésuites se sont à la vérité servis de la religion pour ôter la liberté aux peuplades du Paraguai : mais ils les ont policées; ils les ont rendues industrieuses, et sont venus à bout de gouverner un vaste pays, comme en Europe on gouverne un couvent. Il paraît que les primitifs ont été plus justes, et les jésuites plus politiques. Les pre-

---

ressée, reçoivent ses ordres pour les porter à leurs vassaux. Mais on doit trouver à peu près ces mêmes usages dans toutes les nations qui se sont formées par la réunion volontaire de plusieurs peuplades.

On distingue aussi deux classes d'hommes dans plusieurs de ces îles : celle qui a le plus de force et de beauté a aussi plus d'intelligence et des mœurs plus douces; elle domine l'autre, mais sans l'avoir réduite à l'esclavage.

La terre est en général très fertile; mais elle n'offre rien jusqu'ici qui puisse tenter l'avarice européane. Les Anglais y ont porté des animaux utiles, des instruments de culture, y ont semé des graines de l'Europe. Ils ont voulu ne faire connaître la supériorité des Européans que par leurs bienfaits.

Cependant la même nation, dans le même temps, se souillait en Amérique et en Asie de toutes les perfidies, de toutes les barbaries. C'est que chez les peuples les plus éclairés il y a encore deux nations : l'une est instruite par la raison et guidée par l'humanité, tandis que l'autre reste livrée aux préjugés et à la corruption des siècles d'ignorance. K.

miers ont regardé comme un attentat l'idée de soumettre leurs voisins; les autres se sont fait une vertu de soumettre des sauvages par l'instruction et par la persuasion.

Le Paraguai est un vaste pays entre le Brésil, le Pérou, et le Chili. Les Espagnols s'étaient rendus maîtres de la côte, où ils fondèrent Buenos-Aires, ville d'un grand commerce sur les rives de la Plata; mais quelque puissants qu'ils fussent, ils étaient en trop petit nombre pour subjuguer tant de nations qui habitaient au milieu des forêts. Ces nations leur étaient nécessaires pour avoir de nouveaux sujets qui leur facilitassent le chemin de Buenos-Aires au Pérou. Ils furent aidés, dans cette conquête, par des jésuites, beaucoup plus qu'ils ne l'auraient été par des soldats. Ces missionnaires pénétrèrent de proche en proche dans l'intérieur du pays au commencement du dix-septième siècle. Quelques sauvages pris dans leur enfance, et élevés à Buenos-Aires, leur servirent de guides et d'interprètes. Leurs fatigues, leurs peines, égalèrent celles des conquérants du Nouveau-Monde. Le courage de religion est aussi grand pour le moins que le courage guerrier. Ils ne se rebutèrent jamais; et voici enfin comme ils réussirent.

Les bœufs, les vaches, les moutons, amenés d'Europe à Buenos-Aires, s'étaient multipliés à un excès prodigieux; ils en menèrent une grande quantité avec eux; ils firent charger des chariots de tous les instruments du labourage et de l'architecture, semèrent quelques plaines de tous les grains d'Europe, et donnèrent tout aux sauvages, qui furent apprivoisés comme les animaux qu'on prend avec un appât. Ces peuples n'étaient composés que de familles séparées les unes des autres, sans société, sans aucune religion : on les accoutuma aisément à la société, en leur donnant les nouveaux besoins des productions qu'on leur apportait. Il fallut que les missionnaires, aidés de quelques habitants de Buenos-Aires, leur apprissent à semer, à labourer, à cuire la brique, à façonner le bois, à construire des maisons ; bientôt ces hommes furent transformés, et devinrent sujets de leurs bienfaiteurs. S'ils n'adoptèrent pas d'abord le christianisme qu'ils ne purent comprendre, leurs enfants élevés dans cette religion devinrent entièrement chrétiens.

L'établissement a commencé par cinquante familles, et il monta en 1750 à près de cent mille. Les jésuites, dans l'espace d'un siècle, ont formé trente cantons, qu'ils appellent *le pays des missions;* chacun contient jusqu'à présent environ dix mille habitants. Un religieux de Saint-François, nommé Florentin, qui passa par le Paraguai en 1711, et qui, dans sa relation, marque à chaque page son admiration pour ce gouvernement si nouveau, dit que la peuplade de Saint-Xavier, où il séjourna long-temps, contenait trente mille personnes au moins. Si l'on s'en rapporte à son témoignage, on peut conclure que les jésuites se sont formé quatre cent mille sujets par la seule persuasion.

Si quelque chose peut donner l'idée de cette colonie, c'est l'ancien gouvernement de Lacédémone. Tout est en commun dans la contrée des missions. Ces voisins du Pérou ne connaissent point l'or et l'argent. L'essence d'un Spartiate était l'obéissance aux lois de Lycurgue, et l'essence d'un Paraguéen a été jusqu'ici l'obéissance aux lois des jésuites : tout se ressemble, à cela près que les Paraguéens n'ont point d'esclaves pour ensemencer leurs terres et pour couper leurs bois, comme les Spartiates; ils sont les esclaves des jésuites.

Ce pays dépend à la vérité pour le spirituel de l'évêque de Buenos-Aires, et du gouverneur pour le temporel. Il est soumis aux rois d'Espagne, ainsi que les contrées de la Plata et du Chili; mais les jésuites, fondateurs de la colonie, se sont toujours maintenus dans le gouvernement absolu des peuples qu'ils ont formés. Ils donnent au roi d'Espagne une piastre pour chacun de leurs sujets; et cette piastre, ils la paient au gouverneur de Buenos-Aires, soit en denrées, soit en monnaie; car eux seuls ont de l'argent, et leurs peuples n'en touchent jamais. C'est la seule marque de vassalité que le gouvernement espagnol crut alors devoir exiger. Ni le gouverneur de Buenos-Aires ne pouvait déléguer un officier de guerre ou de magistrature au pays des jésuites, ni l'évêque ne pouvait y envoyer un curé.

On tenta une fois d'envoyer deux curés dans les peuplades appelées de Nôtre-Dame-de-Foi et Saint-Ignace; on prit même la précaution de les faire escorter par des soldats : les deux peuplades abandonnèrent leurs demeures; elles se répartirent dans les autres cantons; et les deux curés, demeurés seuls, retournèrent à Buenos-Aires.

Un autre évêque, irrité de cette aventure, voulut

établir l'ordre hiérarchique ordinaire dans tout le pays des missions; il invita tous les ecclésiastiques de sa dépendance à se rendre chez lui pour recevoir leurs commissions : personne n'osa se présenter. Ce sont les jésuites eux-mêmes qui nous apprennent ces faits dans un de leurs mémoires apologétiques. Ils restèrent donc maîtres absolus dans le spirituel, et non moins maîtres dans l'essentiel. Ils permettaient au gouverneur d'envoyer par le pays des missions des officiers au Pérou; mais ces officiers ne pouvaient demeurer que trois jours dans le pays. Ils ne parlaient à aucun habitant; et quoiqu'ils se présentassent au nom du roi, ils étaient traités véritablement en étrangers suspects. Les jésuites, qui ont toujours conservé les dehors, firent servir la piété à justifier cette conduite, qu'on put qualifier de désobéissance et d'insulte : ils déclarèrent au conseil des Indes de Madrid qu'ils ne pouvaient recevoir un Espagnol dans leurs provinces, de peur que cet officier ne corrompît les mœurs des Paraguéens; et cette raison, si outrageante pour leur propre nation, fut admise par les rois d'Espagne, qui ne purent tirer aucun service des Paraguéens qu'à cette singulière condition, déshonorante pour une nation aussi fière et aussi fidèle que l'espagnole.

Voici la manière dont ce gouvernement unique sur la terre était administré. Le provincial jésuite, assisté de son conseil, rédigeait les lois; et chaque recteur, aidé d'un autre conseil, les fesait observer; un procureur fiscal, tiré du corps des habitants de chaque canton, avait sous lui un lieutenant. Ces deux officiers fesaient tous les jours la visite de leur district, et avertissaient le supérieur jésuite de tout ce qui se passait.

Toute la peuplade travaillait; et les ouvriers de chaque profession rassemblés fesaient leur ouvrage en commun, en présence de leurs surveillants, nommés par le fiscal. Les jésuites fournissaient le chanvre, le coton, la laine, que les habitants mettaient en œuvre : ils fournissaient de même les grains pour la semence, et on recueillait en commun. Toute la récolte était déposée dans les magasins publics. On distribuait à chaque famille ce qui suffisait à ses besoins : le reste était vendu à Buenos-Aires et au Pérou.

Ces peuples ont des troupeaux. Ils cultivent les blés, les légumes, l'indigo, le coton, le chanvre, les cannes de sucre, le jalap, l'ipécacuanha, et surtout la plante qu'on nomme *herbe du Paraguai*[1], espèce de thé très recherché dans l'Amérique méridionale, et dont on fait un trafic considérable. On rapporte en retour des espèces et des denrées. Les jésuites distribuaient les denrées, et fesaient servir l'argent et l'or à la décoration des églises et aux besoins du gouvernement. Ils eurent un arsenal dans chaque canton; on donnait à des jours marqués des armes aux habitants. Un jésuite était préposé à l'exercice; après quoi les armes étaient reportées dans l'arsenal, et il n'était permis à aucun citoyen d'en garder dans sa maison. Les mêmes principes qui ont fait de ces peuples les

[1] On en fait dans l'Amérique méridionale le même usage que les Anglais et les Hollandais font du thé. Cette plante n'est pas astringente comme le thé, mais amère et stomachique. Les malheureux Péruviens, enterrés dans les mines avec une barbarie digne des descendants de Pizarre et d'Almagro, s'en servent pour ranimer leurs forces et soutenir leur courage. K.

sujets les plus soumis, en ont fait de très bons soldats; ils croient obéir et combattre par devoir. On a eu plus d'une fois besoin de leurs secours contre les Portugais du Brésil, contre des brigands à qui on a donné le nom de *Mamelus*, et contre des sauvages nommés *Mosquites*; qui étaient anthropophages. Les jésuites les ont toujours conduits dans ces expéditions, et ils ont toujours combattu avec ordre, avec courage, et avec succès.

Lorsqu'en 1662 les Espagnols firent le siége de la ville du Saint-Sacrement, dont les Portugais s'étaient emparés, siége qui a causé des accidents si étranges, un jésuite amena quatre mille Paraguéens, qui montèrent à l'assaut et qui emportèrent la place. Je n'omettrai point un trait qui montre que ces religieux, accoutumés au commandement, en savaient plus que le gouverneur de Buenos-Aires, qui était à la tête de l'armée. Ce général voulut qu'en allant à l'assaut on plaçât des rangs de chevaux au-devant des soldats, afin que l'artillerie des remparts ayant épuisé son feu sur les chevaux, les soldats se présentassent avec moins de risque; le jésuite remontra le ridicule et le danger d'une telle entreprise, et il fit attaquer dans les règles.

La manière dont ces peuples ont combattu pour l'Espagne a fait voir qu'ils sauraient se défendre contre elle, et qu'il serait dangereux de vouloir changer leur gouvernement. Il est très vrai que les jésuites s'étaient formé dans le Paraguai un empire d'environ quatre cents lieues de circonférence, et qu'ils auraient pu l'étendre davantage.

Soumis dans tout ce qui est d'apparence au roi d'Espagne, ils étaient rois en effet, et peut-être les rois les mieux obéis de la terre. Ils ont été à-la-fois fondateurs, législateurs, pontifes, et souverains.

Un empire d'une constitution si étrange dans un autre hémisphère est l'effet le plus éloigné de sa cause qui ait jamais paru dans le monde. Nous voyons depuis long-temps des moines princes dans notre Europe; mais ils sont parvenus à ce degré de grandeur, opposé à leur état, par une marche naturelle; on leur a donné de grandes terres qui sont devenues des fiefs et des principautés comme d'autres terres. Mais dans le Paraguai on n'a rien donné aux jésuites, ils se sont faits souverains sans se dire seulement propriétaires d'une lieue de terrain, et tout a été leur ouvrage.

Ils ont enfin abusé de leur pouvoir, et l'ont perdu : lorsque l'Espagne a cédé au Portugal la ville du Saint-Sacrement et ses vastes dépendances, les jésuites ont osé s'opposer à cet accord ; les peuples qu'ils gouvernent n'ont point voulu se soumettre à la domination portugaise, et ils ont résisté également à leurs anciens et à leurs nouveaux maîtres.

Si on en croit la *Relacion abreviada*, le général portugais d'Andrado écrivait, dès l'an 1750, au général espagnol Valderios : « Les jésuites sont les seuls re-« belles. Leurs Indiens ont attaqué deux fois la forte-« resse portugaise du Pardo avec une artillerie très « bien servie. » La même relation ajoute que ces Indiens ont coupé les têtes à leurs prisonniers, et les ont portées à leurs commandants jésuites. Si cette accusation est vraie, elle n'est guère vraisemblable.

Ce qui est plus sûr, c'est que leur province de Saint-Nicolas s'est soulevée en 1757, et a mis treize mille combattants en campagne, sous les ordres de deux jésuites, *Lamp* et *Tadeo*. C'est l'origine du bruit qui courut alors qu'un jésuite s'était fait roi du Paraguai sous le nom de *Nicolas Ier* [1].

Pendant que ces religieux fesaient la guerre en Amérique aux rois d'Espagne et de Portugal, ils étaient en Europe les confesseurs de ces princes. Mais enfin, ils ont été accusés de rébellion et de parricide à Lisbonne; ils ont été chassés du Portugal en 1758; le gouvernement portugais en a purgé toutes ses colonies d'Amérique; ils ont été chassés de tous les états du roi d'Espagne, dans l'ancien et dans le nouveau monde; les parlements de France les ont détruits par un arrêt; le pape a éteint l'ordre par une bulle; et la terre a appris enfin qu'on peut abolir tous les moines sans rien craindre.

CHAPITRE CLV.

État de l'Asie au temps des découvertes des Portugais.

Tandis que l'Espagne jouissait de la conquête de la moitié de l'Amérique, que le Portugal dominait sur les côtes de l'Afrique et de l'Asie, que le commerce de

---

[1] Il existe une *Histoire de Nicolas Ier, roi du Paraguai et empereur des Mamelus*: Saint-Paul, 1756, in-12. Malgré cela, Voltaire reconnaît lui-même ailleurs (Lettre à madame de Lutzelbourg du 12 avril 1756) « qu'il « n'y a point de roi Nicolas. » Mais, ajoute-t-il, « il n'en est pas moins vrai « que les jésuites sont autant de rois au Paraguai. » B.

l'Europe prenait une face si nouvelle, et que le grand changement dans la religion chrétienne changeait les intérêts de tant de rois, il faut vous représenter dans quel état était le reste de notre ancien univers.

Nous avons laissé [1], vers la fin du treizième siècle, la race de Gengis souveraine dans la Chine, dans l'Inde, dans la Perse, et les Tartares portant la destruction jusqu'en Pologne et en Hongrie. La branche de cette famille victorieuse qui régna dans la Chine s'appelle *Yven*. On ne reconnaît point dans ce nom celui d'*Octaïkan*, ni celui de *Coblaï*, son frère, dont la race régna un siècle entier. Ces vainqueurs prirent avec un nom chinois les mœurs chinoises. Tous les usurpateurs veulent conserver par les lois ce qu'ils ont envahi par les armes. Sans cet intérêt si naturel de jouir paisiblement de ce qu'on a volé, il n'y aurait pas de société sur la terre. Les Tartares trouvèrent les lois des vaincus si belles, qu'ils s'y soumirent pour mieux s'affermir. Ils conservèrent surtout avec soin celle qui ordonne que personne ne soit ni gouverneur ni juge dans la province où il est né: loi admirable, et qui d'ailleurs convenait à des vainqueurs.

Cet ancien principe de morale et de politique, qui rend les pères si respectables aux enfants, et qui fait regarder l'empereur comme le père commun, accoutuma bientôt les Chinois à l'obéissance volontaire. La seconde génération oublia le sang que la première avait perdu. Il y eut neuf empereurs consécutifs de la même race tartare, sans que les annales chinoises fassent mention de la moindre tentative de chasser

---

[1] Chap. LX. B.

ces étrangers. Un des arrière-petits-fils de Gengis fut assassiné dans son palais; mais il le fut par un Tartare, et son héritier naturel lui succéda sans aucun trouble.

Enfin, ce qui avait perdu les califes, ce qui avait autrefois détrôné les rois de Perse et ceux d'Assyrie, renversa ces conquérants; ils s'abandonnèrent à la mollesse. Le neuvième empereur du sang de Gengis, entouré de femmes et de prêtres lamas qui le gouvernaient tour-à-tour, excita le mépris, et réveilla le courage des peuples. Les bonzes, ennemis des lamas, furent les premiers auteurs de la révolution. Un aventurier qui avait été valet dans un couvent de bonzes, s'étant mis à la tête de quelques brigands, se fit déclarer chef de ceux que la cour appelait *les révoltés*. On voit vingt exemples pareils dans l'empire romain, et surtout dans celui des Grecs. La terre est un vaste théâtre, où la même tragédie se joue sous des noms différents.

Cet aventurier chassa la race des Tartares en 1357, et commença la vingt et unième famille ou dynastie, nommée *Ming*, des empereurs chinois. Elle a régné deux cent soixante et seize ans; mais enfin elle a succombé sous les descendants de ces mêmes Tartares qu'elle avait chassés. Il a toujours fallu qu'à la longue le peuple le plus instruit, le plus riche, le plus policé, ait cédé partout au peuple sauvage, pauvre et robuste. Il n'y a eu que l'artillerie perfectionnée qui ait pu enfin égaler les faibles aux forts, et contenir les barbares. Nous avons observé, au premier chapitre, que les Chinois ne fesaient point encore usage du canon, quoiqu'ils connussent la poudre depuis si longtemps.

Le restaurateur de l'empire chinois prit le nom de *Taï-tsong*, et rendit ce nom célèbre par les armes et par les lois (1635). Une de ses premières attentions fut de réprimer les bonzes, qu'il connaissait d'autant mieux qu'il les avait servis. Il défendit qu'aucun Chinois n'embrassât la profession de bonze avant quarante ans, et porta la même loi pour les bonzesses. C'est ce que le czar Pierre-le-Grand a fait de nos jours en Russie. Mais cet amour invincible de sa profession, et cet esprit qui anime tous les grands corps, ont fait triompher bientôt les bonzes chinois et les moines russes d'une loi sage; il a toujours été plus aisé dans tous les pays d'abolir des coutumes invétérées que de les restreindre. Nous avons déjà remarqué[1] que le pape Léon Ier avait porté cette même loi, que le fanatisme a toujours bravée.

Il paraît que Taï-tsong, ce second fondateur de la Chine, regardait la propagation comme le premier des devoirs; car en diminuant le nombre des bonzes, dont la plupart n'étaient pas mariés, il eut soin d'exclure de tous les emplois les eunuques, qui auparavant gouvernaient le palais et amollissaient la nation.

Quoique la race de Gengis eût été chassée de la Chine, ces anciens vainqueurs étaient toujours très redoutables. Un empereur chinois, nommé *Yng-tsong*, fut fait prisonnier par eux, et amené captif dans le fond de la Tartarie, en 1444. L'empire chinois paya pour lui une rançon immense. Ce prince reprit sa li-

[1] Chap. cxxxix. B.

berté, mais non pas sa couronne; et il attendit paisiblement, pour remonter sur le trône, la mort de son frère qui régnait pendant sa captivité.

L'intérieur de l'empire fut tranquille. L'histoire rapporte qu'il ne fut troublé que par un bonze qui voulut faire soulever les peuples, et qui eut la tête tranchée.

La religion de l'empereur et des lettrés ne changea point. On défendit seulement de rendre à Confutzée les mêmes honneurs qu'on rendait à la mémoire des rois; défense honteuse, puisque nul roi n'avait rendu tant de services à la patrie que Confutzée; mais défense qui prouve que Confutzée ne fut jamais adoré, et qu'il n'entre point d'idolâtrie dans ces cérémonies dont les Chinois honorent leurs aïeux et les mânes des grands hommes. Rien ne confond mieux les méprisables disputes que nous avons eues en Europe sur les rites chinois.

Une étrange opinion régnait alors à la Chine : on était persuadé qu'il y avait un secret pour rendre les hommes immortels. Des charlatans qui ressemblaient à nos alchimistes se vantaient de pouvoir composer une liqueur qu'ils appelaient *le breuvage de l'immortalité*. Ce fut le sujet de mille fables dont l'Asie fut inondée, et qu'on a prises pour de l'histoire. On prétend que plus d'un empereur chinois dépensa des sommes immenses pour cette recette; c'est comme si les Asiatiques croyaient que nos rois de l'Europe ont recherché sérieusement la *fontaine de Jouvence*, aussi connue dans nos anciens romans gaulois que la coupe d'immortalité dans les romans asiatiques.

Sous la dynastie Yven, c'est-à-dire sous la postérité

de Gengis, et sous celle des restaurateurs, nommée Ming, les arts qui appartiennent à l'esprit et à l'imagination furent plus cultivés que jamais : ce n'était ni notre sorte d'esprit ni notre sorte d'imagination ; cependant on retrouve dans leurs petits romans le même fond qui plaît à toutes les nations. Ce sont des malheurs imprévus, des avantages inespérés, des reconnaissances : on y trouve peu de ce fabuleux incroyable, tel que les métamorphoses inventées par les Grecs et embellies par Ovide, tel que les contes arabes et les fables du Boïardo et de l'Arioste. L'invention, dans les fables chinoises, s'éloigne rarement de la vraisemblance, et tend toujours à la morale.

La passion du théâtre devint universelle à la Chine depuis le quatorzième siècle jusqu'à nos jours. Ils ne pouvaient avoir reçu cet art d'aucun peuple ; ils ignoraient que la Grèce eût existé ; et ni les mahométans, ni les Tartares, n'avaient pu leur communiquer les ouvrages grecs : ils inventèrent l'art ; mais par la tragédie chinoise qu'on a traduite, on voit qu'ils ne l'ont pas perfectionné. Cette tragédie, intitulée *l'Orphelin de Tchao*, est du quatorzième siècle ; on nous la donne comme la meilleure qu'ils aient eue encore [1]. Il est vrai qu'alors les ouvrages dramatiques étaient plus grossiers en Europe : à peine même cet art nous était-il connu. Notre caractère est de nous perfectionner ; et celui des Chinois est, jusqu'à présent, de rester où ils sont parvenus. Peut-être cette tragédie est-elle dans le goût des premiers essais d'Eschyle. Les Chinois,

---

[1] Voltaire parle plus longuement de l'*Orphelin de Tchao* dans la dédicace de son *Orphelin de la Chine*. B.

toujours supérieurs dans la morale, ont fait peu de progrès dans toutes les autres sciences : c'est sans doute que la nature, qui leur a donné un esprit droit et sage, leur a refusé la force de l'esprit.

Ils écrivent en général comme ils peignent, sans connaître les secrets de l'art : leurs tableaux jusqu'à présent sont destitués d'ordonnance, de perspective, de clair-obscur : leurs écrits se ressentent de la même faiblesse; mais il paraît qu'il règne dans leurs productions une médiocrité sage, une vérité simple qui ne tient rien du style ampoulé des autres Orientaux. Vous ne voyez dans ce que vous avez lu de leurs traités de morale aucune de ces paraboles étranges, de ces comparaisons gigantesques et forcées : ils parlent rarement en énigmes; c'est encore ce qui en fait dans l'Asie un peuple à part. Vous lisiez il n'y a pas long-temps des réflexions d'un sage chinois sur la manière dont on peut se procurer la petite portion de bonheur dont la nature de l'homme est susceptible : ces réflexions sont précisément les mêmes que nous retrouvons dans la plupart de nos livres.

La théorie de la médecine n'est encore chez eux qu'ignorance et erreur : cependant les médecins chinois ont une pratique assez heureuse. La nature n'a pas permis que la vie des hommes dépendît de la physique. Les Grecs savaient saigner à propos, sans savoir que le sang circulât. L'expérience des remèdes et le bon sens ont établi la médecine pratique dans toute la terre : elle est partout un art conjectural qui aide quelquefois la nature, et quelquefois la détruit.

En général, l'esprit d'ordre, de modération, le

goût des sciences, la culture de tous les arts utiles à la vie, un nombre prodigieux d'inventions qui rendaient ces arts plus faciles, composaient la sagesse chinoise. Cette sagesse avait poli les conquérants tartares, et les avait incorporés à la nation : c'est un avantage que les Grecs n'ont pu avoir sur les Turcs. Enfin les Chinois avaient chassé leurs maîtres, et les Grecs n'ont pas imaginé de secouer le joug de leurs vainqueurs.

Quand nous parlons de la sagesse qui a présidé quatre mille ans à la constitution de la Chine, nous ne prétendons pas parler de la populace ; elle est en tout pays uniquement occupée du travail des mains[1] : l'esprit d'une nation réside toujours dans le petit nombre, qui fait travailler le grand, est nourri par lui, et le gouverne. Certainement cet esprit de la nation chinoise est le plus ancien monument de la raison qui soit sur la terre.

Ce gouvernement, quelque beau qu'il fût, était nécessairement infecté de grands abus attachés à la condition humaine, et surtout à un vaste empire. Le plus grand de ces abus, qui n'a été corrigé que dans ces derniers temps, était la coutume des pauvres d'expo-

---

[1] C'est une suite naturelle de l'inégalité que les mauvaises lois mettent entre les fortunes, et de cette quantité d'hommes que le culte religieux, une jurisprudence compliquée, un système fiscal absurde et tyrannique, l'agiotage, et la manie des grandes armées, obligent le peuple d'entretenir, aux dépens de son travail. Il n'y a de populace ni à Genève, ni dans la principauté de Neuchâtel. Il y en a beaucoup moins en Hollande et en Angleterre qu'en France, moins dans les pays protestants que dans les pays catholiques. Dans tout pays qui aura de bonnes lois, le peuple même aura le temps de s'instruire, et d'acquérir le petit nombre d'idées dont il a besoin pour se conduire par la raison. K.

ser leurs enfants, dans l'espérance qu'ils seraient recueillis par les riches : il périssait ainsi beaucoup de sujets : l'extrême population empêchait le gouvernement de prévenir ces pertes. On regardait les hommes comme les fruits des arbres, dont on laisse périr sans regret une partie quand il en reste suffisamment pour la nourriture. Les conquérants tartares auraient pu fournir la subsistance à ces enfants abandonnés, et en faire des colonies qui auraient peuplé les déserts de la Tartarie. Ils n'y songèrent pas ; et dans notre Occident, où nous avions un besoin plus pressant de réparer l'espèce humaine, nous n'avions pas encore remédié au même mal, quoiqu'il nous fût plus préjudiciable. Londres n'a d'hôpitaux pour les enfants trouvés que depuis quelques années. Il faut bien des siècles pour que la société humaine se perfectionne.

CHAPITRE CLVI.

Des Tartares.

Si les Chinois, deux fois subjugués, la première par Gengis-kan au treizième siècle[1], et la seconde dans le dix-septième, ont toujours été le premier peuple de l'Asie dans les arts et dans les lois, les Tartares l'ont été dans les armes. Il est humiliant pour la nature humaine que la force l'ait toujours emporté sur la sagesse, et que ces barbares aient subjugué presque tout notre hémisphère jusqu'au mont Atlas. Ils dé-

[1] Voyez chap. LX. B.

truisirent l'empire romain au cinquième siècle, et conquirent l'Espagne et tout ce que les Romains avaient eu en Afrique : nous les avons vus ensuite assujettir les califes de Babylone.

Mahmoud, qui sur la fin du dixième siècle conquit la Perse et l'Inde, était un Tartare : il n'est presque connu aujourd'hui des peuples occidentaux que par la réponse d'une pauvre femme qui lui demanda justice, dans les Indes, du meurtre de son fils, volé et assassiné dans la province d'Yrac en Perse. « Comment voulez-vous que je rende justice de si loin ? » dit le sultan. « Pourquoi donc nous avez-vous conquis, ne pouvant nous gouverner ? » répondit la mère.

Ce fut du fond de la Tartarie que partit Gengis-kan, à la fin du douzième siècle, pour conquérir l'Inde, la Chine, la Perse, et la Russie. Batou-kan, l'un de ses enfants, ravagea jusqu'aux frontières de l'Allemagne. Il ne reste aujourd'hui du vaste empire de Capshac, partage de Batou-kan, que la Crimée possédée par ses descendants, sous la protection des Turcs.

Tamerlan, qui subjugua une si grande partie de l'Asie, était un Tartare, et même de la race de Gengis.

Ussum Cassan, qui régna en Perse, était aussi né dans la Tartarie.

Enfin, si vous regardez d'où sont sortis les Ottomans, vous les verrez partir du bord oriental de la mer Caspienne pour venir mettre sous le joug l'Asie Mineure, l'Arabie, l'Égypte, Constantinople, et la Grèce.

Voyons ce qui restait dans ces vastes déserts de la

Tartarie, au seizième siècle, après tant d'émigrations de conquérants. Au nord de la Chine étaient ces mêmes Monguls et ces Mantchoux qui la conquirent sous Gengis, et qui l'ont encore reprise il y a un siècle. Ils étaient alors de la religion dont le *dalaï-lama* est le chef dans le petit Thibet. Leurs déserts confinent aux déserts de la Russie : de là jusqu'à la mer Caspienne habitent les Elhuts, les Calcas, les Calmouks, et cent hordes de Tartares vagabonds. Les Usbecs étaient et sont encore dans le pays de Samarcande ; ils vivent tous pauvrement, et savent seulement qu'il est sorti de chez eux des essaims qui ont conquis les plus riches pays de la terre.

CHAPITRE CLVII.

Du Mogol.

La race de Tamerlan régnait dans le Mogol : ce royaume de l'Inde n'avait pas été tout-à-fait soumis par Tamerlan. Les enfants de ce conquérant se firent la guerre pour le partage de ses états, comme les successeurs d'Alexandre ; et l'Inde fut très malheureuse. Ce pays, où la nature du climat inspire la mollesse, résista faiblement à la postérité de ses vainqueurs. Le sultan Babar, arrière-petit-fils de Tamerlan, se rendit absolument le maître de tout le pays qui s'étend depuis Samarcande jusqu'auprès d'Agra.

Quatre nations principales étaient alors établies dans l'Inde : les mahométans arabes, nommés *Pata-*

s, qui avaient conservé quelques pays depuis le xième siècle; les anciens Parsis ou Guèbres, réfu-[é]s du temps d'Omar; les Tartares de Gengis et de [Ta]merlan; enfin les vrais Indiens, en plusieurs tribus [et] castes.

Les musulmans Patanes étaient encore les plus [pu]issants, puisque vers l'an 1530 un musulman, [no]mmé Chircha, dépouilla le sultan Amayum, fils de Babar, et le contraignit de se réfugier en Perse. [L']empereur turc Soliman, l'ennemi naturel des Per-[sa]ns, protégea l'usurpateur mahométan contre la race [de]s usurpateurs tartares que les Persans secouraient: [le] vainqueur de Rhodes tint la balance dans l'Inde; [et] tant que Soliman vécut, Chircha régna heureuse-[me]nt : c'est lui qui rendit la religion des Osmanlis [do]minante dans le Mogol. On voit encore les beaux [ch]emins ombragés d'arbres, les caravanserais, et les [ba]ins qu'il fit construire pour les voyageurs.

Amayum ne put rentrer dans l'Inde qu'après la [mo]rt de Soliman et de Chircha. Une armée de Per-[sa]ns le remit sur le trône. Ainsi les Indiens ont tou-[jou]rs été subjugués par des étrangers.

Le petit royaume de Guzarate, près de Surate, de-[me]urait encore soumis aux anciens Arabes de l'Inde; [c'e]st presque tout ce qui restait dans l'Asie à ces vain-[qu]eurs de tant d'états, que vous avez vus tout con-[qu]érir depuis la Perse jusqu'aux provinces méridio-[nal]es de la France. Ils furent obligés alors d'implorer [le] secours des Portugais contre Akebar, fils d'A-[ma]yum, et les Portugais ne purent les empêcher de [su]comber.

Il y avait encore vers Agra un prince qui se disait descendant de Por, que Quinte-Curce a rendu si célèbre sous le nom de Porus. Akebar le vainquit, et ne lui rendit pas son royaume; mais il fit dans l'Inde plus de bien qu'Alexandre n'eut le temps d'en faire. Ses fondations sont immenses; et l'on admire toujours le grand chemin bordé d'arbres l'espace de cent cinquante lieues, depuis Agra jusqu'à Lahor, célèbre ouvrage de ce conquérant, embelli encore par son fils Geanguir.

La presqu'île de l'Inde deçà le Gange n'était pas encore entamée; et si elle avait connu des vainqueurs sur ses côtes, c'étaient des Portugais. Le vice-roi qui résidait à Goa égalait alors le grand-mogol en magnificence et en faste, et le passait beaucoup en puissance maritime : il donnait cinq gouvernements, ceux de Mozambique, de Malaca, de Mascate, d'Ormus, de Ceilan. Les Portugais étaient les maîtres du commerce de Surate, et les peuples du grand-mogol recevaient d'eux toutes les denrées précieuses des îles. L'Amérique, pendant quarante ans, ne valut pas davantage aux Espagnols; et quand Philippe II s'empara du Portugal en 1580, il se trouva maître tout d'un coup des principales richesses des deux mondes, sans avoir eu la moindre part à leur découverte. Le grand-mogol n'était pas alors comparable à un roi d'Espagne.

Nous n'avons pas tant de connaissance de cet empire que de celui de la Chine : les fréquentes révolutions depuis Tamerlan en sont cause; et on n'y a pas envoyé de si bons observateurs que ceux par qui la Chine nous est connue.

Ceux qui ont recueilli les relations de l'Inde nous ont donné souvent des déclamations contradictoires. Le P. Catrou nous dit que *le mogol s'est retenu en propre toutes les terres de l'empire;* et dans la même page, il nous dit que *les enfants des rayas succèdent aux terres de leurs pères.* Il assure que *tous les grands sont esclaves;* et il dit que « plusieurs de ces esclaves « ont jusqu'à vingt à trente mille soldats ; qu'il n'y a « de loi que la volonté du mogol ; et qu'on n'a point « cependant touché aux droits des peuples. » Il est difficile de concilier ces notions.

Tavernier parle plus aux marchands qu'aux philosophes, et ne donne guère d'instructions que pour connaître les grandes routes et pour acheter des diamants.

Bernier est un philosophe; mais il n'emploie pas sa philosophie à s'instruire à fond du gouvernement. Il dit, comme les autres, que toutes les terres appartiennent à l'empereur. C'est ce qui a besoin d'explication. Donner des terres et en jouir sont deux choses absolument différentes. Les rois européans, qui donnent tous les bénéfices ecclésiastiques, ne les possèdent pas. L'empereur, dont le droit est de conférer tous les fiefs d'Allemagne et d'Italie, quand ils vaquent faute d'héritiers, ne recueille pas les fruits de ces terres. Le padisha des Turcs, qui règne à Constantinople, donne aussi des fiefs à ses janissaires et à ses spahis; il ne les prend pas pour lui-même.

Bernier n'a pas cru qu'on abuserait de ses expressions jusqu'au point de penser que tous les Indiens labourent, sèment, bâtissent, travaillent pour un

Tartare. Ce Tartare, d'ailleurs, est absolu sur les sujets de son domaine, et a très peu de pouvoir sur les vice-rois, qui sont assez puissants pour lui désobéir.

Il n'y a dans l'Inde, dit Bernier, que des grands seigneurs et des misérables. Comment accorder cette idée avec l'opulence de ces marchands que Tavernier dit riches de tant de millions?

Quoi qu'il en soit, les Indiens n'étaient plus ce peuple supérieur chez qui les anciens Grecs voyagèrent pour s'instruire. Il ne resta plus chez ces Indiens que de la superstition, qui redoubla même par leur asservissement, comme celle des Égyptiens n'en devint que plus forte quand les Romains les soumirent.

Les eaux du Gange avaient de tout temps la réputation de purifier les ames. L'ancienne coutume de se plonger dans les fleuves au moment d'une éclipse n'a pu encore être abolie; et, quoiqu'il y eût des astronomes indiens qui sussent calculer les éclipses, les peuples n'en étaient pas moins persuadés que le soleil tombait dans la gueule d'un dragon, et qu'on ne pouvait le délivrer qu'en se mettant tout nu dans l'eau, et en fesant un grand bruit qui épouvantait le dragon et lui fesait lâcher prise. Cette idée, si commune parmi les peuples orientaux, est une preuve évidente de l'abus que les peuples ont toujours fait en physique, comme en religion, des signes établis par les premiers philosophes. De tout temps les astronomes marquèrent les deux points d'intersection où se font les éclipses, qu'on appelle *les nœuds de la lune*, l'un par une tête de dragon, l'autre par une queue. Le peuple, également ignorant dans tous les pays du monde, prit le signe pour la chose même. Le soleil est dans la tête du dragon, disaient les astronomes. Le dragon va dévorer le soleil, disait le peuple, et surtout le peuple astrologue. Nous insultons à la crédulité des Indiens, et nous ne songeons pas qu'il se vend en Europe, tous les ans, plus de trois cent mille exemplaires d'almanachs, remplis d'observations non moins fausses, et d'idées non moins absurdes. Il vaut autant dire que le soleil et la lune sont entre les griffes d'un dragon, que d'imprimer tous les ans qu'on ne doit ni planter, ni semer, ni prendre médecine, ni se faire saigner, que certains jours de la lune. Il serait temps que dans un siècle comme le nôtre on daignât faire, à l'usage des cultivateurs, un calendrier utile, qui les instruisît et qui ne les trompât plus.

L'école des anciens gymnosophistes subsistait encore dans la grande ville de Bénarès, sur les rives du Gange. Les bramins y cultivaient la langue sacrée, qu'on appelle le *hanscrit*, qu'ils regardent comme la plus ancienne de tout l'Orient. Ils admettent des génies, comme les premiers Persans. Ils enseignent à leurs disciples que toutes les idoles ne sont faites que pour fixer l'attention des peuples, et ne sont que des emblèmes divers d'un seul Dieu; mais ils cachent au peuple cette théologie sage qui ne leur produirait rien, et l'abandonnent à des erreurs qui leur sont utiles. Il semble que, dans les climats méridionaux, la chaleur du climat dispose plus les hommes à la superstition et à l'enthousiasme qu'ailleurs. On a vu souvent des Indiens dévots se précipiter à l'envi sous les roues du char qui portait l'idole Jaganat, et se faire briser les os par piété. La superstition populaire réunissait tous les contraires : on voyait, d'un côté, les prêtres de l'idole Jaganat amener tous les ans une fille à leur dieu pour être honorée du titre de son épouse, comme on en présentait une quelquefois en Égypte au dieu Anubis; de l'autre côté, on conduisait au bûcher de jeunes veuves, qui se jetaient en chantant et en dansant dans les flammes sur les corps de leurs maris.

On raconte[a] qu'en 1642, un raya ayant été assassiné à la cour de Sha-Géan, treize femmes de ce raya accoururent incontinent, et se jetèrent toutes dans le bûcher de leur maître. Un missionnaire très croyable assure qu'en 1710, quarante femmes du prince de Marava se précipitèrent dans un bûcher allumé sur le cadavre de ce prince. Il dit qu'en 1717, deux princes de ce pays étant morts, dix-sept femmes de l'un, et treize de l'autre, se dévouèrent à la mort de la même manière, et que la dernière, étant enceinte, attendit qu'elle eût accouché, et se jeta dans les flammes après la naissance de son fils. Ce même missionnaire dit que ces exemples sont plus fréquents dans les premières castes que dans celles du peuple; et plusieurs missionnaires le confirment. Il semble que ce dût être tout le contraire. Les femmes des grands devraient tenir plus à la vie que celles des artisans et des hommes qui mènent une vie pénible; mais on a malheureusement attaché de la gloire à ces dévouements. Les femmes d'un ordre supérieur sont plus sensibles

---

[a] Lettres curieuses et édifiantes. Tome XIII.

à cette gloire; et les bramins[a], qui recueillent toujours quelques dépouilles de ces victimes, ont plus d'intérêt à séduire les riches.

Un nombre prodigieux de faits de cette nature ne peut laisser douter que cette coutume ne fût en vigueur dans le Mogol, comme elle y est encore dans toute la presqu'île jusqu'au cap de Comorin. Une résolution si désespérée dans un sexe si timide nous étonne : mais la superstition inspire partout une force surnaturelle[b].

CHAPITRE CLVIII.

De la Perse, et de sa révolution au seizième siècle; de ses usages, de ses mœurs, etc.

La Perse éprouvait alors une révolution à peu près semblable à celle que le changement de religion fit en Europe.

Un Persan nommé Eidar, qui n'est connu de nous que sous le nom de Sophi, c'est-à-dire, *sage*, et qui, outre cette sagesse, avait des terres considérables, forma sur la fin du quinzième siècle la secte qui divise aujourd'hui les Persans et les Turcs.

Pendant le règne du Tartare Ussum Cassan, une

---

[a] Voyez le chapitre de l'*Ezour-Veidam* (chap. IV de l'*Essai sur les Mœurs*). — Voyez aussi le *Dictionnaire philosophique*, au mot *Ezour-Veidam*. B.

[b] Voyez les étonnantes singularités de l'Inde et les événements malheureux qui y sont arrivés sous le règne de Louis XV, dans les *Fragments sur l'Inde* (*Mélanges*, année 1773), et dans le *Précis du siècle de Louis XV*.

partie de la Perse, flattée d'opposer un culte nouveau
à celui des Turcs, de mettre Ali au-dessus d'Omar, et
de pouvoir aller en pélerinage ailleurs qu'à la Mecque,
embrassa avidement les dogmes du sophi. Les semences de ces dogmes étaient jetées depuis long-
temps : il les fit éclore, et donna la forme à ce schisme
politique et religieux, qui paraît aujourd'hui nécessaire entre deux grands empires voisins, jaloux l'un
de l'autre. Ni les Turcs ni les Persans n'avaient aucune raison de reconnaître Omar ou Ali pour successeurs légitimes de Mahomet. Les droits de ces Arabes
qu'ils avaient chassés devaient peu leur importer;
mais il importait aux Persans que le siége de leur religion ne fût pas chez les Turcs.

Le peuple persan avait toujours compté parmi ses
griefs contre le peuple turc le meurtre d'Ali, quoique
Ali n'eût point été assassiné par la nation turque,
qu'on ne connaissait point alors : mais c'est ainsi que
le peuple raisonne. Il est même surprenant qu'on
n'eût pas profité plus tôt de cette antipathie pour établir une secte nouvelle.

Le sophi dogmatisait donc pour l'intérêt de la Perse;
mais il dogmatisait aussi pour le sien propre. Il se
rendit trop considérable. Le Sha-Rustan, usurpateur
de la Perse, le craignit. Enfin ce réformateur eut la
destinée à laquelle Luther et Calvin ont échappé.
Rustan le fit assassiner en 1499.

Ismaël, fils de Sophi, fut assez courageux et assez
puissant pour soutenir, les armes à la main, les opinions de son père; ses disciples devinrent des soldats.

Il convertit et conquit l'Arménie, ce royaume si

fameux autrefois sous Tigrane, et qui l'est si peu depuis ce temps-là. On y distingue à peine les ruines de Tigranocerte. Le pays est pauvre; il y a beaucoup de chrétiens grecs qui subsistent du négoce qu'ils font en Perse et dans le reste de l'Asie; mais il ne faut pas croire que cette province nourrisse quinze cent mille familles chrétiennes, comme le disent les relations. Cette multitude irait à cinq ou six millions d'habitants, et le pays n'en a pas le tiers. Ismaël Sophi, maître de l'Arménie, subjugua la Perse entière et jusqu'aux Tartares de Samarcande. Il combattit le sultan des Turcs Sélim Ier avec avantage, et laissa à son fils Thamas la Perse puissante et paisible.

C'est ce même Thamas qui repoussa enfin Soliman, après avoir été sur le point de perdre sa couronne. Ses descendants ont régné paisiblement en Perse jusqu'aux révolutions qui, de nos jours, ont désolé cet empire.

La Perse devint, sur la fin du seizième siècle, un des plus florissants et des plus heureux pays du monde, sous le règne du grand Sha-Abbas, arrière-petit-fils d'Ismaël Sophi. Il n'y a guère d'états qui n'aient eu un temps de grandeur et d'éclat, après lequel ils dégénèrent.

Les usages, les mœurs, l'esprit de la Perse, sont aussi étrangers pour nous que ceux de tous les peuples qui ont passé sous vos yeux. Le voyageur Chardin prétend que l'empereur de Perse est moins absolu que celui de Turquie; mais il ne paraît pas que le sophi dépende d'une milice comme le grand-seigneur. Chardin avoue du moins que toutes les terres en Perse n'appartiennent pas à un seul homme : les citoyens y jouissent de leurs possessions, et paient à l'état une taxe qui ne va pas à un écu par an. Point de grands ni de petits fiefs, comme dans l'Inde et dans la Turquie, subjuguées par les Tartares. Ismaël Sophi, restaurateur de cet empire, n'étant point Tartare, mais Arménien, avait suivi le droit naturel établi dans son pays, et non pas le droit de conquête et de brigandage.

Le sérail d'Ispahan passait pour moins cruel que celui de Constantinople. La jalousie du trône portait souvent les sultans turcs à faire étrangler leurs parents. Les sophis se contentaient d'arracher les prunelles des princes de leur sang. A la Chine, on n'a jamais imaginé que la sûreté du trône exigeât de tuer ou d'aveugler ses frères et ses neveux. On leur laissait toujours des honneurs sans autorité. Tout prouve que les mœurs chinoises étaient les plus humaines et les plus sages de l'Orient.

Les rois de Perse ont conservé la coutume de recevoir des présents de leurs sujets. Cet usage est établi au Mogol et en Turquie; il l'a été en Pologne, et c'est le seul royaume où il semblait raisonnable; car les rois de Pologne, n'ayant qu'un très faible revenu, avaient besoin de ces secours. Mais le grand-seigneur surtout, et le grand-mogol, possesseurs de trésors immenses, ne devaient se montrer que pour donner. C'est s'abaisser que de recevoir; et de cet abaissement ils font un titre de grandeur. Les empereurs de la

Chine n'ont jamais avili ainsi leur dignité. Chardin prétend que les étrennes du roi de Perse lui valaient cinq ou six de nos millions.

Ce que la Perse a toujours eu de commun avec la Chine et la Turquie, c'est de ne pas connaître la noblesse; il n'y a dans ces vastes états d'autre noblesse que celle des emplois; et les hommes qui ne sont rien n'y peuvent tirer avantage de ce qu'ont été leurs pères.

Dans la Perse, comme dans toute l'Asie, la justice a toujours été rendue sommairement; on n'y a jamais connu ni les avocats, ni les procédures; on plaide sa cause soi-même; et la maxime qu'une courte injustice est plus supportable qu'une justice longue et épineuse, a prévalu chez tous ces peuples qui, policés long-temps avant nous, ont été moins raffinés en tout que nous ne le sommes.

La religion mahométane d'Ali, dominante en Perse, permettait un libre exercice à toutes les autres. Il y avait encore dans Ispahan des restes d'anciens Perses ignicoles, qui ne furent chassés de la capitale que sous le règne de Sha-Abbas. Ils étaient répandus sur les frontières, et particulièrement dans l'ancienne Assyrie, partie de l'Arménie haute où réside encore leur grand-prêtre. Plusieurs familles de ces dix tribus et demie, de ces Juifs samaritains transportés par Salmanazar du temps d'Osée, subsistaient encore en Perse; et il y avait, au temps dont je parle, près de dix mille familles des tribus de Juda, de Lévi, et de Benjamin, emmenées de Jérusalem avec Sédécias leur roi par Nabuchodonosor, et qui ne revinrent point avec Esdras et Néhémie.

Quelques sabéens disciples de saint Jean-Baptiste, desquels on a déjà parlé[1], étaient répandus vers le golfe Persique. Les chrétiens arméniens du rite grec fesaient le plus grand nombre; les nestoriens composaient le plus petit; les Indiens de la religion des bramins remplissaient Ispahan; on en comptait plus de vingt mille. La plupart étaient de ces banians qui, du cap de Comorin jusqu'à la mer Caspienne, vont trafiquer avec vingt nations, sans s'être jamais mêlés à aucune.

Enfin toutes ces religions étaient vues de bon œil en Perse, excepté la secte d'Omar, qui était celle de leurs ennemis. C'est ainsi que le gouvernement d'Angleterre admet toutes les sectes, et tolère à peine le catholicisme, qu'il redoute.

L'empire persan craignait avec raison la Turquie, à laquelle il n'est comparable ni par la population, ni par l'étendue. La terre n'y est pas si fertile, et la mer lui manquait. Le port d'Ormus ne lui appartenait point alors. Les Portugais s'en étaient emparés en 1507. Une petite nation européane dominait sur le golfe Persique, et fermait le commerce maritime à toute la Perse. Il a fallu que le grand Sha-Abbas, tout puissant qu'il était, ait eu recours aux Anglais pour chasser les Portugais en 1622. Les peuples d'Europe ont fait par leur marine le destin de toutes les côtes où ils ont abordé.

[1] Chap. CXLIII. B.

CHAP. CLVIII. DE LA PERSE.

Si le terroir de la Perse n'est pas si fertile que celui de la Turquie, les peuples y sont plus industrieux : ils cultivent plus les sciences; mais leurs sciences ne mériteraient pas ce nom parmi nous. Si les missionnaires européans ont étonné la Chine par le peu de physique et de mathématiques qu'ils savaient, ils n'auraient pas moins étonné les Persans.

Leur langue est belle, et depuis six cents ans elle n'a point été altérée. Leurs poésies sont nobles, leurs fables ingénieuses; mais s'ils savent un peu plus de géométrie que les Chinois, ils n'ont pas beaucoup avancé au-delà des éléments d'Euclide. Ils ne connaissent d'astronomie que celle de Ptolémée; et cette astronomie n'est encore chez eux que ce qu'elle a été si long-temps en Europe, un chemin pour parvenir à l'astrologie judiciaire. Tout se réglait en Perse par les influences des astres, comme chez les anciens Romains par le vol des oiseaux et l'appétit des poulets sacrés. Chardin prétend que de son temps l'état dépensait quatre millions par an en astrologues. Si un Newton, un Halley, un Cassini, se fussent produits en Perse, ils auraient été négligés, à moins qu'ils n'eussent voulu prédire.

Leur médecine était, comme celle de tous les peuples ignorants, une pratique d'expérience réduite en préceptes, sans aucune connaissance de l'anatomie. Cette science avait péri avec les autres; mais elle renaissait avec elles en Europe, au commencement du seizième siècle, par les découvertes de Vesale et par le génie de Fernel.

Enfin, de quelque peuple policé de l'Asie que nous parlions, nous pouvons dire de lui : Il nous a précédés, et nous l'avons surpassé.

CHAPITRE CLIX.

De l'empire ottoman au seizième siècle : ses usages, son gouvernement, ses revenus.

Le temps de la grandeur et des progrès des Ottomans fut plus long que celui des sophis; car depuis Amurat II ce ne fut qu'un enchaînement de victoires.

Mahomet II avait conquis assez d'états pour que sa race se contentât d'un tel héritage; mais Sélim Ier y ajouta de nouvelles conquêtes. Il prit, en 1515, la Syrie et la Mésopotamie, et entreprit de soumettre l'Égypte. C'eût été une entreprise aisée, s'il n'avait eu que des Égyptiens à combattre; mais l'Égypte était gouvernée et défendue par une milice formidable d'étrangers, semblable à celle des janissaires. C'étaient des Circasses venus encore de la Tartarie : on les appelait *Mamelucs*, qui signifie esclaves : soit qu'en effet le premier soudan d'Égypte qui les employa les eût achetés comme esclaves, soit plutôt que ce fût un nom qui les attachât de plus près à la personne du souverain, ce qui est bien plus vraisemblable. En effet, la manière figurée dont on parle chez tous les Orientaux y a toujours introduit chez les princes les titres les plus ridiculement pompeux, et chez leurs serviteurs les noms les plus humbles. Les bachas du grand-seigneur s'intitulent ses esclaves; et Thamas Kouli-kan, qui de nos jours a fait crever les yeux à Thamas son maître, ne s'appelait que son esclave, comme ce mot même de *Kouli* le témoigne.

Ces mamelucs étaient les maîtres de l'Égypte depuis nos dernières croisades. Ils avaient vaincu et pris le malheureux saint Louis. Ils établirent depuis ce temps un gouvernement qui n'est pas différent de celui d'Alger. Un roi et vingt-quatre gouverneurs de provinces étaient choisis entre ces soldats. La mollesse du climat n'affaiblit point cette race guerrière, parcequ'elle se renouvelait tous les ans par l'affluence des autres Circasses appelés sans cesse pour remplir ce corps de vainqueurs toujours subsistant. L'Égypte fut ainsi gouvernée pendant près de trois cents années.

Il se présente ici un champ bien vaste pour les conjectures historiques. Nous voyons l'Égypte long-temps subjuguée par les peuples de l'ancienne Colchide, habitants de ces pays barbares qui sont aujourd'hui la Géorgie, la Circassie, et la Mingrélie. Il faut bien que ces peuples aient été autrefois plus recommandables qu'aujourd'hui, puisque le premier voyage des Grecs à Colchos est une des grandes époques de la Grèce. Il est indubitable que les usages et les mœurs de la Colchide tenaient beaucoup de ceux de l'Égypte; ils avaient pris des prêtres égyptiens jusqu'à la circoncision. Hérodote, qui avait voyagé en Égypte et en Colchide, et qui parlait à des Grecs instruits, ne nous laisse aucun lieu de douter de cette conformité; il est fidèle et exact sur tout ce qu'il a vu; mais on l'accuse de s'être trompé sur tout ce qu'on lui a dit. Les prêtres d'Égypte lui ont confirmé qu'autrefois le roi Sésostris étant sorti de son pays dans le dessein de conquérir toute la terre, il n'avait pas manqué d'envelopper la Colchide dans ses conquêtes, et que c'était depuis ce temps-là que l'usage de la circoncision s'était conservé à Colchos.

Premièrement, le dessein de conquérir toute la terre est une idée romanesque qui ne peut tomber dans la tête d'un homme de sens rassis. On fait d'abord la guerre à son voisin, pour augmenter ses états par le brigandage, on peut ensuite pousser ses conquêtes de proche en proche, quand on y trouve quelque facilité : c'est la marche de tous les conquérants [1].

Secondement, il n'est guère vraisemblable qu'un roi de la fertile Égypte soit allé perdre son temps à conquérir les contrées affreuses du Caucase, habitées par les plus robustes des hommes, aussi belliqueux que pauvres, et dont une centaine aurait pu arrêter à chaque pas les plus nombreuses armées des mous et faibles Égyptiens; c'est à peu près comme si l'on disait qu'un roi de Babylone était parti de la Mésopotamie pour aller conquérir la Suisse.

Ce sont les peuples pauvres, nourris dans des pays âpres et stériles, vivant de leur chasse, et féroces comme les animaux de leurs pays, qui désertent ces pays sauvages pour aller attaquer les nations opulentes; et ce ne sont pas ces nations opulentes qui sortent de leurs demeures agréables pour aller chercher des contrées incultes.

---

[1] Voyez la note des éditeurs de Kehl sur Sésostris, dans l'introduction de l'*Essai sur les Mœurs et l'esprit des nations*, tome XV, page 94. K.

Les féroces habitants du Nord ont fait dans tous les temps des irruptions dans les contrées du Midi. Vous voyez que les peuples de Colchos ont subjugué trois cents ans l'Égypte, à commencer du temps de saint Louis. Vous voyez dans tous les temps connus que l'Égypte fut toujours conquise par quiconque voulut l'attaquer. Il est donc bien probable que les barbares du Caucase avaient asservi les bords du Nil; mais il ne l'est point que Sésostris se soit emparé du Caucase.

Troisièmement, pourquoi, de tous les peuples que les prêtres égyptiens disaient avoir été vaincus par leur Sésostris, les Colchidiens avaient-ils seuls reçu la circoncision? Il fallait passer par la Grèce ou par l'Asie Mineure pour arriver au pays de Médée. Les Grecs, grands imitateurs, auraient dû se faire circoncire les premiers. Sésostris aurait eu plus de soin de dominer dans le beau pays de la Grèce, et d'y imposer ses lois, que d'aller faire couper les prépuces des Colchidiens. Il est bien plus dans l'ordre commun des choses que ce soient les Scythes, habitants des bords du Phase et de l'Araxe, toujours affamés et toujours conquérants, qui tombèrent sur l'Asie Mineure, sur la Syrie, sur l'Égypte, et qui, s'étant établis à Thèbes et à Memphis dans ces temps reculés, comme ils s'y sont établis du temps de saint Louis, aient ensuite rapporté dans leur patrie quelques rites religieux et quelques usages de l'Égypte.

C'est au lecteur intelligent à peser toutes ces raisons. L'ancienne histoire ne présente chez toutes les nations de la terre que des doutes et des conjectures.

Toman-Bey fut le dernier roi mameluc; il n'est célèbre que par cette époque, et par le malheur qu'il eut de tomber entre les mains de Sélim; mais il mérite d'être connu par une singularité qui nous paraît étrange, et qui ne l'était pas chez les Orientaux; c'est que le vainqueur lui confia le gouvernement de l'Égypte, qu'il lui avait enlevée.

Toman-Bey, de roi devenu bacha, eut le sort des bachas; il fut étranglé après quelques mois de gouvernement.

Depuis ce temps le peuple de l'Égypte fut enseveli dans le plus honteux avilissement; cette nation qu'on dit avoir été si guerrière du temps de Sésostris est devenue plus pusillanime que du temps de Cléopâtre. On nous dit qu'elle inventa les sciences, et elle n'en cultive pas une; qu'elle était sérieuse et grave, et aujourd'hui on la voit, légère et gaie, danser et chanter dans la pauvreté et dans l'esclavage : cette multitude d'habitants qu'on disait innombrable se réduit à trois millions tout au plus. Il ne s'est pas fait un plus grand changement dans Rome et dans Athènes; c'est une preuve sans réplique que si le climat influe sur le caractère des hommes, le gouvernement a bien plus d'influence encore que le climat.

Soliman, fils de Sélim, fut toujours un ennemi formidable aux chrétiens et aux Persans. Il prit Rhodes (1521), et quelques années après (1526), la plus grande partie de la Hongrie. La Moldavie et la Valachie (1529) devinrent de véritables fiefs de son empire. Il mit le siége devant Vienne; et ayant manqué cette entreprise, il tourna ses armes contre la Perse;

et, plus heureux sur l'Euphrate que sur le Danube, il s'empara de Bagdad comme son père, sur lequel les Persans l'avaient repris. Il soumit la Géorgie, qui est l'ancienne Ibérie. Ses armes victorieuses se portaient de tous côtés; car son amiral Cheredin Barberousse, après avoir ravagé la Pouille, alla, dans la mer Rouge, s'emparer du royaume d'Yémen, qui est plutôt un pays de l'Inde que de l'Arabie. Plus guerrier que Charles-Quint, il lui ressembla par des voyages continuels. C'est le premier des empereurs ottomans qui ait été l'allié des Français; et cette alliance a toujours subsisté. Il mourut en assiégeant, en Hongrie, la ville de Zigeth, et la victoire l'accompagna jusque dans les bras de la mort; à peine eut-il expiré que la ville fut prise d'assaut. Son empire s'étendait d'Alger à l'Euphrate, et du fond de la mer Noire au fond de la Grèce et de l'Épire.

Sélim II, son successeur, prit sur les Vénitiens l'île de Chypre par ses lieutenants (1571). Comment tous nos historiens peuvent-ils nous répéter qu'il n'entreprit cette conquête que pour boire le vin de Malvoisie de cette île, et pour la donner à un Juif? Il s'en empara par le droit de convenance. Chypre devenait nécessaire aux possesseurs de la Natolie, et jamais empereur ne fera la conquête d'un royaume ni pour un Juif, ni pour du vin. Un Hébreu, nommé Méquinès, donna quelques ouvertures pour cette conquête, et les vaincus mêlèrent à cette vérité des fables que les vainqueurs ignorent.

Après avoir laissé les Turcs s'emparer des plus beaux climats de l'Europe, de l'Asie, et de l'Afrique, nous contribuâmes à les enrichir. Venise trafiquait avec eux dans le temps même qu'ils lui enlevaient l'île de Chypre, et qu'ils fesaient écorcher vif le sénateur Bragadino, gouverneur de Famagouste. Gênes, Florence, Marseille, se disputaient le commerce de Constantinople. Ces villes payaient en argent les soies et les autres denrées de l'Asie. Les négociants chrétiens s'enrichissaient de ce commerce, mais c'était aux dépens de la chrétienté. On recueillait alors peu de soie en Italie, aucune en France. Nous avons été forcés souvent d'aller acheter du blé à Constantinople : mais enfin l'industrie a réparé les torts que la nature et la négligence fesaient à nos climats, et les manufactures ont rendu le commerce des chrétiens, et surtout des Français, très avantageux en Turquie, malgré l'opinion du comte Marsigli, moins informé de cette grande partie de l'intérêt des nations que les négociants de Londres et de Marseille.

Les nations chrétiennes trafiquent avec l'empire ottoman comme avec toute l'Asie. Nous allons chez ces peuples, qui ne viennent jamais dans notre Occident ; c'est une preuve évidente de nos besoins. Les Échelles du levant sont remplies de nos marchands. Toutes les nations commerçantes de l'Europe chrétienne y ont des consuls. Presque toutes entretiennent des ambassadeurs ordinaires à la Porte ottomane, qui n'en envoie point à nos cours. La Porte regarde ces ambassades perpétuelles comme un hommage que les besoins des chrétiens rendent à sa puissance. Elle a fait souvent à ces ministres des affronts, pour lesquels les princes de l'Europe se feraient la guerre entre eux, mais qu'ils ont toujours dissimulés avec l'empire ottoman. Le roi d'Angleterre, Guillaume, disait, dans nos derniers temps, « qu'il n'y a pas de « point d'honneur avec les Turcs. » Ce langage est celui d'un négociant qui veut vendre ses effets, et non d'un roi qui est jaloux de ce qu'on appelle *la gloire*.

L'administration de l'empire des Turcs est aussi différente de la nôtre que les mœurs et la religion. Une partie des revenus du grand seigneur consiste, non en argent monnayé, comme dans les gouvernements chrétiens, mais dans les productions de tous les pays qui lui sont soumis. Le canal de Constantinople est couvert toute l'année de navires qui apportent de l'Égypte, de la Grèce, de la Natolie, des côtes du Pont-Euxin, toutes les provisions nécessaires pour le sérail, pour les janissaires, pour la flotte. On voit, par le *Canon Nameh*, c'est-à-dire par les registres de l'empire, que le revenu du trésor en argent, jusqu'à l'année 1683, ne montait qu'à près de trente-deux mille bourses, ce qui revenait à peu près à quarante-six millions de nos livres d'aujourd'hui.

Ce revenu ne suffirait pas pour entretenir de si grandes armées et tant d'officiers. Les bachas, dans chaque province, ont des fonds assignés sur la province même pour l'entretien des soldats que les fiefs fournissent; mais ces fonds ne sont pas considérables: celui de l'Asie Mineure, ou Natolie, allait tout au plus à douze cent mille livres; celui du Diarbek à cent mille; celui d'Alep n'était pas plus considérable; le fertile pays de Damas ne donnait pas deux cent mille francs à son bacha; celui d'Erzerum en valait environ deux cent mille. La Grèce entière, qu'on appelle Romélie, donnait à son bacha douze cent mille livres. En un mot, tous ces revenus dont les bachas et les béglierbeys entretenaient les troupes ordinaires, jusqu'en 1683, ne montaient pas à dix de nos millions; la Moldavie et la Valachie ne fournissaient pas deux cent mille livres à leur prince pour l'entretien de huit mille soldats au service de la Porte. Le capitan bacha ne tirait pas des fiefs appelés Zaims et Timars, répandus sur les côtes, plus de huit cent mille livres pour la flotte.

Il résulte du dépouillement du *Canon Nameh* que toute l'administration turque était établie sur moins de soixante de nos millions en argent comptant; et cette dépense, depuis 1683, n'a pas été beaucoup augmentée; ce n'est pas la troisième partie de ce qu'on paie en France, en Angleterre, pour les dettes publiques; mais aussi il y a, dans ces deux royaumes, une culture plus perfectionnée, une plus grande industrie, beaucoup plus de circulation, un commerce plus animé.

Ce qu'il y a d'affreux, c'est que, dans le trésor particulier du sultan, on compte les confiscations pour un grand objet. C'est une des plus anciennes tyrannies établies, que le bien d'une famille appartienne au souverain, quand le père de famille a été condamné. On porte à un sultan la tête de son vizir, et cette tête lui vaut quelquefois plusieurs millions. Rien n'est plus horrible qu'un droit qui met un si and prix à la cruauté, qui donne à un souverain tentation continuelle de n'être qu'un voleur homile.

Pour le mobilier des officiers de la Porte, nous ons déjà observé [1] qu'il appartient au sultan, par e ancienne usurpation, qui n'a été que trop longnps en usage chez les chrétiens. Dans tout l'unirs, l'administration publique a été souvent un brindage autorisé, excepté dans quelques états répuicains, où les droits de la liberté et de la propriété t été plus sacrés, et où les finances de l'état étant édiocres, ont été mieux dirigées, parceque l'œil emasse les petits objets, et que les grands confondent vue.

On peut donc présumer que les Turcs ont exécuté très grandes choses à peu de frais. Les appointeents attachés aux plus grandes dignités sont très édiocres; on en peut juger par la place du muphti. n'a que deux mille aspres par jour, ce qui fait enron cent cinquante mille livres par année. Ce n'est e la dixième partie du revenu de quelques églises rétiennes. Il en est ainsi du grand viziriat; et, sans s confiscations et les présents, cette dignité produiit plus d'honneur que de fortune, excepté en temps guerre.

Les Turcs n'ont point fait la guerre comme les inces de l'Europe la font aujourd'hui, avec de l'arnt et des négociations : la force du corps, l'impéosité des janissaires, ont établi sans discipline cet

---

[1] Chap. xciii. B.

empire, qui se soutient par l'avilissement des peuples vaincus, et par les jalousies des peuples voisins.

Les sultans n'ont jamais mis en campagne cent quarante mille combattants à-la-fois, si on retranche les Tartares et la multitude qui suit leurs armées; mais ce nombre était toujours supérieur à celui que les chrétiens pouvaient leur opposer.

CHAPITRE CLX.

De la bataille de Lépante.

Les Vénitiens, après la perte de l'île de Chypre, commerçant toujours avec les Turcs, et osant toujours être leurs ennemis, demandaient des secours à tous les princes chrétiens, que l'intérêt commun devait réunir. C'était encore l'occasion d'une croisade; mais vous avez déjà vu qu'à force d'en avoir fait autrefois d'inutiles, on n'en fesait point de nécessaires. Le pape Pie V fit bien mieux que de prêcher une croisade; il eut le courage de faire la guerre à l'empire ottoman, en se liguant avec les Vénitiens et le roi d'Espagne Philippe II. Ce fut la première fois qu'on vit l'étendard des deux clefs déployé contre le croissant, et les galères de Rome affronter les galères ottomanes. Cette seule action du pape, par laquelle il finit sa vie, doit consacrer sa mémoire. Il ne faut, pour connaître ce pontife, s'en rapporter à aucun de ces portraits colorés par la flatterie, ou noircis par la malignité, ou crayonnés par le bel esprit. Ne jueons jamais des hommes que par les faits. Pie V, ont le nom était Ghisleri, fut un de ces hommes ue le mérite et la fortune tirèrent de l'obscurité pour s élever à la première place du christianisme. Son deur à redoubler la sévérité de l'inquisition, le suplice dont il fit périr plusieurs citoyens, montrent u'il était superstitieux, cruel, et sanguinaire. Ses inigues pour faire soulever l'Irlande contre la reine lisabeth, la chaleur avec laquelle il fomenta les oubles de la France, la fameuse bulle *In cœna Do-ini*, dont il ordonna la publication toutes les années, nt voir que son zèle pour la grandeur du saint-siége 'était pas conduit par la modération. Il avait été ominicain : la sévérité de son caractère s'était fortiée par la dureté d'esprit qu'on puise dans le cloître. [ais cet homme, élevé parmi des moines, eut, omme Sixte-Quint, son successeur, des vertus oyales : ce n'est pas le trône, c'est le caractère qui s donne. Pie V fut le modèle du fameux Sixte-Quint; lui donna l'exemple d'amasser, en peu d'années, es épargnes assez considérables pour faire regarder : saint-siége comme une puissance. Ces épargnes lui onnaient de quoi mettre en mer des galères. Son èle sollicitait tous les princes chrétiens; mais il ne ouvait que tiédeur ou impuissance. Il s'adressait en ain au roi de France Charles IX, à l'empereur Maxiilien, au roi de Portugal don Sébastien, au roi de 'ologne Sigismond II.

Charles IX était allié des Turcs, et n'avait point e vaisseaux à donner. L'empereur Maximilien II crainait les Turcs; il manquait d'argent, et ayant fait une trève avec eux, il n'osait la rompre. Le roi don Sébastien était encore trop jeune pour exercer ce courage, qui depuis le fit périr en Afrique. La Pologne était épuisée par une guerre avec les Russes, et Sigismond, son roi, était dans une vieillesse languissante. Il n'y eut donc que Philippe II qui entra dans les vues du pape. Lui seul, de tous les rois catholiques, était assez riche pour faire les plus grands frais de l'armement nécessaire; lui seul pouvait, par les arrangements de son administration, parvenir à l'exécution prompte de ce projet : il y était principalement intéressé par la nécessité d'écarter les flottes ottomanes de ses états d'Italie et de ses places d'Afrique; et il se liguait avec les Vénitiens, dont il fut toujours l'ennemi secret en Italie, contre les Turcs qu'il craignait davantage.

Jamais grand armement ne se fit avec tant de célérité. Deux cents galères, six grosses galéasses, vingt-cinq vaisseaux de guerre, avec cinquante navires de charge, furent prêts dans les ports de Sicile, en septembre, cinq mois après la prise de l'île de Chypre. Philippe II avait fourni la moitié de l'armement. Les Vénitiens furent chargés des deux tiers de l'autre moitié, et le reste était fourni par le pape. Don Juan d'Autriche, ce célèbre bâtard de Charles-Quint, était le général de la flotte. Marc-Antoine Colonne commandait après lui, au nom du pape. Cette maison Colonne, si long-temps ennemie des pontifes, était devenue l'appui de leur grandeur. Sébastien Veniero, que nous nommons Venier, était général de la mer pour les Vénitiens. Il y avait eu trois doges dans sa maison, et aucun d'eux n'eut autant de réputation que lui. Barbarigo, dont la maison n'était pas moins célèbre à Venise, était provéditeur, c'est-à-dire intendant de la flotte. Malte envoya trois de ses galères, et ne pouvait en fournir davantage. Il ne faut pas compter Gênes, qui craignait plus Philippe II que Sélim, et qui n'envoya qu'une galère.

Cette armée navale portait, disent les historiens, cinquante mille combattants. On ne voit guère que des exagérations dans des récits de bataille. Deux cent six galères et vingt-cinq vaisseaux ne pouvaient être armés, tout au plus, que de vingt mille hommes de combat. La seule flotte ottomane était plus forte que les trois escadres chrétiennes. On y comptait environ deux cent cinquante galères. Les deux armées se rencontrèrent dans le golfe de Lépante, l'ancien *Naupactus*, non loin de Corinthe. Jamais, depuis la bataille d'Actium, les mers de la Grèce n'avaient vu ni une flotte si nombreuse, ni une bataille si mémorable. Les galères ottomanes étaient manœuvrées par des esclaves chrétiens, et les galères chrétiennes par des esclaves turcs, qui tous servaient malgré eux contre leur patrie.

Les deux flottes se choquèrent avec toutes les armes de l'antiquité et toutes les modernes, les flèches, les longs javelots, les lances à feu, les grappins, les canons, les mousquets, les piques, et les sabres. On combattit corps à corps sur la plupart des galères accrochées, comme sur un champ de bataille. (3 octobre 1471) Les chrétiens remportèrent une victoire d'autant plus illustre que c'était la première de cette espèce.

Don Juan d'Autriche et Venicro, l'amiral des Vénitiens, attaquèrent la capitane ottomane que montait l'amiral des Turcs nommé Ali. Il fut pris avec sa galère, et on lui fit trancher la tête, qu'on arbora sur son propre pavillon. C'était abuser du droit de la guerre; mais ceux qui avaient écorché Bragadino dans Famagouste ne méritaient pas un autre traitement. Les Turcs perdirent plus de cent cinquante bâtiments dans cette journée. Il est difficile de savoir le nombre des morts : on le fesait monter à près de quinze mille : environ cinq mille esclaves chrétiens furent délivrés. Venise signala cette victoire par des fêtes qu'elle seule savait alors donner. Constantinople fut dans la consternation. Le pape Pie V, en apprenant cette grande victoire, qu'on attribuait surtout à don Juan, le généralissime, mais à laquelle les Vénitiens avaient eu la plus grande part, s'écria : « Il fut un homme envoyé « de Dieu, nommé Jean[1] »; paroles qu'on appliqua depuis à Jean Sobieski, roi de Pologne, quand il délivra Vienne.

Don Juan d'Autriche acquit tout d'un coup la plus grande réputation dont jamais capitaine ait joui. Chaque nation moderne ne compte que ses héros, et néglige ceux des autres peuples. Don Juan, comme vengeur de la chrétienté, était le héros de toutes les nations; on le comparait à Charles-Quint son père, à qui d'ailleurs il ressemblait plus que Philippe. Il mérita surtout cette idolâtrie des peuples, lorsque deux ans après il prit Tunis, comme Charles-Quint, et fit comme lui un roi africain tributaire d'Espagne. Mais

---

[1] Jean, I, 6.

quel fut le fruit de la bataille de Lépante et de la conquête de Tunis ? Les Vénitiens ne gagnèrent aucun terrain sur les Turcs, et l'amiral de Sélim II reprit sans peine le royaume de Tunis (1574) : tous les chrétiens y furent égorgés. Il semblait que les Turcs eussent gagné la bataille de Lépante.

CHAPITRE CLXI.

Des côtes d'Afrique.

Les côtes d'Afrique, depuis l'Égypte jusqu'aux royaumes de Fez et de Maroc, accrurent encore l'empire des sultans; mais elles furent plutôt sous leur protection que sous leur gouvernement. Le pays de Barca et ses déserts, si fameux autrefois par le temple de Jupiter Ammon, dépendirent du bacha d'Égypte. La Cyrénaïque eut un gouverneur particulier. Tripoli, qu'on rencontre ensuite en allant vers l'occident, ayant été pris par Pierre de Navarre, sous le règne de Ferdinand-le-Catholique, en 1510, fut donné par Charles-Quint aux chevaliers de Malte; mais les amiraux de Soliman s'en emparèrent; et avec le temps elle s'est gouvernée comme une république, à la tête de laquelle est un général qu'on nomme *dey*, et qui est élu par la milice.

Plus loin vous trouvez le royaume de Tunis, l'ancien séjour des Carthaginois. Vous avez vu Charles-Quint donner un roi à cet état, et le rendre tributaire de l'Espagne; don Juan le reprendre encore sur les Maures avec la même gloire que Charles-Quint son père; mais enfin l'amiral de Sélim II remettre Tunis sous la domination mahométane, et y exterminer tous les chrétiens, trois ans après cette fameuse bataille de Lépante, qui produisit tant de gloire à don Juan et aux Vénitiens avec si peu d'avantage. Cette province se gouverna depuis comme Tripoli.

Alger, qui termine l'empire des Turcs en Afrique, est l'ancienne Numidie, la Mauritanie césarienne, si fameuse par les rois Juba, Syphax, et Massinissa. Il reste à peine des ruines de *Cirte*, leur capitale, ainsi que de Carthage, de Memphis, et même d'Alexandrie, qui n'est plus au même endroit où Alexandre l'avait bâtie. Le royaume de Juba était devenu si peu de chose, que Cheredin Barberousse aima mieux être amiral du grand-seigneur que roi d'Alger. Il céda cette province à Soliman; et, de roi qu'il était, il se contenta d'en être bacha. Depuis ce temps jusqu'au commencement du dix-septième siècle, Alger fut gouvernée par les bachas que la Porte y envoyait : mais enfin la même administration qui s'établit à Tripoli et à Tunis se forma dans Alger, devenue une retraite de corsaires. Aussi un de leurs derniers deys disait au consul de la nation anglaise, qui se plaignait de quelques prises : « Cessez de vous plaindre au capitaine des voleurs, quand vous avez été volé. »

Dans toute cette partie de l'Afrique on trouve encore des monuments des anciens Romains, et on n'y voit pas un seul vestige de ceux des chrétiens, quoiqu'il y eût beaucoup plus d'évêchés que dans l'Espagne et dans la France ensemble. Il y en a deux raisons : l'une, que les plus anciens édifices, bâtis de pierre dure, de marbre, et de ciment, dans les climats secs, résistent à la destruction plus que les nouveaux ; l'autre, que des tombeaux avec l'inscription *Diis Manibus*, que les barbares n'entendent point, ne les révoltent pas, et que la vue des symboles du christianisme excite leur fureur.

Dans les beaux siècles des Arabes, les sciences et les arts fleurirent chez ces Numides ; aujourd'hui ils ne savent pas même régler leur année ; et en fesant sans cesse le métier de pirate, ils n'ont pas même un pilote qui sache prendre hauteur, pas un bon constructeur de vaisseau. Ils achètent des chrétiens, et surtout des Hollandais, les agrès, les canons, la poudre dont ils se servent pour s'emparer de nos vaisseaux marchands ; et les puissances chrétiennes, au lieu de détruire ces ennemis communs, sont occupées à se ruiner mutuellement.

Constantinople fut toujours regardée comme la capitale de tant de régions. Sa situation semble faite pour leur commander. Elle a l'Asie devant elle, l'Europe derrière. Son port, aussi sûr que vaste, ouvre et ferme l'entrée de la mer Noire à l'orient, et de la Méditerranée à l'occident. Rome, bien moins avantageusement située, dans un terrain ingrat, et dans un coin de l'Italie où la nature n'a fait aucun port commode, semblait bien moins propre à dominer sur les nations ; cependant elle devint la capitale d'un empire deux fois plus étendu que celui des Turcs : c'est que les anciens Romains ne trouvèrent aucun peuple qui entendît comme eux la discipline militaire, et que les Ottomans, après avoir conquis Constantinople, ont trouvé presque tout le reste de l'Europe aussi aguerri et mieux discipliné qu'eux.

CHAPITRE CLXII.

Du royaume de Fez et de Maroc.

La protection du grand-seigneur ne s'étend point jusqu'à l'empire de Maroc, vaste pays qui comprend une partie de la Mauritanie tingitane. Tanger était la capitale de la colonie romaine; c'est de là que partirent depuis ces Maures qui subjuguèrent l'Espagne. Tanger fut conquise elle-même sur la fin du quinzième siècle par les Portugais, et donnée dans nos derniers temps à Charles II, roi d'Angleterre, pour la dot de l'infante de Portugal sa femme; et enfin Charles II l'a cédée au roi de Maroc. Peu de villes ont éprouvé plus de révolutions.

Cet empire s'étend jusqu'aux frontières de la Guinée sous les plus beaux climats; il n'y a point de territoire plus fertile, plus varié, plus riche; plusieurs branches du mont Atlas sont remplies de mines, et les campagnes produisent les plus abondantes moissons et les meilleurs fruits de la terre. Ce pays fut cultivé autrefois comme il méritait de l'être; et il fallait bien qu'il le fût du temps des premiers califes, puisque les sciences y étaient en honneur, et que c'est toujours la dernière chose dont on prend soin. Les Arabes et les Maures de ces contrées portèrent en Espagne leurs armes et leurs arts; mais tout a dégénéré depuis, tout est tombé dans la plus épaisse barbarie. Les Arabes de Mahomet avaient policé le pays, ils se sont retirés dans les déserts, où ils ont repris l'ancienne vie pastorale; et le gouvernement a été abandonné aux Maures, espèce d'hommes moins favorisée de la nature que leur climat, moins industrieuse que les Arabes, nation cruelle à-la-fois et esclave. C'est là que le despotisme se montre dans toute son horreur. L'ancienne coutume établie que les miramolins ou empereurs de Maroc soient les premiers bourreaux du pays, n'a pas peu contribué à faire des habitants de ce vaste empire des sauvages fort au-dessous des Mexicains. Ceux qui habitent Tétuan sont un peu plus civilisés; les autres déshonorent la nature humaine. Beaucoup de Juifs chassés d'Espagne par Ferdinand et Isabelle se sont réfugiés à Tétuan, à Mequinez, à Maroc, et y vivent misérablement. Les habitants des provinces septentrionales se sont mêlés avec les noirs qui sont vers le Niger. On voit dans tout l'empire, dans les maisons, dans les armées, un mélange de noirs, de blancs, et de métis. Ces peuples trafiquèrent de tout temps en Guinée. Ils allaient par les déserts aux côtes où les Portugais vinrent par l'Océan. Jamais ils ne connurent la mer que comme l'élément des pirates. Enfin toute cette vaste côte de l'Afrique, depuis Damiette jusqu'au mont Atlas, était devenue barbare, tandis que plusieurs de nos peuples septentrionaux, autrefois beaucoup plus barbares, atteignaient à la politesse des Grecs et des Romains.

Il y eut des querelles de religion dans ce pays comme

ailleurs; et une secte de musulmans, qui se prétendait plus orthodoxe que les autres, disposa du trône : c'est ce qui n'est jamais arrivé à Constantinople. Il y eut aussi, comme ailleurs, des guerres civiles; et ce n'est qu'au dix-septième siècle que tous les états de Fez, de Maroc, de Tafilet, ont été réunis, et n'ont composé qu'un empire, après la fameuse victoire que les Maures remportèrent sur le malheureux Sébastien, roi de Portugal.

Dans quelque abrutissement que ces peuples soient tombés, jamais l'Espagne et le Portugal n'ont pu se venger sur eux de leur ancien esclavage, et les asservir à leur tour. Oran, frontière de leur empire, pris par le cardinal Ximénès, perdu ensuite, et repris depuis par le duc de Montemar, sous Philippe V, en 1732, n'a pu ouvrir le chemin à d'autres conquêtes. Tanger, qui pouvait être une clef de cet empire, fut toujours inutile. Ceuta, que les Portugais prirent en 1409, que les Espagnols eurent sous Philippe II, et qu'ils ont conservé toujours, n'a été qu'un objet de dépense. Les Maures avaient accablé toute l'Espagne, et les Espagnols n'ont pu encore que harceler les Maures. Ils ont passé la mer Atlantique, et conquis un nouveau monde, sans pouvoir se venger à cinq lieues de chez eux. Les Maures, mal armés, indisciplinés, esclaves sous un gouvernement détestable, n'ont pu être subjugués par les chrétiens. La véritable raison est que les chrétiens se sont toujours mutuellement déchirés. Comment les Espagnols auraient-ils pu passer en Afrique avec de grandes armées, et dompter les musulmans, quand ils avaient la France à combattre? ou lorsque étant unis avec la France, les Anglais leur prenaient Gibraltar et Minorque?

Ce qui est singulier, c'est le nombre de renégats espagnols, français, anglais, qu'on a trouvés dans les états de Maroc. On a vu un Espagnol, nommé Pérès, amiral sous l'empire de Mulei Ismaël; un Français, nommé Pilet, gouverneur de Salé; une Irlandaise concubine du tyran Ismaël; quelques marchands anglais établis à Tétuan. L'espérance de faire fortune chez les nations ignorantes conduit toujours des Européans en Afrique, en Asie, surtout en Amérique. La raison contraire retient loin de nous les peuples de ces climats.

CHAPITRE CLXIII.

De Philippe II, roi d'Espagne.

Après le règne de Charles-Quint, quatre grandes puissances balancèrent les forces de l'Europe chrétienne: l'Espagne, par ses richesses du Nouveau-Monde; la France, par elle-même, par sa situation, qui empêchait les vastes états de Philippe II de se communiquer; l'Allemagne, par la multitude même de ses princes, qui, quoique divisés entre eux, se réunissaient pour la défense de la patrie; l'Angleterre, après la mort de Marie, par la conduite seule d'Élisabeth; car son terrain était très peu de chose:

l'Écosse, loin de faire un corps avec elle, était son ennemie, et l'Irlande lui était à charge.

Les royaumes du Nord n'entraient point encore dans le système politique de l'Europe, et l'Italie ne pouvait être une puissance prépondérante. Philippe II semblait la tenir sous sa main. Philibert, duc de Savoie, gouverneur des Pays-Bas, dépendait entièrement de lui; Charles-Emmanuel, fils de ce Philibert, et gendre de Philippe II, ne fut pas moins dans sa dépendance. Le Milanais, les Deux-Siciles, qu'il possédait, et surtout ses trésors, firent trembler les autres états d'Italie pour leur liberté. Enfin Philippe II joua le premier rôle sur le théâtre de l'Europe, mais non le plus admiré. De moins puissants princes, ses contemporains, ont laissé un plus grand nom, comme Élisabeth, et surtout Henri IV. Ses généraux et ses ennemis ont été plus estimés que lui : le nom de don Juan d'Autriche, d'Alexandre Farnèse, celui des princes d'Orange, est bien au-dessus du sien. La postérité fait une grande différence entre la puissance et la gloire.

Pour bien connaître les temps de Philippe II, il faut d'abord connaître son caractère, qui fut en partie la cause de tous les grands événements de son siècle; mais on ne peut apercevoir son caractère que par les faits. On ne peut trop redire qu'il faut se défier du pinceau des contemporains, conduit presque toujours par la flatterie ou par la haine; et pour ces portraits recherchés, que tant d'historiens modernes font des anciens personnages, on doit les renvoyer aux romans.

Ceux qui ont comparé depuis peu Philippe II à Tibère n'ont certainement vu ni l'un ni l'autre. D'ailleurs, quand Tibère commandait les légions et les fesait combattre, il était à leur tête; et Philippe était dans une chapelle entre deux récollets, pendant que le prince de Savoie, et ce comte d'Egmont, qu'il fit périr depuis sur l'échafaud, lui gagnaient la bataille de Saint-Quentin. Tibère n'était ni superstitieux ni hypocrite; et Philippe prenait souvent un crucifix en main quand il ordonnait des meurtres. Les débauches du Romain et les voluptés de l'Espagnol ne se ressemblent pas. La dissimulation même qui les caractérise l'un et l'autre semble différente : celle de Tibère paraît plus fourbe, celle de Philippe plus taciturne. Il faut distinguer entre parler pour tromper, et se taire pour être impénétrable. Tous deux paraissent avoir eu une cruauté tranquille et réfléchie; mais combien de princes et d'hommes publics ont mérité le même reproche!

Pour se faire une idée juste de Philippe, il faut se demander ce que c'est qu'un souverain qui affecte de la piété, et à qui le prince d'Orange, Guillaume, reproche publiquement, dans son manifeste, un mariage secret avec dona Isabella Osorio, quand il épousa sa première femme, Marie de Portugal. Il est accusé à la face de l'Europe, par ce même Guillaume, du parricide de son fils, et de l'empoisonnement de sa troisième épouse, Isabelle de France : on lui impute d'avoir forcé le prince d'Ascoli à épouser une femme qui était enceinte de ce roi même. On ne doit pas s'en rapporter au témoignage d'un ennemi; mais cet ennemi était un prince respecté dans l'Europe. Il envoya son manifeste et ses accusations dans toutes les cours. Était-ce l'orgueil, était-ce la force de la vérité qui empêchait Philippe de répondre? Pouvait-il mépriser ce terrible manifeste du prince d'Orange, comme on méprise ces libelles obscurs, composés par d'obscurs vagabonds, auxquels les particuliers mêmes ne répondent pas plus que Louis XIV n'y a répondu? Qu'on joigne à ces accusations, trop authentiques, les amours de Philippe avec la femme de son favori Rui Gomez, l'assassinat d'Escovedo, la persécution contre Antonio Pérès, qui avait assassiné Escovedo par son ordre; qu'on se souvienne que c'est là ce même homme qui ne parlait que de son zèle pour la religion, et qui immolait tout à ce zèle.

C'est sous ce masque infame de la religion qu'il traîna une conspiration dans le Béarn, en 1564, pour enlever Jeanne de Navarre, mère de Henri IV, avec son fils encore enfant, la mettre comme hérétique entre les mains de l'inquisition, la faire brûler et se saisir du Béarn, en vertu de la confiscation que ce tribunal d'assassins aurait prononcée. On voit une partie de ce projet au trente-sixième livre du président de Thou, et cette anecdote importante a trop été négligée par les historiens suivants [1].

---

[1] On trouve un récit détaillé de cette anecdote dans une des pièces des Mémoires de Villeroi. Il paraît que la malheureuse femme de Philippe II servit à la découverte du projet. Cette action de justice et de générosité fut peut-être une des causes de sa mort précipitée. Le duc d'Albe et les princes de la maison de Guise étaient les chefs de l'entreprise. Leur agent, qui se trouvait à Paris, se sauva. Lorsque Charles IX raconta cette conspiration, dont il venait d'être instruit, au vieux connétable, et qu'il lui dit qu'il en

Qu'on mette en opposition à cette conduite le soin de faire rendre la justice en Espagne, soin qui ne coûte que la peine de vouloir, et qui affermit l'autorité; une activité de cabinet, un travail assidu aux affaires générales, la surveillance continuelle sur ses ministres, toujours accompagnée de défiance; l'attention de voir tout par soi-même autant que le peut un roi; l'application suivie à entretenir le trouble chez ses voisins, et à maintenir l'Espagne en paix; des yeux toujours ouverts sur une grande partie du globe, depuis le Mexique jusqu'au fond de la Sicile; un front toujours composé et toujours sévère au milieu des chagrins de la politique et du trouble des passions : alors on pourra se former un portrait de Philippe II.

Mais il faut voir quel ascendant il avait dans l'Europe. Il était maître de l'Espagne, du Milanais, des Deux-Siciles, de tous les Pays-Bas; ses ports étaient garnis de vaisseaux; son père lui avait laissé les troupes de l'Europe les mieux disciplinées et les plus fières, commandées par les compagnons de ses victoires. Sa seconde femme, Marie, reine d'Angleterre, ne se gouvernant que par ses inspirations, fesait brûler les protestants, et déclarait la guerre à la France sur une lettre de Philippe. Il pouvait compter l'Angleterre parmi ses royaumes. Les moissons d'or et d'argent qui lui venaient du Nouveau-Monde le ren-

---

avait instruit le secrétaire d'état l'Aubespine : « En ce cas, répondit Montmorenci, le traître ne sera pas arrêté. » Ce mot et l'événement prouvent que Philippe avait déjà des pensionnaires dans le conseil de France. K.

daient plus puissant que Charles-Quint, qui n'en avait eu que les prémices.

L'Italie tremblait d'être asservie. C'est ce qui détermina le pape Paul IV, Caraffa, né sujet d'Espagne, à se jeter du côté de la France, comme Clément VII. Il voulut, ainsi que tous ses prédécesseurs, établir une balance que leurs mains trop faibles ne purent jamais tenir. Ce pape proposa à Henri II de donner Naples et Sicile à un fils de France.

C'était toujours l'ambition des Valois de conquérir le Milanais et les Deux-Siciles. Le pape croit avoir une armée; il demande au roi Henri II le célèbre François de Guise pour la commander; mais la plupart des cardinaux étaient pensionnaires de Philippe. Paul était mal obéi; il n'eut que peu de troupes, qui ne servirent qu'à exposer Rome à être prise et saccagée par le duc d'Albe, sous Philippe II, comme elle l'avait été sous Charles-Quint. Le duc de Guise arrive par le Piémont, où les Français avaient encore Turin; il marche vers Rome avec quelque gendarmerie; à peine est-il arrivé qu'il apprend le désastre de la bataille de Saint-Quentin en Picardie, perdue par les Français (10 août 1557).

Marie d'Angleterre, avait donné contre la France huit mille Anglais à Philippe son époux, qui vint à Londres pour les faire embarquer, mais non pas pour les conduire à l'ennemi. Cette armée, jointe à l'élite des troupes espagnoles commandées par le duc de Savoie, Philibert-Emmanuel, l'un des grands capitaines de ce siècle, défit si entièrement l'armée française à

Saint-Quentin, qu'il ne resta rien de l'infanterie; tout fut tué ou pris; les vainqueurs ne perdirent que quatre-vingts hommes; le connétable de Montmorenci et presque tous les officiers généraux furent prisonniers, un duc d'Enghien blessé à mort, la fleur de la noblesse détruite, la France dans le deuil et dans l'alarme. Les défaites de Créci, de Poitiers, d'Azincourt, n'avaient pas été plus funestes; et cependant la France, tant de fois prête de succomber, se releva toujours. Charles-Quint et Philippe II son fils parurent prêts de la détruire.

Tous les projets de Henri II sur l'Italie s'évanouissent; on rappelle le duc de Guise. Cependant le vainqueur Philibert-Emmanuel de Savoie prend Saint-Quentin. Il pouvait marcher jusqu'à Paris, que Henri II fesait fortifier à la hâte, et qui par conséquent était mal fortifié; mais Philippe se contenta d'aller voir son camp victorieux. Il prouva que les grands événements dépendent souvent du caractère des hommes. Le sien était de donner peu à la valeur, et tout à la politique. Il laissa respirer son ennemi, dans le dessein de gagner par une paix qu'il aurait dictée plus que par des victoires qui ne pouvaient être son ouvrage. Il donne au duc de Guise le temps de revenir, de rassembler une armée, de rassurer le royaume.

Il semblait qu'alors les rois ne se crussent pas faits pour se secourir eux-mêmes. Henri II déclare le duc de Guise vice-roi de France, sous le nom de lieutenant-général du royaume. Il était en cette qualité au-dessus du connétable.

Prendre Calais et tout son territoire au milieu de l'hiver, et au milieu de la consternation où la bataille de Saint-Quentin jetait la France; chasser pour jamais les Anglais qui avaient possédé Calais durant deux cent treize ans, fut une action qui étonna l'Europe, et qui mit François de Guise au-dessus de tous les capitaines de son temps. Cette conquête fut plus éclatante et plus profitable que difficile. La reine Marie n'avait laissé dans Calais qu'une garnison trop faible; la flotte n'arriva que pour voir les étendards de France arborés sur le port. Cette perte, causée par la faute de son ministère, acheva de la rendre odieuse aux Anglais.

Mais, tandis que le duc de Guise rassurait la France par la prise de Calais (13 juillet 1558), et ensuite par celle de Thionville, l'armée de Philippe II gagna encore une assez grande bataille contre le maréchal de Termes, auprès de Gravelines, sous le commandement du comte d'Egmont, de ce même comte d'Egmont, à qui Philippe fit depuis trancher la tête pour avoir défendu les droits et la liberté de sa patrie.

Tant de batailles rangées, perdues par les Français, et tant de villes prises d'assaut par eux, donnent lieu de croire que ces peuples étaient, comme du temps de Jules-César, plus propres pour l'impétuosité des assauts que pour cette discipline et ces manœuvres de ralliement qui décident de la victoire dans un champ de bataille.

Philippe ne profita pas plus en guerrier de la victoire de Gravelines que de celle de Saint-Quentin; mais il fit la paix glorieuse de Cateau-Cambresis

(1559), dans laquelle, pour Saint-Quentin et les deux bourgs de Ham et du Catelet qu'il rendit, il gagna les places fortes de Thionville, de Marienbourg, de Montmédi, de Hesdin, et le comté de Charolais en pleine souveraineté. Il fit raser Térouanne et Ivoi, fit rendre Bouillon à l'évêque de Liége, le Montferrat au duc de Mantoue, la Corse aux Génois, la Savoie, le Piémont, et la Bresse, au duc de Savoie; se réservant d'entretenir des troupes dans Verceil et dans Asti, jusqu'à ce que les droits prétendus par la France sur le Piémont fussent réglés, et que Turin, Pignerol, Quiers, et Chivas, fussent évacués par Henri II.

Pour Calais et son territoire, Philippe n'y prit pas un grand intérêt. Sa femme, Marie d'Angleterre, venait de mourir : Élisabeth commençait à régner. Cependant le roi de France s'obligea de rendre Calais dans huit années, et à payer huit cent mille écus d'or au bout de ces huit ans, si Calais n'était pas alors rendu; spécifiant de plus expressément que, soit que les huit cent mille écus d'or fussent payés ou non, Henri et ses successeurs demeureraient toujours obligés à rendre Calais et son territoire[a]. On a toujours regardé cette paix comme le triomphe de Philippe II. Le P. Daniel y cherche en vain des avantages pour la France; en vain il compte Metz, Toul, et Verdun, conservés par cette paix : il n'en fut point du tout question dans le traité de Cateau-Cambresis. Philippe ne fesait aucune attention aux intérêts de l'Allemagne, et il prenait fort peu à cœur ceux de Ferdinand

---

[a] Ni Mézerai ni Daniel n'ont rapporté fidèlement ce traité.

son oncle, auquel il ne pardonna jamais le refus de se démettre de l'empire en sa faveur. Si ce traité produisit quelque avantage à la France, ce fut celui de la dégoûter pour toujours du dessein de conquérir Milan et Naples. A l'égard de Calais, cette clef de la France ne fut jamais rendue à ses anciens ennemis, et les huit cent mille écus d'or ne furent jamais payés.

Cette guerre finit encore, comme tant d'autres, par un mariage. Philippe prit pour troisième femme Isabelle, fille de Henri II, qui avait été promise à don Carlos; mariage infortuné, qui fut, dit-on, la cause de la mort prématurée de don Carlos et de la princesse.

Philippe, après de si glorieux commencements, retourna triomphant en Espagne sans avoir tiré l'épée; tout favorisait sa grandeur. Le pape Paul IV avait été forcé de lui demander la paix, et il la lui avait donnée. Henri II, son beau-père et son ennemi naturel, venait d'être tué dans un tournoi, et laissait la France pleine de factions, gouvernée par des étrangers, sous un roi enfant. Philippe, du fond de son cabinet, était le seul roi en Europe puissant et redoutable. Il n'avait qu'une inquiétude, c'était que la religion protestante ne se glissât dans quelqu'un de ses états, surtout dans les Pays-Bas, voisins de l'Allemagne; pays où il ne commandait point à titre de roi, mais à titre de duc, de comte, de marquis, de simple seigneur; pays où les lois fondamentales bornaient plus qu'ailleurs l'autorité du souverain.

Son grand principe fut de gouverner le saint-siége en lui prodiguant les plus grands respects, et d'exterminer partout les protestants. Il y en avait un très petit nombre en Espagne. Il promit solennellement devant un crucifix de les détruire tous : et il accomplit son vœu : l'inquisition le seconda bien. On brûla à petit feu dans Valladolid tous ceux qui étaient soupçonnés ; et Philippe, des fenêtres de son palais, contemplait leur supplice, et entendait leurs cris. L'archevêque de Tolède, et le P. Constantin Ponce, prédicateur et confesseur de Charles-Quint, furent resserrés dans les prisons du saint-office ; et Ponce fut brûlé en effigie après sa mort, ainsi qu'on l'a déjà remarqué [1].

Philippe sut que dans une vallée du Piémont, voisine du Milanais, il y avait quelques hérétiques ; il mande au gouverneur de Milan d'y envoyer des troupes, et lui écrit ces deux mots, *tous au gibet*. Il apprend que dans la Calabre il y a quelques cantons où les opinions nouvelles ont pénétré ; il ordonne qu'on passe les novateurs au fil de l'épée, et qu'on en réserve soixante, dont trente doivent périr par la corde, et trente par les flammes : l'ordre est exécuté avec ponctualité.

Cet esprit de cruauté, et l'abus de son pouvoir, affaiblirent enfin ce pouvoir immense : car s'il avait ménagé les esprits des Flamands, il n'eût pas vu la république des Sept Provinces se former par ses seules persécutions ; cette révolution ne lui eût pas coûté ses trésors ; et lorsque ensuite le Portugal et les possessions des Portugais dans l'Afrique et dans les Indes accrurent ses vastes états, quand la France déchirée fut sur

[1] Chap. CXL. B.

le point de recevoir des lois de lui, et d'avoir sa fille pour reine, il eût pu venir à bout de ses grands desseins, sans cette funeste guerre que ses rigueurs allumaient dans les Pays-Bas.

FIN DU TROISIÈME VOLUME
DE L'ESSAI SUR LES MOEURS.

TABLE

DES MATIÈRES DU TROISIÈME VOLUME

DE L'ESSAI

SUR LES MOEURS ET L'ESPRIT DES NATIONS.

CHAP. XCVII. De la chevalerie, *page* 1.

CHAP. XCVIII. De la noblesse, 7. — Bourgeois libres. Bourgeois serfs, 10. — Anoblissements très anciens, ibid. — Taupins gentilshommes, 12. — Papes font des nobles, ibid. — Gens de lois, 13. — Secrétaires du roi, 15. — Vilains, 17. — Nobles à faire rire, ibid.

CHAP. XCIX. Des tournois, 19. — Origine des tournois, ibid. — Pourquoi tournois, 20. — Lois des tournois, ibid. — Pas d'armes, 21. — Armoiries, 22. — Tournois excommuniés, ibid. — Abolition des tournois, 24. — Derniers carrousels, 25.

CHAP. C. Des duels, ibid. — Coutumes des Romains bien plus nobles que les nôtres, 26. — Formule du meurtre, ibid. — Prêtres duellistes, 27. — Code des meurtres, 28. — Évêques ordonnent le duel, 30. — Duels des rois tous sans effet, 32. — Origine de don Quichotte, 34. — Cessation des duels juridiques, ibid.

CHAP. CI. De Charles VIII, et de l'état de l'Europe, quand il entreprit la conquête de Naples, 36. — Le parlement ne se mêle ni de l'état ni des finances, 37. — Le bon roi Louis XII d'abord rebelle et prisonnier, ibid.

CHAP. CII. État de l'Europe à la fin du quinzième siècle. De l'Allemagne, et principalement de l'Espagne. Du malheureux règne de Henri IV, surnommé *l'Impuissant*. D'Isabelle et de Ferdinand. Prise de Grenade. Persécution contre les Juifs et contre les Maures, 39. — Empire puissant et empereur faible, ibid. — Angleterre, 40. — Espagne: désordres d'un nouveau genre, ibid. — Roi dépouillé en effigie, 41. — Fille du roi née en légitime mariage, déclarée bâtarde, 42. — Et encore bâtarde, quand son père en mourant la dit légitime, 43. — Ferdinand et Isabelle, les plus injustes dévots de leur temps, 44. — Ils prennent Grenade, ibid. — Juifs riches et chassés, 46. — Bulle de la Cruzade, remarquable, 48. — Musulmans persécutés, 49.

Chap. CIII. De l'état des Juifs en Europe, 50.

Chap. CIV. De ceux qu'on appelait Bohêmes ou Égyptiens, 55.

Chap. CV. Suite de l'état de l'Europe au quinzième siècle. De l'Italie. De l'assassinat de Galéas Sforce dans une église. De l'assassinat des Médicis dans une église; de la part que Sixte IV eut à cette conjuration, 58. — Les Sforces, ibid. — Les assassins de Galéas invoquent saint Étienne et saint Ambroise, 59.—Cosme de Médicis, 60.—Ses petits-fils assassinés à la messe, ibid.—Sixte IV, auteur de ce meurtre, 61.—Réflexion sur ces crimes, 62.—Un des assassins livré par les Turcs, 63.

Chap. CVI. De l'état du pape, de Venise, et de Naples, au quinzième siècle, 64.—Seigneurs de l'État ecclésiastique, ibid.—Alexandre VI, 65.— De Venise, 66.—De Naples, 67.

Chap. CVII. De la conquête de Naples par Charles VIII, roi de France et empereur. De Zizim, frère de Bajazet II. Du pape Alexandre VI, etc., 68.—Manière dont les Italiens fesaient alors la guerre, 69.—Charles VIII à Rome, 70.—Le frère du grand turc livré au pape par le roi de France, 71.—Mort du frère du grand turc, 72.—Charles VIII pardonne au pape, et sert sa messe, ibid.—Charles, maître de Naples, 73.— Chassé d'Italie, 74.—Charles cité à Rome, 75.

Chap. CVIII. De Savonarole, 75.

Chap. CIX. De Pic de La Mirandole, 79.

Chap. CX. Du pape Alexandre VI et du roi Louis XII. Crimes du pape et de son fils. Malheurs du faible Louis XII, 83.—Noces incestueuses: jeux abominables, ibid. — Louis XII vertueux, allié d'un pape souillé de crimes, 84.—Duché de Milan, cause des malheurs de la France, 85.— Bâtard du pape apporte à Louis XII permission d'un divorce, ibid. — Louis XII introduit la vénalité des emplois, 87. — Il entre dans Milan, 88.—Louis-le-Maure trahi, et méritant de l'être, ibid.—Injustices horribles et communes, 89.

Chap. CXI. Attentats de la famille d'Alexandre VI et de César Borgia. Suite des affaires de Louis XII avec Ferdinand-le-Catholique. Mort du pape, 90.—Sacriléges et meurtres, 91.—Excès de superstition, ibid.— Excès de cruauté et d'infamie, 92. — Français battus; action héroïque du chevalier Bayard, 93. — Mines inventées, ibid. — Mort d'Alexandre VI, 94.—Voulut-il empoisonner neuf cardinaux? ibid. — Mort du bâtard du pape, 97.

Chap. CXII. Suite des affaires politiques de Louis XII, ibid. — Ambition du cardinal d'Amboise plus loué que louable, ibid. — D'Amboise veut être pape, 98.—Traité de Blois, ibid.

Chap. CXIII. De la Ligue de Cambrai, et quelle en fut la suite. Du pape Jules II, etc., 100.—Conduite de Louis XII dans Gênes, ibid.—Jules II veut accabler les Vénitiens par les Français, ibid.—Tous les princes contre Venise, 101.—Louis XII ne sert qu'à la grandeur du pape, 103. — Jules II veut chasser les Français qui l'ont servi, 104. — Louis XII assemble ses évêques contre le pape, 106. — Le pape emploie jusqu'aux Turcs contre Louis XII, 107.—Louis XII convoque un concile contre le pape, ibid.—Le chevalier Bayard, Gaston de Foix, 108.—Affliction de Louis XII, 110.

Chap. CXIV. Suite des affaires de Louis XII. De Ferdinand-le-Catholique, et de Henri VIII, roi d'Angleterre, 111.—Ferdinand-le-Catholique, habile et non vertueux, ibid. — Maximilien, stipendiaire du roi d'Angleterre, 112.—Louis XII paie à Henri VIII la paix et sa sœur, 113.—Gouvernement de Louis XII, ibid. — Revenu de Louis XII, 114.—Paris bien différent de ce qu'il est aujourd'hui, ibid.

Chap. CXV. De l'Angleterre, et de ses malheurs après l'invasion de la France. De Marguerite d'Anjou, femme de Henri VI, etc., 115. — Superstitions, crimes, et barbaries en Angleterre, 116.—Marguerite d'Anjou, héroïne ambitieuse, 117.—Roses blanche et rouge, ibid.—Un capitaine de vaisseau fait trancher la tête au duc de Suffolk, 118. — Trois rois attaqués du cerveau, ibid.—Quatre femmes guerrières, 119.—Marguerite d'Anjou, général et soldat, ibid.—Henri VI captif et détrôné, 122.—Marguerite d'Anjou inébranlable, ibid.

Chap. CXVI. D'Édouard IV. De Marguerite d'Anjou, et de la mort de Henri VI, 124.—Marguerite passe la mer et va chercher des secours, ibid.— Henri VI encore prisonnier, ibid.—Édouard IV roi, ibid.—Révolutions rapides, ibid. — Comble de férocité, 127.—Henri VI tué : on en fait un saint, c'était un imbécile, ibid.

Chap. CXVII. Suite des troubles d'Angleterre sous Édouard IV, sous le tyran Richard III, et jusqu'à la fin du règne de Henri VII, 128. — Barbarie, 129.—Barbarie et bassesse, 130 et 131.—Vengeance, 132.—Tyran puni, 133.—Fin des troubles, ibid.—Imposteur fameux, 135.

Chap. CXVIII. Idée générale du seizième siècle, 136.

Chap. CXIX. État de l'Europe du temps de Charles-Quint. De la Moscovie ou Russie. Digression sur la Laponie, 141.—Découverte d'Archangel par mer, 143. — Lapons vraisemblablement autocthones, 145. — De la Pologne, 146.—Gouvernement de la Pologne, 147.—Gouvernement de la Pologne, semblable à celui de tous les conquérants du Nord, 148.—Les Polonais ont eu tard les lois, comme nous, 150. — De la Suède et du Danemarck, ibid. —Preuve que les empereurs se sont toujours crus de droit arbitres de l'Europe, 153. — Troupes françaises en Danemarck, ibid.—Tyrannies, troubles, meurtres, comme ailleurs, 154. — Gustave Vasa, 155. — Christiern, tyran déposé, 156. — François Ier allié de Vasa, 158.—Ni marquis ni comtes en ces pays, 159.—De la Hongrie, ibid. — Excellence, titre de roi, 160. — Le pape donne la Hongrie comme un bénéfice, 161. — Un ban de Croatie condamne une reine à être noyée, 164.—Rois de Hongrie électifs. Nobles presque souverains. Peuples serfs, 165.—Rois nobles et peuples misérables, 166. — De l'Écosse, 168.—Maison Stuart, la plus infortunée qui jamais ait été sur le trône, ibid.

Chap. CXX. De l'Allemagne et de l'empire aux quinzième et seizième siècles, 170. — Maximilien Pochi Danari, 172. — État de l'Allemagne, ibid.

Chap. CXXI. Usages des quinzième et seizième siècles, et de l'état des beaux-arts, 174.—Peu de princes absolus, ibid.—Armes, 177.—Cardinaux à la tête des armées, ibid. — Préséances, 178. — Luxe, 179. — Beaux-arts dans la seule Italie, 182. — Premiers livres imprimés, saisis en France comme œuvres de sorciers, 185. — Nulle vraie philosophie avant Galilée, 187.—Remarque sur les siècles des arts, 189.

Chap. CXXII. De Charles-Quint et de François Ier jusqu'à l'élection de Charles à l'empire, en 1519. Du projet de l'empereur Maximilien de se faire pape. De la bataille de Marignan, 190. — Quel était l'empire en Italie, ibid. — Charles et François briguent l'empire, 191. — Léon X tâche de jouer François et Charles, ibid.—Suisses engagés au pape, 192. —Bataille de Marignan, ibid.

Chap. CXXIII. De Charles-Quint et de François Ier. Malheurs de la France, 194.—Charles-Quint vassal du pape, 195.—Erreurs de Puffendorf, 196.—Charles-Quint fait son précepteur pape, 197.—François Ier vend tout, 198.—Il s'attire la révolte du connétable de Bourbon, 199. —Mort du chevalier Bayard, 202.

Chap. CXXIV. Prise de François Ier. Rome saccagée. Soliman repoussé. Principautés données. Conquête de Tunis. Question si Charles-Quint voulait la monarchie universelle. Soliman reconnu roi de Perse dans Babylone, 203.—Journée mémorable de Pavie, ibid.—Traité de Madrid, 205. — Pertes immenses de la France, et ressources, ibid. — Duel proposé. Absolution plus étrange que ce duel, 206.—Rome prise et saccagée, 207. — Charles-Quint vainqueur et embarrassé, 208. — Il baise les pieds du pape qu'il a tenu captif, 209. — Donne à Tunis un roi, 210.

Chap. CXXV. Conduite de François Ier. Son entrevue avec Charles-Quint. Leurs querelles, leur guerre. Alliance du roi de France et du sultan Soliman. Mort de François Ier, 212. — François Ier, pour avoir Milan, se ligue avec les Turcs, ibid.—Fait brûler des luthériens en France, et les paie en Allemagne, 213. — Remarque intéressante, ibid. — Charles-Quint ridiculement accusé d'avoir empoisonné le dauphin, 217. — Condamné au parlement de Paris, ibid.—Charles et François se voient familièrement, ibid. — Autre voyage de Charles en France, 218. — Deux

TABLE DES MATIÈRES.

ministres de François Ier assassinés, 220.—Turcs et mosquée à Toulon; ibid.—André Doria, 221.—Cérisoles, ibid.—Mort de François Ier, 223. —France un peu polie sous son règne, ibid.

Chap. CXXVI. Troubles d'Allemagne. Bataille de Mulberg. Grandeur et disgrace de Charles-Quint. Son abdication, 225.

Chap. CXXVII. De Léon X et de l'Église, 230. — Résumé de toutes les horreurs produites par la querelle des deux glaives, ibid.—Médicis cardinal à quatorze ans, presque doyen à trente-six, et pape, 233.—Beaux jours de Léon X, ibid.—Un cardinal pauvre, pendu; un riche, échappé, 234. — Trente cardinaux pour un, 235. — Concubines des prêtres permises pour un écu, 237.—Vente d'indulgences et de péchés, ibid.— Les sciences, première cause de la chute du pouvoir ecclésiastique, 240. —Seconde cause. L'abus des indulgences, ibid.

Chap. CXXVIII. De Luther. Des indulgences, 242.—Réforme nécessaire, 243.—Luther protégé, 244.—Déchaînement de Luther, 245. — Il fait brûler la bulle du pape, 246. — Plaisante éloquence de Martin Luther, 248.—Le roi Henri VIII écrit contre Luther, 249.—Henri VIII, défenseur de la foi, depuis destructeur, 249.—Luther devant Charles-Quint, 251.—Messe abolie sur une apparition du diable, 252.

Chap. CXXIX. De Zuingle, et de la cause qui rendit la religion romaine odieuse dans une partie de la Suisse, 254.—Étrange aventure des dominicains, 255.—Profanation, sacrilége, imposture, assassinat, empoisonnement, pour soutenir l'honneur de l'ordre, 257.

Chap. CXXX. Progrès du luthéranisme en Suède, en Danemarck, et en Allemagne, 261. — Massacres ordonnés par Christiern, le *Néron du Nord*, et l'archevêque Troll, son ministre, ibid.—Grégoire II permit autrefois d'avoir deux femmes, 263.—Philippe, landgrave de Hesse, demande à Luther permission d'avoir deux femmes, 264.—Remarques sur la polygamie, 265.

Chap. CXXXI. Des anabaptistes, 267.—Égalité prêchée, source des plus horribles massacres, ibid.

Chap. CXXXII. Suite du luthéranisme et de l'anabaptisme, 269.—Progrès des réformateurs, ibid. — Jean de Leyde, garçon tailleur, prophète, et roi, 270.—Il a dix femmes, ibid. — Il est tenaillé et brûlé, 271.—Anabaptistes devenus paisibles et irréprochables, ibid.

Chap. CXXXIII. De Genève et de Calvin, 272.—Belle méthode de réforme, ibid.—Réformateurs austères et non débauchés, au moins pour la plupart, 275.

Chap. CXXXIV. De Calvin et de Servet, 279. — Luther aussi violent que Calvin, 281.

Chap. CXXXV. Du roi Henri VIII. De la révolution de la religion en Angleterre, 285. — Amours de Henri VIII; origine de la réforme, ibid.—

Il veut faire casser son mariage par le pape, 286.—Le pape n'ose, ibid.—Lévitique et Deutéronome appointés contraires, 287.—Décisions de docteurs achetées, 289.— Le pape excommunie Henri, et perd l'Angleterre, 290. — Fraudes des moines découvertes, 291. — Moines abolis, 292.—Chancelier, cardinal, évêque, exécutés, ibid. — La reine Anne de Boulen exécutée, 295. — Nouveaux mariages: nouveaux divorces, 296. — Lois aussi tyranniques que ridicules, 297.

Chap. CXXXVI. Suite de la religion d'Angleterre, 298. — Anabaptistes anglais différents de ceux d'Allemagne, 299. — Déistes très nombreux dans toute la terre, 301.—Athées en petit nombre, 302.—Marie, tyran comme son père, 303.— Action étonnante d'un évêque condamné au feu, 304.—Élisabeth ordonne qu'on ne prêche de six mois, 306.

Chap. CXXXVII. De la religion en Écosse, 307.

Chap. CXXXVIII. De la religion en France, sous François Ier et ses successeurs, 309. — Exactions de Rome, ibid. — Concordat où le roi et le pape gagnent, 310.—Indignation universelle contre le concordat, 311. —Raisons de François Ier pour demeurer catholique, 313.—Massacres juridiques à Mérindol et à Cabrières, 317.—Avocat général pendu pour les massacres, 318.—Conseiller pendu, 319.

Chap. CXXXIX. Des ordres religieux, 321. — Les papes n'ont point inventé les ordres monastiques, ibid.—Basile en Orient, 322.—Benoît en Occident, ibid.—Inconvénients des moines, 324. — Bénédictins, 326.— Carmes, ibid.—Chartreux, ibid.—Prémontrés, 327.—Franciscains, ibid. —Livres de conformistes, dernier excès de la superstition imbécile, ibid. —Dominicains, 328.—Augustins, 329.—Minimes, ibid.—Jésuites, 330. —Oratoriens, 336.—Filles de la Charité, 337.—Rédemption des captifs, ibid.—Religieuses, ibid.—De la juridiction secrète des moines, 338.— En France, plus d'ecclésiastiques que de soldats, 340.—Moines encore pis, ibid.

Chap. CXL. De l'inquisition, 342.—Encore pis, ibid.— Outrage à la hiérarchie, ibid.—Inquisition en France, mais passagère, 343.—Restreinte à Venise, 344. — Nulle à Naples, ibid.—Médiocre en Aragon, 345. — Abominable en Espagne, ibid.—Torquemada, monstre dominicain, bourreau en surplis, 347.—Portrait de l'inquisition, 348.—En Portugal, 349. —Cadavre d'un roi condamné par l'inquisition, 350.—A Goa elle détruit le commerce, ibid.—Fables au sujet de l'inquisition, 351.—Inquisition à Rome, 352.

Chap. CXLI. Des découvertes des Portugais, 354.—Iles Fortunées, 355.— Premier usage de la boussole, ibid. — Le prince Henri Ier, auteur de toutes les découvertes, 356.—Madère, ibid.—Cap Boyador, 357.—Remarque importante sur les Nègres, 358. — Origine des guinées d'Angleterre, 359.—Prédiction accomplie, et ce n'est pas une prédiction, 360.—

TABLE DES MATIÈRES.

Direction de l'aiguille aimantée, 361. — Hottentots, race différente des autres, 362. — Mahométans au fond de l'Afrique, 363. — Commerce de la terre changé, ibid. — Prodigieux établissements dans l'Inde, 364.

Chap. CXLII. Du Japon, ibid.—Gouvernement pontifical, 367.—Suicide, 367.—Liberté de conscience, 368.—Miracles attribués à Xavier, 369.—Ambassade du Japon au pape, 370. — Origine de la perte du christianisme au Japon, ibid. — Antiquité et gouvernement du Japon, 371.—Commerce immense, ibid.

Chap. CXLIII. De l'Inde en-deçà et delà le Gange. Des espèces d'hommes différentes, et de leurs coutumes, 372. — Côtes d'Afrique peuplées d'espèces différentes, 373.—Albinos, ibid.—Hommes de couleurs diverses, 375.—Banians, ibid.—Femmes qui se brûlent pour leurs maris, ibid.—Guèbres, 376.—Disciples de saint Jean, ibid. — Ce qui réunit tous les peuples, 377. — Doutes sur les relations des pays éloignés, 378. — Pénitences terribles des bonzes, des faquirs, et des bramins, 380.—Le priape indien en procession, ibid. — Belles idées des prêtres indiens, 381. — Prière admirable, ibid.—Différents cultes dans la même religion, 382.

Chap. CXLIV. De l'Éthiopie, ou Abyssinie, 383.—Abyssins, juifs et chrétiens : et ni l'un ni l'autre, ibid. — Prétendu prêtre Jean, 384.—Éthiopiens ignorants et pauvres, ibid. — Patriarche latin en Éthiopie chassé, 385.

Chap. CXLV. De Colombo et de l'Amérique, 386.—Colombo obtient de la cour d'Isabelle la permission de découvrir l'Amérique, 388. — Colombo mis aux fers pour prix d'avoir enrichi l'Espagne, 389.—Prétention d'un Béhem qui croit avoir découvert le Nouveau-Monde, 390. — Réfutation des partisans d'Améric Vespuce, 391. — Quels étaient les Américains, 393. — Peuples de l'Amérique méridionale d'une nature inférieure à la nôtre, 394. — Animaux, végétaux nouveaux, ibid.—Mines, commerce, 395.—Comment les richesses du Nouveau-Monde circulent dans l'ancien, ibid. — Fléaux apportés de l'Amérique, 397. — Amérique dévastée par ceux qui vinrent la convertir, 398.

Chap. CXLVI. Vaines disputes. Comment l'Amérique a été peuplée. Différences spécifiques entre l'Amérique et l'ancien monde. Religion. Anthropophages. Raisons pourquoi le Nouveau-Monde est moins peuplé que l'ancien, 400. — D'où viennent les hommes en Amérique? quelle demande! ibid.—Animaux, nourriture, tout diffère de nos climats, ibid.—Variété dans l'espèce humaine, 402.—Soleil adoré, 404.—Superstitions cruelles, ibid.—Anthropophages, 405. — Et chez nous aussi, 406.—Et chez les juifs, ibid.—Sodomie, 407.—Population, 408.

Chap. CXLVII. De Fernand Cortès, 409. — Entreprise contre le Mexique, ibid.—Description de Mexico, 410.—Sacrifices d'hommes, 411.—Espagnols pris pour des dieux, 413. — Tribut immense du Mexique, 414.—

Cortès maître du Mexique avec cinq cents hommes, ibid.—L'empereur du Mexique prisonnier des Espagnols, et tué par ses sujets, 415. — Cortès persécuté pour avoir vaincu l'Amérique, comme Colombo pour avoir découvert le Nouveau-Monde, 418.

Chap. CXLVIII. De la conquête du Pérou, ibid.—Grandeur des incas, 419. —Usages des Péruviens, 420.—Magnificence utile, 421.—Guerre civile entre les vainqueurs, 424. — Dépositions de Las Casas contre les Espagnols, 426.

Chap. CXLIX. Du premier voyage autour du monde, 428.—Habitants des îles Mariannes sans religion, ignorant le tien et le mien, 429.—Toujours nouvelles espèces d'hommes, 430.—Le pape s'avise de donner l'Orient et l'Occident, 431.

Chap. CL. Du Brésil, 432.—Quels étaient les Brasiliens, 433.—Anthropophages, ibid.—Preuve que l'ancien monde n'avait jamais connu le nouveau, ibid.—Portugal pauvre avec or et diamants, 434.

Chap. CLI. Des possessions des Français en Amérique, 435. — Le Brésil perdu pour des querelles de religion, ibid.—Eldorado. Cayenne, 436. — Pendus, 437.—Canada, 438.—Encore des anthropophages, 440. — Jésuites et huguenots pêle-mêle embarqués, 441.—Acadie, ibid. — Louisiane, 442.—Crozat et Bernard, 443.

Chap. CLII. Des îles françaises et des flibustiers, 444.—Saint-Domingue, mais sans or ni argent, ibid.—Origine des flibustiers, 445.—Singuliers usages des flibustiers, 446. — Atrocités, 447. — Grandes entreprises, ibid.—Ils traversent l'Amérique, 448.—Nègres, 450.

Chap. CLIII. Des possessions des Anglais et des Hollandais en Amérique, 451.—Locke, législateur de la Caroline, 452.—Virginie, 453.—Primitifs ou quakers de Pensylvanie, 454.—Admirable conduite des primitifs ou quakers, 455.—Boston, 456.—Horrible fanatisme, 457.—Possessions hollandaises, 458.

Chap. CLIV. Du Paraguai. De la domination des jésuites dans cette partie de l'Amérique, de leurs querelles avec les Espagnols et les Portugais, 461. — Établissement des jésuites comparé à celui des primitifs nommés quakers, ibid.—Comment ils asservissent le Paraguai, 463.—Gouvernement, 464. — Le Paraguai fermé aux étrangers, même aux Espagnols, 465. — Commerce, 467.—Services à la guerre, 468.—Jésuites résistent aux rois d'Espagne et de Portugal, 469.

Chap. CLV. État de l'Asie au temps des découvertes des Portugais, 470. — De la Chine, 471.—Dynastie d'Iven, ibid.—Race de Gengis chassée de la Chine, 472. — Défense de se faire moine à la Chine avant quarante ans, 473. — Preuve qu'on n'a jamais rendu à Confucius les honneurs divins, 474.—Folie, ibid.—Arts, ibid.—Théâtre, 475.—Style, 476. — Médecine, ibid.—Petit peuple partout sot et fripon, 477.—Enfants trouvés, ibid.

TABLE DES MATIÈRES. 535

Chap. CLVI. Des Tartares, 478. — Les Tartares ont subjugué la moitié de l'hémisphère, ibid.—Aujourd'hui misérables, subjugués, ou vagabonds, 479.

Chap. CLVII. Du Mogol, 480. — Quatre nations dans l'Inde, ibid. — Grands ouvrages, 482. — Contradictions dans les histoires de l'Inde, 483. — En quel sens le grand-mogol est maître de toutes les terres, ibid.—Eaux du Gange : superstition ; 484.—Ne nous en moquons point, 485.

Chap. CLVIII. De la Perse et de sa révolution au seizième siècle; de ses usages, de ses mœurs, etc., 487.—Premier sophi, ibid.—Chef de la religion nouvelle mis à mort, destinée ordinaire, 488. — Le martyre fait des prosélytes, ibid. — Règne de Sha-Abbas, 489. — Usages de Perse, ibid. — Tolérance des religions. Juifs des dix tribus, 491. —Sciences, 493.

Chap. CLIX. De l'empire ottoman au seizième siècle; ses usages, son gouvernement, ses revenus, 494. — Conquêtes de Sélim Ier, ibid.—Mamelucs d'Égypte, ibid. — Examen de l'histoire d'Égypte et de la circoncision, 495. — Égyptiens dégénérés, 498. — Soliman, ibid. — Chypre ajoutée à l'empire, 499. — Supériorité des Ottomans, 500. — Finances, 501. — Confiscations, droit affreux, 502.— Appointements médiocres, 503.

Chap. CLX. De la bataille de Lépante, 504. — Pie V fait la guerre aux Turcs, ibid.—Il n'est secondé que par Philippe II et les Vénitiens, 505. —Victoire unique, 507.

Chap. CLXI. Des côtes d'Afrique, 509.—Pays où fut le temple de Jupiter Ammon, ibid.—Alger, ancien royaume de Juba, 510.—Nuls monuments de christianisme : plusieurs des Romains vainqueurs, ibid.—Belle situation de Byzance, ou Constantinople, 511.

Chap. CLXII. Du royaume de Fez et de Maroc, 512.—Maroc autrefois le séjour de la gloire et des arts, ibid.—Querelles de religion chez ces barbares comme parmi nous, 513.—Pourquoi les Espagnols n'ont pu les entamer, ibid.—Renégats chrétiens, 515.

Chap. CLXIII. De Philippe II, roi d'Espagne, ibid. — Puissances de l'Europe, ibid. — Puissance d'Espagne, 516. — Caractère de Philippe II, ibid.—Sommaire du mal et du bien, 516.—Quel parti prit le pape, 520. — Bataille de Saint-Quentin, ibid. — Philippe ne sait pas profiter de la victoire, 521.—Calais repris par les Français, 522.—Bataille de Gravelines, ibid.—Paix de Cateau-Cambresis, ibid.—Guerre finie par un mariage, comme tant d'autres, 524.—Philippe en Espagne, ibid.—Philippe persécuteur, ibid.

FIN DE LA TABLE.